中央大学経済研究所創立50周年記念

日本経済の再生と新たな国際関係

中央大学経済研究所 編

中央大学経済研究所
研究叢書 63

中央大学出版部

は し が き

　中央大学経済研究所は，第1回目の東京オリンピック開催を目前にした1964年6月26日に創立され，2014年に創立50周年を迎えました。この間，日本および世界の経済環境が大きく変貌する中で，当研究所は，共同研究を基本にして活発な研究活動を行い，創立当初から現在に至るまで，研究会，講演会，シンポジウムの開催のほか，研究所年報，研究叢書，ディスカッション・ペーパーなどの公刊を通じて日本語および英語で経済学の発信を続け，積極的に研究活動を推進して参りました。

　創立50周年の節目を迎えた当研究所は，従来にも増してより一層，経済学および経済の研究活動を通じた社会的貢献を果たすべく，決意を新たにしております。このような趣旨で，2013年から2014年にかけて，当研究所では，石川利治研究所長（当時）と小口好昭実行委員長を中心にして記念事業実行委員会を組織し，統一的なテーマとして「日本経済の再生と新たな国際関係」を掲げて，著名な研究者や経済の最前線で活躍されている方々による一連の公開講演会や公開シンポジウムなどの活動を行いました。その主なものを時系列に沿って列挙いたします（以下では，敬称を省略させていただきます）。

　公開講演会
(1)　岩田規久男（日本銀行副総裁）「『量的・質的金融緩和』の目的とその達成のメカニズム」2013年10月18日（金），中央大学多摩キャンパス
(2)　浜田宏一（イェール大学名誉教授，内閣官房参与）「アベノミクスとマクロ経済学」2013年11月15日（金），中央大学多摩キャンパス
(3)　山下一仁（キヤノングローバル戦略研究所研究主幹）「農業立国に舵を切れ──世界の中の日本農業」2013年12月6日（金），中央大学多摩キャンパス

公開シンポジウム

大西　隆（日本学術会議会長）・土居丈朗（慶應義塾大学経済学部教授）・山下一仁（キヤノングローバル戦略研究所研究主幹）・若田部昌澄（早稲田大学政治経済学術院教授）「日本経済の再生と新たな国際関係」2014 年 6 月 28 日（土），中央大学駿河台記念館

　これらの公開講演会，公開シンポジウムにおいては，20 年間も続いた長期デフレ不況から日本経済を脱却させるためのマクロ経済政策，東日本大震災からの復興，さらに消費税の増税の是非と各種貿易交渉のあり方などをめぐり，それぞれの論者の立場から，活発で刺激的な議論がなされ，有益な討論が行われました。特に，岩田規久男氏と浜田宏一氏の公開講演会は，2 つの大教室を会場として使用し，片方の会場では動画による実況中継を行い，約 800 人が聴衆として参加する大盛況となり，新聞やテレビで報道されたり，インターネットで中継されたりしました。

　本書は，これらの記念行事の成果を踏まえたうえで，公開講演や公開シンポジウムの講演録とともに中央大学経済研究所の研究員の論文を収録して編まれた記念叢書です。本書が，過去 50 年間の中央大学経済研究所の研究活動の成果を受け継ぎ，これに続く 50 年を展望するための要となることができれば，幸いです。本書と並行して，中央大学経済研究所創立 50 周年記念年報も刊行されておりますので，是非そちらの方もご覧下さい。

　なお，本書に収録されている論文のうち，岩田規久男氏・浜田宏一氏・山下一仁氏の論文は，公開講演会で報告された内容に基づいていますが，公開シンポジウムに出席された若田部昌澄氏の論文は，新たな書下ろしです。岩田規久男氏の論文は，すでに日本銀行のホームページに副総裁講演録としてアップロードされていますが，日本銀行の許可を得て本書に再録させていただきました。本論文の本書への再録を許可して下さった日本銀行に感謝致します。

　2015 年 12 月 15 日

中央大学経済研究所長　浅田　統一郎

目　　次

はしがき

第Ⅰ部　アベノミクスと日本経済

第1章　「量的・質的金融緩和」の目的とその達成の
　　　　メカニズム………………………岩田規久男…　3
　1.　はじめに ………………………………………………　3
　2.　2％のインフレ率を「物価安定の目標」とする理由 ………　4
　3.　「物価安定の目標」はどのようにして達成されるか……………　5
　4.　超過準備とインフレ ……………………………………　24
　5.　リスク要因と金融政策 …………………………………　26
　6.　おわりに ………………………………………………　27

第2章　アベノミクスとマクロ経済学………………浜田宏一…　29
　1.　はじめに ………………………………………………　29
　2.　アベノミクスの開始 ……………………………………　31
　3.　アベノミクスの経済学的背景 …………………………　32
　4.　アベノミクスの実践的意義 ……………………………　39
　5.　質疑応答 ………………………………………………　45

第3章　日本農業を成長産業にするための農政改革
　　　　………………………………………山下一仁…　51
　1.　はじめに ………………………………………………　51
　2.　農業・農村の実態——貧農は消えた ……………………　52

3.　農政の目的は何か──農政は"農業"を保護してきたのか ……… 55

　4.　農政の"反農業性"──逆進性は国益だ ……………………… 57

　5.　米農業衰退が JA 発展の基礎 ………………………………… 60

　6.　減反見直しの罠 ………………………………………………… 66

　7.　農地制度の改革 ………………………………………………… 68

　8.　農 協 改 革 ……………………………………………………… 73

　9.　日本農業のポテンシャル ……………………………………… 76

　10.　農業立国に舵を切れ──農産物輸出の可能性 ……………… 83

　11.　お わ り に ……………………………………………………… 89

第4章　アベノミクス批判の経済思想史………………若田部昌澄… 91

　1.　はじめに──なぜアベノミクス批判は絶えないのか ……………… 91

　2.　アベノミクス批判の検討 ……………………………………… 94

　3.　成長論争を振り返る …………………………………………… 98

　4.　おわりに──「失われた 20 年」とは何だったのか……………… 113

第Ⅱ部　日本の政治経済システム

第5章　経済システムとしての日本経済のゆくえ
　　　　──比較制度分析の視点から── ………………瀧澤弘和… 119

　1.　は じ め に ……………………………………………………… 119

　2.　比較制度分析のアプローチ …………………………………… 120

　3.　日本の経済システムの歴史的生成 …………………………… 125

　4.　現代日本の経済システムが直面する環境変化 ……………… 128

　5.　日本の経済システムの現状 …………………………………… 135

　6.　現在の変化をどう見るのか …………………………………… 140

　7.　お わ り に ……………………………………………………… 142

第6章　自民党政権による政策空間の構造
——2014年総選挙における有権者の政策選好——

………………………………………………三 船　　毅… 145

1. は じ め に ………………………………………………… 145
2. 自民党の政策空間と有権者の変化 ……………………… 146
3. グラフィカルモデリング ………………………………… 152
4. 政策選好の分析 …………………………………………… 170
5. お わ り に ………………………………………………… 181

第Ⅲ部　財政金融の諸問題

第7章　変動相場制下の2国マンデル・フレミング・モデルにおける財政金融政策の効果
——不完全資本移動の場合—— ……………浅田統一郎… 187

1. は じ め に ………………………………………………… 187
2. 変動相場制・不完全資本移動2国マンデル・フレミング・モデルにおける短期の動学的調整過程の定式化 ………… 192
3. 均衡解の性質 ……………………………………………… 198
4. 均衡点の小域的安定性 …………………………………… 199
5. 財政金融政策の比較静学分析 …………………………… 203
6. お わ り に ………………………………………………… 212

第8章　通貨から見たアジアの未来
——ドル，ユーロの不安定な中で—— …………中條誠一… 217

1. は じ め に ………………………………………………… 217
2. 基軸通貨の特権の上に胡坐をかくアメリカ …………… 218
3. 3極基軸通貨体制の構築を ……………………………… 222
4. 人民元圏が誕生する可能性の高いアジア ……………… 225

5. 中国の戦略で大きく異なるアジア，そして日本の未来 ……………… 228

6. 共通のビジョンを持って，アジア通貨システムの改革を ………… 231

7. お わ り に ……………………………………………………… 235

第9章　租税構造の国際比較
　　　　――日本の租税構造の現状および将来の
　　　　　方向性を考える―― …………………………飯 島 大 邦… 237

1. は じ め に ……………………………………………………… 237

2. OECD 諸国における租税の構成の時系列的推移 ……………… 239

3. OECD 諸国の租税構造とその時系列的推移 …………………… 247

4. OECD 諸国の租税構造による類型化 …………………………… 252

5. 将来の日本の租税構造の方向性について ……………………… 258

6. お わ り に ……………………………………………………… 264

第IV部　労働と産業の政策課題

第10章　超高齢社会における労働市場政策 …………阿 部 正 浩… 269

1. は じ め に ……………………………………………………… 269

2. これまでの労働市場政策 ………………………………………… 273

3. 現下の労働市場の概況 …………………………………………… 280

4. 労働市場の環境変化への対応 …………………………………… 285

5. 超高齢社会と労働市場政策 ……………………………………… 289

6. お わ り に ……………………………………………………… 296

第11章　知の継続的創造によるイノベーション生成の
　　　　プロセス ………………………………………遠 山 亮 子… 297

1. はじめに――イノベーションとは ……………………………… 297

2. 知識とは何か ……………………………………………………… 299

3. 暗黙知と形式知 …………………………………………………… 301

4. 知識ベースビジネスモデル …………………………………………… 304

　　5. お わ り に ………………………………………………………………… 322

第12章　日本の産業における垂直的生産構造の課題

　　　　　………………………………………………島 居 昭 夫… 325

　　1. はじめに──垂直的生産構造 ………………………………………… 325

　　2. 下請におけるマルチタスク・エージェンシー問題 ……………… 331

　　3. コモン・エージェンシーである下請 ………………………………… 337

　　4. お わ り に ………………………………………………………………… 348

第13章　日本におけるサービス・イノベーションの課題

　　　　　………………………………………………塩 見 英 治… 351

　　1. は じ め に ………………………………………………………………… 351

　　2. 成長戦略の課題 ………………………………………………………… 351

　　3. 製造業の構造と成長の限界 …………………………………………… 352

　　4. 経済のサービス化とサービス業の問題点 ………………………… 354

　　5. サービス業の日米生産性比較 ………………………………………… 360

　　6. おわりに──サービス産業再生の課題 …………………………… 362

第14章　訪日観光促進と貿易・直接投資への波及効果

　　　　　………………………………………………小森谷徳純… 365

　　1. は じ め に ………………………………………………………………… 365

　　2. 観光需要の決定要因 …………………………………………………… 368

　　3. 言語と貿易・直接投資 ………………………………………………… 373

　　4. ビザ規制と貿易・直接投資 …………………………………………… 377

　　5. お わ り に ………………………………………………………………… 379

第Ⅴ部　民族的多様性の教訓

第15章　在外華人と中国・日本
——フランス在住華人を例に—— ……………深町英夫… 383
1. はじめに——中国の外の中国 ……………………………… 383
2. フランス在住華人の概況 ………………………………… 385
3. 民族・文化・歴史 ………………………………………… 390
4. おわりに——複合体としての在外華人 ………………… 396

第16章　ドイツにおける外国人移民の社会統合
——ドイツ・イスラム会議を中心に—— ………柴田英樹… 401
1. はじめに ……………………………………………………… 401
2. 外国人移民の歴史的展開 ………………………………… 403
3. ドイツ・イスラム会議の設立と活動 …………………… 407
4. ドイツにおける国家と宗教 ……………………………… 419
5. おわりに …………………………………………………… 425

あとがき
〔資料〕中央大学経済研究所　創立50周年記念公開講演会・
　　　　創立50周年記念公開シンポジウム　プログラム

第Ⅰ部

アベノミクスと日本経済

〈講演録〉

第 1 章

「量的・質的金融緩和」の目的とその達成のメカニズム

岩 田 規久男

1. はじめに

　日本銀行の岩田でございます。本日は，中央大学経済研究所が 1964 年の創立から 50 年目を迎えられた記念行事の一環ということでお招きいただきました。

　研究所の創立・運営に関わってこられた皆さま方に，心からのお祝いを申し上げるとともに，このような場でお話しする機会をいただきましたことに，深く感謝申し上げます。

　日本銀行は，去る 4 月 4 日に，「量的・質的金融緩和」と呼ばれる政策を導入し，消費者物価の前年比上昇率 2％という「物価安定の目標」の実現を目指し，これを安定的に持続するために必要な時点まで継続することを決定しました。

　本日の講演では，① なぜ日本銀行は 2％の「物価安定の目標」の達成とその維持を目的としているのか，②「量的・質的金融緩和」政策はどのような経路を通じてその目的を達成・維持するのか，③ 実際に日本経済は日銀が想定している経路を歩んでいるのか，の 3 点についてご説明したいと思います。

4　第Ⅰ部　アベノミクスと日本経済

2.　2％のインフレ率を「物価安定の目標」とする理由

　はじめに，なぜ日本銀行が2％というインフレ率の達成を目指すのか，その理由を説明したいと思います。

　第1の理由は，「デフレは絶対に避けなければならない」ということです。デフレは，商品やサービスの価格下落を通じて企業収益を圧迫します。このため，より多くの商品やサービスを売らなければ負債の返済ができなくなります。いい換えると，負債の実質的な負担が増加するのです。負債の実質的な負担が増加すると，企業は資金調達をともなう設備投資に消極的になり，その結果として経済全体の生産と雇用需要が減るため，失業率が上昇し，賃金が下がり，人々の暮らしは貧しくなります。そして，デフレを絶対に避けるためのバッファーとしては，1％程度のインフレ率では必ずしも十分ではないということです。

　第2の理由は，「消費者物価指数の上方バイアス」です。「物価安定の目標」が参照している指標は，消費者物価指数（生鮮食品を除く総合指数）ですが，この指標には，相応の上方へのバイアス（偏り）が存在すると考えられています。

　バイアスの原因については，消費者は一般的に，高くなった財やサービスの消費を減らし，安くなった財やサービスの消費を増やす傾向があるのに対し，消費者物価指数の改訂は5年毎に実施されるため，改訂までの間はそうした消費の構成変化が指数に反映されない，ということが指摘されています。

　相応の上方バイアスの存在を前提にすれば，例えば消費者物価指数の前年比上昇率が1％であっても，実際のインフレ率は1％を下回る可能性があるということになります。つまり，1％程度のインフレ率を目標にしたのでは，実際にはデフレかそれに近い状況を目標にしていることになりかねません。したがって，消費者物価指数を参照指標とする場合，上方バイアスの存在も織り込んだ，少し高めの目標数値を設定する必要があるのです。

　第3の理由としては，1990年代から最近にかけての先進国の実績を見ると，2％程度のインフレ率を維持している国の経済において，経済成長率が高く失

業率は低いという，良好なパフォーマンスを示していることがあげられます。

こうしたことを踏まえれば，日本においても，2％程度のインフレ率を「物価安定の目標」とするのが適切であると考えられます。

3.「物価安定の目標」はどのようにして達成されるか

こうした考え方の下で，2％の「物価安定の目標」がまず設定されており，その目標を達成するために，日本銀行は現在，これまでとは次元の違う「量的・質的金融緩和」と呼ばれる政策に取り組んでいるわけです。いい換えると，「量的・質的金融緩和」とは，2％の物価安定目標を達成するための強力な手段である，と整理できます。

このような両者の関係をご理解いただいたうえで，つぎに，「量的・質的金融緩和」の実施によって，2％の物価安定目標がどのように達成されるのかという点についてお話しします。

3-1 「量的・質的金融緩和」の2つの柱

「量的・質的金融緩和」は，つぎの2つを柱としています。第1の柱は，2％の物価安定目標の早期達成についての「コミットメント」です。すなわち，「2％の物価安定目標を，2年程度の期間を念頭において，できるだけ早期に実現すること」について，日本銀行は「明確に約束している」ということです。

第2の柱は，第1の柱であるコミットメントを「具体的な行動で示す」ということです。具体的な行動は，「量的・質的」という言葉のとおり，日本銀行のバランスシートの「量」の拡大と「質」の変化の両面に表れています。

「量」の拡大とは，長期国債を中心とした各種資産の買入れにより，マネタリーベースを大量に供給することです。2012年末の138兆円から2014年末の270兆円へと，2年間で2倍に拡大することを目指しています。

「質」の変化とは，リスクのより大きな資産を購入することです。長期国債については，買入れの対象を全ての年限に拡大し，満期の長い銘柄も購入することとしました。この結果，日本銀行が買い入れる長期国債の平均残存期間は

6　第Ⅰ部　アベノミクスと日本経済

7年程度と，これまでの2倍以上になっています。すべての年限の金利，すなわちイールドカーブ全般に働きかけることによって，金融環境や実体経済に対する政策の効果が強まることが期待されます。また，資産価格のプレミアムに働きかけるため，ETFとJ-REITの買入れ規模も拡大しています。

3-2　名目金利と予想インフレ率への働きかけ

こうした2本の柱から構成される「量的・質的金融緩和」は，名目金利と，金融市場で資産運用を行う市場参加者の予想インフレ率に対して，それぞれつぎのような作用をもたらします。

まず，長期国債を中心とした各種資産の買入れにより，民間にお金を大量に供給することは，名目金利を引き下げる方向に働きます。

加えて，2％の物価安定目標にコミットした「量的・質的金融緩和」は，後ほどご説明するように，市場参加者の予想インフレ率を引き上げる方向に働きます。

「名目金利の低下圧力」と「予想インフレ率の上昇圧力」はいずれも，実体経済に重要な影響を及ぼす「予想実質金利」を引き下げる方向に作用します。なぜなら，予想実質金利とは，「名目金利から予想インフレ率を差し引いた数値」にあたるからです。

ただし，「予想インフレ率の上昇圧力」は，予想実質金利を引き下げる要因であると同時に，名目金利を引き上げる要因でもあることに留意する必要があります。デフレから脱却し，2％の物価安定目標を達成するためには，これからご説明するように，予想実質金利を低い水準に維持することが必要です。したがって，予想インフレ率の上昇を原因とする名目金利の上昇を，予想インフレ率の上昇よりも抑制することが重要になるわけです。

3-3　なぜ予想インフレ率は上昇するのか

さきほど，「量的・質的金融緩和」が市場参加者の予想インフレ率を引き上げる方向に働くと申し上げました。

市場参加者の予想インフレ率が上昇するのは，日本銀行が2％の物価安定目標の達成を強く約束し，その目的達成のために民間に供給するお金（このお金は現金と金融機関が日銀に預けている当座預金の合計で，「マネタリーベース」と呼ばれます）の量を大幅に増やし続ければ，将来，銀行の貸し出しなどが増え始め，その結果，世の中に多くの貨幣（貨幣とは現金と預金の合計です）が出回るようになる，と市場参加者が予想するようになるためです。将来，貨幣が増えれば，その貨幣の一部が物やサービスの購入に向けられるため，インフレ率は上昇するだろう，と予想されるわけです。

ここで重要なことは，銀行の貸し出しなどを通じた貨幣の増加が現に起こっていないとしても，将来の貨幣の増加を見越して，予想インフレ率の上昇が起

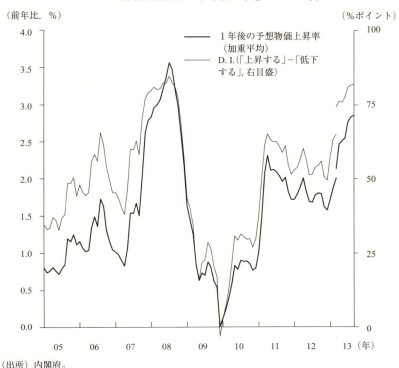

図1-1　消費者動向調査（1年後の予想インフレ率）

（出所）内閣府。

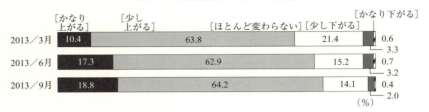

図1-2 生活意識アンケート調査

（出所）日本銀行。

表1-1 ESPフォーキャスト調査

	2013年度	2014年度	2015年度
13/2月調査	0.17	2.45	—
3月調査	0.25	2.47	—
4月調査	0.27	2.47	—
5月調査	0.32	2.61	—
6月調査	0.33	2.70	〈1.00〉
7月調査	0.36	2.71	〈0.95〉
8月調査	0.43	2.73	〈0.97〉
9月調査	0.52	2.75	〈1.03〉
10月調査	0.59	2.78 〈0.76〉	1.60 〈0.91〉

（注）〈　〉内は消費税率引き上げの影響を除くベース。
（出所）日本経済研究センター。

こりうるという点です。

　では実際に，予想インフレ率はどうなっているのでしょうか。世の中のさまざまな主体による予想インフレ率を客観的に計測することはなかなか難しいのですが，例えば，金融市場で取引されている物価連動国債の金利を使って計測した予想インフレ率や，内外の調査機関・エコノミストの予想を平均した数字などを見ると，「量的・質的金融緩和」の推進にともなって，徐々に上昇していることがうかがえます。

　また，日本銀行が行っている『生活意識アンケート』の最新の調査によると，2014年4月に予定されている消費税率引き上げの影響を除いて，1年後の物価が「上がる」と答えた人の比率は83％に達しており，家計の予想イン

フレ率も上昇していることがわかります（図1-1, 1-2, 表1-1）。

3-4 予想インフレ率の上昇は株高や外貨高をもたらす

名目金利から予想インフレ率を差し引いた金利を，予想実質金利といいます。以下では，簡略化して単に「実質金利」ということにします。

名目金利が「見た目の金利」であるのに対し，実質金利とは，物価の動向を考慮して「実質的にどのくらいお金（購買力）が増えるのか」ということです。

将来，インフレになると予想されると，利息を生まない現金や，利息が固定されている預金や国債などの債券の将来における購買力は低下します。

例えば，国債の見た目の金利（名目金利）を0.5％とし，今後1年間の予想インフレ率を1％とすると，予想インフレ率を考慮した1年間の実質金利は，名目金利から予想インフレ率を差し引いたマイナス0.5％になります。これは，見た目の金利（名目金利）が0.5％でも，予想インフレ率が1％であれば，

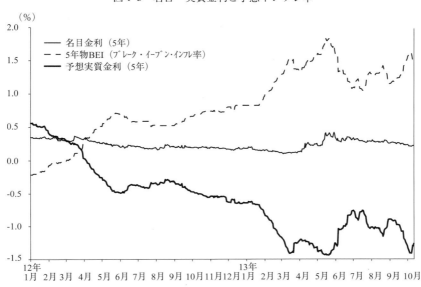

図1-3　名目・実質金利と予想インフレ率

（出所）ブルームバーグ。

図 1-4　株価と円ドルレート

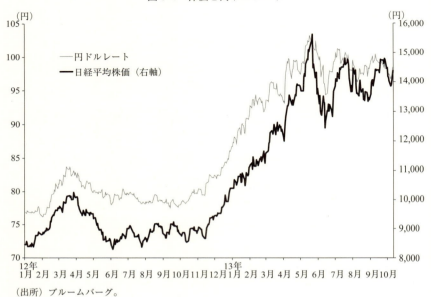

(出所）ブルームバーグ。

1年後にその国債から得られるお金の購買力は0.5％だけ低下すると予想されることを意味します。

　現金の場合は，名目金利がそもそも0％ですから，インフレ率が1％になると，1年後の現金の購買力は1％だけ低下します。

　実際に，国債市場の金利から観察される実質金利の動きをみると，趨勢的な動きとしては，昨年末あたりから緩やかな低下傾向にあるといえます（図1-3）。

　このように，インフレになると予想されると，現金や利息が固定されている預金・債券の予想実質金利は低下します。つまり，それらを保有することは以前よりも不利になるわけです。

　そこで，インフレを予想した市場参加者は，運用する資金を，現金や預金，あるいは国債などの債券から，インフレに強い株式（株式投資信託を含む）や土地・住宅（J-REITなどの不動産投資信託を含む），あるいは円よりも金利の高い外

貨建て資産に移そうとします。その結果，株価は上昇し，円安・外貨高になります（図1-4）。

3-5 消費や輸出の増加

株高と外貨高により，株式や外貨建て資産を持っている家計の資産価値は増

表1-2 家計の金融資産

		2011年		2012年				2013年		2013年6月末残高(兆円)(構成比(%))
		9月末	12月末	3月末	6月末	9月末	12月末	3月末	6月末	
	残高(兆円)	1,486	1,500	1,517	1,514	1,509	1,544	1,568	1,590	
前年比(%)	金融資産計	0.6	▲ 0.1	1.1	0.2	1.5	2.9	3.4	5.0	1,590 (100.0)
	現金・預金	1.9	2.0	2.2	1.8	1.9	2.0	1.7	2.0	860 (54.1)
	債券	▲12.6	▲12.0	▲ 8.4	▲ 7.9	▲ 8.7	▲ 9.3	▲ 8.0	▲ 9.0	31 (2.0)
	投資信託	▲ 7.0	▲10.7	▲ 4.9	▲11.3	2.0	13.3	20.1	29.0	72 (4.5)
	株式・出資金	6.8	▲ 6.3	0.9	▲ 5.4	▲ 1.4	11.3	15.1	31.4	129 (8.1)
	保険・年金準備金	▲ 0.1	0.2	0.9	1.1	1.8	2.5	2.4	2.6	434 (27.3)
	その他	▲ 4.3	▲ 2.1	▲ 0.4	1.0	3.6	4.0	3.6	6.3	65 (4.1)

（出所）日本銀行「資金循環統計」。

図1-5 消費者マインド

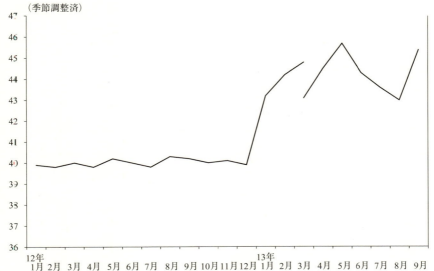

（注）計数の不連続は，2013年4月に調査方法の変更が行われたことによる。
（出所）内閣府。

表 1-3　財貨・サービスの輸出

(前期比＜％＞, 季調済)

	2012 年			2013 年	
	4-6 月	7-9 月	10-12 月	1-3 月	4-6 月
	-0.2	-4.5	-2.7	4.0	3.0

(出所) 内閣府「国民経済計算」。

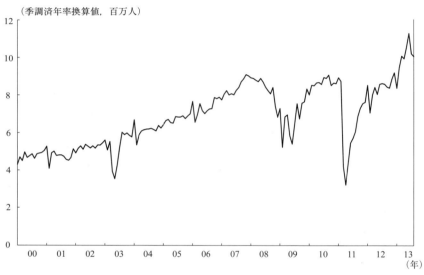

図 1-6　訪日外国人数

(出所) 日本政府観光局 (JNTO)。

加します。

　最近の統計を見ると, 2013 年 6 月末時点で家計が保有する金融資産は, 前年に比べて全体で 5％増加しています。内訳をみると, 債券が 9％減少する一方, 株式・出資金は 31％, 投資信託は 29％も増加しており, ご説明したような動きが実際に起こっていることが確認できます (表 1-2)。

　保有する資産の価値が増加した家計は消費を増やす傾向があります。これを資産効果といいます。また, 株価に代表される資産価格の上昇は, 人々の気分 (マインド) を明るくします。この気分の改善も, 家計の消費を増やす要因です。実際に, 本年入り後, 家計の消費は増加しており, これには今申し上げた

ような資産効果やマインドの改善効果が強く働いているものと考えられます（図 1-5）。

また，外貨高の効果として輸出の増加はすぐに思い浮かびますが（表 1-3），海外から日本への旅行者による国内サービス需要を増やす要因である点も見逃せません。実際に最近，海外からの旅行者は増えています（図 1-6）。

3-6　設備投資の増加

こうした動きは，企業の設備投資にも，複数の経路を通じて前向きな動きをもたらします。

まず，家計の消費が増えれば，企業は消費の増加に応じて生産の増強を図る必要が出てくるため，設備投資に積極的になります。

株高や外貨高によって，他社株や外貨を保有する企業（主として輸出企業）の純資産価値が増大すること（バランスシートの改善）も，企業が設備投資を増やす要因となります（表 1-4，図 1-7）。野村證券の試算によると，金融業を除く上場企業 1830 社が保有する株式の含み益は，今年 3 月末から 9 月末にかけて 3.7 兆円（32%）も増加しているとのことです。

また，企業利益の増加による企業マインドの改善も，設備投資を増やす要因です。企業の売上高経常利益率は昨年から上昇を続けており，企業マインドも改善しています（表 1-5，図 1-8）。

表 1-4　民間非金融法人の金融資産

| | | 2011 年 | | 2012 年 | | | | 2013 年 | | 2013 年 6 月 末 残高(兆円)(構成比(%)) |
		9 月末	12 月末	3 月末	6 月末	9 月末	12 月末	3 月末	6 月末	
	残高(兆円)	743	764	811	760	763	785	841	845	
前年比（%）	金融資産計	1.8	0.1	3.9	0.8	2.7	2.6	3.6	11.2	845 (100.0)
	現金・預金	2.9	3.9	2.4	2.7	4.8	3.5	5.4	6.9	220 (26.0)
	株式以外の証券	2.1	▲ 0.6	▲ 0.6	4.7	▲ 8.8	▲ 7.7	▲ 19.0	0.0	34 (4.0)
	株式・出資金	11.9	▲ 5.7	▲ 0.0	▲ 6.2	▲ 1.5	8.0	20.1	40.0	184 (21.7)
	企業間・貿易信用	▲ 3.3	▲ 2.5	4.3	▲ 1.0	1.8	▲ 6.8	▲ 8.0	▲ 1.7	192 (22.7)
	対外直接投資	5.9	11.9	20.2	14.9	22.6	23.7	22.0	36.6	60 (7.1)
	対外証券投資	1.9	4.4	11.4	18.0	15.9	9.1	▲ 3.8	▲ 11.2	46 (5.4)
	その他	▲ 3.5	0.3	4.1	▲ 0.5	3.7	6.6	6.3	11.8	111 (13.1)

（出所）日本銀行「資金循環統計」。

14　第Ⅰ部　アベノミクスと日本経済

図 1-7　株価と設備投資

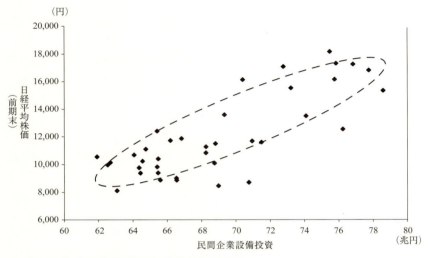

（注）期間：2004 年第 1 四半期～ 2013 年第 2 四半期。
（出所）内閣府「国民経済計算」，ブルームバーグ。

表 1-5　売上高経常利益率

（季調済，%）

		2012 年			2013 年	
		4-6 月	7-9 月	10-12 月	1-3 月	4-6 月
全産業	全規模	3.75	3.77	4.01	4.28	4.70
製造業	大企業	3.79	4.24	5.06	5.97	7.39
	中堅中小企業	3.65	3.35	3.22	4.18	3.79
非製造業	大企業	4.52	5.46	5.15	5.13	5.88
	中堅中小企業	3.33	3.01	3.07	3.13	2.97

（出所）財務省「法人企業統計季報」。

　設備投資の実際の動きを見ると，GDP 統計における民間企業設備投資は，今年第 2 四半期に前期比 1.3％と 5 四半期ぶりのプラスに転換しました。法人企業統計では，全産業ベースで昨年第 4 四半期からプラスに転換しています。内訳を見ると，製造業は今年第 2 四半期も前期比 0.6％の減少となっていますが，その減少率は縮小しつつあります。一方，非製造業は，消費の増加に支えられて，今年第 2 四半期には前期比 4.7％と大きく増加しています（表 1-6）。

第1章 「量的・質的金融緩和」の目的とその達成のメカニズム　15

図1-8　企業マインド

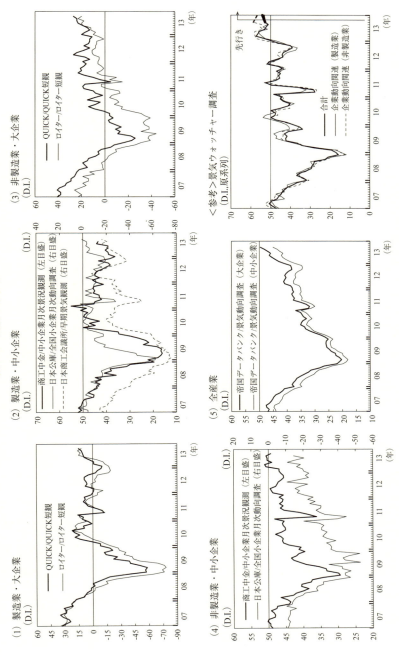

(注) D.I.は「良い」「好転」「増加」または「黒字」の割合から「悪い」「悪化」「減少」「赤字」の割合を引いたもの。
(出所) QUICK「QUICK短観」、Thomson Reuters「ロイター短観」、帝国データバンク、日本政策金融公庫、商工中金、内閣府。

16　第Ⅰ部　アベノミクスと日本経済

表1-6　設 備 投 資

(1)　民間企業設備投資 (前期比＜％＞，季調済)

	2012 年			2013 年	
4-6 月	7-9 月	10-12 月	1-3 月	4-6 月
-0.7	-3.2	-1.2	-0.0	1.3

(出所)　内閣府「国民経済計算」。

(2)　法人企業統計・設備投資 (前期比＜％＞，季調済)

	2012 年			2013 年	
	4-6 月	7-9 月	10-12 月	1-3 月	4-6 月
全産業	-3.6	-2.4	0.6	0.3	2.9
製造業	-2.3	-4.1	-3.7	-0.9	-0.6
非製造業	-4.3	-1.5	3.1	0.9	4.7

(出所)　財務省「法人企業統計」。

　キャッシュフローと設備投資の関係から見ても，今後も設備投資は増加傾向をたどると予想されます（図1-9）。

3-7　産業構造の変化と設備投資主体の変化

　ただし，製造業大企業については，2000 年代前半の景気回復局面ほどには設備投資は増えない可能性があると考えています。

　1990 年代以降に見られた景気回復は，いずれも公共投資か輸出型の製造業の一方あるいは両方が主導したものでした。これに対して，今回の景気回復は，国内消費型の非製造業が主導しています。このことは，わが国の産業構造が他の主要国と同じように第 3 次産業化しつつあることを示唆しているように思われます（図1-10）。

　この点を考慮すると，今後は，主たる設備投資の担い手は，製造業から非製造業に次第に変化していく可能性があると思われます。設備投資による生産性向上の度合いを高める観点からは，医療・介護，あるいは 6 次産業化に取り組もうとしている農業など非製造業分野における規制緩和が重要となってくるでしょう。

　また，第 3 次産業の舞台である都市を整備することも重要です。都市再生は

第1章 「量的・質的金融緩和」の目的とその達成のメカニズム　17

図1-9　設備投資とキャッシュフロー

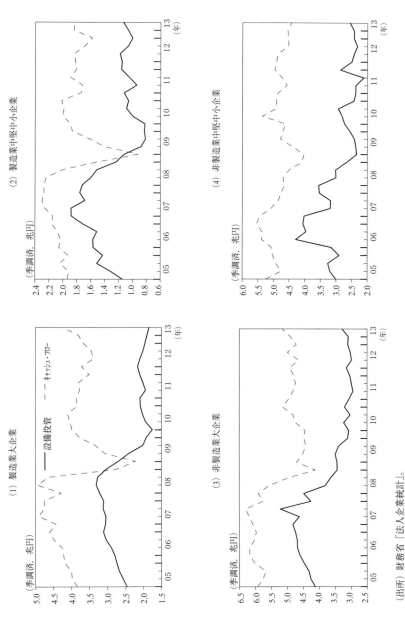

(出所) 財務省「法人企業統計」。

図 1-10　生産と産業活動

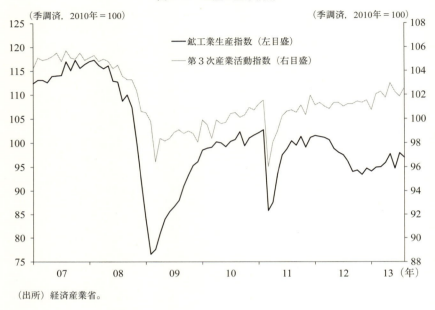

(出所) 経済産業省。

リーディングセクターとなる産業の揺りかごを用意することにつながります。都市再生に関わる容積率規制や土地利用規制の緩和が，成長戦略としても重要な課題になるでしょう。

したがって，このような成長戦略が採用されるのであれば，「量的・質的金融緩和」の効果はさらに大きくなる可能性があるものと思われます。

ただし，このことは，成長戦略がなければ 2％の物価安定目標を達成できない，ということを意味するものではありません。日本銀行は 2％の物価安定目標を達成するための強力な手段を持っているからです。ここで申し上げたいことは，成長戦略が成功すれば，同じ 2％のインフレの下でも，より高い実質成長率が達成される，ということです。

3-8　労働需給の改善と雇用者所得の増加

ともあれ，消費・投資・輸出・公共投資の各チャネルにおける需要の増加を

図 1-11 労働需給

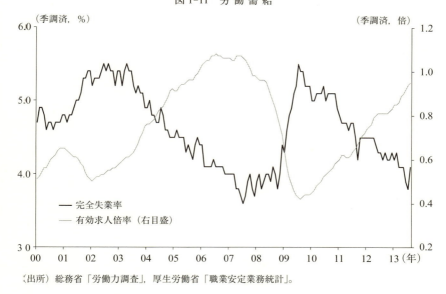

(出所) 総務省「労働力調査」,厚生労働省「職業安定業務統計」。

受けて,今年第1四半期と第2四半期の実質国内総生産は,年率でそれぞれ4.1%および3.8%という高い伸びを示しました。第2四半期の成長(前期比0.9%)への寄与度は,家計の消費支出と輸出がそれぞれ0.4%ずつ,企業の設備投資と公共投資がそれぞれ0.2%ずつとなっています。

こうした状況の下,失業率は7月には3%台後半まで低下し,有効求人倍率も1に迫っており(8月は0.95倍),労働需給は労働者に有利な方向に変化しています(図1-11)。なお,8月の失業率は4.1%と7月よりも上昇しましたが,これは雇用環境の改善を背景に労働市場への参入が増加したり,よりよい職を求めて自発的に離職した人が増えたりしたためです。したがって,失業率の上昇は一時的現象と考えられます。9月の日銀短観でも,最近についても先行きについても雇用人員判断は不足超となっており,労働需給がタイト化していることがうかがえます。

賃金についても,所定内給与こそまだ増加に転じてはいませんが,雇用者数が増える一方で,時間外手当とボーナスが増えたため,雇用者全体の所得は増

20　第Ⅰ部　アベノミクスと日本経済

図 1-12　個 人 消 費

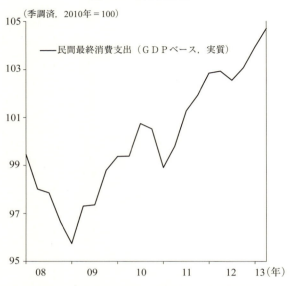

（出所）内閣府「国民経済計算」，厚生労働省「毎月勤労統計」。

表 1-7　所　　得

（前年比，％）

	12 年 7-9 月	10-12 月	13 年 1-3 月	4-6 月	7 月	8 月 （速報）
名目賃金 (W)	-0.7	-1.1	-0.6	0.3	-0.1	-0.6
所定内給与	-0.4	-0.2	-0.7	-0.4	-0.9	-0.4
所定外給与	1.3	-1.2	-1.9	0.6	2.5	3.1
特別給与	-3.7	-3.0	9.6	2.4	1.4	-9.4
常用労働者数 (L)	0.6	0.7	0.5	0.7	0.9	0.8
雇用者所得 (W × L)	-0.1	-0.4	-0.0	0.9	0.8	0.2

表 1-8　実質雇用者報酬

（前期比＜％＞，季調済）

| 2012 年 ||| 2013 年 ||
4-6 月	7-9 月	10-12 月	1-3 月	4-6 月
-0.3	0.7	-0.4	0.7	0.5

（出所）内閣府「国民経済計算」。

第1章 「量的・質的金融緩和」の目的とその達成のメカニズム　21

図1-13　消費と所得の好循環

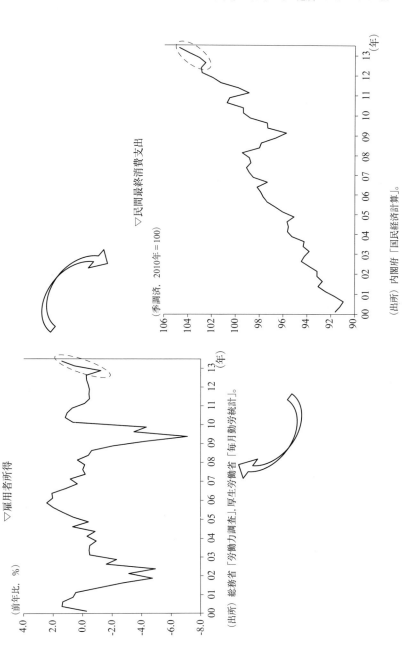

えています（図1-12, 表1-7, 表1-8）。労働需給がタイト化していますから，今後は，賃金の一層の上昇が期待されます。

　所得が増えると消費が増え，消費が増えると労働需給が改善されて雇用所得が増え，それがさらに消費を増やすという好循環が生じてきます（図1-13）。

3-9　消費者物価の動向

　物価の動向を見ると，円安によって輸入製品やエネルギーの価格が上昇するだけでなく，堅調な消費を背景に，これまで下がり続けてきた耐久消費財などの価格下落幅も縮小し始めました。その結果，7月と8月の消費者物価指数（除く生鮮食品）の前年比は，それぞれ0.7％と0.8％の上昇となっています。食料とエネルギーを除いたベースで見ても，7月と8月の上昇率はともにマイナス0.1％と，今年の2月以降は下落率の縮小傾向にあります（図1-14）。こうした最近の消費者物価の動きには，需給ギャップの縮小も寄与しています（図1-15）。

図1-14　消費者物価

（出所）総務省「消費者物価指数」。

第 1 章 「量的・質的金融緩和」の目的とその達成のメカニズム 23

図 1-15 消費者物価と需給ギャップ

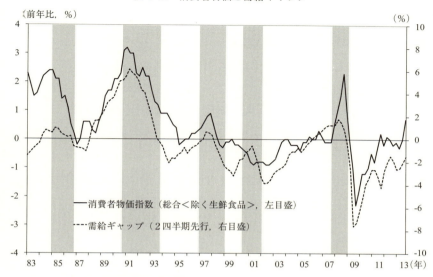

（注）1. シャドー期間は景気後退局面。
　　　2. 消費者物価指数の前年比は，消費税調整済み。2013/3Q は 7-8 月の値。
　　　3. 需給ギャップは，日本銀行調査統計局の試算値。
（出所）総務省，内閣府等。

図 1-16 フィリップス曲線の上方シフト

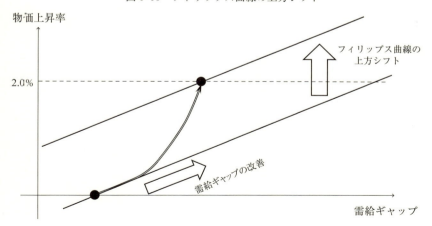

このように，実際に消費者物価が上昇し始めると，家計や企業によるインフレ予想が強まるため，これまで述べたような消費や設備投資の増加が加速されます。また，実際のインフレ率の上昇は，予想インフレ率の上昇を通じて，フィリップス曲線を上方にシフトさせることになります（図1-16）。

以上でご説明したような各種のデータから，日本経済は長いデフレから抜け出す過程にあり，景気は緩やかに回復していると判断されます。

今後も2％の物価安定目標の安定的な達成に向けた「量的・質的金融緩和」を継続していくことにより，景気回復の足取りはよりしっかりしたものになり，賃金の上昇をともなった2％程度のインフレが実現し，15年近く続いたデフレからの脱却が可能になると考えています。

4. 超過準備とインフレ

ここで，やや視点を変えて，私たちの政策に対する1つの批判，具体的には，「日本銀行がマネタリーベースを大量に供給しても，銀行の超過準備が積

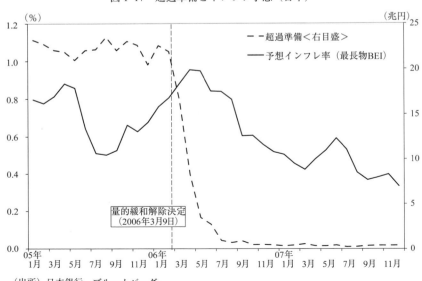

図1-17　超過準備とインフレ予想（日本）

（出所）日本銀行，ブルームバーグ。

第1章 「量的・質的金融緩和」の目的とその達成のメカニズム　25

図 1-18　超過準備とインフレ予想（米国）

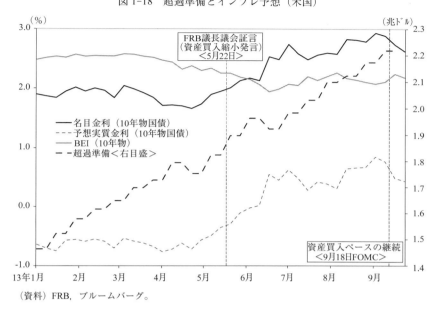

（資料）FRB，ブルームバーグ。

み上げるだけで貨幣が増えないから，インフレにはならない」という主張——いわゆる「超過準備豚積み説」——の妥当性について触れておきたいと思います。

　まず，現実に起こったことを見てみますと，2006年3月9日の日銀による量的緩和解除は，わが国の国債市場から観察される予想インフレ率の低下をもたらしました（図1-17）。

　また，最近の米国でも，今年5月22日に行われたFRB議長の議会証言によって，量的緩和が近い将来に縮小される——より正確には，超過準備の増加ペースが抑制されるというだけのことなのですが——との予想が生まれた結果，名目金利の上昇，予想インフレ率の低下，予想実質金利の上昇が発生しました。逆に，今年9月18日の連邦公開市場委員会（FOMC）による量的緩和継続の決定は，名目金利の低下，予想インフレ率の上昇，予想実質金利の低下をもたらしたのです（図1-18）。

26　第Ⅰ部　アベノミクスと日本経済

　なぜこのようなことが起こるのでしょうか。それは，市場参加者が，マネタリーベースや超過準備の動向から中央銀行の金融政策レジームを判断し，将来の貨幣ストックや将来の金利およびインフレ率を予想するからです。

　金利や予想インフレ率に影響するのは，中央銀行の金融政策レジームと，そのレジームを前提とした市場参加者の将来の貨幣ストックの予想であって，現在の貨幣ストックではありません。この意味で，「現在の貨幣ストックと物価との間に一対一の関係が成り立つ」という，素朴な貨幣数量説は現実に妥当しないでしょう。しかし，将来の貨幣ストックの経路に関する予想と予想インフレ率の間には密接な関係があり，そうして形成される予想インフレ率が現在のインフレ率を決定するのです。

5.　リスク要因と金融政策

　最後に，「量的・質的金融緩和」の効果を阻害するリスク要因について，簡単に触れておきたいと思います。

　下押しリスクとして主に想定されるのは，海外の要因です。

　ユーロ圏については，今年第2四半期にようやくマイナス成長から脱出した段階です。財政，金融および実体経済の三者間での負の相乗作用を遮断する制度が十分にできていないため，周辺国に端を発する市場環境の悪化などをきっかけに，ユーロ圏の景気が下振れし，日本からの輸出が減少する要因となる可能性も排除できません。

　米国については，下押しリスクは低下しているものの，連邦政府の財政政策に関する不確実性は，米国の経済成長にとって重大な制約かつダウンサイドリスクの要因であり続けると思われます。債務上限規制の行方や緊縮的な財政政策の影響は不確実であり，今後の動向次第では金融市場および実体経済にとって追加的な下振れ要因となる可能性があります。

　新興国についても，90年代後半のアジア金融危機のようなことが起こるリスクは小さいと思いますが，脆弱な経済構造を抱える国々を中心として，米国の量的緩和縮小観測などをきっかけに，資本の流出が通貨と株価の下落を誘発

し，金融環境の悪化が成長の鈍化につながるというシナリオは，一応念頭においておかねばなりません。

中国の経済成長が今後どのような過程をたどるかということも，注視すべき要素の1つです。

6. おわりに

金融緩和政策は国債，株式，外国為替のような資産市場には直ちに影響を及ぼしますが，生産，雇用，物価および賃金などの実体経済に及ぼすまでにはかなりの時間がかかります。日本銀行が「量的・質的金融緩和」を採用してからまだ6ヶ月余りしかたっていないことを考慮すると，むしろ，実体経済への影響は従来よりも早く現れたといえます。それはおそらく，昨年11月中旬にアベノミクス構想が発表され，そのころからすでに「次元の異なる大胆な金融緩和政策」が期待され，投資家をはじめとする人々がその大胆な金融政策への転換を織り込んで行動し始めたためであると思います。つまり，「量的・質的金融緩和」の効果はすでに昨年11月中旬から始まっていたということです。実際に，昨年11月中旬から株高・円安の動きが始まっています。

そのように考えると，現在時点で，異次元の金融緩和の実質的な継続期間はすでに11ヶ月になりますから，実体経済への影響が現在程度の規模になるのは自然なことです。

これまで，日本経済は日本銀行が想定している経路に沿って順調に回復してきましたが，金融緩和政策の実体経済への影響の遅れを考慮すると，「量的・質的金融緩和」が実体経済に本格的な良い影響を及ぼし始めるのは，いよいよこれからです。

海外要因など下振れリスクは存在しますが，「量的・質的金融緩和」を継続していくことにより，2年程度で15年近く続いたデフレから脱却し，賃金の上昇をともなった2％の物価安定目標を達成できると考えます。

〈講演録〉

第 2 章

アベノミクスとマクロ経済学

浜 田 宏 一

1. はじめに

　出席いただいた学長，研究所長，学部長，そしてこの研究会を立案された浅田統一郎教授に心から御礼申し上げます。

　ちょうど昨年の今頃，安倍首相はまだ首相でもなく，その前は自民党総裁でもありませんでした。しかし，そのときから金融政策をもって日本で選挙戦を戦おうという英断を下していました。常識から考えると，金融などで選挙を勝てるわけがないといわれていました。特別のグループの利害，たとえば貿易の利益，不利益，税金とか公共支出，そういうことを種に選挙はできるけれども，貨幣を刷ってモノの値段が少しずつ変わって，国民経済が少しずつ影響を受けるという形の金融政策では，特に地方の選挙などできないと思われていたときに，安倍首相は金融政策の是非という視点から選挙戦を始め政権獲得に成功したのです。

　ところで，今日は日本の円はいくらぐらいでしょうか。株式はどのぐらいですか。

　こういう質問を日本のミドルの経営者のところですると，全然自分とは関係のないような顔をする人がいるのに，私は非常にびっくりしました。上役のいうことを忠実に守り，危険な市場などには手を出さず，サラリーマンとして無

難に出世することを考える人が多いのでしょうか？

　私は株式で成功した経験がないし，また，しかも今は立場上，為替に手を出したりするのは許されないでしょう。経済を学ぶ人は市場にも興味を持つことが必要です。経済の感覚がつくのは，モデルや数式を学ぶだけではだめで，投機の世界にも少なくとも興味を持って，もうけようとする人々の心理が現実にわからなければならないのです。

　アメリカのサムエルソンとかモジリアーニとか，ロバート・マートンという人たちの研究室が，MITのスローンビルディングにありました。私も客員としては破格の待遇としてその中の一研究室を使わせてもらっていました。

　ファイナンスの学者だからといえば当然ですが，ロバート・マートンという，後にオプションの公式を数学的に出してノーベル賞をもらった人などは，研究室に来ても1時間は『ウォール・ストリート・ジャーナル』を一生懸命読んでいる。いつ研究するのかなという感じなのですが，現実から自分の学問を形づくっていくのが研究過程なのでしょう。

　学長先生にも申し上げましたが，私は，中央大学が法律家，会計士についてであるとか，弁論部であるとか，そういう実学，実際に役に立つ学問，教育を熱心に続けてこられたことに大きな敬意を払っております。母は「津田塾」の出でしたが，そういう英語を中心にした実学より，一般教養を深く教える女子大の卒業生の方が子供心に夢が多いと思っていたのですが，今は違います。女性が人間として自立するにはやはり手に職をつけないといけないとその当時から考えた津田塾の津田梅子さんは偉かったと思います。

　懐かしいのは，実は数年前まで横山彰先生に呼んでいただきまして，総合政策学部で私は3年間授業をさせていただきました。正直いって，あまり教育の実があがったようには思えないのですけれども，大変広々としたよいキャンパスで真面目な学生さんを教えられたのは幸せでした。それから，残念ながら亡くなられてしまいましたけれども，湘南高校のころからピアノの名手で才媛だったアラビア学の片倉もと子先生と学生時代以来再会できたのもうれしく思いました。

後で質問時間を残しますので，どしどし質問してください。質問だけでなく，もっと重要なことは自分の意見をいってください。浜田はこういうけど，違うのではないか，とういう風に。質問が出てこないような聴衆を私は，知的訓練が足りないと評価します。思ったことを短い時間で簡単にかつ明快に説明，質問ができる能力が社会に出てからは本質的に重要です。学者の中には，自分の学説を5分以上質問と称して演説する人もありますが，そうではなく，的確にこの問題点をどう考えるか，あるいはこういう理由で自分は違って考えるけれども，ということを用意しておいてください。

2. アベノミクスの開始

1年前（2012年11月）に安倍晋三氏が自民党総裁になっただけで，すると自民党がおそらく勝つだろうし，そこで金融政策を重んずる政策がとられるという期待が生じたために日本の株価は上がり，円も下がり始めました。

2013年内に，年間で一番株価が上がった国は日本であり，これがアベノミクス成功の証拠となった。2014年は，本田悦朗参与や，われわれが反対していた消費増税を財務省の意向で決行してしまったので，GDPはたじろいだ。しかしこれは消費税引き上げのせいで，アベノミクスのせいではない。アベノミクス自体はうまくいっているのです。おそれられていたように増税が成長の足を引っ張っている。問題は，日本人がまだ半信半疑でいることです。特に日本の新聞とか学者とかがアベノミクスはいつか沈むという冷たい目で見ているところにアベノミクスが圧倒的に成功しない理由があります。

世間も次第に，過去15年以上の沈滞が，日本の構造的問題によるのではなく，経済政策，特に金融政策の差で日本経済がよみがえっていることに気づき始めたといえるでしょう。ここですでにお話しされた岩田規久男先生が，私より前から，金融や貨幣を無視して経済政策をやってはいけないとずっと説いてこられました。しかしそれに耳を傾けるマスコミも，そして学者もいなかったのです。今は先生も日本銀行副総裁になられたので，みなさんの理解も出てくると思うのですが。

岩田先生のうまいゴルフの例でいえば，少なくとも金融政策はグリーンに向けて打ってほしい，つまりデフレのときは金融緩和の方向に打ってほしい。白川総裁の下での日本銀行はグリーンを避ける方向に打ってきたわけです。それで私は一安心しているのです。もちろん細かい作戦としてはどちらの側を通るように経路を打ったらよいか，などの違いがありえます。

学問的議論というのは経済学者が10人いれば12学説があるといわれるくらいですので，今日は多少微妙な意見の違いについても述べます。先日，私は政策メッセで岩田さんのご講演を伺い，質問もして理解が深まりましたので，この点についても述べていきます。

3. アベノミクスの経済学的背景

さて，アベノミクスという名付け親は中川秀直幹事長です。内容を育てたメンバーは，岩田規久男先生，山本幸三さん，高橋洋一さん，中原伸之さん，本田悦朗さん，それに私というところでしょう。今日はせっかく浅田先生にマクロ経済学を学ばれている学生さんに対するお話なので，経済学の教科書とアベノミクスとはどういう関係にあるのかをお話しします。

金融政策が効くかどうかには，経済学史上最低250年以上の歴史があります。デイヴィッド・ヒュームという人は哲学者として知られている人で，経済学者としてはそれほどでもありません。しかし，アダム・スミスの国富論が有名なのですが，例えば貨幣と物価とはどう関係があるかをスミス以前に指摘している人です。

岩田先生が，一時は孤軍奮闘で説いていらっしゃいましたが，一般均衡の体系家の中で，貨幣は重要，特に物価を決めるときに貨幣が基本的な役割を果たすのです，ということを主張していました。

ヒュームという人はエディンバラ大学に最年少で入学した大秀才で，仮に，イギリスとスコットランドで経済が同じ規模だったとしたとき，スコットランドだけ2倍の貨幣が流通していたとしたら物価と為替レートはどうなるかという基本的な質問をしています。そういうときには当然，お金の多いスコットラ

ンドの方が，物価が上がるでしょうと。そうすると為替レートもイギリスのポンドの方が，スコットランドの貨幣より高くなるという形で，現在国際金融の貨幣的接近といわれている理論を，購買力平価説，貨幣数量説とともに明らかにしているのです。

　現在，アメリカが金融緩和をすると日本は円高になるということがわかりますよね。でも今，一流新聞の記者でもわからない人がいるのです。

　アメリカがQE，量的緩和の出口に行くと日本の景気が悪くなるという意見もあります。日本の株価が下がるということをいう人がいるのですが，これは一流新聞の1面に書いてあっても全くの嘘です。

　アメリカが金融緩和を止めるとドルが貴重になるので円が安くなる。それは日本の景気にプラスの影響を及ぼす。円安になりますので，物価が上がり気味になり，デフレ阻止，景気上昇を助ける。輸入価格が上がったりするので，良い影響を与えるばかりとはいえないが，景気にはプラスになるのです。

　そういうことが全然わからないで一流新聞の1面を書いている記者が，まだ世の中にいるということが私にとっては不思議です。

　さて，アメリカでは，アーヴィング・フィッシャーが，イェール大学にいました。彼は，例えばカジノでの取引を例に貨幣の役割を考えました。

　ギャンブラーたちを一室に閉じ込めてチップ，つまりカジノのギャンブルにかける，アーティフィシャルなお金を配る。たくさんチップを配った部屋の方がそのチップを，みんなたくさん使うようになり，掛け金が増えるだろう，したがって一種の人工貨幣（ビットコイン）みたいなものの価値が下がるということで，貨幣数量説のことをいい出したのです。取引が行われるために，貨幣が潤滑油で，貨幣の量と，それがどれくらい早く回るかという貨幣の流通速度に依存して物価が決まってくるという考え方です。フィッシャーの交換方程式というのは，物価が貨幣量とその流通速度の積に依存して決まるということになります。

　当時世界の経済学の中心にいたイギリスのケンブリッジのアルフレッド・マーシャルという権威から，ミルトン・フリードマンに流れる貨幣数量説の流れ

34 第Ⅰ部 アベノミクスと日本経済

は，少しニュアンスが違います。いちいち交換していることを目で見て分析することは難しいから，ある一点をとって，スナップショットを撮ってみようとするわけです。そうすると，みんなの財布の中にはお金が入っている。しかし，そのお金がどのぐらい入っているかは，どれぐらい取引をしようかということで決まってくる。お金を保蔵，保有しようという需要があって入っている。そういう，経済学の言葉でいえばストックとして，つまり資産の額として見ようとする考え方が，マーシャルのアイディアで，国民所得の額が一定のときそれが取引を生み出し，それに対応して人々の財布に所得の何倍のお金が入っているかという概念です。

　今日のアベノミクスに関わる論争も，歴史的に一流の経済学者がいろいろ議論，考察をしたことの再現です。

　ところが日本の新聞記者は全然勉強したことがないように見えることがある。マルクス経済学で育ってきたのか，あるいは固定為替制度のときに経済学を学んで，変動為替制度で全く貨幣は違って働くということを知らないのかもしれない。アメリカが金融を引き締めれば日本はよくなるというのは変動相場性だからそうなので，固定相場制だったらアメリカが引き締めれば日本は困るという結果になるから景気に悪く影響するというのです。

　今回，この講演にお呼びいただいてうれしいのは，浅田統一郎先生は，岩田規久男先生など本当に数少ない学者，評論家とともに，金融が重要でそれが政策として効くことと，また，黒田総裁以前の日本銀行のように，景気を抑えつけるだけでは日本は再生しないという正しいことをいってきた先生であるからです。

　学者を説得することが難しいときもある。どうして日本の学者がかつての日本銀行（今の黒い日本銀行ではない，白い日本銀行という人もいますが）の学者にそんなに洗脳されてしまったのかが不思議です。

　消費税の件では財務省に簡単に捕囚されてしまう。東京電力に経済産業省が支配されてしまうことを「規制捕囚」というように，アイディアでお役所の見解に「認識捕囚」されてしまう。

第2章　アベノミクスとマクロ経済学　35

　東京電力は規制されていたわけですよね。原子力などについては，本来は経済産業省が東京電力を規制するはずだったけれども，あまりにも東京電力は，いろいろな意味で政治的にも経済的にも力があったから，結局は規制する方が捕囚されてしまった，虜になってしまったのです。

　学説の話をもう少ししておきますと，パティンキンという人がいまして，フリードマンと同じでシカゴで教えていました。彼の顔はフリードマンと非常に似ていますが，ミルトン・フリードマンという人は議論がうまくて，相手をめちゃくちゃにやっつけることができる怖い人でしたが，パティンキンはイスラエルの学者で，大変優しい人だったと東京大学の名誉教授の根岸先生から聞きました。

　私がイェールでトービンに金融論を習い，失業をどうしたら止めさせることができるか，あるいは成長をどうしたら増やすことができるかといった，どちらかというとアメリカの民主党の経済政策のような観点で帰ってきたところ，根岸先生に教わったのがパティンキンの貨幣を含んだ一般均衡の本でした。根岸先生は大学院生なのにアロー教授に認められてスタンフォードに呼ばれた，すでに世界的学者だったのです。大学院生や助手のときで大学院生の後輩に講義で教えてくれたのはとても幸せでした。

　パティンキンは，フィッシャーやマーシャルとは違い，取引をやっているのはみんな，財布にお金を持っている個人，あるいは企業なのだと考えて，ワルラスの一般均衡分析に貨幣を導入しました。一般均衡理論の枠組みで，予算制約式の中に貨幣を明示的に入れたらどうなるかをやっていたのです。

　私がトービンのところから帰って，貨幣の失業に与える影響が重要だと思っても，パティンキンには完全雇用しか出てこないので，初めはそのよさがわからなかったのです。

　それまで東京大学の数学科出身の経済学者で，宇沢弘文先生とか稲田献一先生，それから二階堂副包先生という人たちが数理経済学の世界で活躍していました。根岸先生自身は経済出身だったけれども，数学者な数理感覚の鋭い持ち主でした。根岸先生は経済学者ですが，日本の数理経済学の1つの黄金時代に

近いものを作るのに貢献した方です。しかし，その後根岸先生は経済の大問題である失業の問題にも光を当てています。

根岸先生は市場の不均衡はどうして出てくるかを真剣に考えられて，スウィージーがいい出した需要曲線で失業が説明できると考えました。価格を上げようとするとき価格を自分だけ上げると，ほかの人はそのままでいるのが実は最適です。なぜなら，価格を上げると自分の重要はものすごく減ってしまう。しかし，自分が価格を下げたときにはみんなも追従してくるだろうと考えるのが合理的です。

そんなふうに考えると価格はあまり変えない方がよいという行動をとるので，ケインズ的な不均衡を分析して，マクロ経済学のミクロ的な基礎，しかも失業が生じるようなミクロ的層を明らかにしようとされたわけです。

ケインズは『貨幣論』を書いて，貨幣数量説を研究した。しかし，あるところで今の不況を，貨幣数量説そのままでは現代の問題を解決することができないのだと気がついた。

なぜなら，大量の失業者がアメリカには満ち溢れていたからです。

古典派の批判として，しかも金融政策が景気対策として有効であるという議論を展開した。それが 1936 年です。なぜ私がこだわるかというと，この年に私が生まれた。2.26 事件があった年です。

それをみんな習うわけですね。AS・AD なんて試験に出るわけでしょう。IS・LM はみんなわかるとしても，AS・AD で考えると，どういうときに何を増やせば，どこで雇用が増えるかということが出てくるのです。

それは古典派の世界，つまり貨幣は名目値を決めるだけで，需要と供給で能率のよいように資源は配分されるのだということが古典派の世界ですので，それとケインズ体系とはどこかで矛盾がある。古典派の考え方，供給が生産水準を決めるので，貨幣は物価水準を決めるだけだという考え方に立つ人には，ケインズの反革命を始めました。36 年経った 1972 年ごろのロバート・ルーカスとかプレスコットなどの提唱した「新しい古典派」という考えです。

フリードマンという人が非常に賢明な人で，議論がうまい。理論が柔構造で

金融政策が効きますよという。でも，いつも効くとは限らない，物価だけ上がってしまうこともあれば，雇用増加に役立つこともあるという意味で，現実をよく表しているのです。しかし，反証もしにくい。何をいっても，フリードマンがいっていることは間違いないわけです。

ですが，それを古典派の世界に戻すのに役立ったのは，合理的期待形成という議論です。人々は計量経済学でいろいろモデルを作って，期待は何だという議論をするけれども，経済学者より実務家や投機家の方が偉い，なぜなら自分でお金をかけてやっているんだから，彼らの予想は経済モデルに忠実だというわけです。

経済の成員が，経済モデルをちょっと計算してわかるようなことがわからないはずがない。だから，経済学者がモデルで考えることは，実際の経済主体がやっているというわけです。したがって経済モデルに自己充足的予言を用いる期待は，本当にそれが実現するようなものでなくてはならないと考えるのです。

ギリシャ神話で，予言したとおりに実際に物事が実現するという有名な話があります。エディプスコンプレックスで知られるエディプスの話です。

エディプスは，高貴な家柄に生まれたのだけれども，これは親殺しをするというデルフォイ神殿の予言があったので，子どものときに島流しにされた。殺してしまうのはかわいそうだから，舟で流されたらしいのです。成長して，エディプスは，有名なスフィンクスの謎，朝は4歩足で，昼は2本足で，夜になると3本足の誰かという謎を仕掛けられて，彼は見事解いた。「それは人間である」。赤ちゃんから成人になって，あとは杖をつくという意味です。

意気揚々としているところで，街で見知らぬ老人といさかいがあって，その人を殺してしまった。そうするとその人が自分のお父さんだったということで，予言が実現してしまったのです。

先ほどいいました，ロバート・マートンという人はオプション式を解いてノーベル賞ももらっているファイナンス経済学者ですけれども，その人のお父さんがロバート・K・マートンというのですが，自己充足的予言ということを社

38　第 I 部　アベノミクスと日本経済

会科学に適用したのです。

　たとえばマルクスが予言しなかったら多分，ロシアの社会主義革命は起こっていない。社会科学全体に対するインパクトではお父さんのほうが偉いのかもしれません。

　そういう世界になって，すべて想像したとおりに経済が予言の自己充足的に動く，つまり完全予見の世界にすると，経済政策はほとんど，全く効かなくなってしまう。だから，特に金融政策は無駄ということになる。これがニュー・クラシカルの世界です。

　ニューケインジアンというのは，少し現実的なことを入れるのですが，古典派が行きつくところを金縛りにしているので，金融政策が役に立たないという結果がでてくる。DSGE（Dynamic Stochastic General Equilibrium）というのは最近のはやりのニュー・ケインジアンモデルですけれど，そこでは行きつくところは古典派に結着するようなものが主として研究されてきました。

　日本の若い学者が外国に行って影響を受けて帰ってきます。一番説得するのに大変なのが，日本のできる若い学者なんですよね。向こうで金融政策というのはそもそも効かないといわれて，そのとおり信じてくるからです。貿易論ではそうですが，ファイナンスですら，貨幣のないファイナンスを学んできて，それで世の中が動くと思っている若手学者，それも優れた学者が多い。

　日本でめずらしく国際競争力があるような学者は多く論客なので金融政策について論争するのは非常に大変です。

　さて，1972 年から 36 年経ち 2008 年になって，リーマン危機が起きました。そして，貨幣とは限らず，資産市場に混乱が起きたら，実物の経済はめちゃくちゃになるということが示された。株式，不動産，みんな資産の世界ですが，それで起こったことが現実に切実に影響することがわかったのです。

　貨幣については，貨幣は中立的に物価を上げるのみという経済学古典派，新しい古典派が破算したのだろうと思います。でも，学者の中にはまだ新しい古典派という学派を本当に真面目に信じている人がいる。これから学会はどうなるかわかりませんが，浅田先生のような方が少しずつ，正しい経済学を教えて

いただければ，教育も研究も変わっていくのでしょう。これは「貨幣の実物が経済に与える研究をはじめよう」といいはじめているからです。NBER の活動などからもわかります。

4. アベノミクスの実践的意義

だんだん時間が迫ってまいりますので，最後にアベノミクスの核心はどこにあるのかをお話しして，いろいろ政策上問題になっていることが，実は経済学の学説上の昔から議論されているいろいろな問題と関係しているということを話して終わります。

特にリーマン危機のとき，2007 年から 2008 年のときは日本は GDP の 8％も下落しました。日本はこのとき，債務危機も起こっていませんし，銀行は健全でしたし，金融界は安定していたのです。

しかし，実質 GDP，あるいは鉱工業生産指数をたどってみると，GDP で，リアルで 8％ ぐらい下っているのです。

くやしいことは，不思議なのはアメリカとかイギリスでサブプライム危機があったとき，その大本山だったのに——これは結局，お金を返せない人に貸した債権が，価値があるとみんな思っていたのが，当然ゼロになったという話ですけれど——，それで当のアメリカやイギリスでは国民所得はこんなに落ちていないし，鉱工業生産の損失も相対的に見て日本の半分以下で済んでいるわけですよね。

どうして日本だけがこうなったかというと，円為替が急に高くなった。ドルに対して高くなるだけではなくて，韓国ウォンに比べても急に高くなって，産業が全部競争していけなくなったということです。

そのときに日本銀行が自分のお金「円」が高くなりすぎて困っているわけですから，豊富に円を供給すればそれを和らげることができるのにしなかった原因はこのことにつきる。私はそういうことを続けないでくれと白川総裁に（彼は私のゼミにいたこともあった）説得しようとしたのですが無駄でした。だから，日本銀行の金融の失敗がリーマン危機の日本経済への破壊的効果を起した原因

です。

安倍総裁の下でのキャンペーンが始まり，選挙戦が始まったときに，大体3％ぐらいだったデフレギャップが今，1.3％ぐらいまでに下がってきています。これをあと半年とか1年続ければ，一応，過剰設備と失業はなくなるだろうと。それから消費税を考えればいいというのが私の意見でした。ただ，不幸にしていれられませんでした。

少なくとも，私が今，強気であると初めに申し上げましたのは，単に株価とか円という資産価格だけではなくて，各産業にアベノミクスの影響が出ているからです。若年層の就職率もまだ完全ではありませんけれども，昨年，一昨年などに比べれば，顕著に上がってきています。

株式は実質に相互的に影響がありますけれども，頭の中で投機熱にあおられて投機すれば上がっていくこともあるわけですから，株式だけが上がっているから全部，安心だとはいえません。しかし，アベノミクスの効果は現実に，失業率や有効求人倍率という形で表れているし，円も資産価格ですけれども，円の価格によっては，円も今日，100円になったという感じで，金融政策が働いて，それはやはり輸出する人と輸入する人に現実の影響を与えている。金融が効いていると断言できるのです。

もちろん，イカ漁船で灯油を使っている人は困るという副作用も当然出てくるわけです。アベノミクスはそういう副作用も含めて効き始めていることは事実です。

アベノミクスの1の矢，2の矢はマンデル・フレミングの枠組みというのがあって，後で国際貿易の先生に聞いてほしいのですが，変動性のときは，財政政策はそんなに効きません。1の矢が一番効いているのかなと思います。

3の矢は，潜在成長率を上げようとする。1の矢，それでいて2の矢でだんだん需要政策が効いて，労働市場がタイトになると賃金は上がってくる。労働市場は求人倍率が上がっていけば実質賃金を，首相や大臣が頼まなくても，各企業はよい労働を確保するため上げざるをえなくなってくると。まだ設備が余っている，あるいは長い不況の体験で設備不足を感じている人も多い，そうい

第 2 章　アベノミクスとマクロ経済学　41

う人が投資が設備過剰でなくなれば，少なくなれば，設備投資が当然起こって
くるはずといえます。

　そういう時代になるまで消費税を上げるのを待っていてもよいというのが私
の意見でしたが，それは入れられなかった。GDP 現実値が潜在値の上にいく
ようになったとき，それが何年も続くと金融政策は特に，財政政策もそうです
が，経済の古いキャパシティを使い切ってしまうことになります。お金を刷っ
ても影響がなくなるわけです。みんなが完全に働いて，十分設備を利用して生
産している完全雇用に達すると日本銀行券が増えても効かなくなる。効くのは
物価に効くだけになります。貨幣数量説の単純な説明のようにインフレだけが
起こってきます。だから，今度は潜在成長経路を増やさねばならないのです。

　しかし，潜在経路を増やすのには，政府が変な規制をしているとだめです。
例えば，羽田にはなるべく国際線を入れないようにと千葉県知事が政府に陳情
に行って，それで少なくとも便利な羽田着の国際線は制限するということをや
りました。

　あるいは米などもそうですよね。778% の関税をかけて，そのため米が余り
だすと減反をして，外国から米を買わなくてはならないようなことが起こって
いる。WTO であまり輸入制限をすると，外国から米を買ってきてほかにもう
まい米があるんだということを見せなくてはいけない。その代わり，米を農林
省が長い間，温存しておいて古い米にして（昔の外米は本当にまずかったのです
が），放出すると。そのような規制をしているのではやっぱり駄目なのです。

　J.F. ケネディ大統領は国に何をしてほしいといわないで，君たちが国に何を
奉仕できるかと聞いたのですが，私は日本の政府が今，やらないで済むのは何
かと考えてください，と思うのです。

　そういうことで，第 3 の矢というのは苦戦しています。だから，アベノミク
スを採点すると，金融政策は A+ で，財政政策は政府肥大化にもなりますから
B で，第 3 のほうは C もつけにくいし，D もつけにくい。しかし，F をつける
と私は参与を辞めなくてはならなくなる。F というのは落第ですから。つま
り，私の 3 つの矢は，A，B，E ということになります。

つぎに，皆さんが経済学で習っていることと，今の政策論争がどういうふうに関係しているのかをお話しします。

私は正直にいうと厳密なインフレ目標派ではありません。師のトービンは物価目標なんていらないといっていました。そのときにきちんと金融政策をやればよいのであって，目標なんかで日銀を縛ることはないという遺言でした。先生がいったからというわけではなくて私も賛成です。

われわれの世代はインフレというのは悪いことだと教えられました。インフレは大衆に対する課税であるわけです。普通は 2% ぐらいはきっとかまわないんですよ。詳しい研究によると，日本の物価指数はどうも 1% 程度はいつも過大評価になっているというか，本当のゼロインフレ率は 1% であると考えてもよいのです。

それから，2% については，インフレ課税でけしからんとはいいません。しかし，それ以上にインフレがすごくなると事実上国民への課税になりますので，岩田先生はあるとき，2% のインフレが達成されなければ辞めますともいわれたらしいです。私の意見では辞める必要はない。

本当に景気が十分に回復し，大学生の就職事情とか，求人倍率がちゃんともどってくれれば，インフレは低い方がよいのです。

これについては，合理的期待形成派の影響を受けた，若いリフレ派学者からは反論されます。しかし，2% になると宣言したのだから，インフレ期待が実現する方が経済行動がスムーズにいくといいます。だから，期待が実現されることが必要だというのですが，これは合理的期待の影響を受けすぎの議論で，現実には期待がそのまま実現されているような社会はないのです。

いつも期待には何かノイズが入っているわけなので，これは新しい古典派といいますか，合理的期待形成派にリフレ派が少し毒されているところだと思います。

それから 2 つ目。インフレ期待がよいこともあります。現実のインフレはよいことではないとしても，デフレ期待があるとお金を過剰にため込んでしまうという，流動性の落とし穴，ケインズの罠という，要するに貨幣を全部，ため

第 2 章　アベノミクスとマクロ経済学　43

込んでしまうことが起こる。それをほどくには，インフレになりますよ，と思わせればよいわけです。貨幣を持っていたら，みんな損しますよというのが一番有効で，インフレ期待が起こった方がよいという理由の 1 つとしては認めます。それは必要なわけです。

しかし，あなた方が誰の教科書で習うのかはわかりませんが，ASAD 曲線があります。AS・AD を上の方に持ってくのが，AD を上の方に持っていくと，AS 曲線の上を物価が少し上がって雇用が増えるという方向に動くというのが1，2 年生で習うことです。

そこで AS 曲線だけを見て考えると，そこでモデルで考えるときには，名目賃金が一定だからとして，物価が上がると実質賃金が下がって，企業がサプライサイドでたくさん雇えるようになるという効果があるのですが，これが現在は不安です。

だから，私は決して経団連の味方ではありませんけれども，現在のときは少し企業の収益，特にシャープとかパナソニックのようなところが収益が回復してくるまでは，賃上げは待ってほしいという考え方も嘘ではありません。これが一財モデルとマクロという，最も単純なマクロ経済学の考える結論です。

先日そのような質問を岩田先生にしたら，そうはいっても，失業は減ってくると，そういうモデルに仮定している生産関数があって，賃金は労働の限界生産力に等しく支払われるというサプライサイドの関係は，実はそのままでよいのか，という意見が返ってきました。

特に失業が減ると生産性が上がることがあるらしいのですね。ですから，ケインズの第 2 公準は必ずしも成り立たないかもしれない。そうすると，やはり賃金を上げることに有利なのかもしれないというのが岩田先生の回答でした。これも重要な問題です。

若い人も，誰がどういう論文を書いたとか，外国の論文だけ読んでいないで，自分でデータをとって，日本で実際に起こっていることについてのなぞを解くようになれば日本のマクロも進歩すると思います。

労働市場だって，数十年前ではものすごく変革しているので，そういう労働

44 第 I 部 アベノミクスと日本経済

市場の性質も変わっている可能性があるわけです。なぜ日本でオーカンの係数が諸外国に比べて大きいのかもよくわかっていません。

最近、感じますのは、日本人はアベノミクスにかけていないということです。だから、アベノミクスの一番のアキレス腱は、日本人が経済学を理解していないことだといえると思います。

外国の株をやっている人のところに行きますと、消費税とかでも心配だということです。安倍首相が始めたことは非常によいという意見が多い。しかし、日本の投資家などを見ると、本当にアベノミクスはうまくいくんでしょうかといいます。

その理由は、私は株式だけが上がってるのではないから効いてるのだよというのですけれど、なにか一末の不安を持って見ている人が多い。特に経済学を勉強した人に多いようです。

株は、資産価格で投機の対象でもあるので、当然落ちるときがあるわけですね。例えば 2013 年 5 月 23 日というのは有名ですけれども、日本の株が落ちた。そのときに外国の人たちはアベノミクスにかけていました。

ところが、そういうことが起きたならば、日本の投資家は安価で買ってくると思っていたら全然買いが出てこない。それが日本人が不信であるのか、あるいは日本年金投資基金（GPIF）という、素人である役人が大きな最新式の自動車をおっかなびっくり運転しているような不能率な機関、トービン先生などが一生懸命研究した、ポートフォリオセレクション理論なんか全く無視してやっている機関があったからかもしれません。

そういうところに制約があって株が上がると、株式の価値の比率が上がるから株を売るという行動に、制度的に日本が売るようになっていました。

ですから、13 年度の半年間の経験では外国人が正しい予想に基づいてかけて、そしてその利益を回収した。ですから、とんびで油揚げは大体外国人が持っていってもうけ、日本人はあまりもうけていない。

だから投資機構で日本の株価の比率を上げることになった（その後改革が進んでいます）。しかし株の世界で全く安全なことはない。明日になって何か事件が

勃発して，日本株だって落ちる可能性は絶えずあるわけです。ですから，難しい運営は本当のプロがやらなくてはいけないのです。

そういうことがありますので，日本の人にアベノミクスを信じ込ませるのは何がよいのだろうかというと，やはり賃金が上がるということです。賃金が上がるのは経営の側からはよいことばかりではありません。しかし，人々が本当にアベノミクスが庶民の生活に降りてきた，株式の人だけがもうけているのではないと示す必要があるのです。

そういうことになるためには，甘利経済大臣も首相も賃上げを強調するのは気分を変えていままでのデフレ期待を解消する意味ではよいことでしょう。しかし日本経済はしょせん市場経済ですからデフレギャップが価格を上げ，有効求人倍率が賃金を上げるようでないと上から強制された賃上げは長続きしません。首相も浜田さんのは学者のいうことで政治家はやっぱり違った目で見ているのだと直接いわれましたけれども，そういうことで首相も一生懸命賃金を上げてくださいと財界に頼むことになるのです。

だいぶ長く話しましたが，質問をお受けします。

5. 質 疑 応 答

浅田：浜田先生，どうもありがとうございました。

ちょっと皆さんが気づかれたかもしれないし，気づかれなかった方もいらっしゃるかもしれないので，ちょっとお話します。

浜田先生がアベノミクスの3本の矢の評価をされました。第1の矢の金融政策がAで，第2の矢の財政政策がB，第3の矢の成長戦略はEという評価でしたが，実はこのA，B，Eを続けて発音しましたら，アベとなります。

おそらく，さりげないユーモアだと，推察しますけれども，気づかれていなかった方の可能性もありますので，紹介しました。私の考えすぎかもしれませんけれども。

それでは質疑応答に移ります。

46　第Ⅰ部　アベノミクスと日本経済

A：商学部の会計学科1年のAです。

　浜田先生の著書の『アメリカは日本経済の復活を知っている』を読んで，その中で増税には反対ではないが，1年で1％上げていくのが適切だとおっしゃっていましたが，先日の安倍政権の会見のように3％増税となっていました。なぜ3％増税に屈したんですか。

浜田：一言でいえば，私も含めて，慎重派の説得力が財務省の説得力に打ち勝てなかったということです。が，あまり悲観していないのは，変動相場性のときにはあまり財政政策は効かないというマンデル・フレミングの結果がありますので，財政を縮めてもそんなに悪い影響はないと思われました。円安を通じた外需の影響が十分強ければ，それを消すことができます。財政引き締めの効果が強ければ，その責任をとって黒田総裁は金融政策をちゃんと発動すると期待しますので，そんなに心配していないのです。

B：1つ，国際金融のトリレンマに関する質問なのですが，固定相場制が崩壊して自由な資本移動をともなう変動相場制にとなって先進国が移行していく過程で，その後，インフレターゲットを定めたりして，実質金利とか失業率を見ながらそこそこやっていくという形になるというのが，アベノミクスに対する私の印象なのです。

　別にこれは国際金融論からすると普通だし，そう考えるとアベノミクスのやっていることはすごく普通なので，マクロ経済政策でアベノミクスとはいっても，そんなに期待せずに，自分の国のやることは自分でしっかりやった方がよいと思うのですが，それはどうお考えでしょうか。

　アベノミクスだからといって，全部自分のやることがよくないよという形じゃなくて，ミクロでやることはミクロでちゃんとやりましょうと思うのですが，いかがでしょうか。

浜田：まったくその通りです。貴方が完全に理解していることを，つまり，為替制度によって金融政策の効果が違うことが，政策当局者，ジャーナリスト，そして経済学者にもわかっていない人が多い。変動相場性の特徴，そしてその

長所は，変動相場制の下では，自国のことは大体自国の金融政策で制御できるという点です。アベノミクスができたのは，日本がユーロゾーンのような固定為替の網の中に入っていなかったからなのです。この政策と同じことをギリシャにやれといっても，金融政策はギリシャだけではできないので，ユーロ全体を切り下げなければならない。今のようにすごく苦労がかかります。

　ユーロのような統一通貨の一番の長所は，政治的統一がなく，フランスとドイツが半世紀ぐらい殺し合ってきた時代が戦後再現していないということです。そういう状態を避けるためには，貨幣をまず統一してしまおうとした。政治的にはメリットがあった。しかし，経済的にはそういう必ずしも合理的でないシステムをとらざるをえなくなったのです。

　2番目の変動相場制の性質に対する貴方の見解を補足しますと，変動相場制では，自分の国のことは自分で面倒を見ればよいというのが金融政策のルールです。

　例えば日本が金融緩和をアベノミクスの形でやると，韓国にはマイナスの影響が及ぶことは事実です。ですけれど，そのとき韓国は自分で金融を緩めればよいのです。各国が国民経済の景気のみを目標にして金融政策だけを行えば問題はない。

　各国が為替レート自身を操作することを目標にしてしまうと困るのですが，自分の経済目標を達成するために金融政策をやれば世界はうまくいくというのが亡くなった岡田靖さんという人と私の研究です。

Ｃ：テイラー・ルールとテイラー原則についてお聞きしたいのですが，日本がこの先，インフレターゲットが成功して，インフレをもし2％達成したと仮定して，そのときにテイラー・ルールではやはりテイラー原則，テイラー・プリンシプルがあって，インフレ率に応じて金利を引き下げたり，引き上げたりするということがやっぱり数式には出てきます。

　日本がこのように，もし2％達成して，その後，景気が少し過熱しすぎたとなったときに，インフレ率をインフェーズだから2％か3％になったときに，

さらにテイラー原則が導かれるように1.5倍にするとかいうことが有効だとお考えでしょうか。

　個人的になのですが，日本は15年にわたってデフレが続いているため，そのような状態はデフレマインドが増えてしまって，テイラー原則が満たされるのは少しおかしいのではないかと思っているのですが，そちらについてお話していただければと思います。

浜田：最後に学問的に難しい質問が出まして，本来なら30分くらいかけてご説明すべきことかもしれませんが，テイラー・ルールについて，少し答えます。

　私はどうして金融政策，特に日本の金融政策はこれほど間違えるのだろうかということを，世界の経済学者，例えばラリー・サマーズとか，ジョー・スティグリッツとか，ジョン・テイラーのところにも行きまして，インタビューをしています。

　テイラーは，アメリカの量的緩和に厳しいので，一番白川さんに代表される旧い日本銀行の友人といえるのではないかと思いました。インタビューでは，危機に陥ったアメリカ経済を緊急避難で救う，QE1は仕方がないにしても，QE2，3とやったのはよくないと。実体経済を金融でいじるのはよくないという意見の人でした。

　でも，その人が，溝口さんがやった大介入はおおいに賛成だったと，黒田さんも多少関連しつつ述べていました。なぜかというと，日本銀行があまりにも緊縮的なことをやっていたからだということを語ってくれました。2番目には，一回で賃金が上がっていくかどうかということをフィリップス・カーブでよく調べたのは，そもそもジョン・テイラーです。彼は実質賃金は労働の限界生産力に等しいという式をいろいろ選ぶと，物価の方が賃金より上がると雇用が増えるという式が出てくるといいます。

　そのときにどうして賃金が遅くなるか（労働契約は1年続くとかいうことがあるので，賃金の動きはつい遅れがちになる）ということを考えたテイラーは，フィリップス・カーブについてもよい仕事をしている人です。

ただ金融のテイラー・ルールについてはそれほど重要と考えていません。あまり信用していないというべきかもしれない。日本銀行も一生懸命あれを守ろうとしていますが。テイラー・ルールは，あまり理論的根拠がない。もし中央銀行が賢いなら，それが平均的に行っているルールがよいルールなのだろうという程度の理論的根拠しかない。あれは理論ではないのです。

今まで各国の中央銀行が取っていた金利政策の平均をとったのが，テイラー・ルールによる金融政策です。中央銀行が一番専門家なので，たぶん一番望ましい政策をとっていたと信ずるなら，その体制のように，こういう事態が起きたときにこういう金利政策を行えば一番よいのだという前提です。

いわば現実はこうなっているからといって，あたかもそれが最適であるかのようにすり替えるところがある。そこのところが私はテイラー・ルールに関して信用できないところです。

それで白川総裁の本とか，翁教授も，テイラー・ルールを少し動かすと日本銀行が正当化されると書いてあるのは，テイラー・ルールを神格化しすぎです。もちろん，理論的にテイラー・ルールがなぜいけないかということを示すには政策の現実を見ていただけではだめです。しかもゼロ金利の時代に，金利が正で変化できるときのテイラー・ルールの議論がそのまま通用するというのはおかしいのです。

浅田：どうもありがとうございました。

第 **3** 章

日本農業を成長産業にするための農政改革

山 下 一 仁

1. はじめに

　日本農業の最大の問題は何か？　それは，農家の7割が米を作っているのに，農業生産の2割しか生産していないことだ。これは米農業が零細で非効率な農家によって行われていることを示している。

　日本人の主食といわれ，最も保護されてきた米が，最も衰退した。農業発展の名の下に別の意図が農業政策に隠されてきたからである。

　農業政策を作ってきた農協，農林族議員，農林水産省，農学者などの"農政共同体"の人たちにとっては，酪農のように少数の効率的な農家によって生産されるよりも米農業が多数の農家によって行われる方が，都合がよかった。

　しかし，減反政策はなお継続しているが，高米価政策の象徴だった食糧管理法は1995年に廃止された。企業の農業参入を頑なに拒み続けた農地法も，制限付きながらも株式会社の農地取得を認めるようになった。全くメスが入らなかった農協についても，改革案が政治のアジェンダに載るようになった。

　農政共同体の人たちは　"農業は弱い"という通念を積極的にアピールして，高い関税など農業保護の維持を訴えてきた。しかし，独自に米を輸出し始めた若い生産者も出てきている。米の関税は撤廃しても競争できると主張する生産者が出てきた。世界に冠たる品質の米が価格面でも競争力を持つようにな

52　第 I 部　アベノミクスと日本経済

ると，どうだろうか？

　今 70 年という長い年月を経て，戦後農政というアンシャン・レジームは崩れつつある。日本農業の成長を阻んできた農政の鎖から解き放たれたとき，日本農業はどのように展開していくのだろうか。創意工夫を発揮し，活気がみなぎる日本農業があるのではないだろうか。

2．農業・農村の実態──貧農は消えた

　われわれは農業や農村についてどのようなイメージを持っているのだろうか？　"農業や農村は貧しい"，"規模の小さい小農は特に貧農だ"，"稲作には大変な労働が必要だ"，というイメージではないだろうか？　農村ではほとんどの人が農家で，貧しく，農作業に精を出しているという既成観念である。

　ところが現在の小農は，普段は役場や工場などで働くサラリーマンで，土日だけ農作業する"兼業農家"である。サラリーマンとしての所得があるので，貧農ではない。田植え機やコンバインなどが普及したので，米作にほとんど手間はかからなくなった。

　農業，農村，環境を守っているのは，主に農業だけで生計を立てている"主業農家"といわれる人たちである。主業農家の方が当然ながら規模は大きい。しかし今の主業農家の規模では，農業だけでサラリーマン並みの収入を得ることは容易ではない。小農が居残っているので，主業農家が農地を集め，規模を大きくしてコストを下げ，所得を上げることは難しいからである。このため現実では，小農の方が大農よりも豊かである。多数の小農は豊かになったが主業農家の経営は厳しく，農業はいつまでたっても強くなれない。

　知識人はこのような事実を知らないで"貧しい小農"を保護すべきだと主張してくれる。TPP に入って関税がなくなると真っ先に小農がやられてしまうといって「反対」と叫んでくれる。農業や農村の事情を知らないマスコミの人たちも，主業農家に農地を集積すべきだという構造改革案に対して「小さな農家の人が農業を止めると，どうやって食べていけるのでしょうか」という主張をしてくれる。

今では農協を中心とした農政共同体の人たちは，"小農"といって"貧農"とはいわない。"小農"は豊かなサラリーマンだからである。サラリーマンが土日だけ片手間に行っている農業を止めても，生活に困ることはない。貧農と呼べばウソをついたことになるが，一般国民が農業や農村の実態に疎くなっているのでその必要はない。小農というだけで一般の国民は，貧農だと勝手にイメージしてくれる。国民の多くが農業や農村から離れ，その実態を知らないことは，農政共同体にとっては好都合だった。

農家が豊かで，農業も強いのであれば農業予算を獲得できないし，関税も撤廃される。農業予算のおかげで生計を得ている農政共同体の人たちにとって，農業が強くなって農政共同体の関与がなくても自立できるようになることは，望ましいことではない。農業は弱いままがよいのだ。

米については，機械化が進み農作業に必要な時間が大幅に縮小したため，平均的な規模の水田では週末の作業だけで十分となった。機械化が兼業化を促進した。高度成長期以降，田植え機やコンバインなどの機械化が進んだ。農薬の普及で，雑草を手で抜かなくても済むようになった。米作の労働時間は 10 a あたり 1951 年の 201 時間から 2013 年には 26 時間へと大幅に減少した（図 3-1）。

こうして，農家は過重な米作労働から解放された。米と書いて八十八手間がかかるといわれた時代は過去のものとなった。1 日の労働時間を 8 時間として計算すると，1ha の規模の農家の場合，1951 年には年間 251 日働いていたのに，2013 年には 30 日しか働いていないことになる。0.5 ha の農家なら年間たったの 16 日である。

小さな兼業農家は週末しか農業ができないので農業に多くの時間をかけられない。雑草が生えると農薬をまいて処理してしまうような，農薬・化学肥料多投の手間ひまかけない農業を実施している。規模が大きい農家ほど農業に多くの時間をかけられるので，環境に優しい農業を行っている。

所得とは，価格に生産量をかけた売上額からコストを引いたものである。売上額を増やすかコストを下げれば，所得は増える。需要が伸びると見込まれる畜産や果樹に生産をシフトし売上額を増やす（"選択的拡大"と呼ばれた）一方，

図 3-1　米作労働時間（1 年間 10a あたり）の推移

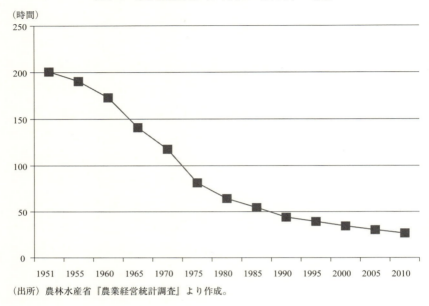

（出所）農林水産省『農業経営統計調査』より作成。

　米のように需要が伸びない作物でも，農業の規模を拡大し，生産性を向上していけばコストの低下により，低価格の下でも十分農業者の所得は確保できるはずだった。このような考え方に立った1961年農業基本法は，農業の構造改革を図ることによって"農業と工業の間の所得格差の是正"を実現しようとした。

　農家所得は1965年には勤労者世帯の所得とほぼ均衡化し，それ以後はこれを大きく上回るようになる。農家は豊かになった。農業基本法が目的とした"農業と工業の間の所得格差の是正"は達成された（図3-2）。

　しかしそれは農業基本法が考えた生産性向上によってではなく，米価引き上げや農外所得の獲得という手段で実現された。農家が工場に勤める兼業農家となると農家自身が工場労働者なので，"農業と工業の間の所得格差の是正"が達成されるのは当然の成り行きだった。農村の貧困問題は解消した。

　しかし，大きな副作用が残った。零細な兼業農家が滞留したため，主業農家

第3章　日本農業を成長産業にするための農政改革　55

図 3-2　農家所得と農業所得，農家と勤労者の所得比率の推移

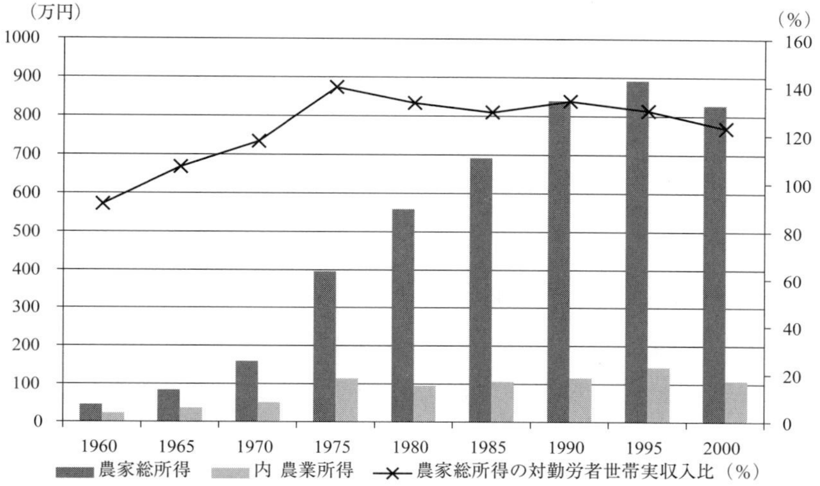

（万円）

（％）

（グラフ）

■ 農家総所得　　■ 内 農業所得　　✕ 農家総所得の対勤労者世帯実収入比（％）

（出所）農林水産省『農業経営動向統計　農家経済累年統計』，総務省『家計調査年報』より作成。

が農地を集めて規模拡大することはできず，農業，特に米農業の国際競争力は低下した。農業の担い手となる企業的な農家は現れなかった。

　兼業農家は農業に依存しない生活を送っている以上，農業に真剣に取り組み，本格的に投資したり，経営規模を拡大したりしようとはしない。今日では小さい農家で貧しいから兼業しているのではない。本職がサラリーマンだから，まともに農業に従事する時間がないので農業の規模が小さいのだ。

3. 農政の目的は何か——農政は"農業"を保護してきたのか

　安倍政権は農業所得倍増を唱えている。農協改革について，西川農林水産大臣（当時）は"農家所得の向上"の観点を強調した。

　ここでいう農業所得と農家所得とは同じではない。酪農家のように，所得をほとんど農業から得ている場合は，この2つはほぼ同義である。しかし米作農家のようにほとんどが兼業農家や年金生活者のような場合には農業所得の占める割合はごくわずかであるため，農家所得は農業所得と一致しない。

農林水産省などの政府文書では農業所得と書かれ，政治家は農家所得に言及する。農家の多数を占める米作兼業農家の場合，農業所得をいくら倍増したとしても農家所得は増加しない。これらの農家の所得を向上しようとすると，農政ではなくトヨタなどの兼業先に賃上げを要請した方が効果的である。また，兼業農家などに退出してもらって主業農家に農地を集積した方が，コストが下がるので米産業全体の農業所得は向上する。しかし，政治家の場合，水田は票田である。政策的な根拠もなく農家所得を上げるのだといった方が，票につながる。もちろん，構造改革が進み，兼業農家等がいなくなってもらっては困る。所得の向上については，政府と政治家の同床異夢である。

　しかしそもそも，農業所得であれ，農家所得であれ，なぜ農業や農家だけが特別に所得を保障されなければならないのだろうか？　町の商店街はシャッター通りと化している。就職氷河期の影響を未だに受けている人たちもいる。それなのにこれらの人たちには，政治は手を差し伸べようとはしない。

　農業には国民の生命維持に不可欠な食料を供給する役割があるからとしか，答えようがない。つまり，食料の供給が第一義的な農政目的であり，その限りにおいて農業に従事する農家の所得を確保すべきだという主張が出てくるにすぎない。農地を転用すれば農家は潤うが，農地資源は減少し，食料安全保障は損なわれる。農家所得自体は農政の目的ではない。

　わが国の農政は食料安全保障や多面的機能の増進どころか，むしろそれを損なってきた。その典型が，減反（供給制限）によって行われている高米価政策である。多面的機能のほとんどは水資源涵養，洪水防止といった水田の機能である。しかし，減反によって，40年以上も水田を水田として利用しないどころか，食料安全保障や多面的機能に必要な水田を潰してきた。

　高米価・減反政策は非効率的でコストの高い零細な兼業農家（貧しくない小農）を米作に滞留させ，農地が主業農家に貸し出されることを妨げてきた。主たる収入が農業である主業農家の販売シェアは野菜では80％，酪農では93％にもなるのに，米だけ38％と極端に低い。農政は，主業農家が規模を拡大して生計を豊かにしようとするのを妨害してきた。米価が高いので，消費も減退

した。その結果，米農業は衰退した。

最も保護されてきた米が日本農業の中で最も弱体化した。米は 50 年前まで
は農業生産額の半分を占めていたのに，今では畜産にも野菜にも抜かれ，2 割
のシェアを維持できるかどうかの農業となってしまった。米はコスト高となり
海外との競争力は失われ，高い関税で守るしかないひ弱な産業となった。

戦後，人口わずか 7000 万人で農地が 500 万 ha 以上あっても，飢餓が生じ
た。農家が自らの資産運用のため，あるいは地方が地域振興のためだと称して
宅地や商業用地に転用したいといっても，勝手に処分を認めてはならない。そ
れが食料安全保障の考え方であり，そのために農業には手厚い保護が加えられ
てきたはずだ。

それなのに，大量の農地が失われた。農地面積のピークは 1961 年の 609 万
ha である。その後，公共事業等により 110 万 ha の農地造成を行い，719 万 ha
の農地があるはずなのに，農地は 454 万 ha しかない。1961 年にあった農地の
4 割を超える 265 万 ha もの農地が転用と耕作放棄で消滅した。

農地法の転用規制や農振法のゾーニング規制は，厳正に運用されなかった。
戦後の農地改革は，10 a の農地を長靴一足の値段で地主から強制的に買収して
小作人に譲渡するという革命的な措置をとった。しかし，それで小作人に解放
した 194 万 ha をはるかに上回る農地が，農業界によって潰された。農地を農
地として利用するからこそ農地改革は実施されたのであって，小作人に転用さ
せて莫大な利益を得させるために行ったのではないはずだ。

4. 農政の "反農業性" ──逆進性は国益だ

国会の農林水産委員会は，米，麦，牛肉・豚肉，乳製品，砂糖などを関税撤
廃の例外とし，これが確保できない場合は TPP 交渉から脱退も辞さないと決
議した。しかし，関税で守っているのは国内の高い農産物＝食料品価格だ。例
えば，消費量の 14％ にすぎない国産小麦の高い価格を守るために 86％ の外国
産麦についても関税を課し，消費者に高いパンやうどんを買わせている。

多くの政治家は貧しい人が高い食料品を買うことになるという逆進性がある

58　第Ⅰ部　アベノミクスと日本経済

として，消費税増税に反対した。食料品の軽減税率も検討されている。その一方で，関税で食料品価格を吊り上げている，逆進性の塊のような農政を維持することは政治家にとって国益なのだ。日本と異なり，アメリカや EU は高い価格ではなく，財政からの直接支払いを農家に交付することで消費者には低い価格で農産物を供給しながらも農業を保護する政策に切り替えている（表3-1）。直接支払いでも農業は保護できるのに，なぜ農産物の関税維持，さらには関税で守られている高い農産物・食料品価格の維持が国益になるのだろうか？

　食管制度の時代には，政府が農協を通じて農家から米を買い入れる価格を高く設定することによって農家所得を保護するという政策が続けられた。1995年に食管制度がなくなって以降も，減反政策によって補助金を農家に与えて米の生産を減少させ，高い米価を維持している。

　1俵（60 kg）あたりの農産物のコストは，1ha あたりの肥料，農薬，機械などのコストを1ha あたり何俵とれるかという単収で割ったものだ。規模の大きい農家の米生産費（15 ha 以上の規模で実際にかかるコストは1俵あたり 7038 円）は零細な農家（0.5 ha 未満の規模で1万 5012 円）の半分以下である[1]。また，単

表 3-1　農政の各国比較

項目 ＼ 国	日本	アメリカ	EU
生産と関連しない直接支払い	×	○	○
環境直接支払い	△（限定した農地）	○	○
条件不利地域直接支払い	○	×	○
減反による価格維持＋直接支払い（戸別所得補償政策）	●	×	×
1000％以上の関税	こんにゃくいも	なし	なし
500–1000％の関税	コメ，落花生，でんぷん	なし	なし
200–500％の関税	小麦，大麦，バター，脱脂粉乳，豚肉，砂糖，雑豆，生糸	なし	バター，砂糖（改革により 100％以下に引下げ可能）

　（注）○は採用，△は部分的に採用，×は不採用，●は日本のみ採用。
　（出所）農林水産省等の資料から筆者作成。

収が倍になればコストは半分になる。つまり規模拡大と単収向上を行えば，コストは下がり，所得は上がる。

図3-3が示すとおり，都府県の平均的な農家である1ha未満の農家が農業から得ている所得は，トントンかマイナスである。ゼロの農業所得に20戸を掛けようが40戸を掛けようが，ゼロはゼロである。20 haの農地がある集落なら，1人の農業者に全ての農地を任せて耕作してもらうと，1300万円の所得を稼いでくれる。これを地代として農地を提供した農家に配分した方が集落全体のためになる。地代を受けた人は，その対価として農業のインフラ整備にあたる農地や水路の維持管理を行う。農村振興のためにも農業の構造改革が必要なのだ。

しかし，総農地面積が一定で1戸あたりの規模を拡大することは，農業に従事する戸数を減少させるということである。組合員の圧倒的多数である米農家

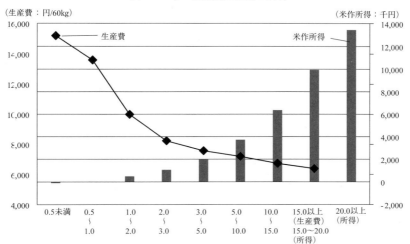

図3-3 米の規模別生産費と所得

(出所) 農林水産省『農業経営統計調査　平成25年　個別経営の営農類型別経営統計（経営収支）―水田作経営―』および『農業経営統計調査　平成25年産　米生産費』。

---

1) 農林水産省『農業経営統計調査　平成25年産米生産費』より，物財費の値を用いた。

の戸数を維持したい農協は，農業の構造改革に反対した。農協が実現した高い米価のおかげで，零細で高コストの兼業農家が滞留し農地を手放そうとはしなくなった。この結果農業だけで生計を維持しようとする主業農家に農地は集まらず，主業農家が規模を拡大してコストダウン，収益向上を図るという道は困難となった。

しかも，減反政策は単収向上を阻害した。総消費量が一定の下で単収が増えれば，米生産に必要な水田面積は縮小し減反面積が拡大するので，減反補助金が増えてしまう。このため，財政当局は単収向上を農林水産省に厳に禁じた。1970 年の減反開始後，政府の研究機関にとって単収向上のための品種改良はタブーとなった。今では日本の米単収はカリフォルニア米のそれより，6 割も低い[2]。日本でもある民間企業がカリフォルニア米を上回る収量の品種を開発し，一部の主業農家はこれを栽培している。しかし，多数の兼業農家に苗を供給する農協は生産が増えて米価が低下することを恐れ，この品種を採用しようとはしない。

5. 米農業衰退が JA 発展の基礎

農協は，戦後の食糧難時代に農家がヤミ市場に流す米を政府に供出させるために農林省が戦時中の統制団体を衣替えして作った組織である。米農業が衰退するのに，米農業に基礎をおく農協は大きく発展した。というより，米農業が衰退したことで農協は発展したといった方が適切である。

日本の農協という存在は世界の協同組合の中でも，日本の法人や協同組合の中でも，特異である。欧米の農協は農産物の販売，資材購入，農業金融などそれぞれに特化した農協である。日本の農協のように銀行，生命保険，損害保険，農産物や農業資材の販売，生活物資・サービスの供給などのありとあらゆる事業を総合的に行う組織ではない。

日本の協同組合でも，生協や中小企業の事業協同組合は銀行業務を兼務でき

---

2) FAOSTAT, USDA より。

第3章　日本農業を成長産業にするための農政改革　61

ない。日本の法人の中でもこのような権能を与えられているのは農協だけだ。銀行は他事業の兼業を禁止されている。生命保険会社は損害保険業務を行えないし，逆も同じである。さらに，農協は本来農家を組合員とする"職能組合"であるはずなのに，農家以外に地域の住民であれば誰でもなれる准組合員（農協を利用できるが，意志決定には参加できないという意味で"准"が付けられている）という独特の制度を持っている。

つまり，わが国の農協は欧米にも日本にも他に例を見ない稀有な組織なのである。そして特異な点はそれだけではない。この組織が政治活動まで行っていることだ。

私はかつてあるジャーナリストから，「欧米では農業保護のやり方を高い価格ではなく財政からの直接支払いという方法に転換したのに，なぜ日本ではできないのですか？」という質問を受けたことがあった。考えてもみなかった質問なので即答できなかったが，一晩考えてよくわかった。欧米にはなくて，日本にあるものがあるからだ。それは農協である。

欧米にも農業の利益を代弁する政治団体はある。しかし，これらの団体自体は経済活動を行っているのではない。日本の農協は政治団体であり，かつ経済活動を行っている。このような組織に政治活動を行わせれば，農家の利益というより，自らの経済活動の利益を実現しようとすることは容易に想像がつく。その手段として使われたのが，高米価政策だった。

農協は戦後最大の圧力団体といっても過言ではない。農地改革で多数の小作人に農地の所有権を与えたため，農村は保守化した。この農村を組織したのが，農協だった。農協が動員する票は自民党を支え，自民党は農林水産省の予算や組織の維持や増加に力を貸し，農協は米価や農協施設への補助金などでメリットを受ける　"農政トライアングル"が成立した。水田は票田となり，農村を基盤とする自民党の長期安定政権が実現した。

政府が米を買い入れた食管制度の時代，農協は政治米価引き上げの一大運動を展開した。食管制度がなくなった今も米価が低下すると農協は政治力を発揮して政府に市場で米を買い入れさせ，米価を引き上げさせる。政治力こそ農協

の最大の経営資産だ。

　米価を上げて，コストの高い非効率的な米の兼業農家や高齢農家を滞留させたことが農協の発展につながった。零細な米の兼業農家の農業所得は，極めて低い。しかし，その農外所得（兼業収入）は他の農家と比較にならないほど高い。しかも，米は農家戸数の7割を占め，他の農業に比べると戸数も圧倒的に多い。したがって農家全体では，米の兼業農家の所得が，支配的な数値となってしまう。

　次の図3-4から，農業所得の割合が1955年の67％から2003年では14％へと大きく減少している一方で農外所得，年金等が大きく増加していることがわかる。今では，農業所得110万円に対して，農外所得は4倍の432万円，年金等は2倍の229万円である。年金等が一貫して増加しているのは農家，特に米農家の高齢化が進展していることを示している。

図3-4　農家の所得内訳

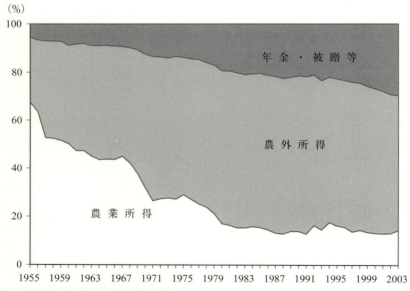

（注）農業経営動向統計は2003年で終了。
（出所）農林水産省『農業経営動向統計』。

第3章　日本農業を成長産業にするための農政改革　63

　さらに，兼業農家や高齢農家は農業から足を洗おうとしている人たちなので，農地を宅地に転用したいので高く売ってくれといわれると喜んで売ってしまう。これは銀行業務を行える農協経営には好都合だった。兼業収入や年金収入だけでなく，農地を転用して得た年間数兆円に及ぶ利益も JA 農協バンクに預金してくれたからである。

　こうして JA バンクの貯金残高は約 94 兆円まで拡大し[3)]，みずほ銀行とわが国第 2 位を争うメガバンクとなっている。銀行業務以外にも，農協保険事業の総資産は 52.46 兆円で，生命保険最大手の日本生命の 56.7 兆円と肩を並べる[4)]。農産物や生活物資の売り上げでも中堅の総合商社に匹敵する。農協は多くの事業を行う巨大企業体となって発展した。

　農協は，准組合員を融資先として活用した。衰退する農業への貸し出しは大きく減少し，預金収入の 1~2％を占めるにすぎない。その一方で，農協はその預金などの 3 割を准組合員に対する住宅ローン，車ローン，教育ローンや元農家へのアパート建設資金に貸し出している。末端の農協は，融資先として必要な准組合員を積極的に勧誘してきた。さらに農協は，残りの資金をウォール街などで運用し，大きな利益を上げてきた。"脱農化"路線で発展してきた農協は，とっくの昔に農民のための互助的な金融機関では全くなくなっている。

　今の農協の稼ぎ頭は信用（銀行），共済（保険）部門である。零細な兼業農家相手で非効率的な農業関連事業の赤字を，信用・共済事業の黒字で穴埋めして，大きな利益を出しているのが農協経営の実態である。

　図 3-5 は，農協の組合員数と農家戸数との関係である。

　通常農家は家長 1 人を農協組合員としている。1960 年では，わずかに農家戸数は組合員数を上回っていた。農協に入らない農家もいるのでこれは当然である。しかしそれでも，100％近い農家が農協組合員であることは異常である。

　しかし今では，異常さの度合が尋常ではなくなっている。正組合員は 461 万

---

3)　JA バンク『全国 JA 貯金・貸出金残高速報』2014 年 11 月現在。
4)　JA 共済『JA 共済連の現状　2014』，日本生命保険『日本生命の現状 2014』。

人（2012年度末），1戸から複数の組合員を出している農家もいるので，正組合員戸数は394万戸である。これは，総営耕地面積10 a以上または年間販売額15万円以上という農林水産省の農家といえないような農家定義に該当する総農家戸数253万戸さえも大幅に上回っている。組織率156％である。明らかに，今では農業を行っていない人が正組合員となっているのだ。

混住化の進展と農協の勧誘によって准組合員の数は年々拡大して，とうとう2009年に准組合員数が正組合員を上回り，2012年度末では組合員998万人中准組合員は536万人で，正組合員461万人を75万人も上回っている。図3-5から准組合員が急速に増加していることがわかる。

「農業は衰退するのに農協が発展した」というより，「農業を衰退させることによって農協は発展した」といった方が正確だろう。その基礎にあったのは，農協制度と高米価政策だった。この2つの歯車が絶妙に噛み合った。高米価で兼業農家を維持したことが，銀行業務などありとあらゆる事業を行う権限を与えた特権的な農協制度とうまくマッチしたのである。

図3-5　総農家戸数とJA正・准組合員数の推移

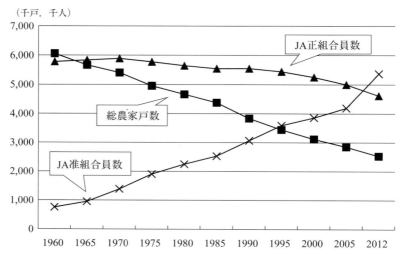

（注）2012年度の総農家戸数は2010年度の数値を代用している。
（出所）農林水産省『農林業センサス』，『総合農協統計表』。

次の図3-6は，さまざまな農業の中で米だけが農業所得の割合が著しく低く，農外所得（兼業収入）と年金の割合が異常に高いことを示している。米を作っているのは，兼業農家や年金生活者である。

農業のうち米は極めて例外的で特殊だ。特に，米の比重が低下している状況では，米の兼業農家の存在は，日本農業全体にとってはなんら重要ではない。むしろ米の兼業農家がいなくなってくれた方が主業農家の規模が拡大し，米農業は発展する。

しかしそれは農業から見た視点であって，農協の視点ではない。主業農家も兼業農家も組合員に変わりはない。農協にとってはむしろ兼業農家の方が重要なのだ。

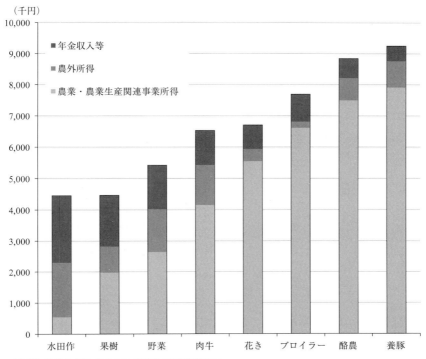

図3-6　営農類型別年間所得と内訳（2013年）

（出所）農林水産省『平成25年度営農類型別統計』。

関税がなくなれば，国内価格を高くしている減反政策は維持できない。これで価格が下がってもアメリカのように財政から直接支払いを行えば，農家は影響を受けない。しかし，所得の高い兼業農家の所得を補償する直接支払いは，国民納税者の納得が得られない。米価低下によりコスト割れした兼業農家は農地を出してくる。このとき主業農家に限定した直接支払いが行われれば農地は直接支払いで地代負担能力が高まった主業農家に集積し，米産業の規模拡大，コストダウン，収益向上が実現する。減反廃止で，単収も向上する。消費者は価格低下の利益を受ける。

　これまで高い関税で外国産農産物から国内市場を守ってきたが，高齢化，人口減少で縮小する国内市場に頼る限り，日本農業はさらに衰退せざるをえない。日本農業を維持，振興しようとすると，輸出市場を開拓せざるをえない。国際的にも高い評価を受けている日本の米が，減反廃止と直接支払いによる生産性向上で価格競争力を持つようになると，世界市場を開拓できる。

　しかし，価格が下がって販売手数料収入が減少する農協は困る。それだけではない。関税がなくなって米価が下がり，兼業農家がいなくなり，主業農家主体の農業が実現することは農協にとって組織基盤を揺るがす一大事だ。農協がTPPに対して大反対運動を展開したのは，このためだ。農協にとって10年先の農業がどうなるかは重要なことではない。問題の本質は，"TPPと農業"ではない。"TPPと農協"なのだ。

6. 減反見直しの罠

　減反政策の基本は，農家が水田で米以外の作物を植えるという転作＝米の減反をすれば減反面積に対して補助金を交付することで米の生産を減らし，米価を高くするというものだ。これに加えて，2010年から民主党は，これ以上米を作らないという生産目標数量を守った農家に対し，米の作付面積に対する補助金＝戸別所得補償を支払うことにした。

　2013年の見直しは民主党が導入した戸別所得補償を廃止するもので，自民党が選挙公約で掲げていたとおりだ。その代わり，1970年から続いている本

第 3 章　日本農業を成長産業にするための農政改革　67

来の減反＝転作面積に対する補助金（減反補助金）は拡充される。つまり，高米価政策という農政の根本にはいささかの変更もない。米価が下がらないのでTPP 交渉での関税撤廃などできないし，零細な兼業農家も米作を続けるので主業農家が農地を借り受けて規模を拡大することもできない。

　前回の自民党政権末期の 2009 年から，パン用などの米粉や家畜のエサ用などの非主食用に米を作付けさせ，これを減反（転作）と見なして減反補助金を交付してきた。具体的には，農家が米粉・エサ用の生産をした場合でも主食用に米を販売した場合の 10a あたりの収入 10.5 万円と同じ収入を確保できるよう，8 万円を交付してきた。それでも米粉・エサ用の転作が少ないので，今回補助金を 2013 年産の主食用の米販売収入に等しい最大 10.5 万円にまで増額し，生産を増やそうとしている。この補助金は主食用米の販売収入と同額である。それ以外にも産地交付金と称して 1.2 万円の補助金，合計 11.7 万円が支給される。もちろん，米粉・エサ用米の販売収入もある（図 3-7）。

　農家は米粉・エサ用の生産をすれば，2013 年産米価以上の収入を補助金だけで得ることができる。2014 年主食用米の農家販売収入が 7 万円に低下した。そうなれば農家は米粉・エサ用米の生産を行い，政府から 11.7 万円，販売収入を入れると 13 万円を受け取った方が明らかに有利である（図 3-7）。

　2015 年産のエサ米は，前年産から 2.4 倍増加し，42 万 t となった。作付面積は 8 万 ha である。これ以外に米全体を収穫し，醗酵させてエサにするというホール・クロップ・サイレージ（稲醗酵粗飼料）も作られており，この作付面積は 3 万 8000 ha で，前年を 2 割以上上回った。

　これだけで財政負担は，1200 億円を上回る規模になる。規模は小さいが，米粉用米の生産も増えている。しかし，これだけの金を使えば，我が国の年間小麦消費量 600 万 t の 3 分の 2 にあたる 400 万 t を海外から輸入できる。これを消費者に無料で配布した方が，軽減税率を導入するよりも，消費税の逆進性の緩和につながるのではないだろうか？　また，わざわざ高い金をかけて 50 万 t 程度のエサ米を作らなくても，同じ金を使って輸入した小麦 400 万 t を備蓄する方が，食料危機への対処として優れてはいないだろうか？

図 3-7　主食用とエサ用の収益

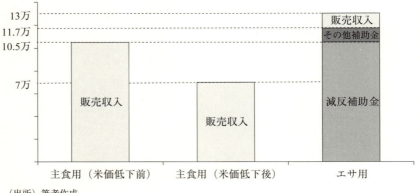

（出所）筆者作成。

　これまで減反補助金と戸別所得補償を合わせて4000億円ほどの税金を使って米価を上げ、消費者に6000億円もの負担を強いてきた。米産業は1.8兆円にすぎないのに、トータル1.0兆円の国民負担だ。国民は納税者としてお金を払い、その結果消費者として高い米の価格を払うというとんでもない政策が40年以上も続いている。今回の見直しで補助金が効きすぎてエサ用の米の収益の方がよくなれば主食用の米の作付けが減少し、主食用の米価はさらに上がる。そうなると税金投入の増加とあわせて、国民負担はさらに高まる。消費税には厳しい政治も、国民の主食である米の価格引き上げには、寛容である。

　補助金漬けによる米粉やエサ用の米生産は、輸入小麦やトウモロコシを代替してしまい、これらのほとんどを輸出しているアメリカの利益を大きく損なう。アメリカがWTOに減反補助金を提訴すれば、日本車に報復関税をかけることが可能だ。高米価・減反政策を徹底した行きつく先が減反の崩壊と農協の動揺を招くかもしれない。一筋の光明である。

7. 農地制度の改革

7-1　農業の後継者を拒む農地法

　食管・減反による高米価政策、これを推進した農協法と並び、農地法は戦後

農政の 3 本柱の 1 つだった。高米価政策を是正するだけでは日本農業を農政という漆喰から十分に解放できない。農地制度が，農業への新たな参入を拒み続けてきたからである。

戦前の農政は「小作人の解放」と「零細農業構造の改善」を目標とした。前者は農地改革で実現したがこれによって自作農＝小地主が多数発生し，零細農業構造を固定させてしまった。

しかし，1952 年に GHQ（連合国軍最高司令官総司令部）の要求で制定された「農地法」はこれを改善しようとするのではなく，維持しようとしたものだった。他の経済改革と違い農地改革だけは日本政府，農林省の発案だった。最初 GHQ は農林省の農地改革案に「ノー・オブジェクション」とだけいい，全く関心を示さなかった。

ところが，GHQ はやがてその政治的な重要性に気付く。終戦直後，小作人の解放を唱え，燎原の火のように燃え盛った農村の社会主義運動は，農地改革の進展とともに，急速にしぼんでいった。農地の所有権を獲得し小地主となった小作人が，保守化したからだ。これを見た GHQ は保守化した農村を共産主義からの防波堤にしようとして，農地改革の成果を固定することを目的としただけといってよい農地法の制定を農林省に命じた。

農政官僚たちは，農地法の制定に抵抗した。彼らは，農地改革で小作農を開放した後，零細な農業構造改善のために"農業改革"を行おうとしていたからである。地主階級の代弁者だった与党自由党も，農政官僚とは逆の立場から農地法には反対した。

しかし，後に総理大臣となる池田勇人は GHQ と同様，農村を保守党の支持基盤にできるという農地改革・農地法の政治的効果にいち早く気付いていた。池田は，自由党の内部をとりまとめ農地法の制定を推進した。農地法は単なる農業関係の法律ではない。戦後という時期において，それは強力な防共政策であり，保守党の政治基盤を築いたものだったのである。

農地改革から農業改革へという農林官僚の夢は，大きな政治の波の前に藻屑と消えた。農家戸数を減少させて農業の規模拡大を進めるよりも，小規模のま

70　第Ⅰ部　アベノミクスと日本経済

まの多数の農家を維持する方が政治的安定にはよい。零細農業構造の改善は実現できなかった。こうして農村は保守党を支える基盤となった。保守化した農村を組織し自民党を支持したのが，農協だった。

　農地法は，小作人＝耕作者に所有権を与えた農地改革の成果を維持するための立法だった。したがって，「所有者＝耕作者」である自作農が望ましいとする。株式会社の場合には，農地の耕作や経営は従業員が行い，農地の所有は株主に帰属するので，この等号が成立しない。したがって，株式会社には農地の所有は認められないこととなる。

　2009年になり，借地なら一般の株式会社も農業に参入できるようになった。一般の株式会社でも農地を借りられるようになったから十分ではないかと，農林水産省などの農政共同体の人たちは主張する。しかし，一時的に参入しようとするのではなく，腰を据えて本格的に参入しようとする経営体が，返さなければならない農地に基盤整備や土壌改良などの投資をするだろうか？　また，農地だけではなく，大きな機械投資をして参入しても，借地では農地の返還を求められると機械への投資は無駄になってしまう。

　当初，農地法は法人が農地を所有したり耕作したりすることを想定していなかった。しかし節税目的で農家が法人化した例が出たため，これを認めるかどうかで農政は混乱した。ようやく1962年に「農業生産法人制度」が農地法に導入されたが，これは農家が法人化するのを念頭においたもので，しかも株式会社形態のものは認められなかった。

　2000年になってようやく株式会社を認めたが，農業関係者以外の者に経営が支配されないよう，農業者や農業関係者の議決権が4分の3以上（農業関係者以外は4分の1未満の議決権）であること，役員の過半は農業に常時従事する構成員であることなどの制限がある。農業関係者以外の4分の1未満の議決権についても，外食・販売業者などその農業生産法人と取引関係にある者でなければ取得できない。

　農業に参入しようとすると，大きな投資が必要である。また，規模を拡大していくと，資金が必要になる。土地や機械などの設備投資だけではない。売り

第3章　日本農業を成長産業にするための農政改革　71

上げが伸びると，売掛金などが増え，運転資金を調達しなければならなくなる。

　友人や親戚など100人から1人10万円ずつ出資してもらうと1000万円の資金を調達できる。しかし農業と関係のない友人や親戚などから出資してもらい，農地所有も可能な株式会社を作って農業に参入することは，農地法上認められない。

　このため新規参入者は銀行などから借り入れるしかないので，失敗すれば借金が残る。自然に生産が左右されるというリスクが農業にはある上に，農地法によって，農業は資金調達の面でも参入リスクが高い産業となっている。

　株式会社なら失敗しても出資金がなくなるだけである。「所有と経営の分離」により，事業リスクを株式の発行によって分散できるのが株式会社のメリットだ。後継者不足といいながら，農政はベンチャー株式会社によって意欲のある農業者が参入する道を絶っている。結局，農家の後継者しか農業の後継者になれない。農家の後継ぎが農業に関心を持たなければ農業の後継者も途絶えてしまう。

　2014年の規制改革会議の報告を受け，農業生産法人については農業関係者以外の議決権を2分の1未満までに，また外食・販売業者などという要件を廃止するといった規制緩和が行われた。しかし依然として，農業とは関係のない親や友人などから100％出資してもらうことはできない。半分は，自己資金や借金で対応しなくてはならない。

7-2　ゾーニングの不徹底による規模拡大の阻害

　土地には強い外部性が存在する。まとまりのある農地の中に建物ができると機械や水の利用が非効率的になったり，施肥，農薬散布，家畜飼養等をめぐる他の住民とのトラブルが発生したりするなど，農業生産のコストが増大してしまう。また，農地が耕作放棄されて草木が繁茂すると病虫被害が生じる。高い建物ができると，隣の農地は日陰地となる。他方で農地の中に住宅などが建つと，道路，下水道，学校などの社会資本を効率的・集中的に整備できなくなっ

72　第I部　アベノミクスと日本経済

てしまう。特に農地改革後，農地が細分化して所有されるようになると，個々の小地主の農地売却という行動により外部不経済が著しくなった。

　このためヨーロッパでは，土地の都市的利用と農業的利用を明確に区別するゾーニングが確立している。他産業の成長が農村地域からの人口流出をもたらしたので，自動的に1戸あたりの農地面積は増加した。

　わが国でも「都市計画法」で市街化区域と市街化調整区域が区分され，「農業振興地域の整備に関する法律」（農振法）により指定された"農用地区域"では転用が認められないことになっている。しかし，これらのゾーニング規制は十分に運用されなかった。

　都市近郊農家は農地転用が容易な市街化区域内へ自らの農地が線引きされることを望んだ。農振法の農用地区域の見直しは，5年に一度が原則である。しかし農家から転用計画が出されると，毎年のように見直される結果，農用地区域の指定は容易に解除される。農用地区域の指定を任されている市町村長としては，農地を宅地や工業用地にした方が地域振興に役立つ。また，選挙民が転用したいといってくると拒否できない。

　ゾーニング規制が十分でないと農家は転用期待を持つし，農地価格は宅地価格と連動して高くなる。この結果，農地の売買による規模拡大は行われなくなった。農林水産省も，これに真剣に取り組もうとしなかった。

　農地法の「転用規制」も，真剣に運用されなかった。

　特に，平坦で区画が整理されている平場の優良農地こそ，宅地などに転用されやすい。1954年に農地の転用許可基準を農林省は定めた。農地を第一種，第二種，第三種に区分し，優良農地である第一種農地は原則不許可，第三種農地は許可，第二種農地は第三種農地に立地することが困難または不可能なものに限り許可することとされた。しかし，あらかじめ農地を区分しているものではなく，個別の転用申請が出てからどれに該当するのかを個別に判断している。また，かつては第一種農地であっても，近くに農地転用により病院や道路などができればその土地は第三種農地に転換されてしまう。転用が転用を呼ぶのである。このように転用許可には裁量の余地が大きい。

第3章　日本農業を成長産業にするための農政改革　73

　わが国で農地集約の規模が拡大しないのは，2つの原因がある。第1に，ゾーニング規制が甘いので簡単に農地を宅地に転用できる。農地を貸していると，売ってくれという人が出てきたときにすぐには返してもらえない。それなら耕作放棄しても農地を手元に持っていた方が得になる。第2に，減反政策で米価を高く維持しているためコストの高い農家も農業を続ける。以上から，主業農家が農地を借りようとしても農地は出てこない。つまり，農地のゾーニング徹底と減反廃止という政策を実行しない限り農地を集約することは困難である。

　食料安全保障の見地から農地資源を確保するためにも，ゾーニングを徹底すべきだ。そのうえで企業形態の参入を禁止し，農業後継者の出現を妨げている農地法は廃止すべきである。これが，シンプルな農地制度改革である。

8. 農 協 改 革

　2014年，とうとう戦後政治における最大の圧力団体である農協の改革が，政治のアジェンダに載った。安倍政権が推進しようとしているTPP交渉の最大の障害である農協の政治力を削ぐ必要があったのだろう。

　2014年5月政府規制改革会議が農協改革案をまとめた。

　第1に，農協の政治活動の中心だった全中（全国農業協同組合中央会）や都道府県の中央会に関する規定を農協法から削除する。全中は系統農協などから80億円，都道府県の中央会が徴収するものをいれると300億円超の賦課金を徴収してきた。

　農協法の後ろ盾がなくなれば全中等は義務的に賦課金を徴収して政治活動を行うことも，強制監査によって傘下の農協を支配することもできなくなる。

　第2に，農産物の販売などを行う全農やホクレンなどの株式会社化である。全農を中心とした農協は，肥料で8割，農薬・農業機械で6割のシェアを持つ巨大な企業体であるのに，協同組合という理由で全農やホクレンには独占禁止法が適用されてこなかった。さらに，一般の法人の法人税は25.5％であるのに19％という安い法人税，固定資産税の免除などのさまざまな優遇措置が認

74　第Ⅰ部　アベノミクスと日本経済

められてきた。

　第3に，准組合員の組合利用を，正組合員の2分の1とする。

　これは翌月農協の意向を忖度せざるをえない自民党により完全に骨抜きにされた。しかし，安倍総理はその直後に「中央会は再出発し農協法に基づく現行の中央会制度は存続しない。改革が単なる看板の掛け替えに終わることは決してない」と発言した。

　2014年11月，全中が公表した自己改革案では，地域農協に対する全中の監査権限は維持するとともに全中などの中央会を農協法に措置することが重要だとした。

　本来協同組合は組合員が自主的に作った組織である。消費者が生協を作り，生協は必要があれば，連合会を作る。ボトム・アップの組織が協同組合である。しかし農協は，中央の意向を末端に及ぼすために作った戦時統制団体を，戦後米の集荷のために衣替えさせたトップ・ダウンの組織である。協同組合の原則は，利用者である組合員が組合をコントロールするというものだった。この組合とは地域農協のことである。しかし，地域農協は組合員ではなく上位の農協連合会によってコントロールされている。強制監査は，中央の連合会が地域農協をコントロールする手段として機能した。ボトム・アップ組織の生協には，全国連合会による強制監査などない。

　安倍総理の意向を体して自民党農林幹部と全中会長との間で協議が行われた結果，全中に関する規定を農協法から削除し全中を経団連と同様の一般社団法人とする，地域農協は全中から独立した監査法人と一般の監査法人の監査を選択できるようにする，都道府県の中央会は引き続き農協法で規定する，准組合員の事業規制については見送るという内容で決着した。

　この過程でJA農協は，農林水産省が推進する農協改革に，農林水産省の方針の変節を激しく指摘するなど農林水産省と全面的に対決した。今回農協改革がたとえ期待する成果を上げなかったとしても，農林水産省，農協，農林族議員の農政トライアングルに亀裂を生んだことの意義は大きい。

　全中監査を強制監査ではなくしたことで，以前よりも地域農協の自由度は増

すだろう。しかし，全中の政治力は依然排除されない。全中は一般社団法人に移行するものの，農協法の付則でJAグループの代表，総合調整機能を担うと位置付けられることとした。また，都道府県の中央会はそのままであり，依然として強制的に賦課金を徴収できる。都道府県の中央会は全中の会員なので，都道府県の中央会が集めた賦課金は従来通り，全中に流れて行く。

　全農等の株式会社化は全農などの判断に任されることとなった。協同組合であり続けるメリットの方が大きいので，全農などがあえて株式会社化を選ぶとは思えない。

　准組合員の事業規制は見せ球だった。地域農協や都道府県の組合からすれば，准組合員がいなくなれば融資先に困ってしまう。准組合員の事業規制を提案したとたん，彼らにとって准組合員が維持できるのであれば，全中監査などどうでもよいという判断になったのだろう。

　しかし准組合員の方が多い"農業"協同組合というのは異常である。本来なら，農業協同組合法と地域協同組合法の2法を制定すべきだ。地域組合は，これまでJAが行ってきた信用・共済事業や地域住民への生活資材供給を行う。

　地域協同組合となれば，今のJA農協の正組合員と准組合員の区別はなくなる。准組合員も正組合員になるのである。JA農業部門は，解散するか，新たに作られる農協に移管する。農協は必要があれば，主業農家が自主的に設立するだろう。それが本来の協同組合である。

　もう1つの道もある。事業者ではないし議決権を持っていない准組合員制度を持っているJA農協は，独占禁止法の適用除外を定めた同法第22条の要件を満たさない。このため農協法第9条は，農協は独占禁止法第22条の要件を備えるものと見なすと規定して，救済している。農協法第9条を削除さえすれば，准組合員制度を持つ農協や農協連合会に独占禁止法を適用できる。

　農協の正組合員資格は10a以上である。10aでの米の販売額は10万円程度で，学生のアルバイト収入より少ない。これで農業を営んでいるといえるのだろうか。農"業"の協同組合である以上家庭菜園的な農家を組合員として認めることは不適当である。農地規模または販売額のいずれかにおいて，農家平均

76　第 I 部　アベノミクスと日本経済

規模以上または主業農家といえるような農家に組合員資格を限定すべきだろう。

　さらに海外の農協は，組合員の利用度に応じて組合員に発言権が与えられるという組織に転換しつつある。今の JA では，主業農家も零細な兼業・高齢農家も，同じく一票の決定権を持つため，少数の主業農家ではなく，農業をやっているとはいえない多数の兼業・高齢農家の意見が農協の意思決定に反映されてしまう。

　JA が主業農家の規模を拡大するという農業の構造改革に反対してきたのは，このためである。この 1 人 1 票制の改革や JA の地域協同組合化など，本質的な部分はまだ提案もされていない。これで農協改革を終わらせてはならない。

9.　日本農業のポテンシャル

9-1　規模が小さいから競争できないのか

　農政共同体は，日本農業はアメリカやオーストラリアに比べて規模が小さいので，コストが高くなり競争できない。したがって，高い関税で保護する必要があるという主張を行っている。農家 1 戸あたりの農地面積は日本を 1 とすると，EU 6，アメリカ 75，オーストラリア 1,309 である。

　規模が大きい方がコストは低下することは事実である。しかし競争力を考える上で，規模だけが重要ではない。この主張が正しいのであれば，世界最大の農産物輸出国アメリカの規模はオーストラリアの 18 分の 1 なので，競争できないことになるはずである。

　この主張は土地の肥沃度や，気候・風土により各国が作っている作物の違いを無視している。オーストラリアの農地面積は 4 億 ha で，わが国の 90 倍もの広さである。しかし，そのうち穀物や野菜などの作物を生産できるのはわずか 5000 万 ha 未満にすぎない。それ以外は草しか生えない肥沃度の低いやせた土地で，これがオーストラリアの農地の 9 割を占めている。ここでは牛が放牧され，脂肪身の少ないグラス・フェッドと呼ばれる低級牛肉がアメリカに輸出され，マクドナルドのハンバーガーになっている。

では，アメリカは何を生産しているのか。アイオワ州やイリノイ州など，最も肥沃なコーン・ベルトといわれる中西部の農地では，トウモロコシや大豆が作られている。トウモロコシや大豆は，家畜の飼料として与えられる。このような飼料で育てられた脂肪身の多いグレイン・フェッドと呼ばれる牛肉は日本などに輸出される。アメリカの牛肉生産量は約1200万tでオーストラリアの5倍である。コーン・ベルトのつぎに肥沃度の高いグレートプレーンズ，プレーリーといわれる中央部の農地では，小麦が作られている。

草地だけでなく，オーストラリアの農地の肥沃度は低い。小麦作でも，オーストラリアの単位面積あたりの収量（単収）は，イギリスやフランスの4分の1，EU平均の3分の1（日本の2分の1）である。EUの規模はアメリカやオーストラリアと比べものにならない（アメリカの12分の1，オーストラリアの218分の1）が，単収の高さと政府からの直接支払いで国際市場へ穀物を輸出している（図3-8）。

日本の農地の特徴は，他の国に比べ，牧草地の割合が13％と極端に低いことである。牧草地の割合はオーストラリアでは88％，中国では75％，比較的肥沃度の高いアメリカでも65％を占める。しかも日本では，生産力の高い水

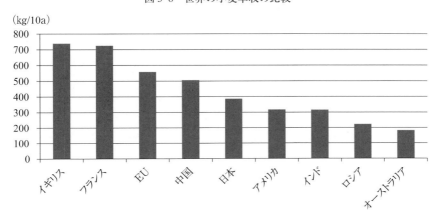

図3-8　世界の小麦単収の比較

（出所）FAOSTATより作成。

78　第I部　アベノミクスと日本経済

田が半分以上を占める。日本の農地は，肥沃度が高いのである。

　日本は農業のポテンシャルを生む自然条件を備えている。都市の空き地でも放っておくと雑草が生えてくる。日本は植栽豊かで，作物の生育に適している。日本にいると気がつかないが，このように恵まれた土地は少ない。カリフォルニア州はアメリカ最大の農業生産高を誇るが，同州を旅行するとぽつぽつとしか植物が生えていないことに気が付く。

　つまり，日本は面積こそ少ないが質の高い農地が多いのである。肥沃度を無視して農地を比較するのは，同じ炭素からできているからといって，ダイヤモンドと石炭を重さだけで比較し，1カラット（＝0.2g）のダイヤモンドより1tの石炭の方が価値があるというようなものである。労働でも，高度な技能を持った人と単純作業に従事する人を同じようには比較できない。

9-2　柳田國男の農政論

　『遠野物語』などを著した日本民族学の父といわれる柳田國男は1900年東京帝国大学法科大学を卒業後，今の農林水産省と経済産業省を合わせた役所である，農商務省に入省した。

　戦前の農業には2つの問題があった。1つは小作問題である。地主に収める小作料は，収穫した米の半分にもなっていた。これを小作人はお金ではなく，現物の米で納めた。地主は高い関税で米の供給を制限することにより米価を引き上げ，彼らに集まった米を売却して収入の増加を図ろうとした。彼らは関税導入の理由として，国防強化に名を借りて，食料の自給が必要であると主張した。TPP交渉における関税削減・撤廃への反対，減反という供給制限による米価の維持など，今の農協の主張と同じである。

　当時の日本農業が抱えていたもう1つの問題は，零細な農業構造である。今でも日本農業の規模は小さいが，当時は農業に従事している人は今の5〜6倍もいた。たくさんの人が狭い農地を耕していたため，農業生産の効率は低かった。

　しかし，農業の現状を維持しようとする勢力は「小農主義」を主張した。こ

第3章　日本農業を成長産業にするための農政改革　79

れは地主階級の主張だった。彼らにとって，小農が多く労働生産性が低くても土地の生産性が高ければよかったからである。柳田が農商務省に在籍したのはわずかに2年だったが，当時の学界や官界で有力であった寄生地主制を前提とした農本主義的な小農保護論に異を唱えたのである。

　農産物貿易の自由化に反対する農政共同体の主張は，100年前と変わりない。高関税による農業保護という地主階級の主張に対し，農政学者柳田國男はつぎのように反論して農業の構造改革を提言した。「旧国の農業のとうてい土地広き新国のそれと競争するに堪えずといふことは吾人がひさしく耳にするところなり。……然れども，之に対しては関税保護の外一の策なきかの如く考ふるは誤りなり。……吾人は所謂農事の改良を以て最急の国是と為せる現今の世論に対しては，極力雷同不和せんと欲するものなり。」

　旧国とは日本，新国とはアメリカのことである。日本は農場の規模が小さいので競争できない，だから関税が必要だ，と当時の農業界は主張したのである。

　これに対し柳田は「農事の改良」，つまり農業の効率化，生産性の向上によってアメリカ農業に対抗すべきであり，関税を導入することは適当ではないと主張した。このとき，「0.3haや0.4haのような小さな農家では，世界の市場や貿易のことを考えて農業を改良しようという意欲を持つはずがない。したがって，規模の大きい農家を育成すべきだ。そのためには農村から都市へ労働力が流出するのを規制すべきではなく，農家戸数の減少により農業の規模拡大を図るべきである」と主張した。

　彼は『中農養成策』においてつぎのようにいう。「全篇数万語散漫にしてなお意を尽くすことを得ず。しかれども言わんと欲するところ要するに左のごときのみ。……農をもって安全にしてかつ快活なる一職業となすことは，目下の急務にしてさらに帝国の基礎を強固にするの道なり。『日本は農国なり』という語をして農業の繁栄する国という意味ならしめよ。困窮する過小農の充満する国といふ意味ならしむるなかれ。ただかくのごときのみ。」

9-3　日本の自然的有利性——農業と工業は違うのか

「農業は工業とは違う」という主張がなされる。これに続けて，農政共同体は「だから保護が必要だ」という。

しかし農業への投入物は，化学肥料，農薬，農業機械など工業の生産物が多い。最近では GPS，センサー，ロボット，コンピューターなど最先端の工業技術が農業の現場でも使われている。

自然や生物を相手にする農業には，季節によって農作業の多いときと少ないとき（農繁期と農閑期）の差が大きいため，労働力の通年平準化が困難だという問題がある。確かに，これは農業が工業と違う大きな特徴である。農業は，一定の原料と労働を投入すれば毎日同じ量の製品を生産できる工業とは異なる。米作でいえば，1 週間しかない田植えと稲刈りの時期に労働は集中する。農繁期に合わせて雇用すれば，他の時期には労働力を遊ばせてしまいコスト負担が大きくなる。

しかし，日本にはこれを克服させる自然条件が備わっている。標高差と南北の長さである。

傾斜があり，区画が小さい農地が多い中山間地域には標高差があるので，田植えと稲刈りに，それぞれ 2 ～ 3 ヶ月かけられる。これを利用して中国地方や新潟県の典型的な中山間地域において，夫婦 2 人の経営で 10 ～ 30 ha の耕作を実現している例がある。

これは都府県の米作農家の平均 0.7 ha から比べると破格の規模である。この米を冬場に餅などに加工したり，小売へのマーケティングを行ったりすれば，通年で労働を平準化できる。平らで農作業を短期間で終えなければならない，平均 10 ha 程度の北海道の水田農業よりもコスト面で有利になるのである。

標高は，規模やコストだけに作用するのではない。作物の品質にも良い効果を発揮する。中山間地域である新潟県魚沼地区のコシヒカリが高い評価を得てきたのは，標高が高く，日中の寒暖の差が大きいからである。中山間地域では，鮮明な色の花の生産も行われている。高収益を上げられるワサビは，標高が高くて冷涼な中山間地域に向いている。

第 3 章　日本農業を成長産業にするための農政改革　81

　また，日本は南北に長い。亜熱帯の沖縄から亜寒帯の北海道まで，広く分布している。同じ砂糖の原料でも，サトウキビ（沖縄，奄美諸島）とビート（北海道）を同時に生産できる国は，日本のほかには中国とアメリカくらいしかない。

　南北に長いため，作物の生育がずれる。小麦の栽培適期は熊本県で，種まきが 11 月下旬，刈り取りが 6 月。一方北海道では種まきが 9 月下旬，刈り取りが 8 月となっている。つまり作期に 2 ヶ月も差があるのである。

　この日本の特性を活かしドールというアメリカの企業は，ブロッコリを生産している農業生産法人に資本参加することにより，日本に点在する 7 つの農場間で，一定の作業が終わるごとに，機械と従業員を南から北の農場へ段階的に移動させることで年間の作業をうまくならしている。労働の平準化と機械の稼働率向上によるコストダウンである。ドールは，同じく南北に長いカリフォルニアなどでも同じような取り組みをしている。

9-4　先端技術の活用

　先端の工業技術を活用した精密農業あるいはスマート農業といわれるやり方が，開発・普及しつつある。例えば，各種センサーを搭載した装置を農地に設置することで遠隔から 24 時間農地の状況を監視することができる。また，一片の農地でも土中の栄養分にバラツキがあるが，農地を細かく分けて，必要な部分に必要な量だけの肥料を投入すれば無駄なコストを節約することができる。さらに，GPS により得られた葉の色の情報から作物の生育状況を判断し，最も良い状態のときに収穫することが可能になる。つまり，コストダウンと高品質化により所得を向上させることが可能となるのである。農業分野でもイノベーションには目覚ましいものがある。

　具体的には，GPS を活用し農地の位置，面積を正確に測定するとともに，土壌センサーにより土壌成分を調査した結果や，窒素センサーで作物の葉色を分析した結果を地図に落とすことにより，小区画ごとに肥料の使用量を多くしたり，少なくしたりすることができるようになっている。GPS を使って農業機械を正確に走行させることにより，直線的な畝作りも可能となる。

82　第Ⅰ部　アベノミクスと日本経済

　また，わずかな気象の状況や変化についての情報を探知するロボットやセンサーを農場に設置して病害虫の発生を予測することで，無駄のない農薬散布が可能となる。低農薬，低コストの農業である。

　このような技術は，北海道のような大区画の農地にだけ適用できるのではない。都府県の農地は，零細分散錯圃という特徴がある。農地が分散していると，当然ながら大区画の農地よりも，農地1枚ごとの肥料や作物生育などの状況が大きく異なることになる。経営規模が大きいのだが圃場が分散しているという，都府県の農業経営にもこれらの技術を適用するメリットは大きい。

　さらには無人飛行機（ドローン）の活用も研究されている。ドローンに赤外線カメラとデジタルカメラを搭載し農地の撮影を行い，GPSから得られた経度・緯度の位置情報とあわせて立体画像に変換する。葉の色の微妙な違いから窒素含有量，光合成の量を測定し，成長状態を把握できる。航空機の写真測量技術と人工衛星などのリモートセンシング技術の応用だという。これにより効率的な施肥・農薬散布や適切な収穫時期を実現でき，農地の状況に応じて，作業を適切に組み合わせるなどの工程管理が可能となる。これは零細分散錯圃対策としても効果的である。

　さらに，わが国では地域ごとに自然条件が微妙に異なることから，これまで蓄積された篤農家などの地域農業技術を集めて，気象が変化したようなときに農家の求めに応じて対応策を提供するというシステムも研究されている。具体的には，まず，過去のある状態（日時，作物，圃場，気候）のときにどのような農作業を行った結果，どのようなことが起きたか，という日々の情報をデータベース化するとともに，熟練農家の技や文献などを蓄積する。圃場にあるセンサーが作物の状況や栽培環境などをモニタリングしてその情報をコンピューターに送信する。コンピューターは，蓄積したデータベースと熟練農家の技や文献などを参照して，送られてきた情報を分析して，行うべき作業を圃場にいる農家に送信する。これが反復されることでデータベースが充実し，能力や精度も向上していくという仕組みである。

　現在では，農業者がITなどの先端技術を使いこなせなければ先進的な農業

第3章　日本農業を成長産業にするための農政改革　83

に対応できなくなっているといってもよい。もちろん，これはある程度の規模
を持つ農場でなければコストがかかるばかりで採用できない。また，このよう
な農法が過剰な肥料，農薬の投入を抑える，環境にやさしいものであることは
いうまでもない。コストの削減，経営の合理化が環境にやさしい農業につなが
る。規模の大きい農家の方が環境にやさしい農業を行うことができるのであ
る。

　農業の生産性は，単に土地の広さだけで決まるものではない。日本の独特の
気候風土や高い工業技術を活用することによって，農業の可能性を広げること
ができる。現在の農業は，人間の労働に頼った戦前の農業とは同じではない。

10.　農業立国に舵を切れ──農産物輸出の可能性

　現実の世界貿易は「途上国が農産物を輸出し，先進国が工業製品を輸出す
る」，あるいは「土地の広いアメリカが農産物を輸出し，日本は工業製品を輸
出する」といった固定観念とは異なっている。自動車のように，農産物につい
ても，同じ産業の中で異なる品質の商品が相互に輸出されたり輸入されたりし
ているのである（図3-9，3-10）。

　アメリカは世界最大の牛肉生産国（1176万t）であり，世界第3位の牛肉輸
出国（117万t）であると同時にロシア（103万t）と僅差の世界第2位の牛肉輸
入国（102万t）である。輸出量と輸入量がほぼ拮抗している。アメリカは，ハ
ンバーグ用の低級牛肉はオーストラリアから輸入する一方，トウモロコシなど
の穀物で肥育した高級な牛肉は日本などへ輸出している[5]。

　農業全体で見ても，アメリカは世界最大の輸出国であると同時に世界最大の
輸入国である。他の国も輸出を行いながら輸入もしている。日本だけが輸入が
多く，輸出が極端に少ない。

　つまり，農産物についても，工業製品と同じように品質の違いがあるため貿
易は双方向に行われているのである。ある国が一方的に輸出国で，他方が輸入

---

5)　2013年，USDAより。

図 3-9　主要国の農産物輸出額（2011 年度）

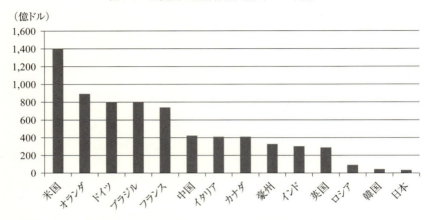

（出所）農林水産省『平成 25 年度　食料・農業・農村の動向』より作成。

図 3-10　主要国の農産物輸入額（2011 年度）

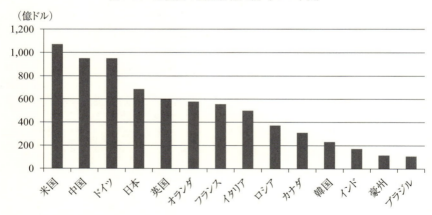

（出所）農林水産省『平成 25 年度　食料・農業・農村の動向』より作成。

国であるという関係ではない。これが品質に差がある場合の"産業内貿易"である。

　自動車にベンツのような高級車とタタ・モータースのような低価格車があるように，米についてもジャポニカ米（短粒種），インディカ米（長粒種）の区別

があるほか，同じジャポニカ米でも品質に大きな差がある。インディカ米でも，パキスタンなどで生産されるバスマッティ・ライス，タイ産のジャスミン米のような高級米と，アフリカや南アジアなどへ輸出される低級米とは大きな品質の違いがある。

アメリカは350万tの輸出を行いながら，高級長粒種ジャスミン米を中心にタイなどから80万tの米を輸入している。米でも産業内貿易が行われているのである。

国内でも同じコシヒカリという品種でも，新潟県魚沼産と一般の産地のコシヒカリでは，1.5倍の価格差がある。国際市場でも，日本米は最も高い評価を受けている。現在，香港では，同じコシヒカリでも日本産はカリフォルニア産の1.6倍，中国産の2.5倍の価格となっている（図3-11）。

国際的にも，米需要はタイ米のような長粒種から日本米のような短粒種へシフトしている。おこわのように中国では米を蒸して食べていた。この15年ほ

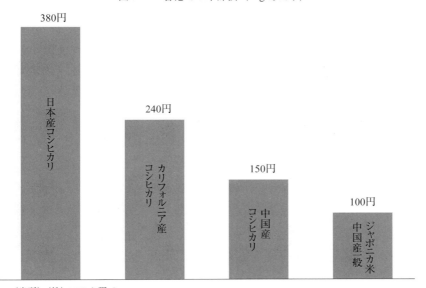

図3-11　香港での米評価（1kgあたり）

（出所）（株）マルタ調べ。

どの間に，電子炊飯器によって炊くという調理方法が日本から普及してから，ジャポニカ米の消費は大幅に増えたといわれている。かつてほとんど生産がなかったジャポニカ米の生産は4割まで拡大している。

アメリカなどと競争できないという議論には，関税が撤廃され政府が何も対策を講じないという前提がある。アメリカやEUは直接支払いという鎧を着て競争している。EUもアメリカの10分の1，オーストラリアの200分の1の規模ながら直接支払いで穀物を輸出している。

日本農業だけが徒手空拳で競争する必要はない。近年国際価格の上昇により，内外価格差は縮小し，必要となる直接支払いの額も減少している。直接支払いがなくても，米の輸出量は，右肩上がりで伸びている（図3-12）。

米の輸入に異変が起きている。2014年度，日本がアメリカなどに開いている主食用の輸入枠10万tがほとんど消化されなかったのである。

ガット・ウルグァイ・ラウンド交渉で輸入数量制限など関税以外の措置は廃

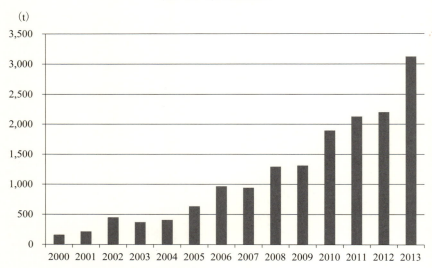

図3-12　米の輸出数量

（注）政府による食糧援助を除いた商業用輸出に限定。
（出所）財務省『貿易統計』。

止し,当時の内外価格差を関税に置き換えて設定することが要求された。しかし,その内外価格差は大きかった(現在 1kg あたり国内米価 200 円に対し関税はこれを大きく上回る 341 円)ので,一定の輸入を行わせるためにミニマム・アクセスという輸入枠が設定された。

日本の米の場合,ミニマム・アクセスは 77 万 t であるが,アメリカの要求を入れてそのうち一定量は主食用として日本の市場に入れることとした。その入札方法は同時売買(SBS)方式といい,海外の売り手と日本の買い手がセットで入札し,買い手の価格(日本での卸売価格に相当)と売り手の価格(日本への外米輸入価格)の差が大きいものから落札するというものである。

この差は内外価格差に他ならない。内外価格差があれば,必ず入札に応じる業者が出てくる。これまで例外的な年を除いて,この輸入枠の消化率は 100% だった。例外的な年としては,国産米価が 12% 低下した 2010 年度に消化率は 31%,13% 低下した 2013 年度の消化率は 61% だった。しかし,2014 年度は国産米価が 12% 下がっただけで,消化率は 12% となった(図 3-13)。特に,最終回の 3 月では,政府が 8 万 8610 t の枠を提示したにもかかわらず,216 t の落

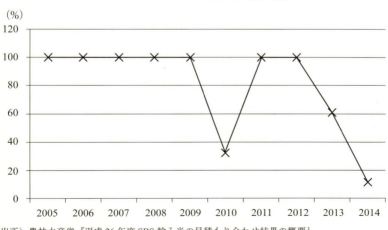

図 3-13　MA 米の SBS 輸入方式落札割合

(出所)農林水産省『平成 26 年度 SBS 輸入米の見積もり合わせ結果の概要』。

札にとどまった。なんと消化率は 0.2％である。

　2014 年度の米価の低下は，農協の価格操作によるものだが，米価自体の水準は 1 万 2481 円（60kg あたり）と 2010 年度の 1 万 2711 円とほぼ同じ水準だった。明らかに，つぎの図 3-14 が示すとおり，内外価格差が解消したのだ。

　かつて大量に輸入された中国産米は 2013 年度以降全く輸入されていない。2014 年度のカリフォルニア米の輸入価格は 1 万 2582 円である。これは 2014 年度平均の国産米価より高い。現在深刻な干ばつとなり，州知事が州民に大幅な節水を呼び掛けるまでの深刻な水不足となっている同州では，米生産の縮小が予想され，価格が下がるという状況にはない。

　2014 年 9 月から米価は傾向的に低下しており，国内の米価は 2015 年 8 月で 1 万 1928 円である。さらに，従来日本市場では国産米はカリフォルニア米よりも 2〜3 割ほど高く評価されていた。これは品質格差を反映したものである。ということは，内外価格差は解消したどころか完全に逆転したといえよ

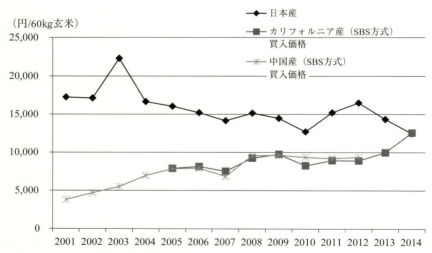

図 3-14　コメの価格の比較

（注）『米の相対取引価格　年産別平均価格（H18〜H25）』の 2014 年度は 2 月までの速報。
（出所）農林水産省『米の相対取引価格　年産別平均価格（H18〜H25）』，『輸入米に係る SBS の結果の概要』より作成。

第3章 日本農業を成長産業にするための農政改革 89

う。ただし，農林水産省が減反を強化したため，2015年9月国産米価は1万3178円に上昇している。

基本的には関税を撤廃しても，国内米農業にはなんら影響がない。しかも国産の米価は減反で維持されている価格である。そもそも関税がなくなれば，国際価格よりも高い減反という国内の価格カルテルは維持できない。減反を廃止すれば，国内の米価は7500円程度と国際価格よりも低い水準に下がり，輸出を大々的に行えることになる。輸出が増えれば国内市場の供給量が減少するので，米価は上昇する。米価が上がるので，国内の米生産は拡大する。

減反廃止により日本米の価格が7500円に低下し，農村部の労働コストの上昇や人民元の切り上げによって中国産米の価格が1万3000円に上昇すると，商社は日本市場で米を7500円で買い付けて，1万3000円で輸出すると利益を得る。この結果，国内での供給が減少し，輸出価格の水準まで国内価格も上昇する。これは経済学で"価格裁定行為"と呼ばれるものである。これによって国内の米生産は拡大する。

どれだけ輸出できるのだろうか。1993年の大凶作の翌年，減反を一時期解除した。このときの生産が1200万tである。突然の減反解除で，米農家は十分な対応ができなかったにもかかわらずこれだけの生産は実現できた。現在水田面積は減少しているものの，充分な時間的な余裕があれば単収も向上し，これだけの生産は可能と考えられる。価格低下で国内の需要量が850万tに拡大したとしてもなお，アメリカ並みの350万t程度の輸出は可能である。米の国際貿易量は，この20年間で1000万tから4000万tへと拡大し，なお拡大を続けている。2013年の米輸出量は3021t，輸出金額は10億円だった。輸出量が千倍に増えれば，輸出金額は1兆円になる。農業を再建するのに，充分な額ではないだろうか？

11．おわりに

必要な農政改革は，簡単なものである。

(1)　減反を廃止して米価を下げれば，兼業農家は農地を貸し出す。主業農家

90 第 I 部　アベノミクスと日本経済

に限定して直接支払いを行えば地代負担能力が上がって，農地は主業農家
に集積する。

(2)　今の JA 農協から農業部門を切り離し，地域協同組合とする。主業農家
が必要と考えれば，自主的に農協を作ればよい。その農協は，利用量に応
じて発言権があるようにする。

(3)　フランスやドイツ並みのゾーニング制度を確立し，農地法は廃止する。

この簡単なことが，なぜこれまでできなかったのだろうか？　いつかこのような改革が実現し，日本農業が世界に雄飛する日が来ることを期待したい。そしてそれはそう遠くないような気がする。

第 4 章

アベノミクス批判の経済思想史*

若田部　昌澄

1. はじめに——なぜアベノミクス批判は絶えないのか

　安倍晋三首相の経済政策，通称アベノミクスが開始されてから3年目に突入した。この間，2014年4月からの消費税増税といった手痛い失敗があったとはいえ，雇用情勢の改善をはじめ，成果は出ている。2015年11月現在，失業率は3.1%（2015年10月）に減少し，就業者数は2013年以来増えている。8月6日発表の学校基本調査では，2015年春の大学卒業者の就職率は72.6%と改善している。70%台への回復は実に21年ぶりである。他方，総務省統計局の発表している消費水準指数によると，2013年の平均が100なのに対して2015年は95前後と，消費は落ち込んだままである。

　こういう状況に対して，アベノミクスに一定の成果を認めながらも，消費税増税については懸念するという批判はありうる（片岡(2014)；若田部(2015)）。けれどもアベノミクスに対する批判は，むしろ消費税増税よりもアベノミクスにおける金融政策に向けられており，それへの批判は焦点を変えながらも絶えることはない。

---

* 本章は，一部，2014年12月20日荻窪ベルベットサンで行った講演「2014日本経済の回顧と展望：アベノミクス批判の経済思想史」に基づいている。また，成長論争についての記述は若田部 (2015)，第4章と重複している。

92　第Ⅰ部　アベノミクスと日本経済

　本章では，現代の経済政策であるアベノミクスとそれをめぐる論争を理解する
ために，アベノミクス批判を経済思想史上に位置付けてみたい。具体的に
は，アベノミクス批判の代表的議論を検討し，その歴史的な源流を高度成長期
の成長論争にたどってみたい。

　高度成長期の成長論争については，「戦後最大の経済論争」（上久保（2008）
94ページ）という評価が下されている。平成不況論争を経験した今日では，こ
の評価は修正されるべきものと考える。けれども，平成不況論争は成長論争と
も密接な関連があるといえる。本章では，戦前の金解禁論争，戦後の成長論
争，平成不況論争の3つをつなげて理解することが日本の経済思想の特質を理
解するのに重要であるという仮説を提示する。

　アベノミクスに対する批判として典型的なものは，第1に，それが安倍首相
の経済政策だからというものがある。安倍首相は極右で改憲論者であり，その
政策がアベノミクスであり，そこには政治的な意図があるという形をとる[1]。
第2に，アベノミクスは新自由主義なので悪い，とする批判がある[2]。第3
に，左右両派に共有されている反米感情である。TPPは安倍政権の頃から交渉
参加が議論されたわけではないものの，交渉参加を決定したのは安倍首相であ
る。第1の批判は属人的な政策理解であり，経済政策そのものについての評価
と政策遂行者の政治的意図をまずは区別して理解するという視点を欠く。第2
の理解は端的にいって間違っている。アベノミクスの中心は第1の矢であり，

---

1)　安倍首相の政治を批判的に検討する視点を比較的明確に打ち出しているのは伊東
（2014）である。「安倍政権は，欧米のマスコミが書くように戦後の日本で，例外的
な『極右政権』である」（伊東（2014）ixページ）。

2)　伊藤誠（2013）は，日本の左派の中では数少ないケインズ主義的反緊縮型の経済
政策を理想として掲げている。その観点から伊藤は，アベノミクスにはケインズ主
義と新自由主義まで多様な思想が入り込んでいることを喝破している。それゆえ浜
田宏一に対しては「同世代の元同僚で理論家の浜田教授の憂国の心情には，その論
旨への賛否は別として，ひそかにエールを送りたい気持ちもなくはない」（伊藤
（2013）11ページ）と一定の理解を示す。けれどもアベノミクスは「ここ2，30年間
の自民党政権と同様に，新自由主義を基調としながら，あくまで『緊急経済対策』
としてケインズ主義を便宜的・局部的に利用するにとどまるであろう」という（伊
藤（2013）15ページ）。

そのロジックの中心はインフレ予想を高めて実質利子率を下げるところにある。これはケインジアン的，あるいはニューケインジアン的な政策である。ポール・クルーグマンやジョセフ・スティグリッツら，欧米においてリベラル（左派）に分類される経済学者たちがアベノミクスを評価する理由もそこにある。確かに，第3の矢に含まれる一部の政策，労働市場の規制緩和などは「新自由主義」的と考えられるかもしれないが，第3の矢にはさまざまな政策哲学が混在しており，むしろ「新自由主義」的な色彩は小泉政権，あるいは第1次安倍政権よりも薄まっているとさえいえる[3]。

　これらの批判が主に日本の左派とされる人々のものとすると，一方で日本の政治経済エリートからの批判がある。日本の政治経済エリートにとって，安倍首相は挑戦者でもある。第1次安倍政権の失敗の原因の1つは，公務員制度改革を実行しようとしたところにある。既存のエリート層の中核をなす官僚機構の根幹をなす人事に手を入れようとしたことは壮大な試みであった。第2次安倍政権においてはそうした官僚機構への挑戦は表立っていないものの，2013年3月の日銀総裁・副総裁人事，2014年10月の消費税の8％から10％への増税の延期のように，ところどころで日本銀行，財務省の方針とは別の政策を実施してきた。それゆえ，アベノミクスに対しては既存の日本の政治経済エリートからの批判が多いことは驚くに値しない。

　本章は次のように進めていく。第2節では主として左派系の経済学者によるアベノミクス批判の現状を紐解いていく。そこでは「第1の矢」である金融緩和政策だけでなく，「第2の矢」である拡張的財政政策も批判されていること，また経済成長に対する懐疑がみられることを明らかにする。第3節では，歴史を振り返り，1960年代の成長論争を振り返る。ここでは，成長論争が論争参加者の人的関係からも内容面からも金解禁論争の第2幕であることを論じ，現代のアベノミクス批判につながっていることを示す。第4節は結語である。

3）　アベノミクスの理解と評価については，片岡（2013），若田部（2015），Wakatabe（2015），Chapter 6 などを参照のこと。

2. アベノミクス批判の検討

本節では，日本の左派によるアベノミクス批判の典型として，伊東光晴『ア ベノミクス批判』（伊東(2014)）を取り上げる。伊東は都留重人の弟子であり， 成長論争時から現在までの日本の経済論壇でおよそ半世紀以上も活躍している こともあり，アベノミクス批判の歴史的系譜においては要となる人物である。

伊東（2014）の内容は多様な論点を含んでいるが，つぎのようにまとめられ る。第1に，「第1の矢」については徹底的に批判されている。伊東（2014） の第1，2章は全編岩田規久男批判といってもよい[4]。ただし，その分析はよ く見かける「第1の矢」批判である。

金融政策が円安，株高をもたらしたわけではなく，日銀の貨幣供給量の増大 は当座預金残高の増加となっているだけで，「それが引き出され企業に融資さ れて設備投資となるなど，実体経済の活況化をもたらすものにはほとんどなっ ていない」（伊東(2014)15ページ）。「安倍内閣の『大胆な金融緩和』と株式市場 の活況とを直結する人は多い。だが株価上昇への力は，自民党が衆議院で多数 を占め，解散の声が起こる以前に動き出したのである。新聞が書き当事者たち が自負する安倍政権とは何の因果関係もない」（伊東(2014)21ページ）。伊東に よれば円安をもたらしたのは為替介入である。ただし，介入したとすれば外為 特別会計にその証拠が残るはずだが残っていないので，何か特別な操作をして いるのに違いないという（伊東(2014)26ページ）。

当座預金残高が増えることは予想インフレ率の上昇に貢献している。現状 で，予想インフレ率は上がり，実質利子率は下がり，設備投資，輸出，銀行貸

---

4) そこには揶揄と皮肉も大いに込められている。京都商工会議所での岩田の講演で 「『人々の期待に働きかける』という私の説明を聞いて，おまじないのような話だと 思われた方もいらっしゃるかもしれません」，「しかし，金融政策というのは本来， 『人々の期待に働きかけること』を通じてその効果を発揮するものなのです」という くだりを読んで，伊東はつぎのようにいう。「戦争中の『皇道経済学』を思い出し た。柏手を打って講義を始める教授は，日銀に国債発行の累積があろうとも，天皇 陛下に帰一し奉る心があれば，物価の安定を乱すことはないと」（伊東(2014)8ペー ジ）。

し出しは増えており，雇用環境は改善されているので，金融政策の変化が「実体経済の活況化をもたらすものにはほとんどなっていない」というのは無理がある。また株高が実体経済と関係がないのも事実と反する。株価や為替レートは家計の持つ資産や企業収益に影響をもたらす。なお，外国人投資家が日本株を買っていることが株価上昇につながっていることは事実である。しかし，彼らが買い始めた時期が2012年10月で衆議院解散の前だから「第1の矢」とは関係ないという説明は説得力を欠く。すでにこの時期，民主党の支持率は落ち，解散は時間の問題と考えられていた。そこに就任したばかりながら次期首相が確実視されていた安倍自民党総裁が日銀にインフレ目標を求めることを公言していた。また現在の為替介入の方法は原則として不胎化介入なので，金融政策をともなわない為替介入だけの効果は原則として一時的なものにとどまる。伊東がいうような特別な操作を政府は行っていないと考えられるが，為替介入だけである限りそもそも為替には影響をもたらさないのである。

　金融政策について伊東は，「金融政策の非対称性」を強調する。「通貨量が増えようと金利が下がろうと，不況期には投資対象はほとんどなく，リスクを考え，企業は投資を抑えるから」，「金融緩和政策は不況対策にはならない」(伊東(2014)31ページ)。伊東が使うのは有名な「紐」のたとえである。「紐を引っ張ると同様に中央銀行の緊縮政策によって銀行貸出量を減らし，それによって貨幣供給量の増加を押しとどめ，減らすことはできる。しかし，紐を押しても効果がないのと同様に，銀行貸出及び貨幣供給量を増やすことはできない」(伊東(2014)32ページ)。

　もっとも不況期の1930年代のイギリスでは，1931年9月の金本位制離脱に続いて1932年6月にイングランド銀行が公定歩合を2％にまで引き下げてから回復が始まったとするのが常識である[5]。アメリカでも金本位制からの離脱とその後の金融政策によって大恐慌から離脱した。不況期に金融緩和政策を行うことは常識である。ただし，不況の規模が大きく，期間が長いならば，金融

---

5)　例えば Howson (1975) pp.86-119 を参照のこと。

96　第Ⅰ部　アベノミクスと日本経済

緩和政策はかなり大規模にまた大胆にやらなければならない。そのためには金融政策のレジーム転換を必要とする。新政権の誕生，インフレ目標の設定，日銀執行部の入れ替えはレジーム転換のために必要だった。また，例えば論理と実証を代替しない。不況期の金融政策を紐にたとえるのは，悪いたとえである[6]。

　全体として伊東の理解はかなり旧式である。デフレの定義について伊東は，「15 年近く続いたデフレ」という表現を用いるのはおかしいという。「デフレか否かの基準を物価の動きだけに求めるのは一般的には問題である」（伊東(2014)73 ページ）からだ。ここでは，デフレは不況と同一視されている。これは昔の定義である。デフレの定義については，かつて政府も不況と混同していたことがあったが，2001 年以降は物価の継続的下落で統一されている[7]。

　第 2 に，「第 2 の矢」については国土強靱化との関連で簡単に言及しているのに対して，むしろ力点をおいているのは財政再建である。伊東は財政赤字，債務残高そのものの額を問題にしており，GDP との比較という視点はない[8]。第 1 の点とあわせて注目すべきところは，伊東がマクロ経済政策は日本ではほとんど有用ではないと考えていることだ。不況時の金融政策に効果はなく（伊東(2014)31 ページ），財政赤字を出す景気対策は有効性に乏しい（伊東(2014)69 ページ）ならば，マクロ経済政策は無効ということになる。とはいえ，現状で消費税増税の影響もあるとはいえ，税収は増えている。2014 年度の決算概要では，税収は前年度比で 7 兆円余り増加している。また，伊東は「バブル崩壊後，景気を回復させるために減税と公共事業の増額をはかった」ことが「取り返しのつかない財政破綻」（伊東(2014)69 ページ）を招いたとしている。しかし，なぜか伊東は 1997 年の消費税増税については言及していない。

　第 3 に，成長への懐疑があげられる。ことに人口減少は大きな制約要因としてあげられている。経済成長そのものを明確に否定することは避けられている

---

6)　このたとえが大恐慌からの回復過程に初めて述べられたことは興味深い。Orphanides（2004）p.105 を参照のこと。

7)　当時の整理については，岡本（2001）を参照のこと。

8)　これは武田（2014）145-146 ページも同様である。

第4章　アベノミクス批判の経済思想史　97

ものの，日本の21世紀は「経済は量ではなく質を考える時代」(伊東(2014)，75ページ) であるとか，「今必要なことは，第三の矢が志向する成長願望ではなく，成熟社会に見合った政策」(伊東(2014)75-76ページ) であるといった表現が繰り返されている[9]。

　第4に，政治的要因の強調である。「安倍首相が意図するところは，経済に重点があるのではなく，政治であり，戦後の日本の政治体制の改変こそが真の目的である。これが『隠された』第四の矢」である (伊東(2014)ixページ)。具体的には，靖国参拝，戦争責任と歴史認識，集団的自衛権と安全保障法制，憲法改正といった論点で安倍首相の政策を批判している[10]。

　要約するとつぎのようになる。第1に，経済における貨幣的要因については否定的なことである。これはデフレ下における金融政策についての無効論，あるいは「紐」理論，いわゆる「日銀流理論」とも親和的である。第2に，財政については，日本の財政赤字・累積債務に危機意識を持ち，経済成長ではそれは解決できないと考えている。第3に，経済成長については，日本経済が今後成長する見込みも小さいと考えているだけでなく，むしろ経済成長は望ましくないとも考えている。

　ところで，伊東は，下村治と都留重人の「成長論争」について言及している(伊東(2014)57ページ)。「戦後の日本経済の中で高い経済成長を示した1960年代，これを勃興期であると予言したのは下村治氏の卓見であった」(伊東(2014)75ページ) とも述べている。もちろん現在の日本は勃興期ではないというのが趣旨であるが，なぜ半世紀前の経済政策論争が現代に関連するのか。この関連

---

9)　成長についてより懐疑的で，今後を「脱・成長」の時代と位置付けているのは武田 (2014) である。ここでは幸福研究を持ち出して，日本やアメリカといった先進国では経済成長と幸福度に関連が薄いこと，環境と格差にこだわることなど，典型的な論法が用いられている。なお，よくいわれる先進国での経済成長と幸福度の関連の薄さについては，若田部・栗原 (2012) で批判的な研究を紹介した。

10)　ただし，それ以外の批判は同意できるところが多い。成長戦略に内容が乏しいこと (「音だけの鏑矢」)，税制が不公平なこと，消費税にインボイスがないことの欠陥の指摘などはまずまず妥当である。また経済政策決定の背景にある政治力学の分析には鋭いものがある。

98 第Ⅰ部 アベノミクスと日本経済

を読み解くのがつぎの節の目的である。

3. 成長論争を振り返る

3-1 戦後の成長をめぐる論争

第二次世界大戦後の日本においては，成長をめぐる論争が何度か戦わされてきた。第1の論争は，敗戦直後の石橋湛山と大内兵衛，都留重人の間のものである。石橋湛山はインフレを許容しても，必要な生産力を向上させるべきという立場であった。石橋は当時のことを回想してつぎのように述べている。「戦後の日本の経済で恐れるべきは，むしろインフレではなく，生産が止まり，多量の失業者が発生するデフレ傾向である。この際，インフレの懸念ありとて，緊縮財政を行うごときは，肺炎の患者をチフスと誤診し，まちがった治療法を施すに等しく，患者を殺す恐れがある」（石橋（1985）328-329 ページ）。

それに対して，マルクス経済学者である大内兵衛と都留重人は，ハイパーインフレを抑圧することを最優先した。第一次世界大戦後にドイツで起こったハイパーインフレが，日本の論壇でしきりに取り上げられるのもこの時期である[11]。このとき湛山は，「インフレーショニスト」と烙印を押され，マルクス経済学者に取り囲まれる中で孤軍奮闘したが，論争としては敗れた格好になった[12]。

第2の論争は，貿易主義対開発主義の論争である。これは 1950 年代の前半

---

11) 大内兵衛は，ドイツのハイパーインフレについて研究した Bresciani-Turroni (1937) を 1946 年に翻訳出版している。

12) 岩田規久男『経済復興』（岩田（2011））の中で，湛山の経済政策を再評価している。石橋財政の下では，確かにインフレが起きたが，実質経済成長率は高かった。当時は占領軍によって貿易が制限されていたため，原材料の供給が欠乏していたが，それが米国の援助で解消され生産能力が回復してくると，インフレ率も 1948 年半ばから 10 月頃には以前の 3 ケタのインフレから最大 70％，最小 17％台へと下がった。むしろ，1949 年度にアメリカからの経済顧問ドッジの提言を入れたいわゆるドッジ・ラインが実施されると，1949 年 4 月から 6 月には 11 から 12％のデフレ，1949 年末までデフレが続き，実質成長率は 3％に下落している。朝鮮戦争による特需がなかったならば，よりひどい状況になっていたかもしれなかった（岩田（2011）146-150 ページ）。

に戦わされた。日本は資源も乏しく市場もまだ小さいので，貿易を自由に行い海外との取引を行う中で成長すべきだという立場の中山伊知郎（一橋大学教授）に対し，大内兵衛の教え子である有沢広巳（東京大学教授）や都留重人は，国家が統制した開発と経済の下で，国内だけで日本経済を運営していくべきだと主張した。日本の市場は狭いが，米ソの冷戦構造の下で世界市場も縮小している。国内市場だけであっても国家が統制さえできていればやっていけるというわけであるが，これは大内，都留が形を変えた社会主義統制経済を目標としていたことがよくわかる。貿易主義対開発主義の論争は，自由主義対計画主義，社会主義の論争であった。この論争は結果として貿易主義の側が勝ったといえる。

こういった論争を経て起きたのが第3の成長論争であり，ここで下村治と都留重人が対決する構図になる。

3-2　成長論争の背景としての金解禁論争

時代を戦前に戻ろう。第1の論争は，戦前の昭和恐慌時に起こった「金解禁論争」の延長戦であるともいえる。金解禁論争とは金本位制に復帰するのか，復帰するとしたらどのような平価（円と金の交換比率：事実上の為替レート）で復帰するかを巡って戦われた一大経済論戦である。金本位制は原則として金の鋳造量によって通貨の量が規定される通貨制度であるため，通貨量の調節が金の保有量に縛られている国際通貨制度である[13]。

第一次世界大戦による大戦景気の下，日本をはじめ多くの国が金本位制から離脱した。終戦後に各国がまた金本位制に戻り始めたときに，日本もまた復帰するのか，復帰するとすればその交換レートは新しい水準に直すのか，以前のレートに戻すのか，ということが問題となった。

圧倒的大多数は昔の為替レートを支持した。この旧為替レートを旧平価という。その理由はいくつかあるが，大戦景気で無駄に膨れ上がった日本経済を緊

---

13)　金本位制とは，「金融政策に財源が必要」な制度といい換えることができる。

縮させて，真に強い経済にすべきだ，そのために痛みはむしろ歓迎なのだ，という思想，清算主義と呼ばれるものがあった。第一次世界大戦中から直後にかけて景気が過熱しインフレが起こり，いわばバブルのような状況があったので，それをつぶさなければならないと考えた人々は多かった。

　それに反対する論陣を張ったのが石橋湛山，経済評論家の高橋亀吉，中外商業新報（現在の日本経済新聞）のジャーナリスト小汀利得，時事新報社の山崎靖純だった。彼らは，実勢に即した新しい為替レート，新平価での金本位制への復帰を唱えたので「新平価解禁四人組」と呼ばれた。論争では少数派だったが，現在では彼らの主張の方が真実に近かったことが論証されている。各国が金本位制に戻ったところで世界恐慌が起こった。金本位制の下で不況は世界的に伝染し，金本位制からの離脱が早かった国ほど経済の回復が早かったことが，ベン・バーナンキや，クリスティナ・ローマー，バリー・アイケングリーンといった人々の研究（「国際学派」）で明らかになっている[14]。

　下村と石橋，高橋にはつながりがあった。下村は，生産力の向上を重視する石橋の政策に共感を覚えていた。「石橋氏によるケインズ理論の適用の仕方，表現には多くの問題点があった。だが生産力が破壊されており，他方国民におけるエネルギーを前提とし，国民のエネルギーを生産力の形で具体化する，生産力増強という形でそのエネルギーを引き出すという立場に立てば，石橋氏の政策はかなり建設的な役割を果たしたことは否定できない」（上久保（2008）50ページ）。下村は石橋がむやみとインフレを起こしたという「定説」に疑問を抱いていたのである。他方，高橋は下村治の論文を読んで，「大蔵省にも自分と同じような意見のやつがいる」と注目し，後に意気投合したという（上久保（2008）114ページ）。ここに後に所得倍増計画の基になった「月給二倍論」を唱えた中山伊知郎を加えると，金解禁論争から貿易主義対開発主義論争，そして成長論争をつなぐ知的人脈を考えることができる。

　他方，圧倒的多数をなす論者の中で，マルクス経済学者は金本位制への復

---

14)　「国際学派」の概要については，野口・若田部（2004）を参照のこと。金解禁論争については若田部（2004）を参照のこと。

第4章 アベノミクス批判の経済思想史　101

帰・維持の側に賛成することが多かった。大内兵衛，笠信太郎，猪俣津南雄，河上肇などがそうである。彼らは金本位復帰から昭和恐慌の勃発，そしてその後の金本位制の再停止からリフレ政策の発動に関しては，一貫して金本位制を擁護しリフレ政策を批判する側にあった。

　例えば笠信太郎である。彼は1928年から31年まで大原社会問題研究所で研究助手，研究員として働き，マルクス経済学者の大内兵衛の推薦で朝日新聞社に入社したという経歴の持ち主で，当初は気鋭のマルクス派の貨幣経済学者としてデビューした。

　彼にとっての論敵は，石橋湛山であった。湛山の経済思想は，マルクス主義とは相容れないものだった。湛山は資本主義を救うためには金本位制からの離脱が必要不可欠と考えたが，笠信太郎は金本位制からの離脱にこそ資本主義の矛盾が集約されていると見た。笠によると，石橋らの「再禁止論が景気建直し策であったということは，それ自身，再禁止論が経済危機の混乱から生まれた一つの泡ぶくであり，そして，為替相場の暴落＝新平価による輸出商品の価格昂騰と債務の切捨てとをもって景気立直りを将来しようとするそのイデオロギーは，いうまでもなく，金融資本のデフレーション政策の下で四苦八苦の態をつづけた弱小産業資本の悲鳴であるに過ぎない」（長(2001)162ページに引用されている）。ここには，インフレで景気が良くなるのは泡ぶく（バブル）であり，為替の切り下げ（円安）は悪いことだという判断が見られる。石橋湛山と，笠信太郎や大内兵衛などのマルクス経済学者との違いは，マクロ政策を重視するかどうかにあった。

3-3　都留重人と下村治

　都留重人は1912年生まれ（2006年没）。非常に裕福な家庭に育ち，旧制八高（現在の名古屋大学）に進み，そこで共産主義に共鳴して放校処分を受ける。しかし裕福な家庭だったのでアメリカのローレンス・カレッジに留学し，その後ハーバード大学に編入している。都留がいた1930年当時は，ハーバード経済学部黄金時代と呼ばれ，J. A. シュンペーター，W. レオンティエフ，G. ハーバ

102　第Ⅰ部　アベノミクスと日本経済

ラーら一流経済学者が教鞭をとり，またこの時代の大学院生にはポール・A.
サムエルソンがいた。都留は博士号を取得しそのまま講師に就任していたが，
太平洋戦争の開戦を受けて1942年に交換船で帰国，外務省嘱託として就職する。帰国後に最初に書いた本では，都留は，アメリカのニューディール政策による軍備拡張が，日米開戦の原因であったと主張した。いわゆる「軍事ケインズ主義」であり，つまりは効果的なのは財政政策であり金融政策は無効であるという考え方に立っていた[15]。

　終戦を経て，1947年に社会党の片山哲が首相に就任すると，都留は経済安定本部の総合調整委員会副委員長に就任した。この職は次官級待遇で，格の高いポストであった。そこで彼は「第1回の経済白書」といわれている『経済実相報告』を執筆した。片山内閣退陣後は一橋大学教授，学長などを歴任し，1975年から85年には朝日新聞の論説顧問も務めている。1970年に朝日新聞で連載された「くたばれGNP」の単行本（朝日新聞経済部(1971)）にも非常に深く関わっている[16]。

　都留は晩年，公害研究へとシフトし，そのものずばり，『公害研究』という雑誌を発行する（後に『環境と公害』と誌名変更）。反成長思想の系譜が形成されていく過程が，笠信太郎，都留重人，伊東光晴の流れから見えてくる。

　都留の経済学とは何か。小宮隆太郎は，都留の経済学は結局のところ「ケインズ経済学」ではなかったと述べている（小宮(2010)291ページ）。都留は日本経済の分析にケインズ経済学を応用したことはなかったのではないか，という。確かに『経済実相報告』での国民所得会計の鮮やかな利用でケインズ的と考えられがちであるが，その分析はマルクスの再生産表式をレオンティエフ流に解

---

15)　第二次世界大戦の到来によって完全雇用が達成されたという意味で戦争によってニューディール政策が救われた，またそれが国防と完全雇用が「大東亜戦争」までのアメリカの好戦的態度に結びついた，と主張している（都留(1944)167ページ）。
16)　この本の「むすび」には，都留重人と並んで，J.K.ガルブレイス，ヤン・ティンバーゲンといった錚々たる経済学者が寄稿している。これは都留の交友のたまものと考えられる。しかも，一般向けの本としてはまことに異例のことながら，都留を含む3人の寄稿については英語原文と邦訳が併載されている。

釈したものであり，ケインズ主義を必要としない。また指導教員であるシュンペーターや，著名なマルクス経済学者であり大学院生仲間のポール・スウィージーとも親交があったように，都留の経済学はシュンペーターやマルクスに影響を受けたものといえた。都留の博士論文の主題も景気循環論であった。都留には景気循環については資本主義の必然ととらえ，マクロ経済政策による景気対策よりも経済の構造やその変化を重視するくせがあった。

　下村治は1910年生まれ（1989年没）[17]。都留とは2歳違いである。東京帝国大学経済学部を卒業後，1934年大蔵省に入省。ただ，経済学の勉強はほぼ独学であった。省内では，無駄話を嫌い，発言するときにはズバリと的確な発言をすることで「教祖」と呼ばれていた。経済学の研究に打ち込み，1956年には東北大学経済学部から経済学博士号を取得している。経済学部出身ということもあったのか，大蔵省内では出世せず，日本銀行政策委員会大蔵省代表委員を経て，日本開発銀行理事，同設備投資研究所長を勤めることになる。

　下村は大蔵省内では経済学勉強会を開催していたことで有名であり，そこでケインズの『貨幣改革論』（1923年），『貨幣論』（1930年）などを勉強していた。それとは別に『雇用・利子および貨幣の一般理論』（1936年）の勉強会にも出席していた。

　下村の経済学とは何か。それは普通の意味でのケインズ経済学者とはやや異なるところがあった。ケインズ経済学の核心が何かについては議論があるものの，総需要が足りなくて経済が不況のときには財政金融政策で需要を埋め合わせることが重要な一部になる。下村は財政金融政策の役割は認める。ただし，その一方で民間の創意工夫，活力を重視するので，基本的に計画的要素，政府の干渉は最小限でよいという思想になる。

　ただ，ある一点で下村は紛れもないケインズ主義者といえるところがある。それは金本位制についての評価である。経済学者としてのケインズの闘いは，

17）　下村の生涯と業績については，上久保（2008）が最もまとまっている。池田の生涯と政策については，藤井（2012）が標準的である。池田の秘書であった伊藤昌哉の回想録（伊藤（1985））は，この時代を理解するのに必読である。

104　第Ⅰ部　アベノミクスと日本経済

金本位制との闘いであった。金本位制の下ではマクロ経済政策は制約を受け，不況であっても人々はそれを耐え忍ぶほかないからだ（若田部（2013），第11章）。下村は，ケインズの反金本位制思想に共感していた。下村はこう書く。「植民地主義と金本位制の呪縛から解放されて，今日の世界経済は新しい時代にはいろうとしている。……これはわれわれに希望と自信を与えてくれる。われわれはいまはじめて，農業や中小企業の歴史的近代化を経験しようとしているが，これは植民地主義と金本位制に呪縛された戦前の世界では思いも及ばなかったことである」（下村（1962）4ページ）。

　先に見たように，マルクス主義者は金本位制を資本主義のあるべき姿と結びつけて理解する。その下では景気循環は必然的で，基本的に対処できないものになる。対処するには社会主義への移行，あるいは資本主義の独占資本主義化のように，資本主義そのものを構造的に変革しなければならない。しかし，ケインズや湛山や下村は，金本位制は資本主義のあるべき姿ではないと考えた。管理通貨制度の下ではむしろ「経済が成長するかしないか，景気が循環するかしないか，これはただ単に与えられた外部的要因によって決定されることではなく，人間が目的を意識して行動することによって相当程度に調節できる問題」（下村（1962）145ページ）になり，資本主義はむしろうまく機能するようになる。

　下村と都留重人には因縁があった[18]。下村が経済安定本部に勤めていたころ，先に述べた第1回『経済実相報告』の執筆に関与することになり，そこで下村は草稿を書くが，それを都留はボツにした。なぜボツにしたのか。上久保敏の研究によると争点は賃金と物価の関係であった（上久保（2008）35-49ページ）。すでに述べたように，敗戦直後日本は高いインフレと物資不足に悩まされていた。政府は公定価格を定めるものの，インフレの高進には勝てずに公定

---

[18]　下村と都留との間には別の因縁もあった。1959年夏，毎日新聞社のジャーナリスト稲田正義が，下村による人物評を『エコノミスト』8月4日号に掲載したことがあった。その中で都留重人は「器用なジャーナリストとみなすべきだ。理解能力はあるが，追求能力にかけており，学者ではない」と評されていた。怒った都留は『エコノミスト』には寄稿しない旨を告げたという（上久保（2008）103ページ）。

第4章 アベノミクス批判の経済思想史 105

価格の引き上げが続いた。賃金もその過程で上昇したものの，公定価格の上昇の方が先行するので「やみ利潤」が発生した。都留は，この「やみ利潤」をゼロにして賃金に分配するのがよいと考えたのだ。

他方，下村の草稿は残っていないものの，他の文章から推測するに，彼の考え方はこうだった。現在起きている生活水準の低下とインフレの原因は，供給に対して需要が超過しているからだ。これを調整するには低い生活水準で我慢するか，あるいは生産性を向上させて供給を増やすしかない。けれども労働組合の抵抗を考えると，生活水準の引き下げは難しい。だとしたら，生産性の向上しかない。再分配によって労働者の生活がよくなると考えるのか，それとも，生活水準の向上には生産性の向上と経済成長が必要と考えるのか。2人の考え方にはこの時点から相容れないものがあった。

3-4 「成長と格差」論争としての成長論争

この2人が激突したのが成長論争であった。この論争は，日本経済は年率10％程度，年々1兆円程度の成長が可能であるとする下村の主張をめぐるもので，当時の著名な経済学者，エコノミストが参戦し，理論の細部や成長の要因など論点は多岐に及ぶ[19]。都留重人と下村治もさまざまな場所で論争をした。中でも興味深いのは『朝日ジャーナル』誌上で行われた論争である。このときには当時の通産大臣時代の池田勇人も参戦した。都留が下村の成長理論を批判し，それに対し下村と池田が反論する，そして都留が再反論し，と続いていった。技術的な論点よりも興味深いのは，この論争が何のための成長か，という成長の目的を争っていたところにある。

都留はまず，理論的基礎として下村理論を批判し，それを政策として導入しようとしている池田勇人を批判する。例えば，所得倍増というがそもそも「所得」という概念は曖昧である，といった議論をしている。「国民所得という網では覆い切れないプラス要素とマイナス要素がある。都市の空気の汚濁など，

---

19) 金融財政事情研究会編（1959），中山（1960）に当時の論争の文献はまとまっている。上久保（2008）94-116ページに要約がある。

106　第Ⅰ部　アベノミクスと日本経済

国民生活の立場からいって大変なマイナスでもあるけれども，国民所得計算には記録されるわけではない」（都留（1959a）15 ページ）といった議論で，現在の環境派からの GDP 批判の萌芽を見出すことができる。

　都留が恐れたのはやはりインフレであった。「ムリにも所得倍増を実現しようとして，積極的な刺激策をとれば，インフレにもなりかねない。手ごろのインフレは，債務者利潤を生んでメーカーなどにとって経理がやりやすくみえるから，その誘惑もあるだろう。しかし，インフレだけは，やめてもらわねばならぬ。それは，国内で一部の階層を特別に痛みつけるだけでなく，対外的には日本の通貨である円の価値を弱くし，かりにも平価切下げをしなければならぬようになれば，同じだけの輸入を確保するために，余計に多くの輸出をしなければならないことになるからである」（都留（1959a）14 ページ）。インフレへの懐疑，円安への懐疑は，終戦直後の石橋とマルクス主義者たちの対立を彷彿とさせるし，現代の経済論壇にもよく見られる。

　そもそも所得倍増が「第一義的な問題なのだろうか」，と都留は根本的な疑問を呈する。「まったく現在の日本では，おしなべての国民所得を高めるというよりは，いろいろな階層のあいだの所得格差をちぢめるということこそが，最大の問題である。もしも池田氏などが，その格差をちぢめることに本腰となり，それこそが『所得二倍論』の本質であるというのならば，その経綸に反対する人は，まずないだろう」（都留（1959a）14 ページ）。しかし，それは困難だ，と都留はいう。池田は経済がうまくいっているときにはできるだけ干渉しない方がよいと考えていたからだ。けれども資本主義を放任しておくと「日本の経済はいままでどおり独占的大企業を強め，中小企業の企業主や労働者をしぼりあげる方向に進んでいくだろう。生産性の強みが比較的おそい農業も，おのずから取り残されていくだろう」。資本主義の計画と統制を進めたところにニューディール政策の意義を見出した都留らしい判断である。社会主義の理想からも相容れない。「こうした所得の格差をちぢめるのには，強力な変革の施策を必要とするのであり，それを明示することこそが，現代の課題なのだ」。当時注目された格差は，資本家と労働者の格差だけでなく，大企業と中小企業の格

差，産業間の格差であった。これは日本経済の「二重構造」と呼ばれ，大きく注目されていた。格差に注目する発想が，構造に注目することにつながっていた。

結論は，池田の所得倍増に批判的なものであった。「こうした点をつきつめてかんがえていくと所得倍増をはかる前に，あるいは少なくとも所得倍増をはかるのと同時にしなければならないことが，いかに多いかを私たちは知ることができるだろう。政治家諸公はもとよりそれを承知で，それがいかに困難であるかを知っているからこそ，まずは所得倍増で，うるおいを次第にしみとおらせようというのであるかもしれない」。「うるおいをしみとおらせよう」というのは，現在のいわゆるアベノミクスに寄せられる「トリクルダウン批判」を髣髴とさせる。当時の成長論争は，「成長と格差」論争であった。

こうした批判を繰り出しながら，都留は池田に，所得倍増が達成されなかった暁には職を辞する覚悟はあるのか，と詰め寄る。「十年のうちに『月給二倍』が実現していなかったら，いさぎよく挂冠する責任感があるかどうか。社会主義国でも生産目標を達成しえなかった行政責任者はツメ腹を切らされた例がある」。

これに対して池田は，日本経済は「経済勃興期」に入っているという。企業家は合理化，近代化意欲に燃えており，「質の高い大量の労働力が，きわめて不満足な就業機会しか与えられていない」。もっとも，自由放任にしておけばよいわけではない。「ただ高い需要圧力が維持されるかどうかは，今日，政府の政策いかんにかかる問題である」（池田（1959）18 ページ）。

何よりも彼は計画に反対する。「経済成長は外部から与えられる現象ではなく，われわれ自身の決意と行動によって創造されるもの」だと。「われわれの政治家としての責務は，国民の創造力を刺激し，これを強化し，それを自由に発揮させる環境を形成しつつ，これを方向付けることである」[20]。

もちろん，池田は「二重構造」の問題を無視するわけではない。「しかし，

---

20) 所得倍増計画についても，その実態は計画的要素を嫌う下村と，計画的要素を入れようとする福田赳夫や官僚との争いがあった（藤井（2012）217-221 ページ）。

108　第 I 部　アベノミクスと日本経済

このような問題は，経済の成長と発展の過程において処理するときに，もっとも円滑に，もっとも適切に解決できるものである」。「所得格差縮小の問題はもとより大切である。だが，『乏しきをうれえず，均しからざるをうれえる』式の戦時非常経済意識ないしは停滞的封建経済的意識が底流をなすかの考え方には賛成しかねる。経済を拡大し，総生産を増加していく過程において，格差の縮小をはかるべきであろう」（池田 (1959) 19 ページ）。格差是正の前提は経済成長であり，格差はダイナミックに是正していかなければならないという[21]。

　最後に池田は，社会主義国の行政責任者を例に出した都留に対して，「都留君らしくもない古風な，そして間違った責任追及論だ」と反論する。「民主主義自由経済国家の経済政策担当者を社会主義計画責任者と同列におくことはできない」という言葉には皮肉が込められている。しかし，責任逃れはしない。達成できなければ首相辞任どころか政治家であることさえ辞める決意をもっている，と。経済成長に賭ける池田の気迫が伝わってくる言葉である。これに対する都留の反論は，そんなに力まれても困る，月給倍増よりも大事な仕事が政治家にはあるだろう，というものであった（都留 (1959b)）。いうまでもなく，都留の掲げたその「大事な仕事」とは，格差縮小だったのだろう。

　政治家生命を賭けてまで成長を果たそうとした池田と，格差の存在をもって池田・下村の議論を否定し，計画・統制経済で資本主義の矛盾を解消しようとする都留の対立は，現在の経済論壇のあり方とも重なる。

3-5　高度成長が達成したもの

　高度成長が達成したものは，世界史にも例を見ない，最も成功した構造改革の実現であった。日本は先進国並みに豊かになった（図 4-1）。経済成長とともに，貧困が急激に縮小し，健康状況が改善する。ことに乳児死亡率の低下は目

---

21)　池田の論文は下村の言葉と非常に似ているが，これは下村が草案を書いたのではないかと考えられる。もっとも，これは 2 人の考え方があまりに近接していたがゆえかもしれない。ちなみに，『朝日ジャーナル』誌上での下村は，都留の技術的観点に対する反論に終始しており，池田との役割分担を見て取ることができる。

図 4-1 日本のキャッチアップ

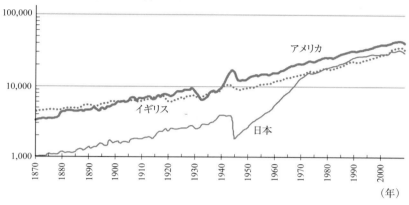

(出所) http://wps.aw.com/aw_weil_econgrowth_3/230/58938/15088217.cw/index.html

覚ましい（図 4-2）[22]。格差，「二重構造」も急速な解消に向かい，「一億総中流社会」が出現するに至る。

3-6　成長政策と下村治のその後

　池田と下村の経済成長についてのビジョンは，その後の自民党政権では失われていく。その後，佐藤栄作が首相に就任してからは，政策に対する下村治の直接的な影響力はなくなったといってよいだろう。高度成長そのものは佐藤栄作内閣の下でも継続したが，自民党の政治家で後に首相を務める鈴木善幸が「基本は官僚」と呼んだ佐藤の下で「理念と哲学を持った成長」から「理念も哲学もなき成長」へと変質していった[23]。田中角栄が首相になる 1970 年代に入ると，池田・下村のビジョンは完全に失われた（原田(1998)）。1960 年代か

---

22) 高度成長の成果については，吉川 (2012)，第 7 章を参照のこと。
23) 政治学者丸山眞男のゼミ生であり，生涯にわたって交友を結んだ中野雄は，1967 年 2 月頃，丸山が「日本経済の高度成長というのは，池田内閣のときは『理念と哲学を持った成長』，佐藤内閣の今日は，『理念も哲学もなき成長』——つまり『自然現象』ってことになりますか（笑）」と評しているのを記録している（中野(2010) 279 ページ）。

110　第Ⅰ部　アベノミクスと日本経済

図4-2　乳児死亡率の年次推移——諸外国との比較　(1947～2013年)

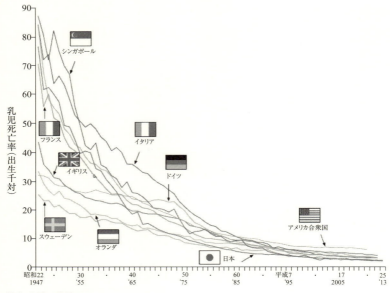

（注）点線は数値なし。
　　　ドイツの1990年までは旧西ドイツの数値である。
（出所）UN「Demographic Yearbook」。

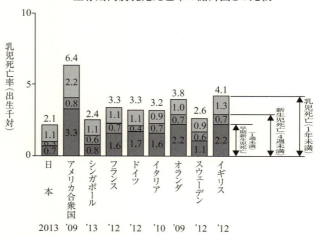

生存期間別乳児死亡率の諸外国との比較

（出所）UN「Demographic Yearbook」。

第4章　アベノミクス批判の経済思想史　111

ら工業再配置促進法および工場等制限法，大規模小売店舗法，生産者米価の政治加算，そして現在の賦課方式による年金制度の本格始動といった，社会をクローズドに固定化し，必要以上に再分配を強化する政策が続き，日本列島改造論でその流れは一気に加速することになった。田中の日本列島改造論は経済成長を追求しているかのように見えて，実のところ経済成長の原動力が都市にあることを理解していない点で致命的な欠陥を持っていた。むしろ都市で生まれた富を地方に再分配するなど再分配政策の視点が強く，しかもその再分配の権限を田中とその周辺の政治家が行うという点で非常に裁量的であった。この時代を境に日本の経済成長率は鈍化した。その要因としては，1971年から1973年までのブレトン・ウッズ体制の崩壊による急激な円高や，インフレの高進もあげられるだろうが，政治経済体制がクローズド・レジーム化したのも大きい。

　下村治のその後も，高度成長同様に迷走していく。その象徴は3つ，1970年代の大インフレ時のインフレ論争，1974年の石油ショック以降のゼロ成長論への転換，そして1980年代の日米貿易摩擦論争における彼の分析の失敗にある。

　1960年代後半から1970年代にかけて物価の継続的上昇，インフレが大きな問題となっていった。ことに1971年前後には金融政策が論争の的になった。このとき，下村は日本経済はインフレではなく，これまで安かった価格が高い価格に適応しているだけだと論じた。また石油危機後，これまでの成長減速論から，ゼロ成長論へと転換を遂げていった。こうした転換は，下村自身の言によれば「変節」でもなければ経済についての考え方が原理的に変わったわけでもないという。下村の考え方の基礎には「経済が安定的に存立するためには国際収支の均衡が不可欠であるという認識」がある（上久保（2008）198ページ）。しかし，これは理論的にも実証的にも正しくない[24]。

　1980年代の日米貿易摩擦論争時に下村が刊行した『日本は悪くない——悪

─────────────
24)　経済成長をしながら国際収支は黒字にも赤字にもなりうるし，実際国際的にデータを見ても経済成長率と国際収支の黒字・赤字には相関関係はない。

112 第Ⅰ部 アベノミクスと日本経済

いのはアメリカだ』（下村(1987)）は，題名だけを見れば，小宮隆太郎のいうよ
うな貯蓄投資バランスの観点からする日本のマクロ経済政策擁護，アメリカの
マクロ経済政策批判のように思われる。しかし，野口旭が分析するように，第
1に，その議論は旧式の「素朴ケインジアン的な貿易乗数分析」に依拠するも
のであり，アメリカの貿易赤字の原因はアメリカの膨張政策に求められてい
る。また，日本の貿易黒字を日本の高貯蓄と結びつける貯蓄・投資バランス論
を下村は否定している（野口(2005-2006)，第3回）。素朴ケインジアン的な分析
では，輸入は所得に貿易乗数を掛け合わせたものとして求められる。貿易乗数
が一定であるならば，所得が増える国の輸入は増える。アメリカが放漫的な政
策を行っているがゆえに貿易赤字を出しているという。これはアメリカだけを
見ている部分均衡論的な考え方に立っている。貯蓄・投資バランス論では，よ
り一般均衡論的な考えから，貿易黒字を出している国では貯蓄超過が起きてい
ることを同時に指摘している。第2に，下村は，経常収支の不均衡は是正すべ
きという考え方であった。これは小宮のように，日本の経常収支黒字はむしろ
貯蓄の足りない国々の投資をファイナンスしているからそれ自体を問題とする
には当たらないという考えとは異なる。第3に，貿易赤字を「悪」と見なす下
村の分析はアメリカに対して「節度」のある政策を求めるという，倫理的な色
彩を帯びる。「悪いのはアメリカだ」という言説は，経済学分析の次元からか
け離れてしまう。

　かつて成長論争で輝いていた下村の分析には，高度成長期の終焉とともにか
げりが差し，80年代にはその残照すら消え失せていた[25]。

---

25) 「亡くなる数年前から，下村が発表する論文にはかつてのような分析の切れがみら
れなくなっていた。ただひたすら，日本経済，アメリカ経済の節度ある運営を訴え
るだけであった」（上久保(2008)220-221ページ）。この理由が何かは興味深い問題で
ある。1つの可能性として，下村の思考体系がブレトン・ウッズ体制の固定相場制の
影響下にあったと考えられる。確かにブレトン・ウッズ体制の下では国際収支の均
衡は重要になる。「金本位制の呪縛」からの解放を力強く謳った下村にしては皮肉な
ことながら，彼は金本位制的思考法から完全には抜け出ることはなかったのかもし
れない。

4. おわりに──「失われた20年」とは何だったのか

本章の冒頭，成長論争は「戦後最大の経済論争」であるという言葉を引用し，現在では平成不況論争がその地位を占めるに違いないと述べた。日本経済思想史を振り返ってみると，金解禁論争，成長論争，平成不況論争の3つが大きな論争としてそびえたつ。これらの論争はある種の「金本位制」をめぐる論争であったと見なすことができる。金解禁論争と成長論争の関連についてはすでに述べた。下村が戦後の経済成長が可能になった条件の1つとして「金本位制の呪縛」からの解放をあげていた。いうまでもなく平成不況論争は，1990年代のマネー・サプライの急減をめぐる論争（「マネー・サプライ論争」）に始まり，2000年代からは物価の継続的下落，デフレをめぐる長い論争へと続いた[26]。ここでの焦点は，あたかも金本位制の下にあるかのように受動的に行動している日本銀行の政策スタンスであったけれども，真の争点は「金本位制の呪縛」から解放された世界でこそ持続的な経済成長への道が開けるということであった。

仮に成長論争で，池田勇人や下村治や高橋亀吉の側が負けていたら，日本は高度成長をしただろうか？　これは歴史における「if」であり，容易に答えは出ない。高度成長期の日本についての名著で香西泰は，「成長政策は池田内閣によって始められたものではない。それはすでに事実として存在していた高度成長を，単に容認しただけにすぎない」としながらも「しかしそれはそれでたいしたことであった」という。「人間の独創といってもそれほどのことはできない」（香西（2001）184ページ）と。香西はケインズ革命を引き合いに出して，それもまたニューディールを追認しただけのことといえなくもないともいう。確かに当時の論争では，安定成長派と呼ばれた人々もある程度の経済成長の持続は前提としていた。とはいえ経済成長を支えるのは成長への期待である。松山公紀は「議論のあるところではあるが」，という注釈付きながら「池田内閣に

---

26)　この論争については，野口（2005-2006）；Noguchi（2014）；Wakatabe（2015）；Chapters 2-3 を参照のこと。

114 第Ⅰ部　アベノミクスと日本経済

よる 1961 年の有名な『国民所得倍増計画』の発表が，日本経済の潜在成長力
に対して楽観的期待を生む一助となり，幅広い産業の同時拡大に結び付いた」
としている（松山(1997)156 ページ）。良い均衡と悪い均衡という複数の均衡状態
のあるモデルを考えると，政府が楽観論を生み出すことによって良い均衡に到
達することが可能であるという[27]。当時，池田勇人と下村治の成長政策では
なく，二重構造の解消などの所得再分配を優先する都留重人の政策が実現して
いたとしたら，高度成長は達成されただろうか。

　翻って「失われた 20 年」とは何であったのか。高度成長以来，紆余曲折は
あったものの 1970 年代から 80 年代まで「先進国の優等生」と呼ばれた日本経
済は，なぜ長期にわたって停滞してしまったのだろうか。それは平成の金解禁
論争，成長論争たる平成不況論争で，金本位制の信奉者と成長懐疑論者たちが
勝利を収めてきた歴史ではなかっただろうか。

　時代はめぐり，現代では新たな「成長と格差論争」が勃発する予兆が現れて
いる。トマ・ピケティの『21 世紀の資本』（Piketty(2014)）がベストセラーにな
ったことはその一例である[28]。誤解のないようにいえば欧州の正統的な左派
経済学者たるピケティは，経済成長は格差を是正するという考えの持ち主であ
る。つぎの論争を正しく戦うためには過去の論争を正確に理解する必要がある。

参 考 文 献

朝日新聞経済部（1971）『くたばれ GNP―高度経済成長の内幕』朝日新聞社。
池田勇人（1959）「勃興期にある日本経済―“歴史の創造”が政治家の責任―」『朝
　　日ジャーナル』1959 年 8 月 2 日号，18-19 ページ。
石橋湛山（1985）『湛山回想』岩波文庫。
伊藤誠（2013）『日本経済はなぜ衰退したのか　再生への道を探る』平凡社新書。
伊藤昌哉（1985）『池田勇人とその時代』朝日文庫。原著は 1965 年刊行。

---

27)　ただし，論文そのものは，仮にコーディネーション（協調）の失敗があったとし
　　ても政府が民間よりも適切な知識を有しているとは限らないので，それを解消でき
　　るわけではないことを強調している。
28)　Cingano (2014)；Ostry, Berg, and Tsangarides (2014) のように，OECD，IMF のスタッ
　　フが，過度の所得不平等が経済成長に与える負の影響について語り始めていること
　　は象徴的である。

伊東光晴（2014）『アベノミクス批判―四本の矢を折る』岩波書店。

岩田規久男（2011）『経済復興』筑摩書房。

岡本直樹（2001）「デフレに直面する我が国経済―デフレの定義の再整理を含めて
　―」景気判断・政策分析ディスカッション・ペーパー，(http://www5.cao.go.jp/
　keizai3/discussion-paper/dp011.pdf)。

片岡剛士（2013）『アベノミクスのゆくえ』光文社新書。

片岡剛士（2014）『日本経済はなぜ浮上しないのか―アベノミクス第二ステージへ
　の論点』幻冬舎。

上久保敏（2008）『下村治』日本経済評論社。

香西泰（2001）『高度成長の時代―現代日本経済史ノート』日経ビジネス人文庫。
　原著は 1981 年刊行。

金融財政事情研究会編（1959）『日本経済の成長力―「下村理論」とその批判』金
　融財政事情研究会。

小宮隆太郎（2010）「都留さんの志」尾高煌之助，西沢保編『回想の都留重人：資
　本主義，社会主義，そして環境』勁草書房，271-308 ページ。

下村治（1959）「設備投資の産出効果」（『朝日ジャーナル』1959 年 8 月 2 日号）
　20-21 ページ。

下村治（1962）『日本経済成長論』金融財政事情研究会。

下村治（1987）『日本は悪くない―悪いのはアメリカだ』文藝春秋 NESCO。

武田晴人（2014）『脱・成長神話』朝日新書。

長幸男（2001）『昭和恐慌：日本ファシズム前夜』岩波現代文庫。

都留重人（1944）『米国の政治と経済政策』有斐閣。

都留重人（1959a）「"所得倍増" は果たして可能か」（『朝日ジャーナル』1959 年 7
　月 19 日号）8-15 ページ。

都留重人（1959b）「経済成長と "自信"」（『朝日ジャーナル』1959 年 8 月 16 日号）
　16-17 ページ。

中野雄（2010）『丸山眞男　人生の対話』文春新書。

中山伊知郎監修，エコノミスト編集（1960）『日本経済の成長―高度成長を支える
　もの―』東京大学出版会。

野口旭（2005-6）「平成経済政策論争」（『経済セミナー』2005 年 4 月号-2006 年 2・
　3 月号）。

野口旭・若田部昌澄（2004）「国際金本位制の足かせ」岩田規久男編『昭和恐慌の
　研究』東洋経済新報社，第 1 章。

原田泰（1998）『一九七〇年体制の終焉』東洋経済新報社。

藤井信幸（2012）『池田勇人』ミネルヴァ書房。

松山公紀（1997）「コーディネーション問題としての経済発展」青木昌彦他編・白
　鳥正喜監訳『東アジアの経済発展と政府の役割：比較制度分析アプローチ』日
　本経済新聞社，149-179 ページ。

吉川洋（2012）『高度成長』中公文庫。原著は 1997 年刊行。

若田部昌澄（2004）「'失われた 13 年' の経済政策論争」岩田規久男編『昭和恐慌
　の研究』東洋経済新報社，第 2 章。

若田部昌澄（2013）『経済学者たちの闘い＜増補版＞―脱デフレをめぐる論争の歴史』東洋経済新報社。

若田部昌澄（2015）『ネオアベノミクスの論点』PHP新書。

若田部昌澄・栗原裕一郎（2012）『本当の経済の話をしよう』ちくま新書。

Bresciani-Turroni, Constantino (1937), *Economics of Inflation: A Study of Currency Depreciation in Post-war Germany*, London: G.Allen&Unwin.（ブレッシアーニ＝トゥローニ著（1946）大内兵衛 抄述『インフレーションの経済学：マルクの下落に関する研究』日本評論社）.

Cingano, Federico (2014), "Trends in Income Inequality and its Impact on Economic Growth," OECD Working Paper.

Howson, Susan (1975), *Domestic Monetary Management in Britain 1919-1938*, Cambridge: Cambridge University Press.

Noguchi, Asahi (2014), "Controversies Regarding Monetary Policy and Deflation in Japan from the 1990s to the early 2000s." In *The Development of Economics in Japan*, edited by Toichiro Asada, London: Routledge, pp.93-133.

Orphanides, Athanasios (2004), "Monetary Policy in Deflation: The Liquidity Trap in History and Practice," *North American Journal of Economics and Finance*, Vol.15, pp.101-24.

Ostry, Jonathan D., Andrew Berg and Charalambos G. Tsangarides (2014), "Redistribution, Inequality, and Growth," IMF Staff Discussion Note, April 2014 (http://www.imf.org/external/pubs/ft/sdn/2014/sdn1402.pdf).

Piketty, Thomas (2014), *Capital in the Twenty-First Century*, Cambridge: Harvard University Press（トマ・ピケティ著（2014）山形浩生・守岡桜・森本正史訳『21世紀の資本』みすず書房）.

Wakatabe, Masazumi (2015), *Japan's Great Stagnation and Abenomics*, New York: Palgrave Macmillan.

第Ⅱ部

日本の政治経済システム

第 5 章

経済システムとしての日本経済のゆくえ
——比較制度分析の視点から——

瀧 澤 弘 和

1. はじめに

　近年では，ゲーム理論のおかげで，これまでブラックボックスに近い状態だった市場メカニズムの内部の分析が可能となるとともに，市場の機能を支えている非市場的制度の重要性も注目されるようになった。比較制度分析と呼ばれるアプローチもこの流れの中に数えあげることができる。一国の経済システムを単に市場メカニズムと捉えるならば，各国経済の重要な差異が抽象化されてしまうが，市場の周囲にそれを支える非市場的な制度が束として存在していると考えるならば，各国経済の「個性」を捉える可能性が広がることになる。比較制度分析のコアにあるアイデアをラフにいうならば，このようなものであろう。

　本章は，まず比較制度分析のアプローチについて説明し，それを用いて戦後日本の経済システムがどのように特徴付けられるのかを概説するとともに，日本の経済システムが現在どのような方向に変容しようとしているのかについて考察する。

2. 比較制度分析のアプローチ

2-1 経済システムという経済の捉え方

比較制度分析は，各国の経済システムをさまざまな「制度の集まり」と見なすことで，経済システムの多様性とそのダイナミクスを分析しようとするものである（青木・奥野(1996)；青木(1995)；青木(2001)）。経済システムという考え方をわかりやすく説明するために，経済システムの中で重要な核をなしている金融と労働という2つの市場の仕組みに着目してみよう。

金融システムのあり方は，アメリカと日本とではだいぶ異なる形態をとっている。アメリカでは資本市場を中心にして，それを支えるようなさまざまな機関（証券会社，投資銀行，ベンチャー・キャピタル，格付会社など）が発達した金融システムが形成されているのに対し，日本では主に銀行が金融仲介を行う金融システムになっている。前者は「資本市場中心のシステム」，後者は「銀行中心のシステム」としばしば呼ばれており，それぞれ異なった制度的特徴を持っている。

また，労働市場に着目するならば，アメリカでは労働者の流動性が比較的高く，新卒や転職者も含めて1つの労働市場が成立しているが，日本では新卒者のための労働市場の比重が非常に大きく，労働者は一度就職した企業に一生働くことが期待されているため，中途採用の労働市場はそれほど大きくない（少なくとも1980年代まではそうであった）。

このように，アメリカ経済と日本経済はともに市場経済を基盤として成立しているので，「市場経済」と呼ばれて当然であるにもかかわらず，金融や雇用・労働などにおいて経済取引を成立させる仕組みには大きな違いがある。なぜそうなのだろうか。

現実の市場は標準的・伝統的経済学が想定してきたような完全なものではなく，市場には情報の非対称性などの要因が取り巻いている。このため，市場の機能を十全に発揮させるためには，それを支えるさまざまな制度が必要とされる。例えば金融市場における情報の非対称性の解決策としては，情報生産と呼

第5章 経済システムとしての日本経済のゆくえ　121

ばれるように貸し手がコストをかけてモニタリングする仕方もあれば，借り手
の積極的情報公開を促すような仕組みも存在するだろう。こうして市場を支え
るさまざまな制度には多様なあり方が可能なのだが，その中でも一定の制度の
群がお互いに強化しあうことでシステムを構成する傾向が生み出されることに
なる。このようにして，一国の経済は諸制度の集まりとして，それぞれある程
度自律的なシステムが形成されるようになる。これが「経済システム」なので
ある。

　各国経済を経済システムとして捉える際に重要なポイントをさらに補足して
おこう。金融について，アメリカ的な金融システムのあり方をX，日本的な金
融システムのあり方をX′と書き，労働市場についてアメリカ的なあり方を
Y，日本的なあり方をY′と書いて，理論的に可能な組み合わせが4通りしか
ないと仮定しよう。(X, Y)，(X, Y′)，(X′, Y)，(X′, Y′) である。このうち (X, Y)
はアメリカの経済システムで成立しており，(X′, Y′) は日本の経済システムで
成立しているものだが，(X, Y′) や (X′, Y) のような性格を持った経済システム
は存在しうるのだろうか。

　これに対する回答は，金融システムのあり方と労働市場のあり方がどの程度
密接に結びついているかに依存する。もし，これら2つの領域が密接に結びつ
いているならば，(X, Y′) や (X′, Y) のような制度配置が安定的に成立しうると
はなかなか考えにくい。なぜならば，歴史的に進化を遂げて安定的な状態に辿
りついた状況を想定するならば，経済システムを構成している諸制度はお互い
にフィットしたものになっている可能性が高いからである。このことを，比較
制度分析では，制度的補完性という言葉を用いて表現する。すなわち，XがY
に対して制度的に補完性を持つとは，Xという制度の存在がYという制度の
働きを強化するという関係にあることをいう。こうして，経済システムは，基
本的には各領域においてお互いに補完的な諸制度が集まり，配置されたものと
して捉えることができるのである。

122　第Ⅱ部　日本の政治経済システム

2-2　比較制度分析とゲーム理論

　以上のような発想を具体的なモデルにして分析する際には，ゲーム理論が有用である。ゲーム理論では，ゲーム的状況において「人々がお互いに他の人々のプレーの仕方に対して最適に反応している」状態をナッシュ均衡として概念化する。そのうえで，この概念がそのゲーム的状況における人々の行動を予測する道具として役立つと考える。この括弧内の文は，「人々は，誰も成立している行動パターンから逸脱するインセンティブを持たない」といい換えることができる。この性質は，自己実効性（self-enforcing property）と呼ばれるものである。

　多くの制度的現象において，人々は一定の行動選択をしており，しかもそれとは異なる行動を選択したとしても得をすることがない。すなわち自己実効性が成立している。このように，ゲーム理論的分析と制度的現象の分析は極めて親和性が高いものである。

　また，ゲーム理論においては，非常に頻繁に1つのゲームに複数のナッシュ均衡が存在しうることが知られている。このことは，世界に多様な制度が存在することに対応していると考えることができる。実際，簡単なゲームを作って分析すると，なぜ日本やイギリスのように左側通行が成立している国もあれば，アメリカや大陸ヨーロッパのように右側通行が成立している国も存在するのかが説明可能である。

2-3　経済システムの変化に関する観点

　さらに，ゲームをプレーしている人々からなる社会の中で，人々が行動を徐々に最適な方に変化させているような状況を考えると，初期時点でどのようなプレーの仕方が社会の中に存在していたのかによって，異なる均衡へと収束していくことが説明可能である。これは，制度がある過去の時点で持っていた性質の影響を受けるという性質——歴史的経路依存性——を表現していると考えられる。

　あるゲームが複数の均衡を持つとき，それらの間での移動は，制度の変化を

第5章 経済システムとしての日本経済のゆくえ 123

表現していると見なすことができる。このような分析枠組みは，進化ゲーム理論と呼ばれるもので，時間とともに，ゲームのさまざまな戦略を採用する人口の割合が変化する様子を分析するものである。

　この枠組みでは基本的に，人口の中の各人は毎期ランダムに他の1人とマッチしてゲームをプレーする。その際に，人口のうち多くは前期にプレーした戦略をそのまま維持するが，一定割合の人々は戦略を選択し直す機会が与えられ，より利得の高い戦略に変更する。その結果，人口全体における戦略分布は徐々にその時点でより高い利得を持つ戦略の方に向って動いていくと想定されている。人々は徐々にしか戦略を変更できず，しかも選択の機会を与えられたときに，その時点の利得のみを気にかけるという意味で「限定合理的（boundedly rational）」であると仮定されている。この基本的な枠組みにさまざまな要素を導入し，動学経路にどのような変化が生じるのかを分析することで，制度間（均衡間）の移行を生じさせる原因を同定することができるのである。

　Kandori, Mailath and Rob（1993）は，進化ゲームの枠組みの中に「突然変異（mutation）」を導入して分析を行い，制度間での移行が生じうることを示した。彼らが分析したモデルでは，戦略見直しの機会が与えられた際に，最適な戦略に限らずに可能な戦略の集合の中からランダムに戦略を選択する可能性を導入すると，一方の均衡から他方の均衡へと移行する可能性が生まれることになる。突然変異というのは生物進化のキーワードだが，それを人間社会でのインタラクションの文脈に移しかえて解釈すると，「実験」とか「試行錯誤」ということになるだろう。すなわち，社会の中で実験をする人や試行錯誤的に振る舞う人が一定程度存在することが，制度変化にとって重要だということになる。もちろん，ランダム・マッチングではなく，実験や試行錯誤に携わる人同士がマッチされる確率がより大きいならば，制度間の移行のプロセスが速められることはいうまでもない（Ellison(1993)）。

　また，クルーグマンや松山の研究によれば，一部の人々が各戦略の潜在的な将来価値に関する完全予見を行って戦略選択を行うと仮定すると，この人々の最初の時点での予想に依存した動学経路が自己実現的に選択されることにな

124　第Ⅱ部　日本の政治経済システム

る。すなわち，将来に対する期待が長期的均衡を決定する重要な要因となるのである（Krugman（1991）; Matsuyama（1991）。より一般的な文脈に拡張していうならば，人々の期待に働きかけ，人々の行動をコーディネートするという役割が，政府によって果たされることもあるだろう。

さらに，奥野・松井（1995）は，同じゲーム的状況に直面しながら，当初は異なる2つの均衡状態にあった2つの社会が接触するというモデルを分析している。彼らの得た結論は，2つの社会が互いに交流を深めるとき，よりよい均衡（慣習や制度）へと移行する可能性があるということである。

以上のような理論的考察の結果から，制度変化をもたらすものとして，（1）人々の相互作用を取り巻く環境（利得）の変化，（2）試行錯誤や実験を行う人の一定割合の存在，（3）政府などによる人々の期待への働きかけ，（4）他の社会との交流などが存在することがわかる。

2-4　制度的補完性と経済システム改革

前小節では，1つのゲームに複数均衡が存在する場合に，どのようにして均衡間の移行が生じうるのかを見た。しかしすでに述べたように，経済システムは1つの制度として成立しているのではなく，複数の制度が互いに補完性を持って共存することで成立している。このことは，経済システムの改革に対して，どのような含意を持つのだろうか。

このような問題を取り扱った抽象的なモデルからいえることは，制度間の補完性の度合いが強いほど，1つの分野における制度変化が他の分野の制度変化を誘発しにくいし，最終的に経済システム全体の変革が達成されるまでのコストが高くつくということである。逆に，制度間の補完性が弱いならば，システム全体の変革はより容易に最適なものに近づくことになるだろう。

先程と同様に，金融市場について，アメリカ的な金融システムのあり方をX，日本的な金融システムのあり方をX′と書き，労働市場についてアメリカ的なあり方をY，日本的なあり方をY′と書こう。(X, Y)はアメリカの経済システムで成立しており，(X′, Y′)は日本の経済システムで成立しているもので

ある。このとき，日本の経済システムにおいて金融市場の制度が X に変わったとすると，(X, Y′) が成立することになるが，元々 X′ と Y′ の間に強い補完性があったとすると，この新しい状態は元の状態である (X′, Y′) よりも低いパフォーマンスを生み出す可能性が高い。また，(X′, Y′) の状態から (X, Y) に移行することを意図して，金融市場を X に変更したとしても，それに従って Y′が Y″ のように意図せざる変化を生み出す可能性もある。逆に，X′ と Y′ の補完性がそれほど高くなければ，(X′, Y′) は比較的容易に (X, Y′) や (X′, Y) へと移行しうるだろう。

経済システムの変革がしばしば長期間のシステム移行のコストを生み出すことや，意図せざる結果を生み出すことは，このようにして理解することができる。また，意図したとおりの経済改革を行うためには，一部の制度の改革だけでなく，より広い範囲にわたって，コーディネートされた改革を行うことの必要性や，そのために強い危機感とコミットメントが必要になることも理解できる。

3. 日本の経済システムの歴史的生成

3-1　1920年代までの日本の経済システム

意外に思われるかもしれないが，1930年以前の日本の経済システムは，オーソドックスな経済学が描く市場システムに非常に近いものであったといわれている（岡崎・奥野(1993)）。例えば労働市場は流動的であり，労働者が企業間を頻繁に移動することは普通であったし，賃金も伸縮的に変動していた。企業の資金調達も主に株式や社債の発行によっており，銀行貸付の比率は小さかった。それに対応して，コーポレート・ガバナンスも株主を中心とするものであった。財閥系企業の場合には，財閥が傘下企業のモニタリングを組織的に行い，非財閥系企業では商人や地主といった当時の資産家階級が大株主となって役員の地位を占めていたのである。これらの株主は高い配当を要求しており，内部留保率も大きくなかった。また，敵対的買収も珍しくなかった。

このような経済システムが本格的に変化するようになったのは，1940年代

126　第Ⅱ部　日本の政治経済システム

前半にかけての急速な重工業化と戦時経済化が同時に進行するプロセスの中においてであり，その時に戦後の経済システムへと引き継がれる重要な部分が形成されるようになったのである。この激動期に何が生じたのかは，それ自体として極めて興味深いことであるが，ここでは省略することにしたい（野口(2010)）。

　ただし，以下の点については留意しておきたい。第1に，自由な市場経済がもたらす社会的コストに対する認識が戦前期日本の経済システム転換の背景に存在していたということである。その際，市場システムに対する修正が官僚組織による統制という形態で行われた点に，日本の特徴があるといえよう。第2に，戦前の経済システムから戦時経済体制への経済システム変革を可能としたのは，極めて大規模でコーディネートされたシステムワイドな制度改革であったということである。もちろん，このプロセスは決して平坦ではなかったが，戦争遂行という大目的を共有できる特殊な状況であったために，平時には不可能な変革へのコミットメントが可能となったのである。

3-2　戦後日本の経済システム

　戦後日本の経済システムがどのようなものであったのかについては，すでに多くの文献が存在しているので，ここではごく概略のみ述べることにしよう。

　経済システムを捉えるときの1つの有用な方法は，企業組織とそれを取り巻くステークホルダーとの関係を特徴付けていくことである。図5-1では，企業が中心に位置し，それを取り巻くステークホルダーが周囲に配置されている。まず，経済システムを特徴付けるのは，企業組織のあり方である。また，企業の資金調達の仕方とガバナンス形態，企業の雇用システムと労働市場のあり方，企業同士の関係，企業と政府の関係のそれぞれで，各国経済のあり方の個性が現われるのである。これらを順に見ておくことにしよう。

　戦後日本の典型的な企業組織は，情報共有によるコーディネーションを重視するような情報システムを内包するとともに，社員に対しても，そのような情報システムに適応して仕事をすることを求めていた。これは大学などで専門的

第5章　経済システムとしての日本経済のゆくえ　127

図 5-1　経済システムの概観図

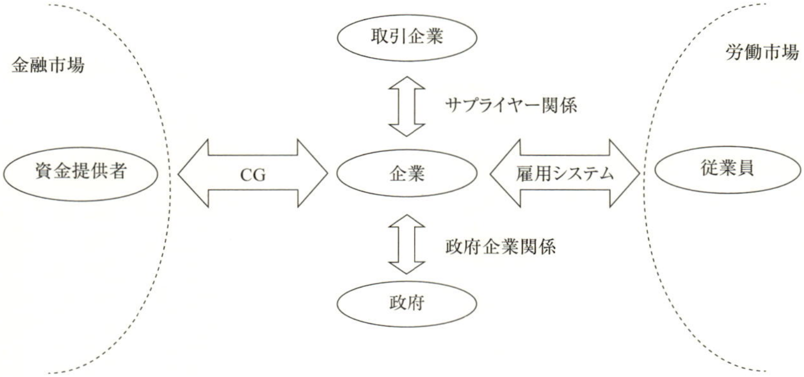

技能を学んだ社員たちが，それぞれに個別に入ってくる情報に反応して業務を
遂行していくことを強調するアメリカ型企業とは対照的である。日本企業で
は，文脈に合わせた業務遂行ができる可塑的能力が重視され，その企業でしか
通用しない企業特殊的技能への人的資本投資が促されるのである。もちろん，
これは後に述べるような，終身雇用制度と関連するものである。

　金融面においては，戦後日本の金融システムは銀行中心であった。これはす
でに述べた戦時体制の名残である。通常，大企業はメインバンクとの長期関係
を取り結んでいて，メインバンクはこの企業の大株主でもある場合も多い。ま
た，グループ企業との株の持ち合いによって，敵対的買収から守られている。
このような状況で，資金提供者からのガバナンスはどのように作用するのだろ
うか。経営が順調な場合には，企業はあたかも従業員にコントロールを受けて
いる企業のように振る舞うが，経営がまずくなってくると，メインバンクの融
資を受けたり，メインバンクから役員の派遣を受けたりするという仕方でのガ
バナンスが行われてきた。

　企業の従業員との関係もまた長期的なものである。従業員には一度就職した
企業に定年まで働き続けることが期待されるとともに，企業の側も一度雇い入
れた従業員を定年まで雇用していくことが期待されている。また，すでに述べ
たように従業員たちには，企業特殊的技能に積極的に投資していくことが求め

られる。企業にしてみれば，従業員たちが容易に転職しては困るので，何らか
のインセンティブを与えて，企業に残ってもらう必要があるが，そのためのシ
ステムが年功賃金制である。このように，終身雇用制度，企業特殊的技能への
投資，年功賃金制は互いに制度的補完の関係にあるのである。

　日本企業の取引企業との関係もまた典型的には長期的である。長期的な信頼
関係が保持されるメカニズムについては，ゲーム理論における繰り返しゲーム
の分析で理解される。長期的信頼関係は，企業同士が互いに関係特殊的投資を
積極的に行うことを可能にする。また，フォーマルな契約に訴えて問題解決す
ることに伴うコストを節約することが可能となる。

　企業は監督官庁によって規制されるが，その関係も長期的なものである。日
本の場合，事前のルールによって規制を行うことよりも，問題が生じた後に裁
量的に規制を行うことが目立っている。こうした政府の規制に従うのは，企業
にとってそうすることが長期的に見て得になるからである。

　以上の概括的描写に加えて強調しておきたいことは，雇用システム・労働市
場のあり方と金融市場のあり方との間にも制度的補完性があることである。金
融市場において，アメリカにおけるように敵対的買収によって経営陣が入れ替
わり，レイオフも頻繁になされるとしたら，日本的な企業組織のあり方や終身
雇用制度による企業特殊的投資へのインセンティブ付与もできないであろう。
日本の場合には，企業経営が悪化したとしても，当該企業をよく知っている金
融機関によって経営介入が行われるので，敵対的買収のような脅威を免れてい
るのである。

4. 現代日本の経済システムが直面する環境変化

　現在，戦後日本の経済成長を支えてきた経済システムが大きく変化しつつあ
ることはいうまでもない。ここでは，この変化を促している長期的・構造的な
要因に焦点を絞って論じることにする。

4-1 経済のグローバル化と世界的な分業構造の転換

グローバル化という言葉の意味は必ずしも明確とはいえない。以下，いくつかのグローバル化の指標を用いて，今日の状況について確認してみよう。

貿易依存度という測度を用いる限り，日本を含めて主要先進国のグローバル化はいまだに戦前期の水準にも達していない。例えば，1910年代末の日本の貿易依存度は40％前後であり，第2次世界大戦前のピーク時には45％前後に達していた。これらの数字には，旧植民国との半強制的な取引が含まれていることに留意したとしても，当時の日本は現在よりもずっと「グローバル化」していたことになる。

図5-2は，主要国の輸出額のGDP比を時系列で描いたものである（輸入額についてもほぼ同じトレンドが観察されるので，ここでは輸出依存度だけを示してある）。これを見ると，2010年時点で貿易依存度が高い順に，韓国，ドイツ，中国，日本，米国の順になっており，日本や米国はそれほど貿易依存度が高くないことがわかる。その理由は，一般的に大国ほど貿易依存度が小さく現われるためでもあるが，すでに日本を抜いて世界第2の経済大国となった中国と比較しても日本の貿易依存度は小さい。しかしながら，日本を含めて世界的に貿易依存

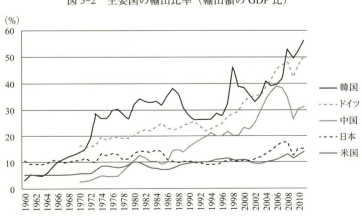

図5-2 主要国の輸出比率（輸出額のGDP比）

（出所）世界銀行，World Development Indicators.

度が漸増している傾向は否めない。

しかしより重要なのは，日本経済が世界の中に占める位置が質的に変化してきたことである。韓国をはじめとするアジア諸国の経済発展や改革開放を掲げるに至った中国の急成長の中で，日本を取り巻く世界的な分業構造の転換が生じており，それに適応するような産業構造への転換が迫られているからである。

日本は第1次世界大戦後，重化学工業化を達成する過程で戦争に突入した結果，すべての部品を自国内で調達せざるをえない状況に追い込まれることになった。これは大変な努力を要するものであったが，結果としてほとんどすべての工業品についてその産業を国内に持つという「フルセットの工業化」を達成することができた（寺西 2003）。戦後の日本もまた，アジアで唯一の工業国であったという状況の下で，フルセットの工業化体制を維持することができたのであった。しかし，中国や韓国の工業化にともなう世界的な分業構造の転換の中で，今日，日本経済がこのような体制を維持することは非常に難しくなっているといえる。

すでに見てきたように，戦後日本の経済システムには自由な市場システムの働きによる資源配分の調整を部分的に抑制するような仕組みがビルトインされていた。例えば銀行借入中心の資金調達は，企業と銀行の関係を長期的なものにしていたために，市場から退出すべき企業をも市場に留めがちであった。また，政府と企業の長期関係もまた，市場の秩序と安定を重視する傾向を持ち，市場を通した淘汰のメカニズムを抑制しがちであった。このように，戦後日本の経済システムは，世界的な分業構造の転換が要請する日本経済の産業構造の転換の動きを遅くしがちであったということができる。

国際的な資本移動の規模をグローバル化の測度とした場合には，今日のグローバル化はどう見えるだろうか。確かに世界的な金融自由化の趨勢の中で，国際的資本移動の規模は増加している。国際的資本移動を世界 GDP で割った比率は，1980 年代前半には4％を下回る水準であったが，2006 年には18％程度になっている。こうした中で大規模な資本移動が急激に生じ，1997 年のアジ

第 5 章　経済システムとしての日本経済のゆくえ　131

図 5-3　持株比率の推移

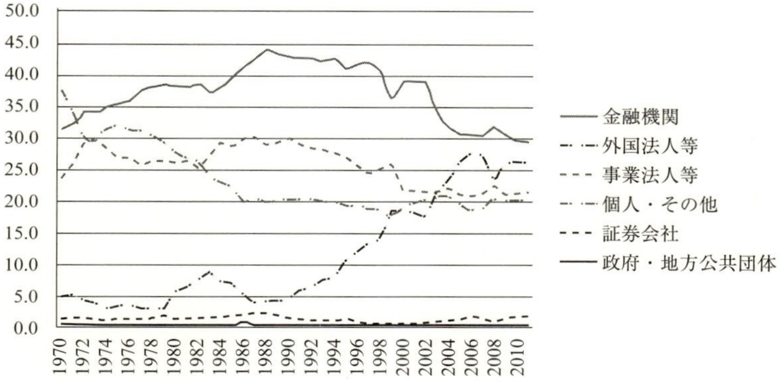

（出所）東京証券取引所　株式分布状況調査。

ア通貨危機や 2008 年のリーマン・ショックが示したように，国際的な金融危機が実物経済に悪影響を与える可能性が高まっている。金融自由化により国際的な資本移動に対する制約が少なくなったことは，アメリカ経済の経常収支赤字拡大と中国経済の経常収支黒字の拡大に見られるようなグローバル・インバランスをも拡大している。

　日本経済の制度変化にとっての含意に焦点を絞るならば，図 5-3 に見られるように，1990 年代以降，金融機関と事業法人の持株比率が低下する中で，海外投資家の持株比率が増加していることが重要である。これは，後に述べるように，日本企業のコーポレート・ガバナンスに大きなインパクトを与えている。

4-2　キャッチアップ段階からフロントランナー段階への移行

　現代日本の経済システムが直面する第 2 の要因は，日本経済がキャッチアップの段階を終え，フロントランナーの段階へと移行したことである。戦後日本の経済システムは，日本企業が欧米ですでに開発された技術を採用するとともに，それに改良や改善を加えることをサポートするという点では非常に有効であった。政府はつねに企業や業界団体と相互に情報交換し，最先端技術に注視

して，業界全体の新技術採用をサポートしていたし，メインバンクは新事業や新技術採用の審査よりも，経営者がきちんとプロジェクトを遂行しているかどうかという中間段階のモニタリングに力を入れていたからである。

　しかし今日では，日本経済は，自らの中から全く新しい技術や製品，事業を生み出さなければならない段階に達したということができよう。もちろん日本企業の中には，世界に先んじた革新的なイノベーションを行ってきたものも数多く存在する。しかし，これまで見てきたような，理論的に理解される限りでの日本の経済システムは，この点であまり得意であるとはいえない。

　例えば，政府は常に新たな技術発展を注視し，その情報を業界団体と共有してはいるものの，多額の予算を用いて特定の技術開発にコミットするときには，しばしば大きな失敗をおかしてきた。また，すでに述べたように，日本の場合にはモニタリングの各段階で異なる，専門化された金融機関が役割を果たすのではなく，メインバンクがすべてのステージでのモニタリングを行うことで，モニタリング・コストを社会的に節約してきたのであった。しかし，どの技術が有望であるかを判定し，それに対して資金を供給するためには，専門的な審査能力による事前的なモニタリングが必要となる。アメリカの金融システムの場合には，エンジェルやベンチャー・キャピタリストがそのような機能を担っている。ベンチャー企業の育成に必要とされる人的・制度的資源の面で日本のシステムにはまだまだ欠けているところがある（村瀬(2006)）。

4-3　ICTの発展とモジュール化

　今日世界で生じつつある技術発展の大きな流れが，従来日本企業の強みとされてきた部門間・企業間での密接なコーディネーションを十分活かすことができないような方向に進んでいる可能性があることも，これまで組立加工型の製造業で強みを発揮してきた日本経済にとって重要な環境変化といえるかもしれない。

　今日の技術発展の多くは，汎用技術としてのICTの利用に関わるものである。しかしICT技術の急速な発展を支えてきたのは，それに関連する重要な

技術の多くがモジュール構造を持っているという事実であった。モジュール性（modularity）とはシステムが持つ性質のことであり，全体システムの機能がいくつかの相対的に独立した部分システム（モジュール）を通して実現されていることを意味する。モジュールが相対的に独立した自律的システムを形成しているのは，モジュール内部では要素間で複雑な相互作用が観察される一方で，それらの相互作用はモジュール内部にカプセル化されているからである。全体システムを機能させるために不可欠なモジュール同士の相互作用は，あらかじめ決められた標準インターフェイスを通して行われるものに限定される。例えば，パソコンというシステム全体は，モニター，キーボード，マウス，パソコン本体などがモジュールであり，それらの間は標準的なインターフェイスに基づいて通信を行っている。

　モジュール化された製品は，標準的インターフェイスに従うというような設計上の制約に縛られるために，必ずしもシステム全体の観点からは最適なものとならない。しかし，モジュール部品はそっくりそのまま他のモジュール部品と交換することが可能であるため，モジュール単位での技術革新をシステム全体の革新に取り込むことが容易である。70年代以来のICTの急速な発展は，ICTがこうした製品アーキテクチャを取り入れたことにあるとする説が有力である。

　日本企業はこれまでしばしば，モジュール化の設計思想とは対照的に，製品システム全体の最適化を図るために，部品相互間で非常に密接なコーディネーションを行ってものづくりを行ってきた。その背後には，これまで見てきたような，情報共有を基本とした日本企業の情報システムとしての特質があることはいうまでもない。日本企業が擦り合わせを要する分野で強みを発揮するとしばしばいわれてきたのは，この理由によるものである。

　しかし，今日の技術発展の方向は，このような組織能力がその強みを発揮しにくい方向に進んでいる。従来，擦り合わせの必要性が大きいものと見なされ，日本企業が優位を保ってきた半導体露光装置のような分野でも，システムが巨大化・複雑化するとともに，次第にそれをモジュール構造と見なして改善

134　第Ⅱ部　日本の政治経済システム

していくことの方が優位性を発揮するようになっているという研究も存在している（中馬(2006)）。

　産業革命以後の機械化の歴史が示しているように，技術にできることと生身の人間にできることはしばしば代替的・競合的な関係であり，人間が行ってきた作業の多くが機械におきかえられてきた。しかし，現状の技術レベルを所与とすれば，両者にできることには本質的な差異が存在しており，両者を補完的に組み合わせることこそが必要とされていることも確かである（奥野・瀧澤・渡邊(2001)）。例えば，かつての人工知能研究は，人間の情報処理と機械の情報処理を代替的なものと捉え，人間の頭の中で行われている情報処理を機械の中で実現しようとしてきたが，今日では，サイボーグに見られるように，機械にできる情報処理と人間の情報処理を組み合わせる方向での技術発展が有望視されるようになってきている。

　松谷（2010）は，今日の日本企業が規模の経済を利用したコストダウンを志向して行きすぎた機械化に走り，かえって生産量の縮小に対して脆弱なビジネス・モデルになっていることを指摘している。過度な機械化は，現場の創造力をも弱める可能性がある。むしろ今日必要なのは，人間力と機械力の最適な融合であり，機械化の中で付加価値を高める人間力を十分に発揮させることである。今日の最先端のICT技術を使用した生産現場でも，それを有効に使用する一方で，人間にしかできない情報処理でそれを補完することで成功を収めている例が存在している。汎用技術としてのICTの賞味期限がまだまだ切れそうにない中で，今後ますますそのような知恵が必要になるといえよう。

4-4　少子高齢・人口減少社会のインパクト

　少子高齢・人口減少社会への突入もまた，日本の経済システムに対して非常に大きなインパクトを持つだろう。その因果の経路にはさまざまなものが考えられるが，ここでは年齢構成の変化が日本的経営に対して持つインパクトと，国内需要の縮小がもたらすインパクトについて見ることにしよう。

　終身雇用や年功賃金という日本企業の雇用慣行を維持するインセンティブ

は，従業員の年齢構成がピラミッド型になっているときには強力だが，ひとたびピラミッド型の人口構成が崩れると弱まってしまう。

　企業の側から見れば，年功序列賃金の下で中堅以上の年齢比率が高まることは生産性に比較して見た賃金コストの上昇を意味することになる。年功賃金では，若年層に対しては限界生産性以下の賃金を支払い，年齢とともに限界生産性以上の賃金を支払うとともに，多額の退職金が用意されているからである。このようなシステムは単純に維持することが困難となるだろう。こうして典型的な日本型の雇用システムを維持することのコストは今日ますます大きくなっている。

　また，少子高齢化と人口減少は国内の供給と需要の両面で経済規模縮小をもたらす傾向を持ち，日本経済の成長にとって大きな足枷となる。その結果，成長を志向する日本企業の多くはその販路を海外に求めざるをえない。実際，企業活動基本調査によれば，製造業の海外生産比率（国内全法人ベース）はリーマン・ショックの影響を受けて 2008 年に減少したものの，再び増加する傾向を示しており，2011 年度には 18％となっている[1]。海外の現地法人の雇用者数も増加して，すでに 500 万人を超える規模となった。日本企業は，日本的な雇用慣行に触れたことのない優秀なグローバル人材を有効に活用するための人事制度などを整備する必要に迫られている。

5. 日本の経済システムの現状

　すでに述べたように，一国の経済システムの特徴は，経済の要にある企業がそれを取り巻く主体とどのような関係を取り結んでいるのかを見ることで把握することができる（図 5-1 参照）。とりわけ重要なのは，企業と金融市場，企業と労働市場の関係である。そこで，以下ではこれら 2 つの関係に絞って，日本の経済システムの現状について見ていくことにしよう。

---

1)　国内全法人ベースの海外生産比率＝現地法人（製造業）売上高／（現地法人（製造業）売上高＋国内法人（製造業）売上高）× 100 である。

5-1 金融市場サイドと労働市場サイド

5-1-1 企業の資金調達の変化

企業の資金調達では何が起こっているのだろうか。まず、日本銀行が発表している資金循環勘定を用いて、マクロ的な状況から見ておこう。図5-4は、民間非金融法人企業について、その資金調達を株式・出資金、株式以外の証券、企業間・貿易信用、非金融部門からの借入、公的金融機関からの借入、民間金融機関からの借入に分類し、それらの負債（ストック）に占める割合を図示したものである。これを見ると、1980年代に民間金融機関からの借入が減少し、株式の比重が増加していったものの、90年代前半にはこの傾向が一時的に逆転していることがわかる。また、銀行の不良債権が表面化した1997年以降は再び、民間金融機関からの借入の比重が徐々に減少し、株式による調達の割合が増加している傾向が見られる。しかし、結果として民間金融機関からの借入はそれほど大きく後退しているわけではない。

渡辺・吉野（2008）はさらに細かく、業種や規模ごとの動向についても分析している。それによれば、1997年以降はほとんどの業種で金融機関借入を返

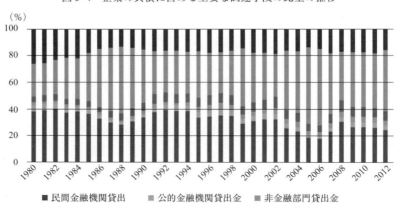

図5-4 企業の負債に占める主要な調達手段の比重の推移

（出所）日本銀行『資金循環統計』から作成。「貸出金」とあるのは、企業から見れば借入である。

第5章 経済システムとしての日本経済のゆくえ　137

済している。97年以降もプラスの資金調達を行っている非製造業やサービス業では、社債や増資による資金調達の増加はごくわずかでしかなく、金融機関借入の減少を補うほどのものにはなっていない。むしろ、主に内部留保や減価償却が金融機関借入の代替手段となっている。一方、資金調達に占める金融機関借入金の割合を顕著に低下させているのは、情報通信業、製造業、運輸業である。これらの企業では株式による調達を顕著に増加させてもいる。また、農林水産業や建設業といった産業では高い金融機関借入比率が続いている。

　このように、企業の資金調達のあり方は、80年代以降の金融自由化とバブル経済の時期には、間接金融から直接金融へのシフトの傾向が見られたものの、その後のバブル崩壊や不良債権問題を契機として、業種や規模ごとに異なる変化の様相を見せていることがわかる。しかしながら、全体的な変化は緩慢である。日本企業の負債・資本残高に占める買入れの割合は2003年3月末の時点で39.8％ほどであるのに対して、米国では2002年12月末の時点で9.6％、ドイツは43.2％であり、米国と比較すると銀行中心の金融システムであることに変わりはないのである（日本政策投資銀行(2004)）。したがって現時点では、従来の銀行中心の金融システムから資本中心の金融システムに移行しつつあるかどうかについては、決定的な判断を下すことができない。

5-1-2　労働市場サイド

　図5-5は雇用形態別の雇用者数の推移を示したものである。これを見ると、正規雇用の労働者は1985年には80％を超えていたが一貫して減少を続け、2013年には65％を割っており、パートや契約社員・嘱託の比率が増加している。厳密には供給者側の要因を考慮しなければならないが、これは明らかに需要者側である企業によるこの間の雇用行動を大きく反映した結果である。

　また、成果主義的要素を導入している企業の割合は漸増しているほか、横軸に年齢を、縦軸に賃金をとった賃金カーブは顕著にフラット化していることが数多くの研究により報告されている。男性標準労働者、大卒、産業計、規模計の数字を見ると、賃金カーブのピークは22歳を100とした場合、1990年は530.2だったが、2004年は385.0と1990年の7割程度にまで下がっている。

138　第Ⅱ部　日本の政治経済システム

図 5-5　雇用形態別の雇用比率の推移（男女計）

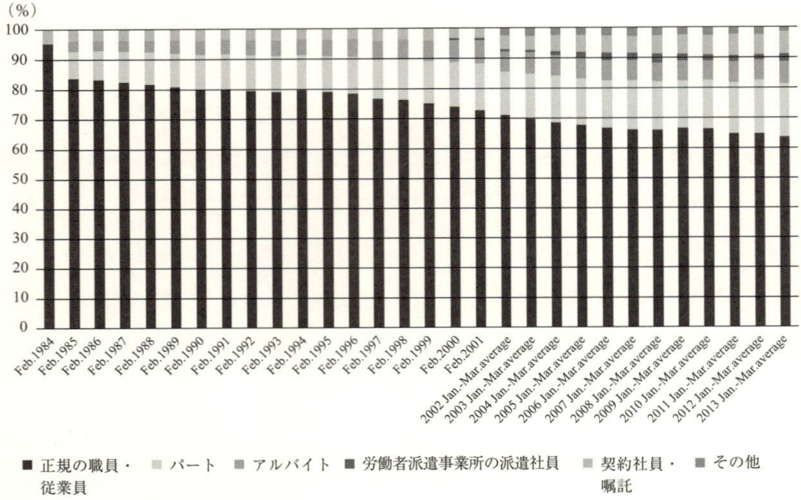

(%)

横軸: Feb.1984, Feb.1985, Feb.1986, Feb.1987, Feb.1988, Feb.1989, Feb.1990, Feb.1991, Feb.1992, Feb.1993, Feb.1994, Feb.1995, Feb.1996, Feb.1997, Feb.1998, Feb.1999, Feb.2000, Feb.2001, 2002 Jan.-Mar.average, 2003 Jan.-Mar.average, 2004 Jan.-Mar.average, 2005 Jan.-Mar.average, 2006 Jan.-Mar.average, 2007 Jan.-Mar.average, 2008 Jan.-Mar.average, 2009 Jan.-Mar.average, 2010 Jan.-Mar.average, 2011 Jan.-Mar.average, 2012 Jan.-Mar.average, 2013 Jan.-Mar.average

■ 正規の職員・従業員　　□ パート　　■ アルバイト　　■ 労働者派遣事業所の派遣社員　　■ 契約社員・嘱託　　■ その他

（出所）厚生労働省　雇用構造調査。

5-2　日本企業のコーポレート・ガバナンスの多様化

　次に，企業のコーポレート・ガバナンスに関する動向を見てみることにしよう。宮島とジャクソンは，銀行危機後の再編成が一段落したと見られる 2002 年度末の時点における企業を対象として，そのコーポレート・ガバナンスや雇用システムに関するスナップショットを描き出している（Jackson and Miyajima (2007)；宮島(2011)）。この分析は，財務省財務総合研究所が東証 1 部・2 部上場企業を対象に実施したアンケート調査結果に基づくもので，サンプル企業は回答のあった 723 の非金融事業法人である（ソニー，オリックスなど米国型の取締役会の採用事例としてよく知られた企業はサンプルには含まれていない）。宮島とジャクソンは，表 5-1 の左側の列に掲げられている変数に注目してサンプル企業に対してクラスター分析を行い，3 つの主要なコーポレート・ガバナンスのタイプを抽出した。これらの変数は，外部ガバナンス（個人株主，機関投資家などの外部者によるガバナンス），内部ガバナンス（取締役会と経営陣のガバナンス構造），内部組織構造（組織内の分権化の程度など），雇用システムなどをカバーするもの

第5章　経済システムとしての日本経済のゆくえ　139

表5-1　ガバナンス構造のクラスター分析

| | ハイブリッド型企業 | | | 伝統的日本企業 | | | 全体 |
| | Type I | | Type II | J Firm | Patenalistic | Modified J | (項目により平均) |
	2a	2b	3b	1a	1b	3b	
1　資金調達・所有構造							
社債依存度	6.0%	10.0%	3.0%	1.0%	2.0%	1.0%	3.0%
銀行借入依存度	6.0%	14.0%	17.0%	20.0%	14.0%	21.0%	16.0%
金融機関保有比率	45.6%	42.5%	22.1%	23.1%	19.9%	21.5%	27.1%
事業法人保有比率	16.2%	18.5%	28.0%	34.6%	29.5%	34.1%	28.3%
外国人保有比率	18.3%	12.2%	4.6%	2.0%	3.6%	3.1%	6.0%
個人	19.2%	25.9%	44.6%	39.5%	46.2%	40.7%	37.9%
2　コーポレート・ガバナンス改革に対する取り組み							
少数株主保護	7.8	6.8	5.7	3.4	4.7	5.1	5.2
取締役改革	13.9	13.6	10.6	9.4	9.6	10.5	10.9
情報公開	19.7	17.1	11.0	7.1	9.2	9.3	11.2
3　雇用システム							
分権度	2.6	2.7	2.2	2.4	2.3	2.3	2.4
長期雇用を維持する企業の比率	84%	100%	29%	100%	100%	100%	84%
成果主義導入企業の比率	100%	10%	100%	0%	0%	100%	45%
ストックオプションの導入比率	45%	35%	56%	0%	46%	0%	28%
組合が組織されている企業の比率	100%	99%	51%	100%	19%	70%	73%
4　雇用・パフォーマンス							
企業数	9.4%	14.7%	21.0%	26.2%	15.8%	13.0%	100%
平均従業員数	7,574	5,493	1,030	940	718	1,325	2,067
従業員基準のシェア	31%	36%	10%	11%	5%	8%	100%
標準化された ROA の平均	1.74	0.47	1.45	-0.72	1.22	-0.44	0.45

(注)　社債依存度，借入依存度は総負債に占める割合。個人の保有比率には経営者の所有比率も
　　　含まれる。コーポレート・ガバナンス改革に対する取り組みは，本文中で言及した財務省
　　　アンケート調査に基づく，コーポレート・ガバナンス・スコアの平均ポイントで，20点満
　　　点である。ROA は産業平均との差をとった標準化 ROA の平均値である。
(出所)　Jackson and Miyajima（2007）.

　　である。その背後にある問題意識は，すでに述べたように，銀行借入に依存し
た，メインバンクによる状態依存型のガバナンスと長期雇用とが制度的補完性
を持つというものである。

　　この分析では3つのタイプが同定された。第1のタイプは，いうまでもなく
伝統的日本企業群である。このタイプの企業の資金調達は借入に依存し，株式

では外国人所有比率が低く，金融機関や事業法人といったインサイダーの保有比率が高い。また，長期雇用を維持している。第2のタイプは，タイプⅠハイブリッドの企業群である。このタイプの企業は，資金調達の仕方や株式の所有構造においては市場志向であり，高い社債依存度と高い外国人持株比率を持つ。内部ガバナンスと雇用に関しては長期関係志向的である一方，積極的に成果給を進める企業（表中の2a）とその程度が低い企業（表中の2b）とに分けられる。第3のタイプは，タイプⅡハイブリッドの企業群である。これは，金融と雇用に関して，タイプⅠハイブリッド企業とは逆の構成を持つ企業で，銀行借入に対する依存度が高く，外国人保有比率が低い一方，雇用面では有期雇用，成果主義賃金，ストックオプションを積極的に利用している。

　ここで重要なのは，この調査で新たに発見された上述の2つのハイブリッド型のタイプの発生をどう解釈するかである。表5-1から読みとれるように，企業数では伝統的日本企業群，タイプⅠハイブリッド企業群，タイプⅡハイブリッド企業群の順番だが，従業員数のシェアで見ると，タイプⅠハイブリッド企業群，伝統的日本企業群，タイプⅡハイブリッド企業群の順番となっており，タイプⅠハイブリッド企業群は日本企業で支配的な位置を占めつつある。また，この企業群に属する企業は，社齢が長く，輸出比率およびR&D比率が高い日本のリーディング企業でもある。タイプⅡハイブリッド企業は，IT関連産業，小売業などに多く見られ，創業者に率いられた社齢の若い企業が多い。伝統的日本企業は，建設，化学，電機，輸送機械に多い。

6. 現在の変化をどう見るのか

6-1　変化の途上にある日本の経済システム

　以上で見てきたような現代日本の経済システム変化はどのように評価されるのだろうか。金融市場や労働市場で生じていること，上場企業のコーポレート・ガバナンスの分布で生じていることは，日本の経済システム全体が，緩慢だが着実に「変化」しつつあることを示している。しかしながら，それは単純に米国型を志向した直線的な移行プロセスと見なすことはできないだろう。お

そらく現在の状況は，日本企業がいまだに改革と実験の途上にあることを示している。

米国型への直線的な移行プロセスではないことは，例えば，上述したクラスター分析において，アメリカ型のコーポレート・ガバナンスを明確に採用している企業がほとんどないことに示されている。従業員比率で大宗を占めているタイプIハイブリッド企業は，資金調達や外部ガバナンスにおいてこそ市場志向型ではあるが，内部ガバナンスや雇用システムも米国型にしようと志向しているわけではない。例えばトヨタのように，取締役には現場の知識が不可欠であるとして外部取締役を排し，外部監査役を導入したような例もある。また，成果主義を導入しながらも，従来の長期雇用を維持している点も重要である。

宮島（2011）が指摘しているように，異なるコーポレート・ガバナンスを持った企業は現在，それぞれに異なる課題を抱えつつ，組織的なファインチューニングを行っている段階である。したがって，現段階でこうした実験の道を閉ざしてしまうような一律した法的規制は得策ではないだろう。

6-2　株主とコア労働者によるレントの分け合い

実は，元々イギリスやアメリカとは異なる企業経営観が支配的であったドイツやフランスといった国々でも，1990年代以降，株主からの圧力が強まる中で伝統的なコーポレート・ガバナンスの形態を変容させつつある。この点に関連して，イギリスとフランスで生じているコーポレート・ガバナンスの変化を比較したDeakin and Rebérioux（2007）は興味深い。それによれば，労働法の規制が弱いイギリスにおいては，金融市場からの強い圧力に直面する上場企業は従業員に対する長期的コミットメントに意欲的でなく，コスト削減と労働強化に基づいて株主価値への道を進んでいるという。これに対して，フランス企業では労働規制が強いことが，経営陣にとって逆説的に「有利な制約」として機能し，企業内のコア労働力と株主との間でレントを分けあうパターンが定着しつつある。例えばコア労働者の平均賃金はかえって上昇している。ただしそのダーク・サイドとして，非コア労働力がレントの分け合いから排除されている

142　第Ⅱ部　日本の政治経済システム

ことも観察されている。

　現在日本企業の多く（とりわけタイプⅠハイブリッドの企業）に発生していることも，これと類比的な現象と捉えられるかもしれない。すなわち，企業がレントを生み出すうえでコア労働力が必要不可欠な資源であるならば，それを企業内に保持し，彼らの労働意欲を高めることは企業の長期的利益を高めることにつながる。したがってコア労働者を大切に遇することは株主にとっても得策なのである。タイプⅠハイブリッド企業は，フランス企業のように平均賃金の上昇は観察されないものの，コア労働者に対する長期雇用の保証という形態でそのような道を進んでいる可能性がある。他方，レントの分け合いに与かることのできない非コア労働力は，現在の日本企業では非正規労働者によって調達されていると考えられるだろう。

　非コア労働力がこうしたレントの分け合いに与かることができないことは，正規と非正規の所得格差を生み出すことになって，日本の経済システムにとっては重大な政治的コストをもたらす可能性がある。今後の事態の推移に注目する必要がある。

7.　お わ り に

　本章は，「経済システム」という観点から，現在の日本経済をどのように捉えることができるのかについて述べてきた。

　現在の日本の経済システムは確かに，1980年頃までに典型的に見られたような戦後日本の経済システムとはいくつかの点で大きく変化しつつある。しかし，その変化が意外に遅いことも確かである。その理由は，経済システムが多くの制度的要素が互いに組み合わさることで構成されているからである。それらの制度的要素同士の多くは互いに他の機能を強化するような補完的関係にあるので，一部の制度だけをインクリメンタルに変化させても，コーディネーションの失敗のような事態が生じ，システム全体としてのコストを発生させてしまう。そうした理由のために，「戦後の焼け野原」の再来を待望するような乱暴な議論もときどき見かけるが，基本的に経済システムは歴史の中で徐々に変

第5章　経済システムとしての日本経済のゆくえ　143

化させていく以外ないものである。

　現在の日本経済の苦境の一部が，戦後日本の経済システムに典型的に見られたような整合的なパターンから逸脱し，改革と実験の道に乗り出したことによってもたらされていることも確かである。しかし，われわれは一度乗り出した航海を「ノイラートの船」のように続ける以外にない。しばしば経済政策によって問題を「解決」できることを前提にした議論が見受けられるが，本質的には経済システムが抱える問題は「解決」できるほど単純ではなく，場合によってはわれわれが望むことができることは，よくて「寛解」なのかもしれない。そのような観点から今後の日本経済の推移を見守っていきたい。

参 考 文 献

青木昌彦（1995）『比較制度分析序説：経済システムの進化と多元性』講談社学術文庫。

青木昌彦（2003）『比較制度分析に向けて（新装版）』瀧澤弘和・谷口和弘訳，NTT出版。

青木昌彦・奥野正寛編著（1996）『経済システムの比較制度分析』東京大学出版会。

岡崎哲二・奥野正寛編（1993）『現代日本経済システムの源流（シリーズ現代経済研究）』日本経済新聞社。

奥野正寛・瀧澤弘和・渡邊泰典（2001）「人工物の複雑化と製品アーキテクチャ」（『経済学論集』第73巻第3号）東京大学経済学会，103-129ページ。

奥野正寛・松井彰彦（1995）「文化の接触と進化」（『経済研究』第46巻第2号）岩波書店。

中馬宏之（2006）「半導体生産システムの競争力弱化要因を探る：メタ摺り合わせ力の視点から」（『RIETディスカッションペーパー』06-J-043）。

寺西重郎（2003）『日本の経済システム』岩波書店。

日本政策投資銀行（2004）「企業の資金調達動向—銀行借入と代替的な資金調達手段について—」（『調査』第65号）日本政策投資銀行。

野口悠紀雄（2010）『1940年体制—さらば戦時経済（増補版）』東洋経済新報社。

松谷明彦（2010）『人口減少時代の大都市経済』東洋経済新報社。

宮島英昭（2011）「日本企業システムの進化をいかにとらえるか：危機後の企業統治の再設計に向けて」（『RIETI Policy Discussion Paper Series 11-P-009』）経済産業研究所。

村瀬英彰（2006）『新エコノミクス　金融論』日本評論社。

渡辺善次・吉野直行（2008）「企業の資金調達の変化」（『ファイナンシャル・レビュー』）財務省財務総合政策研究所。

Deakin, S. and A. Rebérioux (2007), "Corporate Governance, Labor Relations and Human

144 第Ⅱ部 日本の政治経済システム

Resource Management in Britain and France: Convergence or Divergence?", Paper prepared for the 10th Conference of the Cournot Centre for Economic Studies, *Does Company Ownership Matter? Efficiency and Growth*, Paris, November pp.29-30.

Ellison, G. (1993), "Learning, Local Interaction, and Coordination," *Econometrica*, 61, 1047-1071.

Jackson, G. and H. Miyajima (2007), "Introduction: The Diversity and Change of Corporate Governance in Japan," in Aoki, Jackson and Miyajima, eds., *Corporate Governance in Japan: Institutional Change and Organizational Diversity*, Oxford University Press, pp.1-47.

Kandori, M., G. Mailath and R. Rob (1993), "Learning, Mutation, and Long Run Equilibria in Games," *Econometrica*, Vol. 61, pp. 29-56.

Krugman, P. (1991), "History versus Expectation," *Quarterly Journal of Economics*, Vol. 106, pp.651-667.

Matsuyama, K. (1991), Increasing Returns, Industrialization, and Indeterminancy of Equilibrium," *Quarterly Journal of Economics*, Vol. 106, pp.617-650.

第 **6** 章

自民党政権による政策空間の構造
——2014 年総選挙における有権者の政策選好——

三 船 毅

1. は じ め に

　2012 年総選挙で民主党から政権を奪還した自民党は，第 2 次安倍政権を発足させた。第 1 次安倍政権は，「美しい国」などのフレーズに見られる抽象的なイデオロギーを前面に出した政策論を展開してきた。しかし，第 2 次安倍政権はやや趣を異にして，経済・財政政策，安全保障政策ともに具体的な政策を展開している。アベノミクスと称される経済・財政政策については，金融政策，財政政策，経済成長の 3 つの分野を「3 本の矢」と称して，景気対策を推し進めてきた。安全保障政策に関しては，集団的自衛権行使容認などを含めた平和安全法制整備法案を第 3 次安倍政権で進めている。経済・財政政策はバブル経済崩壊以降の失われた 20 年を埋めるかのように進められてきたが，消費税増税もあり一般市民の暮らし向きの実態は一向に好転してはいない。安全保障政策に関しては，戦後日本の基本的姿勢を完全に放棄し，改憲をも視野に入れている。

　このような，第 2 次安倍政権が作り出した政策空間はそれまでの自民党政権，いわゆる 55 年体制下の政策空間とは大きく異なり，保守化さらには右傾化していることも考えられる。2014 年の年末には突如として衆議院が解散され総選挙となった。選挙結果は自民党が大勝したものの，戦後最低の投票率と

146 第Ⅱ部 日本の政治経済システム

なった。この意味は，棄権した多くの有権者がこれまでと大きく変容した政策空間におかれることにより，自己の政策選好の絡みから成る政策空間を自民党の政策空間に適応させることができなかったのかもしれない。では，投票した有権者は，自民党の作り出した政策空間に対して，どのような自己の政策空間を適応させたのであろうか。本章は，第 2 次安倍政権以降に変容した政策空間の中で，有権者はいかなる政策選好の構造（＝政策空間）を作り出していたのかを，2014 年の衆議院選挙における調査データからグラフィカルモデリングによりグラフとして析出する。さらにグラフから，（1）2014 年総選挙で，有権者はどのような政策空間を作り出したのか，（2）2014 年総選挙で自民党に投票した有権者の政策空間はいかなる構造であったのか，保守化したのか，さらには右傾化していたのか，を明らかにする。

2. 自民党の政策空間と有権者の変化

2-1 政策空間を分析する視座

　選挙の主体は政党・候補者と有権者である。政党・候補者が主張する複数の政策から構成される空間を政策空間という。この空間という言葉は，各政党・候補者の政策位置を何らかのスペクトラムに沿ってユークリッド空間に配置し，選挙競争を分析することに由来する。政策空間の考えはホテリング（Hotelling (1929)）に始まり，ダウンズ（Downs (1957)）とブラック（Black (1958)）により理論化されてきた。

　ダウンズは政党・候補者が主張する複数の政策を有権者はまとめて 1 つのパッケージとして見ると仮定し，1 次元の政策空間を想定した。彼は，1 次元の政策空間，つまり保守・リベラルなどのスペクトラムで表される 1 次元の軸上に政党・候補者を政策選好に基づいて配置し，さらに有権者の選好分布を重ねることにより，政党・候補者の合理的な政策位置を理論化したのである。ダウンズの 1 次元の政策空間を多次元へと拡張する試みは，ヒニチ，オードシュック，レッドヤード（Hinich, Ledyard and Ordeshook (1973)）などをはじめとする多くの研究者により行われてきた。その後エネロウとヒニチ（Enelow and Hinich

第6章　自民党政権による政策空間の構造　147

(1984；1990)）により精緻な理論化が行われ，さまざまな政党制，選挙制度に
対応したモデルが考案されてきた。これらの研究は選挙の空間理論と称され，
理論的精緻化と主体の非合理的要素などの不確実性を組み込んだモデルが構築
されてきたのである。これらの理論的研究を実証研究として展開してきたの
が，スコフィールドとセネッド（Schofield and Sened（2006））であり，政党・候補
者と有権者で構成される政策空間をデータから構成し，離散凸解析を用いて6
ヶ国を分析している。このような空間理論は，政党・候補者が1次元もしくは
多次元の政策空間を作り出し，有権者がそれに応答するという形で理論化さ
れ，実証研究が進められている。

　これらの先行研究は，政党・候補者の政策選好や有権者の政策選好のデータ
を因子分析を用いて集約し，政策空間を析出し，各主体の相対的位置を明らか
にし，選挙競争を分析するものである。しかし，因子分析は空間という大きな
枠組みを作り出すがゆえに，各政党・候補者，有権者が個々の政策項目をいか
に関連させて構造化しているのかを理解することはできない。安倍政権は多く
ある政策項目の中でも特に防衛，安全保障の変化を唱えている。よって，この
わずかな政策項目に対する有権者の変化が有権者の政策空間全体におよぼす影
響を見る必要がある。そこで，グラフィカルモデリングの方法を用いる必要が
ある。

　本章の課題は，第2次安倍政権が従来の自民党政権とは大きく異なる政策空
間を作り出し，結果として2014年総選挙では有権者の多くがそれに対応不能
な状況にあり，さらに自民党に投票した有権者でさえ，従来とは大きく異なる
政策選好の構造（＝政策空間）であったことを検証することである。よって，
因子分析で政策空間を作り出して分析してみても，その構造は大きな枠組みで
しかない。第2次安倍政権が行った政策空間の変容は，1955年から歴代のい
くつかの政権で繰り返し主張されてきたことであるが，それは50年以上封印
されてきた。しかし，国会での安全保障法制の上程などをみる限り，多くの有
権者にとって改憲，再軍備の問題は急速に現実味を帯びてきている。日本人の
多くは80年代の「脱イデオロギー＝保守化」，90年代の「イデオロギーの溶

148　第Ⅱ部　日本の政治経済システム

融」の状態を経て，2000 年代には「中道化」してきたが，未だに保革イデオ
ロギーは日本人の政策選好の基底として存在している（蒲島・竹中(2014)）。

　領土問題を契機として，一部の日本人は右傾化しているともいわれている。
それに呼応するかのように第 2 次安倍政権以降の急激な政策空間の変容は，日
本人のイデオロギーの基底である保革イデオロギーにどのような作用をして，
有権者の政策空間に影響を及ぼしたのであろうか。有権者の政策選好の微細な
変化が政策空間にいかなる変化を及ぼしたのかを検証することは，空間理論の
新たな領域開拓と現代日本の政治分析の両面で意義があると考えられる。

2-2　自民党の政策空間：第 2 次安倍政権

　第 2 次安倍政権で最も特徴的な政策方針は，安全保障と改憲である。しか
し，戦後直後の 5 年間を除けば，保守政治の中でそれは封印されてきた政策で
あった。

　戦後数年間，保守政党は離合集散を繰り返し歩んできたが，第 3 次吉田政権
は朝鮮戦争を契機として再軍備を進めることとなった。第 5 次吉田政権は，造
船疑獄事件に揺れ総辞職し，1954 年第 1 次鳩山政権が発足する。鳩山政権は
1955 年総選挙の争点を再軍備と明確に位置付け，憲法第 9 条を改正して軍隊
を持つことを主張した。鳩山政権は，日ソ国交回復と国連加盟を成し遂げた。
だが，1955 年総選挙で社会党左右両派が議席の 3 分 1 以上を占めたために，
改憲の発議すらできない状況にあったのである。1957 年 2 月 25 日に岸政権が
発足する。岸政権は 1958 年総選挙から 1960 年総選挙までは，安保改定を巡る
保守・革新イデオロギーが正面から対峙した時代でもある。岸は戦後の公職追
放が解かれてから，「日本再建連盟」を創設し，占領軍の下で作られた諸制度
を「正す」ことを政治的使命としてきたのである（石川(2004)85 ページ）。しか
し，岸政権は日米安全保障条約改定での衆議院での強行採決とその後の自然承
認を経て 6 月 30 日に総辞職し，イデオロギーの全面的対立は終焉を迎えたの
である。この後に，池田政権は高度経済成長を背景に所得倍増計画を国民の前
面に出し，イデオロギーによる国民統合から，経済による国民統合へと，自民

党の政策を大きく転換させることとなる。池田以降，佐藤政権，田中政権は少なくとも国民の前面には強いイデオロギーを出すことはなく，新全総，列島改造論などイデオロギーを無くした戦後政治を展開していく。中曽根政権はそのような自民党政権の中にあっては異色であった。戦後政治の総決算を謳い，「憲法改正」をも視野に入れていたが，結果的には辿り着けなかった。1989年以降，日本政治は冷戦終結とともに55年体制としての自民党政治が崩壊し始める。この決定的な崩壊は1993年から始まる政治改革とともに始まった。一連の政治改革における主役は，小沢一郎と小泉純一郎である。小沢による政治改革はイデオロギー的には無色であった。しかし，小泉首相は歴史認識や靖国参拝など国家主義的イデオロギーの色彩を見せたが，必要以上に改憲を声高にしなかった。だが，2005年には自民党は憲法改正第1次素案を作成し，その準備を進めてきた。2006年9月26日に発足した第1次安倍政権は，「美しい国　日本」というスローガンを掲げ，「戦後レジームからの脱却」を主張し，「憲法改正」「教育再生」「集団的自衛権」の実現を主張したのである（御厨(2009)89ページ）（佐道(2012)175ページ）。その後，民主党に政権交代する時期を挟んで，第2次安倍政権が発足する。第2次安倍政権発足直前の2012年4月27日に自民党は「日本国憲法改正草案」を発表し，2014年12月24日に発足した第3次安倍内閣では，憲法96条改正を主張し「安全保障法制」の制定を目指している。このような戦後の自民党による安全保障政策が大きく転換した中で，有権者の政策空間がいかなる構造であったのかを次節で検証する。

2-3　有権者の政策空間：2014年

　2014年の総選挙のときに有権者は，いかなる政策空間を構成していたのであろうか。政策空間の全体的枠組みを因子分析から析出する。用いるデータは，筆者が2014年総選挙直後に行ったインターネット調査によるデータである[1]。表6-1が分析結果である。用いた変数は政策選好態度である。

---

　1) 調査主体は中央大学社会科学研究所，研究チーム「政治的空間における有権者」（主

150　第Ⅱ部　日本の政治経済システム

　因子負荷量から判断すると，第1因子は安全保障，第2因子は新自由主義，第3因子は参加・福祉と名付けることができる。因子分析の結果は，用いた変数の数に依存することになる。これより多くの変数を用いれば異なる政策空間が構成されることになる。過去のデータと比較可能にするために，本章では政策項目に関して7つの変数に限定する。

　表6-1からわかることは，これらの変数による有権者の政策空間は，第1に安全保障政策への態度により空間が大きく規定されており，第2に，この政策空間は新自由主義的政策への態度，参加・福祉政策への態度の順で規定されていることである。

　第1因子の安全保障を構成する変数 X_2（防衛力強化）に否定的な回答は23.9％，肯定的回答は40.2％である。同様に，X_6（日米安保強化）では，否定的な回答は19.3％，肯定的回答は30.9％である。よって，有権者全体では，安倍政権の安全保障政策には賛成意見が多い。したがって，有権者の政策空間は第

表6-1　有権者の政策空間：2014年データ

変　数	安全保障	新自由主義	参加・福祉	データの分布(%)				
X_6（日米安保強化）	.891	.076	.021	(1)5.3	(2)14.0	(3)49.8	(4)22.2	(5)8.7
X_2（防衛力強化）	.889	.064	-.054	(1)8.2	(2)15.7	(3)35.9	(4)25.7	(5)14.5
X_9（政府支出削減）	.013	.793	.286	(1)1.6	(2)4.6	(3)22.5	(4)29.8	(5)41.5
X_3（小さな政府）	.119	.702	-.178	(1)4.9	(2)13.1	(3)48.2	(4)25.2	(5)8.6
X_4（政治腐敗防止）	.021	.644	.537	(1)1.2	(2)2.8	(3)17.2	(4)26.0	(5)52.8
X_7（労働者発言権強化）	.027	.302	.775	(1)2.6	(2)8.3	(3)38.1	(4)35.3	(5)15.7
X_1（社会福祉充実）	-.051	-.038	.749	(1)3.9	(2)13.7	(3)32.9	(4)36.6	(5)12.9
固有値	1.875	1.598	1.173					
寄与率	26.791	22.834	16.756					

（注）各変数の質問項目は以下のとおりである。X_6（日米安保強化）「日米安全保障体制をもっと強化すべきだ」，X_2（防衛力強化）「日本の防衛力はもっと強化すべきだ」，X_9（政府支出削減）「政府の支出は今よりも削減すべきだ」，X_3（小さな政府）「政府のサービスが悪くても小さな政府の方がよい」，X_4（政治腐敗防止）「金権政治や政治腐敗をただすべきだ」，X_7（労働者発言権強化）「非正規雇用者を含め労働者の発言権をもっと強化すべきだ」，X_1（社会福祉充実）「社会福祉は，財政が苦しくても極力充実すべきだ」。これらの質問に対する選択肢は，(1) そう思わない，(2) あまりそう思わない，(3) どちらともいえない，(4) ややそう思う，(5) そう思う，である。

査：三船毅）である。調査の実施は株式会社日経リサーチに委託した。対象者は日経リサーチアクセスパネル登録者である。調査地域は日本全国，20～69歳の男女である。回収サンプルは1,450である。

第 6 章　自民党政権による政策空間の構造　151

2 次安倍政権の安全保障政策に対して賛成多数と一部の反対という態度から，少し歪んだ構造となっている。

2-4　有権者の政策空間：1983 年

2014 年の有権者の政策空間の特徴をみるためにも，異なる時点の政策空間と比較してみる。60 年安保闘争の経験から政策転換を行ってきた自民党において，唯一改憲を論じた中曽根政権時代の調査データから有権者の政策空間を因子分析で析出する。用いるデータは 1983 年の JES データである[2]。

表 6-2 が分析結果である。有権者の政策選好態度に関して 6 つの変数を用いて因子分析を行った。

因子負荷量から判断すると，第 1 因子は参加・福祉，第 2 因子は安全保障と名付けることができる。この JES データによる政策空間の分析は蒲島・竹中 (1996) により行われている。彼らは全部で 13 の政策選好の変数を用いて因子

表 6-2　有権者の政策空間：1983 年 JES データ

変　数	参加・福祉	安全保障	データの分布（%）				
X_4（政治腐敗防止）	.814	-.175	(1) 0.7	(2) 1.0	(3) 39.1	(4) 11.5	(5) 47.7
X_7（労働者発言権強化）	.777	-.117	(1) 1.1	(2) 1.5	(3) 53.2	(4) 16.9	(5) 27.3
X_1（社会福祉充実）	.742	-.091	(1) 1.7	(2) 3.8	(3) 43.3	(4) 17.1	(5) 34.1
X_3（小さな政府）	.273	.267	(1) 6.3	(2) 5.8	(3) 68.0	(4) 8.6	(5) 11.3
X_6（日米安保強化）	-.010	.833	(1) 7.8	(2) 6.6	(3) 67.5	(4) 10.2	(5) 7.9
X_2（防衛力増強）	-.328	.789	(1) 21.7	(2) 11.1	(3) 51.0	(4) 7.8	(5) 8.4
固有値	2.045	1.324					
寄与率	34.083	22.069					

(注) 各変数の質問項目は以下のとおりである。X_4（政治腐敗防止）「ロッキード事件にあらわれたような金権政治や政治腐敗はこの際，徹底的に正すべきだ」，X_7（労働者発言権強化）「労働者は重要な決定に関して，もっと発言権を持つべきだ」，X_1（社会福祉充実）「年金や老人医療などの社会福祉は財政が苦しくても極力充実するべきだ，」，X_3（小さな政府）「政府のサービスが悪くなっても金のかからない小さな政府のほうがよい」，X_6（日米安保強化）「日米安保体制は現在よりももっと強化すべきだ」，X_2（防衛力増強）「日本の防衛力は強化すべきだ」。これらの質問に対する選択肢は，(1) 反対，(2) どちらかといえば反対，(3) どちらともいえない，(4) どちらかといえば賛成，(5) 賛成，である。

---

2) JES 調査データ：1983 年 6 月 26 日の第 13 回参議院選挙直後，同年 12 月 18 日の第 37 回衆議院総選挙の前後に行われた 3 つのデータからなるパネル調査である。調査企画者は，綿貫譲治，三宅一郎，猪口孝，蒲島郁夫である。データの使用を許可してくださった諸先生方に感謝申し上げる。

分析を行い，4つの因子を析出している。このときの第1因子は安全保障，第2因子は参加・福祉，第3因子は外交・公務員ストライキなどから構成されるが解釈困難とされており，第4因子は新保守主義である。本章では，2014年のデータと変数を極力揃えるために，これらの中から6つの変数を用いた。だが，安全保障に関わる変数が少なかったために，表6-2では結果として安全保障が第2因子になったと考えられる。

　では，表6-1と表6-2の比較から，どのように日本人の政策空間は変化したのかをみる。蒲島・竹中（1996；2014）は，1967年から2005年までの5つのデータセットの分析から，日本人は60年代，70年代よりも80年代には保守化しており，2000年代では中道化しているが，日本人のイデオロギーの基底には弱体化しつつも保革イデオロギーは残存していると論じる。JESデータ分析では，変数が6つと少ないために，2014年データとの厳密な比較は不可能である。しかし，先行研究をふまえると2014年の時点では多くの有権者は保守化しつつも，第2次安倍政権の進める改憲，安保法制に対して危機感を持つがゆえに，第1因子を安全保障とした政策軸を構成し，さらに小泉改革以降の15年間の経験から新自由主義的正策に敏感になったがゆえに第2因子に新自由主義の政策軸を構成したと考えられる。

3．グラフィカルモデリング

3-1　グラフィカルモデリングの考え方

　グラフィカルモデリングとは，多次元の量的・質的データから得られる相関係数，偏相関係数から確率変数間の関係をグラフでモデル化して，モデルの妥当性を諸種の統計量から判断して，確率変数間の関連性を解釈する統計的手法である。グラフとは，グラフ理論における無向・有向・連鎖の独立グラフである。グラフィカルモデリングで使用可能なデータは，量的データの連続変数，質的データのカテゴリカル変数である[3]。

　3）グラフィカルモデリングでは，量的データでは後述する共分散選択という方法からグラフを構成する。質的データでは対数線型モデルからグラフを構築する。

第6章　自民党政権による政策空間の構造　153

　多変量解析において確率変数間の関係を捉える方法は，クロス表や相関係数が最も単純な方法であるが，基本的には2変数間の関連しか示すことができない。3変数以上の関連を示す方法としては主成分分析などがある。しかし，主成分分析は相関行列のスペクトル分解であるがゆえに，相関行列が有している以上の情報を得ることは無理である（宮川(1997)6ページ）。主成分分析では，各主成分間の関係を明示的に把握することはできるが，各主成分を構成する変数間の関係，さらに各主成分を跨いでの変数間の関係，3つ以上の変数間の絡みを明示してはくれない。その関係を把握するためには，相関関係によって考察する必要がある。このような3つ以上の変数（間）の関連の絡みに関する情報も相関行列に含まれる。しかし，その絡みに関する情報を引き出すのはスペクトル分解ではなく，逆行列により引き出される偏相関係数なのである（宮川(1997)7ページ）。グラフィカルモデリングは，多変量確率変数の相関行列から偏相関行列を作成し，共分散選択（Dempster(1972)）の手法により偏相関係数の絶対値の小さいものを順次ゼロとしていくことにより，確率変数間の関係を減らし，AICなどの適合度が最も良い偏相関行列をグラフで表現して解釈する。この方法は工学分野での適用事例は多いが，政治学分野で適用した研究は管見の限りではない。日本におけるグラフィカルモデリングの理論的研究と解説は宮川（1997），日本品質管理学会他　編（1999）が嚆矢である。以下，本節の各項におけるグラフィカルモデリングの理論的説明は宮川（1997，25-94ページ）に依拠し，必要に応じて確率論，グラフ理論をわかりやすいように記述する。では，グラフィカルモデリングを理解する上で必要最小限の確率とグラフ理論の概念を次項以下で説明する。

3-1-1　グラフィカルモデリングの基礎——確率変数の条件付き独立

　グラフィカルモデリングは多次元確率変数による偏相関係数の関係を有向・無向・連鎖の独立グラフで表し，確率変数間の関係を解釈する。このときに必要となる概念は，確率変数の条件付き独立である。まず，事象の条件付き独立を理解し，確率変数の条件付き独立の性質を確認する。

　3つの事象をA, B, Cとしたときに，事象Aが生起する確率を$P(A)$とす

154　第Ⅱ部　日本の政治経済システム

る。同様に B が生起した確率を $P(B)$ とする。事象 B が生起したという条件の下で A が生起する確率が条件付き確率であり，(1)式で定義される。

$$P(A|B)=\frac{P(A\cap B)}{P(B)} \qquad (ただし，P(B)>0 である) \qquad (1)$$

　AとBが独立とは，

$$P(A\cap B)=P(A)P(B) \qquad (2)$$

が成り立つことである[4]。

　事象 A と B が独立であることを $A\perp\!\!\!\perp B$ と表す[5]。

　3つの事象 A，B，C があり，事象 C が生起したという条件の下で，A と B が条件付き独立である条件は，

$$P(A\cap B|C)=P(A|C)P(B|C) \qquad (3)$$

であり，これを $A\perp\!\!\!\perp B|C$ と表す（宮川（1997）26 ページ）。

　つぎに，事象を確率変数に拡張して条件付き独立を定義する。ここで，表記に関して注意しておく。一般に確率変数 X が値 x をとる確率 $P(X=x)$ は x の関数であり，その関数を $f(x)$ と記す（松原（2003）13 ページ）。X が離散確率変数のとき $f(x)$ を確率関数といい，X が連続確率変数のとき $f(x)$ を確率密度関数という。

　2つの離散確率変数を X，Y として，$X=x$ であり同時に $Y=y$ である確率 $P(X=x, Y=y)$ を (X, Y) の同時確率分布という。$f(x, y)$[6] を同時確率関数[7]といい，$0\leq f(x, y)\leq 1$ かつ $\sum_x\sum_y f(x, y)=1$ を満たす。

---

4) つまり，B が起こる確率が，A が起こるか否かと関係ないときに A と B は独立であり，$P(B|A)=P(B)$ である。このとき (2)式は，独立を乗法定理で表している。

5) $\perp\!\!\!\perp$ は Dawid の記号といい，「独立」と読む。独立関係を示す記号は一般には $\perp$ を用いる場合が多い。

6) 一般に，確率変数は大文字 X，X...，で記す。X，Y が具体的な値をとるときには，x，y... の小文字を用いる（松原（2003）13 ページ）。

7) 離散変数の場合は，密度関数でなく確率関数である。

第6章　自民党政権による政策空間の構造　155

　2つの連続確率変数を X, Y として同時分布を考えると，$f(x, y)$ は同時確率密度関数であり，$0 \leq f(x, y) \leq 1$ かつ $\int_{-\infty}^{\infty} \int_{-\infty}^{\infty} f(x, \mathrm{y}) = 1$ を満たす。このとき X, Y が区間 $a_0 \leq X \leq a_1$, $b_0 \leq Y \leq b_1$ の値をとる確率は，$\int_{a_0}^{a_1} \int_{b_0}^{b_1} f(x, y) dx dy$ で表される。以下，特に断らない限り確率変数は連続確率変数として扱い，グラフィカルモデリングを説明する。同時確率分布から X と Y の個別の分布が求められ，それらを周辺確率分布という。

　X の周辺確率分布とは，Y の値にかかわらずに X の確率分布を表したものであり，y について積分した形で表され，$g(x) = \int_{-\infty}^{\infty} f(x, y) dy$ となる[8]。同様に Y の周辺分布は，x について積分した形で表され，$h(y) = \int_{-\infty}^{\infty} f(x, y) dx$ となる。

　このことは，3変数 X, Y, Z でも成立する。$f(x, y, z)$ を同時確率密度関数として，X, Y の区間に加えて Z が $c_0 \leq Z \leq c_1$ となる確率は $\int_{a_0}^{a_1} \int_{b_0}^{b_1} \int_{c_0}^{c_1} f(x, y, z) dx dy dz$ で表される。このとき z を一定とした2次元周辺確率分布は $k(x, y) = \int_{-\infty}^{\infty} f(x, y, z) dz$ となる。y と z を一定とした1次元周辺確率分布は $l(x) = \int_{-\infty}^{\infty} \int_{-\infty}^{\infty} f(x, y, z) dy dz$ となる。

　同時確率密度関数から得られる周辺確率分布から，条件付き確率密度関数は $f(x, y, z)$ においていずれかの確率変数について周辺を積分したものであることが理解できる。たとえば，z について周辺を積分すれば条件付き2次元周辺密度関数となる。それは z をある値に固定したときの $f(x, y, z)$ であるから，条件付き確率と同様に考えることができる。条件付き2次元周辺密度関数は，$f(x, y|z) = f(x, y, z) / f(z)$ と表される。同様に条件付き1次元周辺密度関数は，$f(x|z) = f(x, z) / f(z)$，$f(y|z) = f(y, z) / f(z)$ と表される（宮川（1997）27ページ）。

　確率変数の独立性は，(2)式と同様にすべての変数 X と Y に対して $f(x, y) = f(x) f(y)$ が成り立つことである。このとき確率変数 X と Y は独立であり，$X \perp\!\!\!\perp Y$ と表す。確率変数の独立性の定義から次の4つの定理が成り立つ（宮川（1997）28-29ページ）。

【定義1】　確率変数の独立性の定義

---

8) 離散変数では $g(x) = \sum_y f(x, y)$ となる。

156　第Ⅱ部　日本の政治経済システム

すべての x, y, z の値に対して,

$$f(x, y|z) = f(x|z) f(y|z) \tag{4}$$

が成り立つとき, X と Y は Z を与えた下での条件付き独立といい, $X \perp\!\!\!\perp Y|Z$ と表す。

この定義は (3)式 $P(A \cap B|C) = P(A|C)\ P(B|C)$ を確率密度関数として表したものである[9]。(4)式と条件付き密度関数の定義から

$$f(x, y, z) = f(x, z) f(y, z) / f(z) \tag{5}$$

が導き出される。(5)式の意味は, 条件付き独立が成り立つための必要十分条件であるが, 実際の分析と解釈で重要となるのは, 確率変数の独立性から因数分解基準を中心として導かれる定理【1.1】～【1.4】である[10]。

【定理1.1】　因数分解基準

$X \perp\!\!\!\perp Y|Z$ の必要十分条件は, 同時確率密度関数 $f(x, y, z)$ に対して

$$f(x, y, z) = g(x, z) h(y, z) \tag{6}$$

を満たす関数 g と h が存在することである。

【定理1.2】　$X \perp\!\!\!\perp Y|Z$ かつ $X \perp\!\!\!\perp Z|Y$ ならば, $X \perp\!\!\!\perp (Y, Z)$ である。

【定理1.3】　4つの確率変数 X, Y, Z_1, Z_2 において, $X \perp\!\!\!\perp Y|(Z_1, Z_2)$ かつ $X \perp\!\!\!\perp Z_1|(Y, Z_2)$ ならば, $X \perp\!\!\!\perp (Y, Z_1)|Z_2$ である。

【定理1.4】　4つの確率変数 X, Y, Z_1, Z_2 において $X \perp\!\!\!\perp (Y_1, Y_2)|Z$ ならば $X \perp\!\!\!\perp Y_1|Z$ である。

これらの確率変数の条件付き独立は確率変数間の関係を規定し, グラフを解釈するときの基礎となる。だが, さらに確率変数間の関係を考察するうえで重

---

9) ここで注意すべきことは, 事象の水準で独立が成立しても, その補事象まで含めた確率変数としてみると, 独立が成立しない場合が存在することである（宮川 (1997) 28 ページ）。

10) 4つの定理の証明は, 宮川 (1997) 28-29 ページを参照していただきたい。

要な役割を果たすのはマルコフ連鎖の確率過程である。確率過程とは確率変数の時間的変化である。マルコフ連鎖は，確率変数 X_{n+1} がある値をとる確率が X_n の結果のみに依存している確率過程であり（7）式で表される。

$$f(x_{n+1} | x_1, x_2, \cdots, x_{n-1}, x_n) = f(x_{n+1} | x_n) \tag{7}$$

（7）式は次のように証明できる。3つの事象 A, B, C において，$A \perp\!\!\!\perp B | C$ のとき，（8）式が成り立つ。

$$P(A | B, C) = P(A | C) \tag{8}$$

これは（1）式の条件付き確率の定義より，

$$P(A | B, C) = \frac{P(A \cap B \cap C)}{P(B \cap C)} = \frac{P(A \cap B \cap C)}{P(C) P(B | C)} = \frac{P(A \cap B | C) P(C)}{P(C) P(B | C)} = \frac{P(A \cap B | C)}{P(B | C)}$$

である。また，$A \perp\!\!\!\perp B | C$ は（3）式より，$P(A \cap B | C) = P(A | C) P(B | C)$ であるから，これを上式の右辺に代入すれば（8）式となる。これらのことから，（7）式は（4）式を基にして（9）式として表すことができる。

$$f(x_1, \cdots, x_{n-1}, x_{n+1} | x_n) = f(x_{n+1} | x_n) f(x_1, \cdots, x_{n-1} | x_n) \tag{9}$$

マルコフ連鎖は x_{n+1} の分布が「直前」の x_n にのみ依存することを意味する。（9）式は，X_n を所与とすると X_{n+1} と $X_1, \cdots, X_{n-1}$ は条件付き独立であることも意味している。この「直前」を「隣接」に解釈することで，グラフにおいてマルコフ性を成り立たせることができる。これらの定理は，確率変数を確率ベクトルと置き換えても成立する。

3-1-2　グラフィカルモデリングの基礎―多変量正規分布での条件付き独立

確率変数 $X_1, \cdots, X_p$ のそれぞれが正規分布をするとき，それらは全体として p 次元正規分布と考えることができる。この分布を p 次元多変量正規分布といい，（10）式の確率密度関数で表される。

158 第Ⅱ部 日本の政治経済システム

$$f(x) = \frac{1}{\sqrt{(2\pi)^p |\Sigma|}} \exp\left\{-\frac{1}{2}(x-\mu)'\Sigma^{-1}(x-\mu)\right\} \tag{10)[11]}$$

グラフィカルモデリングを行う上で，多変量正規分布の重要な性質は次の
[1]〜[6] である（宮川 (1997) 31-35 ページ）。

[1] 任意の $1 \leq i \leq p$ について，X_i は平均 μ_i，分散 σ_{ii} の正規分布にしたがう。
μ_i は μ の第 i 要素であり，σ_{ii} は Σ の第 i 対角要素である。分散共分散行列にお
ける分散は σ_i^2 と一般には表記されるが，本章では宮川（1997, 31 ページ）にな
らい分散を σ_{ii} と表記する。

[2] 任意の $1 \leq i \leq j \leq p$ について，2 つの確率変数 (X_i, X_j) は平均ベクトル $(\mu_i,$
$\mu_j)'$，分散共分散行列 Σ の 2 次元正規分布に従う。このとき，2 変数の相関係
数は (11)式で表される。$\sigma_{ij}=0$ のときに無相関であり，X_i と X_j は独立である。

$$\rho_{ij} = \frac{\sigma_{ij}}{\sqrt{\sigma_{ii}}\sqrt{\sigma_{jj}}} \tag{11}$$

[3] 任意の $i \neq j$ について，$X_j = x_j$ を与えたときの X_i の条件付き確率密度関数
の分布は，(12)式の正規分布となる。

$$\left.\begin{array}{l} \text{平均}: \mu_i + \dfrac{\sigma_{ij}}{\sigma_{jj}}(x_j - \mu_j) \\[2mm] \text{分散}: \sigma_{ii} - \dfrac{\sigma_{ij}^2}{\sigma_{jj}} = \sigma_{ii}(1 - \rho_{ij}^2) \end{array}\right\} \tag{12}$$

[4] p 次元確率ベクトル $X = (X_1, \cdots, X_p)'$ を 2 つに分割し，

$$X = \begin{pmatrix} X^{(1)} \\ X^{(2)} \end{pmatrix}, \ X^{(1)} = (X_1, \cdots, X_q)', \ X^{(2)} = (X_{q+1}, \cdots, X_p)' \quad , \ \text{とする。}$$

μ と Σ を以下のように分割する。

$$\mu = \begin{pmatrix} \mu^{(1)} \\ \mu^{(2)} \end{pmatrix}$$

---

11) $\mu = (\mu_1, \cdots, \mu_p)'$ は X の平均ベクトル，$\Sigma = (\sigma_{ij})$ は X の分散共分散行列である。$|\Sigma|$
は Σ の行列式である。$\exp x = e^x$ である。

$$\Sigma = \begin{pmatrix} \Sigma_{11} & \Sigma_{12} \\ \Sigma_{21} & \Sigma_{22} \end{pmatrix} \tag{13}$$

このとき，$X^{(1)}$ は，$N(\boldsymbol{\mu}^{(1)}, \Sigma_{11})$ に，$X^{(2)}$ は，$N(\boldsymbol{\mu}^{(2)}, \Sigma_{22})$ に，それぞれ従う。$\Sigma_{12} = 0$ のとき，$X^{(1)}$ と $X^{(2)}$ の任意の要素が独立である。

[5] $\boldsymbol{X}^{(2)} = \boldsymbol{x}^{(2)}$ を与えた下での $\boldsymbol{X}^{(1)}$ の条件付き分布は，平均ベクトルが $\boldsymbol{\mu}^{(1)} + \Sigma_{12} + \Sigma_{22}^{-1}(\boldsymbol{x}^{(2)} - \boldsymbol{\mu}^{(2)})$ 分散共分散行列が $\Sigma_{11} - \Sigma_{12} \Sigma_{22}^{-1} \Sigma_{21}$ の q 次元正規分布に従う。

ここまでの [1]〜[5] の性質をもとにして，条件付き独立の必要十分条件が導出できる。$\Sigma = (\sigma_{ij})$ の逆行列を $\Sigma^{-1} = (\sigma^{ij})$ と表わす。$\Sigma = (\sigma_{ij})$ は分散共分散行列の逆行列の要素である。(13)式と同じ次数で $\Sigma^{-1} = (\sigma^{ij})$ を分割して，

$$\Sigma^{-1} = \begin{pmatrix} \Sigma^{11} & \Sigma^{12} \\ \Sigma^{21} & \Sigma^{22} \end{pmatrix}$$

とすると，逆行列の性質から

$$(\Sigma^{11})^{-1} = \Sigma_{11} - \Sigma_{12} \Sigma_{22}^{-1} \Sigma_{21} \tag{14}$$

となり，これは [5] の分散共分散行列と一致する[12]。

ここから，仮に (13)式での分割で，$q = 2$ とすると，Σ^{-1} の分割行列 Σ^{11} は，

$$\Sigma^{11} = \begin{pmatrix} \sigma^{11} & \sigma^{12} \\ \sigma^{21} & \sigma^{22} \end{pmatrix}$$

---

12) m+n 次正方行列 G の行と列を m と n に分割し，$G = \begin{pmatrix} A & B \\ C & D \end{pmatrix}$ とする。A（m 次正方行列）と D（n 次正方行列）は正則である。G が対称行列のときは，A および B は対称であり，$C = B'$ である。このとき G^{-1} は以下の式で表される。

$$G^{-1} = \begin{pmatrix} A^{-1} + A^{-1}B(D - B'A^{-1}B)(A^{-1}B)' & -(A^{-1}B)(D - B'A^{-1}B)^{-1} \\ -(D - B'AA^{-1}B)^{-1}(A^{-1}B)' & (D - B'AA^{-1}B)^{-1} \end{pmatrix}$$

ここで，$(AB)' = B'A'$，$(A^{-1})' = (A')^{-1}$，$A' = A$，$B' = C$ であるから，G^{-1} の 1 行 1 列の成分に注目すると，$A^{-1} + A^{-1}B(D - B'A^{-1}B)(A^{-1}B)' = A^{-1} + A^{-1}B(D - B'A^{-1}B)B'(A')^{-1} = (A - BD^{-1}C)^{-1}$ である。よって，この関係を (14) 式に対応させると，$\Sigma^{11} = (\Sigma_{11} - \Sigma_{12}\Sigma_{22}^{-1}\Sigma_{22})^{-1}$ であるから，$(\Sigma^{11})^{-1} = \Sigma_{11} - \Sigma_{12}\Sigma_{22}^{-1}\Sigma_{22}$ である。

160　第Ⅱ部　日本の政治経済システム

であり，

$$(\Sigma^{11})^{-1} = \frac{1}{\sigma^{11}\,\sigma^{22} - \sigma^{12}\,\sigma^{22}} \begin{pmatrix} \sigma^{22} & -\sigma^{12} \\ -\sigma^{21} & \sigma^{11} \end{pmatrix}$$

は，$X_3, \cdots, X_p$ を与えたときの X_1 と X_2 の条件付き確率分布の分散共分散行列 $\Sigma_{11} - \Sigma_{12}\,\Sigma_{22}^{-1}\,\Sigma_{21}$ となる。よって，ここから $(\Sigma^{11})^{-1}$ の非対角要素が $0\,(\sigma^{12} = 0 = \sigma^{21})$ ならば，$X_3, \cdots, X_p$ を与えたときに，X_1 と X_2 は条件付き独立となるのである。

　この条件付き確率分布における相関係数が偏相関係数（$\rho_{ij\cdot rest}$）である。$q = 2$ のときは（15）式となる。

$$\rho_{12\cdot rest} = \frac{-\sigma^{12}}{\sqrt{\sigma^{11}}\,\sqrt{\sigma^{22}}} \quad (rest = 3, 4, \cdots, p\ \text{である}_{\circ}) \tag{15}$$

　これは任意の $1 \leq i < j \leq p$ においても成り立つ。p 個の変量からなる多変量正規分布の相関行列を $\Pi = (\rho_{ij})$，その逆行列を $\Pi^{-1} = (\rho^{ij})$ とすると，X_i と X_j の偏相関係数は（16）式となる（宮川（1997）34 ページ）。

$$\rho_{ij\cdot rest} = \frac{-\sigma^{ij}}{\sqrt{\sigma^{ii}}\,\sqrt{\sigma^{jj}}} \quad (rest = \{1, 2, \cdots, p\} \setminus \{i, j\}\ \text{である}_{\circ}) \tag{16}$$

　よって，ここから多変量正規分布の性質 [6] として「条件付き独立の必要十分条件」が導出される。

　[6] X_i と X_j が，その他のすべての確率変数を与えたときに，条件付き独立 $X_i \perp\!\!\!\perp X_j | (X_1, X_2, \cdots, X_p \backslash X_i, X_j)$ となる必要十分条件は，Σ^{-1} の (ij) 要素が $\sigma^{ij} = 0$ となること，つまり偏相関係数 $\rho_{ij\cdot rest} = 0$ となることである（宮川（1997）35 ページ）。

3-2　無向独立グラフとマルコフ性

3-2-1　グラフィカルモデリングにおける無向独立グラフ

　グラフィカルモデリングは，最終的に確率変数間の関係を条件付き独立とい

第 6 章 自民党政権による政策空間の構造　161

う形で表して解釈する。このときに，確率変数間の関係において因果関係が明確に想定できる場合とできない場合がある。明確に因果関係が想定できる場合のグラフは有向独立グラフ，連鎖独立グラフ，想定できない場合が無向独立グラフとなる。

　本章で用いる確率変数は，6つ，もしくは7つの有権者の政策選好である。したがって，確率変数間の時間関係などを特定化することはできず，因果関係を仮定することはできない。よって，これらの確率変数間のそれぞれに因果関係を設定することは難しい。そこで本章では，一貫して無向独立グラフを用いて分析する。

3-2-2　グラフ理論

　無向独立グラフで用いるグラフ理論の基礎概念を整理しておく[13]。グラフとは，いくつかの頂点（vertex）とそれらを結ぶ辺（edge）からなる1つの構造であり，グラフの構造から社会における人間や企業などの主体の特性を分析するための図であり，グラフ理論として数学的に体系化されている。

　一般に頂点の集合を V，辺の集合を E として，$G = (V, E)$ としてグラフを表す。2つの頂点 α, β において，これら2つの頂点の対 (α, β) と (β, α) を区別しないときに，それを表す辺には方向を示す矢印は付けないとする。これを線（line）という。辺すべてに向きが付かないグラフを無向グラフという。辺に向きがあるグラフを有向グラフ（directed graph）という。さらに，1つの頂点で (α, α) を結ぶ辺が存在するとき，その辺を輪（roop）という。輪が無く任意の2つの頂点を結ぶ辺が1つしかないグラフを単純グラフといい，辺が2つ以上，輪を含むグラフを多重グラフという（宮川(1997)46ページ）。本章では単純無向グラフをもとに，頂点間に条件付き独立関係を組み込んだ無向独立グラフにより各政治参加形態の関係を表す。

　【無向独立グラフの定義】p 個の確率変数があり，p 個の変数で無向グラフを考える。このとき存在する変数対の組み合わせは，$p(1-p)/2$ 通りである。こ

---

13) グラフ理論の用語には標準的なものはなく，研究者独自の用語を用いる場合も少なくない（Wilson(1996)訳書(2001)11ページ）ことに注意して頂きたい。

れらの (X_i, X_j) $(1 \leq i, j \leq p)$ のそれぞれについて，X_i と X_j が残りの $p-2$ 個の確率変数を与えたもとで条件付き独立か否かを判断する．つまり，偏相関係数 $\rho_{ij.rest} = 0$ か否かを判断するのである．そして，$\rho_{ij} \neq 0$ のときに X_i と X_j を表す頂点を辺で結び，(X_i)ーー(X_j) と表す．$\rho_{ij} = 0$ のときには，X_i と X_j を表す頂点を辺で結ばない．このようなグラフを無向独立グラフという．無向独立グラフで，確率変数の分散共分散行列を $\Sigma = (\sigma_{ij})$ としたときに，その逆行列 $\Sigma^{-1} = (\sigma^{ij})$ のある成分が $\sigma^{ij} = 0$ となることは，「X_i と X_j が，その他のすべての変数を与えたときに，条件付き独立になることを意味する」のである．

$p = 4$ とすると，具体的には Σ^{-1} は次のようになる．

$$\Sigma^{-1} = \begin{array}{c} X_1 \\ X_2 \\ X_3 \\ X_4 \end{array} \begin{pmatrix} X_1 & X_2 & X_3 & X_4 \\ * & & & \\ * & * & & \\ * & * & * & \\ 0 & 0 & * & * \end{pmatrix} \quad (* \neq 0 \text{ であり，} \Sigma^{-1} \text{ は対称行列である})$$

このとき条件付き独立を無向独立グラフで表すと，図 6-1 のようになり，このとき $X_1 \perp\!\!\!\perp X_4 | (X_2, X_3)$ と $X_2 \perp\!\!\!\perp X_4 | (X_1, X_3)$ が成り立っている[14]．

では，分析していく上で必要となるグラフ理論の用語を，ウィルソン（Wilson(1996)訳書(2001)11-34 ページ），宮川（(1997)46-47 ページ）から定義しておく．

① 隣接（adjacent）：頂点 α と β に辺 $\alpha\beta$ があるとき，α と β は隣接しているといい，$\alpha \sim \beta$ で表す．

② 完全（complete）：グラフ G のすべての頂点が互いに隣接しているとき，そのグラフは完全であるという．n 個の頂点を持つグラフは，$\dfrac{n(n-1)}{2}$ の辺がある．

図 6-1 条件付き独立の無向独立グラフ

---

14) 図 6-1 は宮川（1997）45 ページの例を参照させていただいた．

第6章　自民党政権による政策空間の構造　163

③　部分グラフ（adjacent）：グラフ G の $V(G)$ と $E(G)$ の部分集合からなる
　グラフを G' とするとき，G' は G の部分グラフである。

④　クリーク（clique）：$c \subseteq V$ において，c が生成する部分グラフが完全グラ
　フとなる極大頂点集合である。

⑤　道（path）：異なる頂点列 $\alpha_0, \alpha_1, \cdots, \alpha_n$ が，$(\alpha_{j-1}, \alpha_j) \in E, j = 1, \cdots, n$ のと
　き長さ n の道という。道では，ある1つの頂点は1度しか現れない。

⑥　連結（connected）：頂点 α と β を含む道があるとき，α と β は連結してい
　るという。

⑦　境界（boundary）：$\alpha \in V$ に対して，α と隣接している頂点の集合を α の境
　界といい，$bd(\alpha)$ と表す。

⑧　閉包（closure）：$\alpha \in V$ に対して，境界と $|\alpha|$ の和であり，$cl(\alpha)$ と表す。

⑨　分離（separate）：頂点 α, β を結ぶ任意の道が頂点集合 s のある要素を含
　むとき，s は α と β を分離しているという。

⑩　閉路（cycle）：長さ n の道 $\alpha_0, \alpha_1, \cdots, \alpha_n$ で，$\alpha_0 = \alpha_n$ を許したものを長さ n
　の閉路という。閉路ではある1つの頂点が2度現れる。

⑪　弦（chord）：閉路において連続していない頂点を結ぶ辺を弦という。長
　さ n の閉路 $\alpha_0, \alpha_1, \cdots, \alpha_n = \alpha_0$ ならば，$\alpha_1\alpha_3$ などの辺である

⑫　三角化（triangulated）：長さ4以上の弦のない閉路が存在しないグラフを
　三角化しているという。

3-2-3　マルコフ連鎖と因数分解性

図6-1の無向独立グラフでは，$X_1 \perp\!\!\!\perp X_4 | (X_2, X_3)$ かつ $X_2 \perp\!\!\!\perp X_4 | (X_1, X_3)$ が成り立っている。よって，定理1.3より $(X_1, X_2) \perp\!\!\!\perp X_4 | X_3$ となる。すると，この式が成立するための必要十分条件は，因数分解基準（定理1.1）より，4つの変数 X_1, X_2, X_3, X_4 の同時分布が，

$$f(x_1, x_2, x_3, x_4) = f(x_1, x_2 | x_3) f(x_4 | x_3) f(x_3)$$
$$= g(x_1, x_2, x_3) h(x_3, x_4)$$

と因数分解される。図6-1のグラフには2つのクリーク $c_1 = \{X_1, X_2, X_3\}$，c_2

164　第Ⅱ部　日本の政治経済システム

$= \{X_3, X_4\}$ が存在しており，これらは g と h に対応している。つまり，確率変数の因数分解とクリークを形成する頂点（確率変数）は一致し，これは後述する定理2.5として成立する。

　図6-1の条件付き独立の関係 $X_1 \perp\!\!\!\perp X_4 | (X_2, X_3)$ と $X_2 \perp\!\!\!\perp X_4 | (X_1, X_3)$ は，X_3 を条件として与えれば，2つの条件付き独立 $(X_1, X_2) \perp\!\!\!\perp X_4 | X_3$ が成立することを示している。図6-1のグラフは，X_1 と X_4 は X_3 で分離されている。さらに，X_2 と X_4 は X_3 で分離されている。このことは，2つの確率変数（頂点）がグラフの中で隣接していないときには，それら2つの確率変数を分離する変数だけを与えれば，条件付き独立が成立することを意味する。これらのことは定理2.1〜2.3で一般化され，それらから定理2.4の「3つのマルコフ性の同値性」と定理2.5の「因数分解とマルコフ性の関係」が導出される。以下，定理を示す（宮川（1997）48–53ページ）。

【定理2.1】連結していない確率変数間の独立性

　頂点集合 V が背反な部分集合 a と b に分割されているとする。このとき無向独立グラフで，$^\forall \alpha \in a$ と $^\forall \beta \in b$ が連結していないならば，$\alpha \perp\!\!\!\perp \beta$ である[15]。

【定理2.2】連結していない確率変数間の任意の条件付き独立性

　頂点集合 V が背反な部分集合 a と b に分割されているとする。また $u \in V$ で，$u \backslash \{\alpha, \beta\}$ であるとする。このとき無向独立グラフで，$^\forall \alpha \in a$ と $^\forall \beta \in b$ が連結していないならば，$\alpha \perp\!\!\!\perp \beta | u$ である[16]。

【定理2.3】分離定理

　無向独立グラフにおいて，2つの頂点 α と β が頂点集合 s により分離されているならば，$\alpha \perp\!\!\!\perp \beta | s$ が成立する[17]。

　無向独立グラフの定義から，2つの頂点 α と β が隣接していないならば，$\alpha \perp\!\!\!\perp \beta | V \backslash \{\alpha, \beta\}$ という性質が成立する。これを「対ごとのマルコフ性」といい，（P）で表す。

---

15) 証明は宮川（1997）49ページを参照のこと。

16) 証明は宮川（1997）50ページ参照のこと。

17) 証明は宮川（1997）51ページ参照のこと。

また，定理 2.3 の $\alpha \perp \beta | s$ を「大域的マルコフ性」といい，（G）で表す。

定理 2.3 は「（P）ならば（G）」であることを意味する。

さらにこの中間に位置する「局所マルコフ性」がある。bd(α) を α を頂点とする集合とし，cl(α) = bd(α)+α とするときに，$^\vee \alpha$ について，$\alpha \perp V \backslash cl(\alpha) | bd(\alpha)$ が成り立つ。これを「局所マルコフ性」として（L）と表す。このとき次の定理 2.4 が成り立つ。

【定理 2.4】3 つのマルコフ性の同値性

任意の無向グラフにおいて，（G）→（L）→（P）が成り立つ[18]。

さらにここから定理 2.3 と定理 2.4 から（G）→（L）→（P）→（G）が成り立つことがわかる。そして，この 3 つのマルコフ性と同じ性質が「グラフ G に従う因数分解性」であり，（F）と表す。ここから，定理 2.5 が成り立つ。

【定理 2.5】因数分解とマルコフ性の関係

任意の無向独立グラフにおいて（F）→（G）が成り立つ。

以上，これらの定理が本章の分析結果のグラフ解釈で必要となる[19]。

3-3　共分散選択によるモデル探索

3-3-1　共分散選択

共分散選択はグラフィカルモデリングにおけるモデル作成の本質的部分である。確率変数の条件付き独立における偏相関係数の意味は，確率変数 X_i と X_j の偏相関係数が $\rho_{ij \cdot rest} = 0$ のとき，$X_i \perp X_j | (X_1, X_2, \cdots, X_p \backslash i, j)$ である。これをグラフで表すと図 6-2 のようになる。つまり，X_i と X_j は X_k を与えたときに独立となることを示している。

共分散選択は多変量正規分布にある確率変数間の構造を単純化するための手法であり，その原理はデンプスター（Dempster(1972)）により考案された。p 次元多変量正規分布では，$p(p-1) = 2$ 個のパラメータがある。だが，観測値（デ

18）証明は宮川（1997）52 ページ参照のこと。

19）証明は宮川（1997）53-54 ページ参照のこと。

図6-2 グラフ，偏相関係数からみた条件付き独立

ータ）による標本共分散行列を説明するためには，$p(p-1)/2$ 個より少数のパラメータで十分な可能性もある。統計解析の目的は，自然・社会現象をより少数のパラメータによる単純な統計モデルで説明することである[20]。このパラメータを減らす1つの方法が共分散選択であり，$\Sigma = (\sigma_{ij})$ の非対角要素のいくつかをゼロにするのではなく，$\Sigma^{-1} = (\sigma^{ij})$ でいくつかの非対角要素をゼロにする。Σ が正則行列ならば Σ^{-1} は一意に定まる。σ^{ij} をゼロにすることは確率変数間に条件付き独立を付与することになり，変数間の関係を解読し易くするのである。共分散選択を定式化するうえで基礎となるのは，Σ の要素である。添え字 (i, j) の集合を Ω として，$1 \leq i < j \leq p$ とする。なぜならば，(i, j) は Σ の要素の添え字であり，下三角行列であるから，$i < j$ だけを考えればよい。Ω を2つの背反な部分集合 I と J に分割し，$(i, j) \in I$ では $\sigma^{ij} = 0$，$(i, j) \in J$ では σ^{ij} は任意とするモデルを考える（宮川（1997）76-77 ページ）。

共分散選択は p 次元正規分布において，それぞれ p 次元変量の観測値 $x1, \cdots, x_n$ があるとき，標本共分散行列を

$$S = (s_{ij}) = \sum_{k=1}^{n} (\boldsymbol{x}_h - \bar{\boldsymbol{x}})(\boldsymbol{x}_h - \bar{\boldsymbol{x}})'/n$$

と定義する。

p 次元正規分布の確率密度関数は（10）式である。その対数をとると

$$\log f(\boldsymbol{x}) = -\frac{p \log(2\pi)}{2} - \frac{\log |\Sigma|}{2} - \frac{(\boldsymbol{x} - \boldsymbol{\mu})' \Sigma^{-1} (\boldsymbol{x} - \boldsymbol{\mu})}{2} \tag{17}$$

---

20) これをケチの原理（Principle of Parsimony）という（宮川（1997）76 ページ）。

第 6 章　自民党政権による政策空間の構造　167

観測値 $x_1, \cdots, x_n$ の対数尤度は

$$\log L(\boldsymbol{\mu}, \Sigma) = -\frac{np \log(2\pi)}{2} - \frac{n \log|\Sigma|}{2} - \frac{\sum_{k=1}^{n}(\boldsymbol{x}_k - \boldsymbol{\mu})' \Sigma^{-1}(\boldsymbol{x}_k - \boldsymbol{\mu})}{2} \tag{18}$$

となる。$L(\mu, \Sigma)$ は尤度関数である。

ここから次の定理が成り立つ（宮川(1997)79-81 ページ）。

【定理 3.1】 パラメータに制約のない $\boldsymbol{\mu}$ と Σ の最尤推定値

$\boldsymbol{\mu}$ と Σ の最尤推定値 $\bar{\boldsymbol{\mu}}$ と $\bar{\Sigma}$ は，

$$\bar{\mu} = \bar{x} \qquad \bar{\Sigma} = S \tag{19}$$

となる。

問題は $(i, j) \in I$ で，$\sigma^{ij} = 0$ とした制約下での最尤推定値である。(18)式の右辺第 3 項は，

$$\sum_{k=}^{n}(\boldsymbol{x}_k - \boldsymbol{\mu})' \Sigma^{-1}(\boldsymbol{x}_k - \boldsymbol{\mu}) = \sum_{k=1}^{n}(\boldsymbol{x}_k - \bar{\boldsymbol{x}})' \Sigma^{-1}(\boldsymbol{x}_k - \bar{\boldsymbol{x}}) + n(\bar{\boldsymbol{x}} - \boldsymbol{\mu})' \Sigma^{-1}(\bar{\boldsymbol{x}} - \boldsymbol{\mu}) \tag{20}$$

と分解され，$\boldsymbol{\mu}$ は (20)式の右辺第 2 項だけで尤度に寄与することから，$\hat{\boldsymbol{\mu}} = \bar{\boldsymbol{x}}$ となる。

この Σ の推定値 $\hat{\Sigma}$ は，(20)式の右辺第 2 項をゼロとして対数尤度から求められる。このとき $\Sigma^{-1} = (\sigma^{ij})$ の最尤推定値 $\hat{\Sigma}^{-1} = (\hat{\sigma}^{ij})$ は，$\dfrac{\partial L(\boldsymbol{x}, \Sigma^{-1})}{\partial \sigma^{ii}} = \dfrac{n}{2} \dfrac{\Sigma^{-1}_{ii}}{|\Sigma^{-1}|} - \dfrac{ns_{ii}}{2} = 0$ と $\dfrac{\partial L(\boldsymbol{x}, \Sigma^{-1})}{\partial \sigma^{ij}} = n\dfrac{\Sigma^{-1}_{ij}}{|\Sigma^{-1}|} - ns_{ij} = 0$ の解として求められ，デンプスターは Σ に次の定理を与えた（宮川(1997)81-82 ページ）。

【定理 3.2】 共分散選択の基本定理

$(i, j) \in I$ では $\sigma^{ij} = 0$ として，$(i, j) \in J$ では σ^{ij} の値を任意とするモデルにおける Σ の最尤推定値は次の 2 つの条件を満たす正定値行列である[21]。

(1)　$(i, j) \in I$ では，$\hat{\sigma}^{ij} = 0$

(2)　$(i, j) \in J$ では，$\hat{\sigma}^{ij} = s_{ij}$

21）証明は宮川（1997）81 ページ参照のこと。

168　第Ⅱ部　日本の政治経済システム

なお，この計算のアルゴリズムは宮川（(1997)83-86 ページ）では，Wermuth and Scheidt（1977）の方法を基に紹介している。本章における共分散選択のアルゴリズムは，これを発展させた R のパッケージ ggm（Sadeghi and Marchetti,2014）のアルゴリズムである。

3-3-2　適合度指標

共分散選択により定まった S の最尤推定値 $\hat{\Sigma}$ を評価するために，適合度指標が必要になる。グラフィカルモデリングでは，AIC と逸脱度の 2 つを併用するのが標準的と考えられる[22]。AIC は，これまでに多くの統計モデルで用いられてきた。ここでは，逸脱度の概要を示しておく。(18)式と（19)式から，何の制約もないモデルをフルモデルとして FM と表す。FM の最大対数尤度は $\log L(\text{FM}) = -\dfrac{np\,\log(2\pi)}{2} - \dfrac{n\log|S|}{2} - \dfrac{np}{2}$ である。

$(i,j) \in I$ でいくつかの σ^{ij} を $\sigma^{ij}=0$ と制約を課すモデルを縮小モデルとし，RM で表す。以下，制約の数により RM1，RM2,... とする。RM の最大対数尤度は $\log L(\text{RM}) = -\dfrac{np\log(2\pi)}{2} - \dfrac{n\log|\hat{\Sigma}|}{2} - \dfrac{np}{2}$ となり，これら FM と RM の対数尤度の差の 2 倍を RM の FM に対する逸脱度（deviance）として，dev(RM) と表す。逸脱度は

$$\text{dev(RM)} = 2\left[\log L(\text{FM}) - \log L(\text{RM})\right] = n\log\frac{n\log|\hat{\Sigma}|}{2}$$

の式で表される。

RM が真のとき dev(RM) は漸近的に x^2 分布に従う。このとき自由度は制約したパラメータ数である。縮小モデル RM1（1 つのパラメータを制約）と RM2（さらにもう 1 つのパラメータを制約，合計 2 つのパラメータを制約）は RM1⊃RM2 の包含関係にあり，dev(RM2) ≥ dev(RM1) となる。この関係からパラメータを減少させることにより逸脱度は増加する。そこで，dev(RM2)−dev(RM1) か

22）宮川（1997）では適合度指標は主に逸脱度に依っている。しかし，近年の動向を見ると AIC を併用するのがよいのかもしれない。

らRM1からRM2へとパラメータを縮小したモデルにしたときに，ゼロとしたパラメータの有意性をx^2検定から検証できる（宮川(1997)83ページ）[23]。

　共分散選択は，分析に用いる確率変数から構成されるグラフが完全であるところから出発する。まず，偏相関係数を導出し，値がゼロに近い，つまり絶対値最小ものから順次偏相関係数をゼロとする制約を課して，再度偏相関係数を導出する手順を繰り返し，モデルの適合度AICやdev(RM)が最適となるモデルを最終的なモデルとして選択するプロセスである。

　では，統計解析ソフトRのパッケージggmによる具体的分析手順を示しておく。

　共分散選択は，分析モデルを構成する確率変数から構成される完全グラフから出発し，以下の手順で行う。

(1) データの標本分散共分散行列をΣ_0とする。そこから標本相関行列$R_0 = (r_{ij})$および，標本偏相関係数行列$P_0 = (r_{ij \cdot rest})$を作成する。$P_0$をフルモデル（FM）で推定したときにAIC = 0，dev(FM) = 0である。

(2) P_0のなかで，絶対値最小の$r_{ij \cdot rest}$をみつけ，FMにおいて$r_{ij \cdot rest}$に相当する箇所の母偏相関係数を$\rho_{ij \cdot rest} = 0$とする。

(3) この$\rho_{ij \cdot rest} = 0$としたモデルを，RM1とする。このRM1に対してR_0から母分散共分散行列$\hat{\Sigma}_1$を推定する。

(4) $\hat{\Sigma}_1$からRM1における母偏相関行列P_1，さらに母相関行列M_1を作成する。M_1からAIC$_1$，dev(RM1)を算出する。AIC$_0$<AIC$_1$，dev(RM1) − dev(FM)のp値をp_1としてp_1<.15程度ならば分析を終了し，FMが最適モデルとなる。しかし，普通はAIC$_0$>AIC$_1$となるので，(5)へ進む。

(5) P_1の絶対値最小の要素$\rho_{i'j' \cdot rest} = 0$としたモデルをRM2とする。このRM2に対して，$R_0$から$\hat{\Sigma}_2$を推定する。

(6) $\hat{\Sigma}_2$からRM2におけるP_2，M_2を作成する。M_2からdev(RM2)とAIC$_2$を算出する。dev(RM2) − dev(RM1)のp値をp_2とする。

---

23) このとき自由度は，RM1からRM2に縮小したパラメータ数であるから通常は1となる。なぜならば，RMで$\sigma^{ij} = 0$とする制約は各RMで1つずつ課すからである。

170　第Ⅱ部　日本の政治経済システム

(7) $AIC_1 < AIC_2$, $p_2 < .15$ 程度ならば，ここで推定を終了する。最適モデル
は RM1 となる。$AIC_1 > AIC_2$, $p_2 < .15$ 程度ならば，(8)に進む。

(8) (1)〜(7)で行った FM と RM の推定を，RM_2 と RM_3, ..., RM_k と RM_{k+1}
で行い，その都度 AIC_k と AIC_{k+1}, $dev(RMk+1) - dev(RMk)$ の p_k 値
の変化を見て，最適モデルを判断する。

4. 政策選好の分析

4-1　共分散選択：1983 年

まず，1983 年の JES データを用いて，有権者の政策空間の構造をグラフィ
カルモデリングにより分析する。

4-1-1　有権者全体の政策空間

共分散選択の結果，RM5 と RM6 の間で適合度が大きく変化した。適合度は
RM5 の適合度は，$AIC_5 = -6.317$, $dev(RM5) - dev(RM4) = 3.683 - 1.796 = 1.887$
で $p_5 = 1.694$ である。適合度は RM6 の適合度は，$AIC_6 = -3.725$, $dev(RM6)$
$- dev(RM5) = 15.743 - 3.683 = 12.060$ で $p_6 = 0.005$ である。よって，RM5 のモデ
ルが最適であると判断できる。RM5 のモデルにおける各係数は表 6-3 に示す。

推定結果としてのグラフは図 6-3 に示す。図中のグラフの辺にある数値は偏
相関係数である。対ごとのマルコフ性より (P) が成り立っているから，隣接
していない頂点対に着目して，分離定理および大域的マルコフ性（定理 2.3）
より (P) → (G)，またグラフ G に従う因数分解性（定理 2.5）より (F) → (G)
であるから確率変数間の条件付き独立関係は，以下のようになっている。

表 6-3　RM5 の相関係数と偏相関係数

相関係数	X_2	X_1	X_4	X_6	X_7	X_3	偏相関係数	X_2	X_1	X_4	X_6	X_7	X_3
X_2	1.000						X_2	—					
X_1	-.125	1.000					X_1	.000	—				
X_4	-.235	.454	1.000				X_4	-.141	.327	—			
X_6	.386	.021	.055	1.000			X_6	.388	.000	.000	—		
X_7	-.201	.384	.485	-.007	1.000		X_7	-.118	.208	.350	.061	—	
X_3	-.002	.061	.109	.074	.107	1.000	X_3	.000	.000	.066	.074	.059	—

（注）$AIC_5 = -6.317$ $dev(RM5) = 3.683$ df = 5.

第 6 章　自民党政権による政策空間の構造　171

図 6-3　1983 年の有権者全体による無向独立グラフ

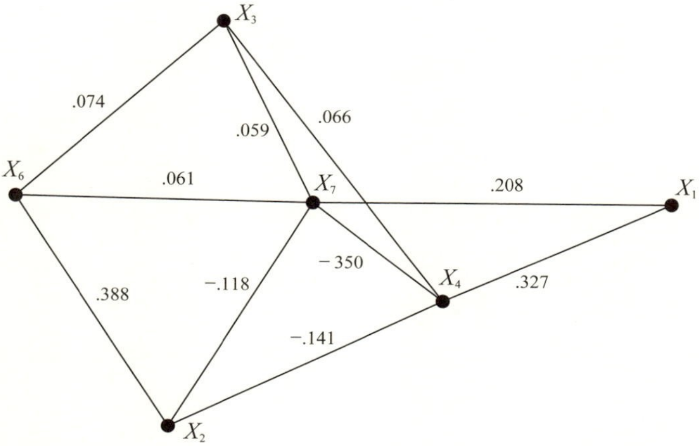

$X_1 \perp\!\!\!\perp (X_2, X_3) \mid (X_4, X_7)$

$X_1 \perp\!\!\!\perp X_3 \mid (X_4, X_7)$

$X_1 \perp\!\!\!\perp X_6 \mid (X_7)$

$X_2 \perp\!\!\!\perp X_3 \mid (X_4, X_6, X_7)$

$X_4 \perp\!\!\!\perp X_6 \mid (X_2, X_7)$

　　X_1；社会福祉充実，X_2；防衛力増強，X_3；小さな政府，X_4；政治腐敗防止，X_6；日米安保強化，X_7；労働者発言権強化

　表 6-2 と表 6-3 の結果を照らし合わせると，各因子を構成する確率変数間の偏相関係数は大きい値である。変数間の関係を見ると，係数の正負から保守・革新の態度が有権者に残存していることが読み取れる。これらの変数の条件付き独立の関係で特徴的なのは，$X_1 \perp\!\!\!\perp (X_2, X_3) \mid (X_7, X_4)$ である。まず，$X_1 \perp\!\!\!\perp X_3 \mid (X_4, X_7)$ の関係に限定して考察する。本来，X_1 と X_3 の意見は大きく対立して負の係数になると考えられる。しかし，この時代に X_3 は新自由主義を象徴するというよりも，自助努力的な意味合を強くして鼓舞されてきた。また，X_1 に否定的な有権者は少ない。表 6-2 の度数分布を見れば，条件の X_4, X_7 は保守・革新のどちらにあっても多くの有権者が認めるものである。よって，X_3 は X_4, X_7 と弱い偏相関を示し，X_4, X_7 を条件として，$X_1 \perp\!\!\!\perp X_3 \mid (X_4, X_7)$ となった

172　第Ⅱ部　日本の政治経済システム

のである。これは，$X_1 \perp\!\!\!\perp X_2|$ (X_4, X_7) の条件付き独立となるのも同じ論理である。

4-1-2　自民党投票者の政策空間

　共分散選択の結果，RM6 と RM7 の間で適合度が大きく変化した。適合度は RM6 の適合度は，AIC $= -3.994$，dev(RM6)$-$dev(RM5) $= 8.007 - 6.200 = 1.807$ で $p_6 = 1.789$ である。適合度は RM7 の適合度は，AIC$_7 = 1.314$，dev(RM7)$-$dev(RM6) $= 15.314 - 8.007 = 7.307$ で $p_7 = 0.007$ である。よって，RM6 のモデルが最適であると判断できる。RM6 のモデルにおける各係数は表 6-4 に示す。

　推定結果としてのグラフは図 6-4 に示す。図中のグラフの辺にある数値は偏相関係数である。対ごとのマルコフ性より（P）が成り立っているから，隣接していない頂点対に着目して，分離定理および大域的マルコフ性（定理 2.3）より（P）→（G），またグラフ G に従う因数分解性（定理 2.5）より（F）→（G）であるから，確率変数間の条件付き独立関係は以下のようになっている。

$X_1 \perp\!\!\!\perp (X_2, X_6)|(X_4, X_7)$
$X_3 \perp\!\!\!\perp (X_1, X_2, X_4, X_6)|X_7$
　　X_1；社会福祉充実，X_2；防衛力増強，X_3；小さな政府，X_4；政治腐敗防止，X_6；日米安保強化，X_7；労働者発言権強化

　図 6-4 のグラフを見ると，図 6-3 の有権者全体のグラフと似ている。図 6-3 のグラフから $X_3\sim X_4$ と $X_3\sim X_6$ を取り除き，$X_4\sim X_6$ を加えたのが図 6-2 である。図 6-3 の $X_3\sim X_4$ と $X_3\sim X_6$ の係数も小さいから，有権者全体と自民党投票者の政策空間はかなり似ている。

表 6-4　RM6 の相関係数と偏相関係数

相関係数	X_2	X_1	X_4	X_6	X_7	X_3
X_2	1.000					
X_1	-.044	1.000				
X_4	-.084	.425	1.000			
X_6	.311	.071	.130	1.000		
X_7	-.078	.344	.414	.133	1.000	
X_3	-.007	.033	.039	.013	.096	1.000

偏相関係数	X_2	X_1	X_4	X_6	X_7	X_3
X_2	—					
X_1	.000	—				
X_4	-.084	.329	—			
X_6	.332	.000	.101	—		
X_7	-.079	.201	.297	.107	—	
X_3	.000	.000	.000	.000	.085	—

（注）AIC$_5 = -3.994$ dev(RM6) $= .8.007$ df $= 6$.

図 6-4　1983 年の自民党投票者による無向独立グラフ

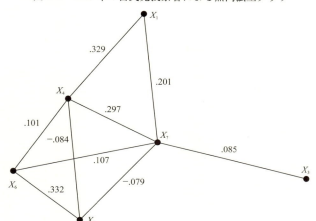

　図 6-4 のグラフで特徴的なのは，$X_3 \perp\!\!\!\perp (X_1, X_2, X_4, X_6)|X_7$ の条件付き独立である。このことは，自民党投票者は，X_7 で層化すると X_3 を独立させて考えていることを示している。条件の X_7 は，先の有権者全体の場合と同じように，保守側にあっても認められる。また，X_3 も小泉改改革以降とは意味が異なり，80 年代初頭の行政改革の中にあって誰もが認めるものであり，自民党投票者ならばなおさらであろう。それゆえに $X_3 \sim X_7$ が成立し，$X_3 \perp\!\!\!\perp (X_1, X_2, X_4, X_6)|X_7$ が成り立っているのである。

4-2　共分散選択：2014 年

　次いで，2014 年の調査データを用いて，有権者の政策空間の構造をグラフィカルモデリングにより分析する。

表 6-5　RM8 の相関係数と偏相関係数

相関係数	X_1	X_2	X_3	X_4	X_6	X_7	X_9
X_1	1.000						
X_2	-.009	1.000					
X_3	-.057	.049	1.000				
X_4	.160	-.000	.154	1.000			
X_6	.013	.588	.086	.033	1.000		
X_7	.308	-.021	.028	.350	.059		
X_9	.074	.009	.289	.409	.038		1.000

偏相関係数	X_1	X_2	X_3	X_4	X_6	X_7	X_9
X_1	—						
X_2	.000	—					
X_3	-.075	.000	—				
X_4	.065	.000	.059	—			
X_6	.000	.589	.065	.000	—		
X_7	.270	-.062	-.038	.259	.078	—	
X_9	.000	.000	.254	.332	.000	.112	—

（注）$\text{AIC}_8 = -10.051\ \text{dev(RM8)} = 5.095\ \text{df} = 8$.

図 6-5　2014 年の有権者全体による無向独立グラフ

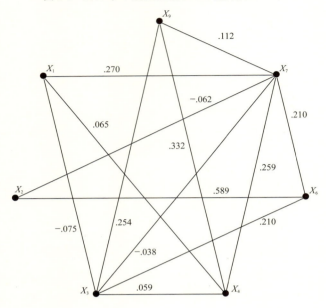

4-2-1　有権者全体の政策空間

　共分散選択の結果，RM8 と RM9 の間で適合度が大きく変化した。適合度は RM8 の適合度は，AIC = -10.051，dev(RM8)-dev(RM7) = 5.949-4.800 = 1.149 で p_8 = 0.284 である。適合度は RM9 の適合度は，AIC = -9.947，dev(RM9)-dev(RM8) = 8.053-5.949 = 2.104 で p_9 = 0.147 である。よって，RM8 のモデルが最適であると判断できる。

　推定結果としてのグラフは図 6-5 に示す。図中のグラフの辺にある数値は偏相関係数である。対ごとのマルコフ性より（P）が成り立っているから，隣接していない頂点対に着目して，分離定理および大域的マルコフ性（定理 2.3）より（P）→（G），またグラフ G に従う因数分解性（定理 2.5）より（F）→（G）であるから，確率変数間の条件付き独立関係は，以下のようになっている。

$X_1 \perp\!\!\!\perp X_9 | (X_3, X_4)$
$X_2 \perp\!\!\!\perp (X_1, X_3, X_4, X_9) | X_7$
$X_6 \perp\!\!\!\perp (X_1, X_4) | (X_3, X_7)$
$X_6 \perp\!\!\!\perp X_9 | (X_3, X_7)$

第6章　自民党政権による政策空間の構造　175

X_1；社会福祉充実，X_2；防衛力強化，X_3；小さな政府，X_4；政治腐敗防止，X_6；日米安保強化，X_7；労働者発言権強化，X_9；政府支出削減

　図6-5の構造は1983年のグラフより複雑であるが，2014年のデータでは変数 X_9 が加わっているから，実質的に X_1〜X_3 の出現が大きな違いである。この違いの意味は，1983年当時は行政改革の中で「小さな政府」が叫ばれ，かなり正当性をもって保革の区別無く多くの有権者に理解されてきたことにより，X_1〜X_3 は1983年には存在しなかったと考えられる。2014年にあっては，小泉政権と第2次安倍政権による新自由主義的改革と格差社会の到来により，有権者は財政赤字を解消すべく「小さな政府」の必要性を理解しつつも，福祉拡大を求めた結果として負の値で X_1〜X_3 が出現したと考えられる。

　では，2014年のグラフと1983年のグラフの係数の比較から，有権者の変化を捉えてみる。1983年と構造が大きく異なるのは，先に見た X_1〜X_3 の出現であるが，係数も変化しており X_2〜X_6，X_2〜X_7，X_3〜X_7 で変化が見られる。X_2〜X_6 の係数は，1983年の図6-3と比較すると大きくなっている。この変化の背後には中国，韓国との領土問題なども当然関係している。このような環境から，第2次安倍政権の論じる改憲（国防軍創設）と集団的安全保障が現実味を帯び，一部有権者が保守性を強めたことにより，変化が生じたと考えられる。

　X_3〜X_7 は図6-3のグラフと係数の正負が異なる。先に述べたように1983年には，X_3 は多くの有権者は肯定している。また，X_7 も半数近くの有権者が肯定している。よって，係数は正の値であった。しかし，2014年には X_3 は小泉政権以来の新自由主義の代名詞であり，その新自由主義的改革，規制緩和の下で労働者の環境は大きく変化した。よって，小さな政府を認めつつも労働者の権利を主張する声が大きくなったことにより，係数は負の値となったと考えられる。

　X_2〜X_7 は負の係数であるが，図6-3のグラフよりも小さくなっている。もし，有権者の保守化が全体的に続いているのであれば，X_2〜X_7 の係数は図6-5のグラフでは負の値で大きくなると考えられる。しかし，負の値で小さくなっているということは，全体としては保守化していないか，もしくはこの2つの

176　第Ⅱ部　日本の政治経済システム

政策選好に独自の変化があったということになる。しかし，X_3〜X_7 と X_1〜X_3 の係数の変化は保守化を表していると見られる。とすると，X_2〜X_7 に関する有権者の政策選好が変化したことになる。よってこの変化をもたらした近因は，X_2 は領土問題に絡み国防軍創設の是非は有権者間にばらつきが見られるが，多くの有権者にとっては非正規雇用増大など労働問題への関心の高まりから X_7 を肯定する態度が高まったことによると考えられる。その結果，X_2〜X_7 の係数は小さくなったのである。

全有権者は 2014 年の安倍政権下で保守化しているように見られる。しかし，それは X_2 や X_6 などで肯定的態度が増加したことによる有権者の一部の政策面，特に安全保障政策に限定されるであろう。全有権者は，小泉政権以降の非正規雇用の増大などの重要性が増すことにより，保守・革新の対立を残存させて政策空間を構成させている。

4-2-2　棄権者の政策空間

では，つぎに棄権者の推定結果を見る。共分散選択の結果，RM10 と RM11 の間で適合度が大きく変化した。適合度は RM10 の適合度は，$AIC_{10} = -15.026$，$dev(RM10) - dev(RM9) = 4.974 - 3.541 = 1.433$ で $p_{10} = 1.789$ である。適合度は RM11 の適合度は，$AIC_{11} = -12.012$，$dev(RM11) - dev(RM10) = 9.984 - 4.974 = 5.010$ で $p_{11} = 0.025$ である。よって，RM10 のモデルが最適であると判断できる。

推定結果としてのグラフは図 6-6 に示す。図中のグラフの辺にある数値は偏相関係数である。対ごとのマルコフ性より（P）が成り立っているから，隣接していない頂点対に着目して，分離定理および大域的マルコフ性（定理 2.3）

表 6-6　RM10 の相関係数と偏相関係数

相関係数	X_1	X_2	X_3	X_4	X_6	X_7	X_9	偏相関係数	X_1	X_2	X_3	X_4	X_6	X_7	X_9
X_1	1.000							X_1	—						
X_2	.063	1.000						X_2	.000	—					
X_3	-.024	.134	1.000					X_3	-.085	.094	—				
X_4	.236	.098	.216	1.000				X_4	.133	.000	.121	—			
X_6	.112	.586	.094	.140	1.000			X_6	.000	.557	.000	.000	—		
X_7	.330	.210	.095	.367	.350	1.000		X_7	.256	.000	.000	.219	.258	—	
X_9	.129	.082	.245	.481	.109	.272	1.000	X_9	.000	.000	.162	.396	.000	.106	—

（注）$AIC_8 = -15.026$ $dev(RM10) = 4.974$ $df = 10$.

第 6 章　自民党政権による政策空間の構造　177

図 6-6　2014 年の棄権者による無向独立グラフ

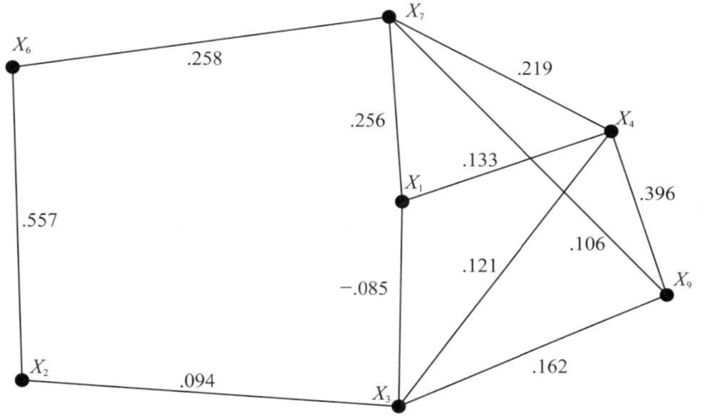

より（P）→（G），またグラフ G に従う因数分解性（定理 2.5）より（F）→（G）であるから，確率変数間の条件付き独立関係は，以下のようになっている。

$X_1 \perp\!\!\!\perp X_2 | X_3$
$X_1 \perp\!\!\!\perp X_9 | (X_3, X_4, X_7)$
$X_2 \perp\!\!\!\perp (X_4, X_9) | X_3$
$X_3 \perp\!\!\!\perp X_6 | X_2$
$X_3 \perp\!\!\!\perp X_7 | (X_1, X_4)$
$X_6 \perp\!\!\!\perp (X_1, X_4, X_9) | X_7$

　　X_1；社会福祉充実，X_2；防衛力強化，X_3；小さな政府，X_4；政治腐敗防止，X_6；日米安保強化，X_7；労働者発言権強化，X_9；政府支出削減

　図 6-6 のグラフの構造は図 6-5 の全有権者と似ているが，比較すると X_2〜X_7，X_3〜X_6，X_3〜X_7 が存在していない。図 6-3 の 1983 年の全有権者と比較しても，これまで政策選好の一貫性を示していた部分の関係が崩壊していることになる。このことは，棄権者は政策空間をより単純化させているか，争点を是々非々で考えていることを表しているのかもしれない。また，X_2〜X_3 が新たに出現している。3 つの辺の欠如と X_2〜X_3 の新たな出現は，全有権者と比較すると，棄権者がややリバタリアン的性質であることを意味する。

　図 6-6 では係数の変化も見られる。図 6-5 と比較すると，X_3〜X_9 の係数は小さくなっている。X_6〜X_7，X_3〜X_4，X_1〜X_4，X_4〜X_9 では，係数は大きくなっ

ている。$X_3 \sim X_9$ は，図6-5 では .254 と大きいが，図6-6 では .162 であるから政策的態度の一貫性が減少していると考えられる。

図6-5 と比較して，$X_4 \sim X_9$，$X_1 \sim X_4$，$X_3 \sim X_4$ の係数が大きいということは，社会における正義・平等を求める態度に一貫性があることを意味する。図6-5 と比較して，$X_6 \sim X_7$ の係数は極端に大きくなっている。これは労働格差是正などを求める態度が安保強化と結び付いており，社会的不満が右傾化をもたらしている一側面を表していると考えられる。

有権者全体（図6-5）と比較すると，安全保障（X_2, X_6）の内部関連には一貫性があるが，それと新自由主義（X_3, X_9），参加・福祉（X_1, X_4, X_7）との紐帯は減少しており，単純化されたグラフになっている。

これらの変化を踏まえると，棄権者は第2次安倍政権が構成した政策空間に対して，自己の選好する安全保障政策と新自由主義的政策，さらに自己が必要とする労働福祉政策から構成される政策空間を適応させることができなかったがゆえに棄権したと考えられる。

4-2-3　自民党投票者の政策空間

共分散選択の結果，RM14 と RM15 の間で適合度が大きく変化した。適合度は RM14 の適合度は，$AIC_{14} = -18.982$，$dev(RM14) - dev(RM13) = 9.018 - 7.292$

表6-7　RM14 の相関係数と偏相関係数

相関係数	X_1	X_2	X_3	X_4	X_6	X_7	X_9
X_1	1.000						
X_2	.062	1.000					
X_3	.018	.001	1.000				
X_4	.083	.005	.105	1.000			
X_6	.118	.528	.002	.010	1.000		
X_7	.274	.017	.065	.304	.032	1.000	
X_9	.063	.004	.284	.372	.007	.230	1.000

偏相関係数	X_1	X_2	X_3	X_4	X_6	X_7	X_9
X_1	—						
X_2	.000	—					
X_3	.000	.000	—				
X_4	.000	.000	.000	—			
X_6	.096	.525	.000	.000	—		
X_7	.259	.000	.000	.233	.000	—	
X_9	.000	.000	.263	.314	.000	.124	—

（注）$AIC_{14} = -18.982$　$dev(RM14) = 9.018$　$df = 14$.

図6-7　自民党投票者よる無向独立グラフ

第 6 章　自民党政権による政策空間の構造　179

$=1.726$ で $p=0.189$ である。適合度は RM15 の適合度は，$\text{AIC}_{15}=-14.796$，dev(RM15)−dev(RM14)$=15.204-9.018=6.186$ で $p=0.013$ である。よって，RM14 のモデルが最適であると判断できる。

　推定結果としてのグラフは図 6-7 に示す。図中のグラフの辺にある数値は偏相関係数である。対ごとのマルコフ性より（P）が成り立っているから，隣接していない頂点対に着目して，分離定理および大域的マルコフ性（定理 2.3）より（P）→（G），またグラフ G に従う因数分解性（定理 2.5）より（F）→（G）であるから，確率変数間の条件付き独立関係は，以下のようになっている。

$X_1 \perp\!\!\!\perp X_2 \mid X_6$
$X_1 \perp\!\!\!\perp X_3 \mid (X_7, X_9)$
$X_1 \perp\!\!\!\perp (X_4, X_9) \mid X_7$
$X_2 \perp\!\!\!\perp X_7 \mid (X_1, X_6)$
$X_2 \perp\!\!\!\perp X_3 \mid (X_1, X_6, X_7, X_9)$
$X_2 \perp\!\!\!\perp (X_4, X_9) \mid (X_1, X_6, X_7)$
$X_3 \perp\!\!\!\perp (X_4, X_7) \mid X_9$
$X_3 \perp\!\!\!\perp X_6 \mid (X_1, X_7, X_9)$

　　X_1：社会福祉充実，X_2；防衛力強化，X_3；小さな政府，X_4；政治腐敗防止，X_6；日米安保強化，X_7；労働者発言権強化，X_9；政府支出削減

　表 6-1 と表 6-7 の結果を照らし合わせると，各因子を構成する変数間の偏相関係数の多くは大きく一貫性がある。しかし，それらを繋ぐ紐帯が図 6-5 の 2014 年の全有権者よりも少なく，図 6-3 の 1983 年の全有権者と比較しても少ない。このことは，個々の政策を多くの政策項目と関連させて考える態度が小さいことを示す。よって，自民党投票者は，因子分析に見られる各因子の政策体系内部では一貫性を持つが，それらをつなぐ紐帯は少なく，全体として政策体系を単純化して捉えている。この単純化の意味は 2 通り考えられる。1 つは文字どおり，思考停止での単純化であるが，もう 1 つは熟慮した結果としての合理的な単純構造である。果たして，どちらなのであろうか。各変数間の辺の構成を見ると保革イデオロギー，特に保守イデオロギーの観点から見れば合理的一貫性は存在する。そうならば，確固たる信念体系としての政策空間である。しかし，この構造は単純であるがゆえに，自民党投票者のある種の脆弱性

を示していると考えられる。

図 6-3 の全有権者と比較すると，各変数間の関連が極端に少なくなっている。表 6-1 の因子を構成する変数群で見ると，新自由主義と参加・福祉では比較的確率変数間の関連を残すが，それでも全有権者と比較すると少ない。

新自由主義（X_3, X_9），参加・福祉（X_1, X_4, X_7）と安全保障（X_2, X_6）を繋ぐのは X_1（社会福祉充実）だけである。よって，X_1 を一定とすると，安全保障と新自由主義は独立となる。現在の日本人の暮らし向きは余裕のあるものではなく，高齢者福祉などは喫緊の課題であり，低所得者層ほど福祉の需要は大きい。今回の 2014 年データには所得データは無いので，詳細な分析はできないが，自民党投票者は高学歴ホワイトカラー層だけで構成されるものではなく，平均所得以下の者も多く含まれていることに留意する必要がある。

X_1 と X_2 は，これまでは 1983 年の全有権者でも自民党投票者でも負の相関係数を示していた。2014 年の全有権者でも負の相関係数を示していた。これらのことは見かけは福祉拡充を求める人は，防衛力強化を求めていないことを示す。これらの関係は，偏相関にすると 0 であり，X_1 と X_2 はいくつかの変数を条件として独立していた。しかし，2014 年の自民党投票者では X_1 と X_2 の相関係数は正であり，福祉拡充を求める人は防衛力拡大も求めているのである。だが，偏相関にするとゼロであるから $X_1 \perp\!\!\!\perp X_2 | X_6$ が成り立っている。このことが，彼らの脆弱性を示している。日米安保を現在の日本の政治体制の中で所与と考える者は多い。そこで X_6 で層化すると $X_1 \perp\!\!\!\perp X_2 | X_6$ が成り立つ。この状況で X_1 を肯定する有権者が多くいるのであるから，X_2 に対する態度がバラバラになっているのである。とすると，有権者は安全保障政策には是々非々に対応するか，もしくは，これからの外交関係変化により排外主義などが蔓延する際には，容易に煽動されて政府の安全保障政策に追従する可能性もある。このことを裏付けるのが $X_1 \perp\!\!\!\perp X_2 | X_6$ である。ただし，今回の 2014 年データにはアベノミクスに関わるデータが無い。したがって，自民党投票者は最優先でアベノミクスを評価したことにより，安全保障の確率変数（X_2, X_6）が新自由主義の確率変数（X_3, X_9）から独立した可能性もある。しかし，安全保障を重

視したにせよアベノミクスを評価したにせよ，自民党投票者に $X_1 \perp\!\!\!\perp X_2|X_6$ の構造があることが，現代日本の政党と有権者の脆弱性を示している。さらに，$X_1 \sim X_3$ の欠如と $X_2 \sim X_6$ の係数が大きくなっていることは，保守化よりもさらに右傾化したことの現れであると考えられる。これらのことを踏まえると，図6-7の非常に単純化された構造は，熟慮の欠如した構造に近いと考えられる。

5. おわりに

本章は，第2次安倍政権が作り出した政策空間に対して，2014年の総選挙で有権者がいかなる政策空間を持っていたのかをグラフィカルモデリングで分析した。先行研究では政策空間の析出は因子分析で行われることが多かった。しかし，その方法では因子という潜在変数を対象とするがゆえに，個々の変数間の関連性は不明瞭であった。グラフィカルモデリングを用いることにより明らかになった点は，以下の3点である。

(1) 1983年と比較すると2014年の有権者は，安全保障政策に関しては保守化している。つまり信念体系としての政策間の結び付きが強くなっている。しかし，政策空間全体として見ると福祉や労働問題に関しては現実の施策に課題が多く残り，新たな保革対立の基底となっている。もちろんこの福祉拡充・労働問題解決に対する肯定的態度を従来の革新と同一視してよいのか否かは議論の余地が残る。

(2) 2014年の総選挙は，戦後最も棄権率の高い選挙であった。棄権者の特徴は有権者全体と比較すると政策間の関連性を少なくして，政策空間を単純化させている。この単純化を遠因として労働問題に関する社会的不満が防衛力拡大などに結び付き保守化＝右傾化が見られる。

(3) 2014年の総選挙で自民党に投票した有権者の政策空間は非常に単純である。この単純化された構造には脆弱性がある。外交関係変化により排外主義などが蔓延する際には，容易に煽動されて政府の安全保障政策に追従する可能性もある。

安倍政権は小泉政権と同様にワンフレーズポリティクスを用いてきた。さら

に，ここ数年来の領土問題，世界規模のテロルなどの国際環境の悪化がある。このような環境の中で，安倍政権は経済政策で3本の矢を論じ，安全保障政策では集団的自衛権，改憲を論じてきた。したがって，安全保障政策を中心に政策空間は大きく変化した。このような変化の中でも多くの有権者の政策選好からなる政策空間の構造は大きくは変化していないが，モデルの確率変数（政策選好）間の関連性の強さから見ると，保守化している部分と，革新化している部分がある。これらの変化は，21世紀になってからの国際環境の変化，領土問題での右傾化＝保守化，さらに非正規労働者増加に見られる労働問題の拡大，社会福祉の需要拡大によると考えられる。これら2つの要因は，冷戦終結以前ならば保革対立の再燃をもたらすこととなるが，社会的対立軸が複雑化したことにより，今回は労働問題に対する有権者の社会的不満が安全保障政策面での右傾化をもたらしたのである。

参 考 文 献

石川真澄（2004）『戦後政治史新版』岩波新書。

蒲島郁夫・竹中佳彦（1996）『現代日本人のイデオロギー』東京大学出版会。

蒲島郁夫・竹中佳彦（2014）『イデオロギー』東京大学出版会。

佐道明広（2012）『「改革」政治の混迷』吉川弘文館。

日本品質管理学会・テクノメトリックス研究会編（1999）『グラフィカルモデリングの実際』日科技連。

松原望（2003）『入門確率過程』東京図書。

御厨貴（2009）『政治の終わり，政治の始まり―ポスト小泉から政権交代まで』藤原書店。

宮川雅巳（1997）『グラフィカルモデリング』朝倉書店。

Black, Duncan (1958), *The Theory of Committees and Elections*, New York:Cambridge University Press.

Dempster, A.P. (1972), "Covariance selection". *Biometrics*, 28, pp.157-175.

Downs, Anthony (1957), *An Economic Theory of Democracy*, New York, Harper Collins Publishers（古田精司訳（1980）『民主主義の経済理論』成文堂）.

Enelow, James M. and Melvin J. Hinich (1984), *The Spatial Theroy of Voting An Introduction*, Cambridge: Cambridge University Press.

Enelow, James M. and Melvin J. Hinich, eds (1990), *Adovances in the Spatial Theroy of Voting*, Cambridge: Cambridge University Press.

Hotelling, Harold (1929),"Stability in Compitition," *Economic Journal*, March, 39, pp.41-57.

Marchetti, Giovanni M, Mathias Drton, Kayvan Sadeghi (2015) (https://cran.r-project.org/

web/packages/ggm/ggm.pdf).

Melvin J. Hinich, John O. Ledyard and Peter C. Ordeshook (1973), "A Theory of Electoral Equilibrium: A Spatial Analysis Based on the Theory of Games," *Journal of Politics,* Vol.35, pp.154-193.

Schofield, Norman and Itani Sened (2006), *Multiparty Democracy: Electiona and Legislative Politics* New York: Cambridge University Press.

Verba, Sidny, Norman H. Nie and Jae-on Kim (1971), "The Modes of Democratic Participation: A Cross-National Analysis," *Sage Professional Papers in Comparative Politics 2,* No. 01-013.

Wermuth, N. and Scheidt, E. (1977), Fitting a covariance selection to a matrix, Algorithm AS 105, *Apple Statist,* 26, pp. 88-92.

Wilson, Robin J. (1996), *Introduction to Graph Theory* 4th ed, AddisonWesley（西関隆夫・西関裕子 共訳（2001）『グラフ理論入門原書第 4 版』近代科学社）.

第Ⅲ部

財政金融の諸問題

第 7 章

変動相場制下の2国マンデル・フレミング・モデルにおける財政金融政策の効果
──不完全資本移動の場合──

浅 田 統 一 郎

1. は じ め に

　本章では，変動相場制・不完全資本移動2国マンデル・フレミング・モデルの分析的枠組みの下で，財政金融政策の効果を分析する。マンデル・フレミング・モデルは，閉鎖経済を前提にしたケインズ（Keynes(1936)）の不完全雇用モデルを開放経済モデルに拡張したマンデル（Mundell(1963；1968)）とフレミング（Fleming(1962)）の古典的な業績に由来するモデルであり，ケインジアンの開放マクロ経済モデルとして現在もなお，確固たる地位を占めている。この伝統的な国際マクロ経済モデルは，1980年代以降は，完全雇用・完全均衡・最適性を公理とする新古典派アプローチが国際マクロ経済学の世界でも主流派の地位を占めるにつれて，次第に流行遅れのものと見なされるようになった。しかし，清野（2008）によって指摘されているように，「ミクロ的基礎」を重視すると称する完全雇用を仮定した新古典派国際マクロ経済モデルは，「民間企業の投資関数を組み込めずに，景気変動の主要な原因とされる投資変化がマクロ経済パフォーマンスに及ぼす影響を分析することに成功していない」（清野(2008)126ページ）。このようなわけで，不完全雇用によって特徴付けられる

188　第Ⅲ部　財政金融の諸問題

現実のマクロ経済問題の国際的側面を理論的に考察するための分析的枠組みとして，マンデル・フレミング・モデルは依然として適切な参照基準を提供していると，筆者は考えている[1]。

ところで，通常マクロ経済学の初歩的な教科書では，マンデル・フレミング・モデルは，「完全資本移動」の「小国」モデルとしてのバージョンがもっぱらとりあげられることが多い。この最もポピュラーなバージョンでは，「小国」たる当該国は外生的に与えられた「世界利子率」に影響を及ぼすことは全くできず，当該国の利子率と「世界利子率」の差を瞬時に埋めるように国際資本移動が行われる。このような想定の下では，当該国の財政金融政策に関して，以下のような極端な結論が導かれることが知られている（浅田(2005)180-183ページ参照）。

(1)　固定相場制下では，財政政策は当該国の実質国民所得に影響を及ぼすことができるという意味で有効であるが，金融政策は，当該国の実質国民所得に全く影響を及ぼすことができないという意味で無効である。

(2)　変動相場制下では，財政政策は無効であるが，金融政策は有効である。この場合には，ある国が政府支出や税率を変更しても当該国の実質国民所得には何の影響もないが，当該国の中央銀行による金融緩和（名目貨幣供給の増加）は，当該国の実質国民所得を増加させ，当該国の為替レートを減価させる。

以上で要約した変動相場制に関する結論(2)のうち金融政策に関する部分は，図7-1〜図7-3で表される最近の世界経済の動向と整合的である。

---

1)　マンデル・フレミング・モデルを含むケインズ的な国際マクロ経済モデルの解説としては，奥村（1985）が有用である。河合（1994）とFrenkel and Razin（1987）は，国際マクロ経済学におけるケインズ的なアプローチと新古典派的なアプローチをバランスよく解説している。また，さまざまな観点からの国際マクロ経済学の理論的な研究書としては，Dornbusch（1980），Asada, Chiarella, Flaschel and Franke（2003），松本（2007）がある。

第7章　変動相場制下の2国マンデル・フレミング・モデルにおける財政金融政策の効果　189

図 7-1　各国中央銀行のバランスシート

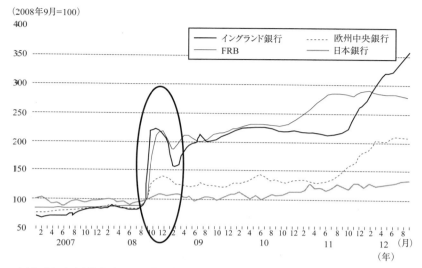

(出所）各国中央銀行統計。浜田（2013）49 ページより。

図 7-2　各国の実質実効為替レート

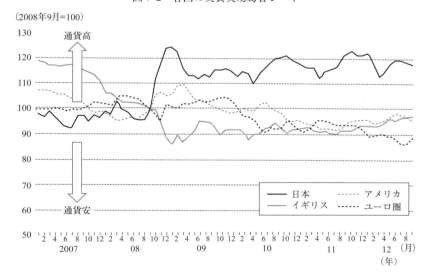

(出所）国際決済銀行（BIS）。浜田（2013）69 ページより。

図 7-3　サブプライム・ショック（リーマン・ショック）前後の各国の鉱工業生産指数

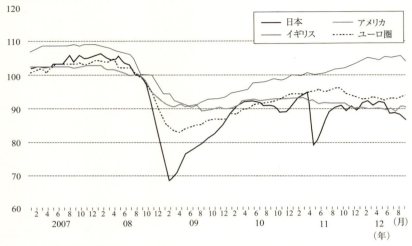

（出所）経済産業省「鉱工業生産統計」，FRB, EUROSTAT。浜田（2013）69 ページより。

　これらの図は，浜田（2013）から採った。図 7-1 は，2008 年に米国で発生した「サブプライム・ショック」（リーマン・ショック）に端を発した世界金融危機に対処するために米国の FRB やイングランド銀行は急激に（わずか数ヶ月の間に 2 倍以上に）ベースマネーを拡大し，米英ほどではないがヨーロッパ中央銀行もそれなりにベースマネーを拡大したのに対し，日本銀行はほとんどベースマネーを増やさなかったことを示している[2]。　図 7-2 と図 7-3 は，その結果各国の為替レートと鉱工業生産がどのように推移したかを示している。図 7-2 は，金融緩和に最も積極的であった米国とイギリスの為替レートは相対的に減価し，金融緩和に最も消極的であった日本の為替レートは急激に増価したことを示している。図 7-3 は，サブプライム・ショックの震源地であった米国や米国のサブプライム証券を大量に保有していたイギリスやユーロ圏よりも，サブプライム証券の保有量が相対的に少なかった日本の方がむしろ突出して鉱

---

[2]　中央銀行のバランスシートの拡大は，中央銀行が購入する資産の拡大を意味するが，中央銀行による資産購入の拡大は必ず，ベースマネーの拡大を伴う。

第 7 章　変動相場制下の 2 国マンデル・フレミング・モデルにおける財政金融政策の効果　191

工業生産の落ち込みが大きかったことを示している。これらの事実は，前述の結論(2)のうちの金融政策に関する部分と整合的であるが，完全雇用・貨幣の中立性を含意する新古典派国際マクロ経済モデルの結論と矛盾することは，明らかである。

　それでは，結論(2)の財政政策に関する部分の現実適合性については，どうであろうか。日本における 1997 年（3％から 5％へ）と 2014 年（5％から 8％へ）の 2 度にわたる消費税の増税は，いずれも日本の景気に対して深刻なマイナスの影響を与え，実質国民所得を大きく低下させたことが知られている（野口(2015)；浜田・安達（2015）；若田部(2015) 参照）。また，サブプライム・ショック後のイギリスやユーロ圏諸国による（政府支出の減少と増税の双方をともなう）緊縮的な財政政策は，これらの地域の所得の大幅な低下と失業率の大幅な上昇をもたらしたことが知られている（野口(2015)参照）。これらの事実は，結論(2)の財政政策に関する部分と矛盾する。

　筆者は，以上で指摘された理論モデルの結論と現実の矛盾は，マンデル・フレミング・モデルそのものの欠陥にではなく，「完全資本移動」の仮定と「小国」の仮定に由来するものと考えている。米国，日本，イギリス，「ユーロランド」は，資本移動の流動性はかなり高いとはいえ，「不完全資本移動」に服する「大国」なのである。そこで，本章では，変動相場制・不完全資本移動の 2 国マンデル・フレミング・モデルを用いて，上述の結論(2)の妥当性を検討する[3]。本章の分析結果は，以下のとおりである。本章の分析的枠組みの下でも，資本移動の流動性が高い（ただし完全資本移動モデルのように無限大ではない）場合には前述の結論(2)のうち金融政策に関する部分は成立するが，財政政策に関する部分は成立しない。すなわち，金融政策のみならず財政政策も有効になるのである。換言すれば，この分析的枠組みの下では，緊縮的な財政政策が

---

3)　2 国モデルでは，いずれの国も自国の利子率に影響を及ぼすことができる「大国」になる。また，不完全資本移動のモデルでは，両国の利子率は，均衡においても，必ずしも均等化されるとは限らない。現実の世界でも，各国の利子率にはかなり大きな差がある。

192　第Ⅲ部　財政金融の諸問題

経済の実体に与える悪影響を無視できないのである[4]。本章が考察の対象にする不完全資本移動の2国マンデル・フレミング・モデルは，現実的状況下のマクロ経済政策の国内的側面と国際的側面の相互作用を分析するための有用な参照基準を提供していると筆者は考えている。

　本章の構成は，以下のとおりである。第2節では，短期の動学的調整過程が数学的に定式化される。モデルは，3次元（3変数）の非線形連立微分方程式システムに還元される。第3節では，第2節で定式化されたモデルの均衡解の性質が分析される。第4節では，均衡点が小域的に安定になるための条件が数学的に分析される。ここで「均衡点の小域的安定性」という概念は，均衡点の近傍の任意の初期値から出発した解が均衡点に収束するという意味での，伝統的な安定性分析に基づいた概念として定義されている。第5節では，均衡点が小域的に安定であることを前提にして，各国の金融政策と財政政策が各国の実質国民所得と為替レートにどのような影響を及ぼすかを，比較静学の手法を用いて分析されている。第5節の分析は，均衡点の小域的安定条件を用いて比較静学の結果を確定するという，サムエルソン（Samuelson(1947)）による古典的な「対応原理」（Correspondence principle）の典型的な応用例である。第5節の分析結果は，1990年代から2010年代にかけての日本経済や世界経済の経験的事実と整合的である。第6節では，結論が述べられる。

2.　変動相場制・不完全資本移動2国マンデル・フレミング・モデルにおける短期の動学的調整過程の定式化

　本章のモデルにおける短期の動学的調整過程は，以下のように定式化される[5]。

---

　4)　変動相場制下の2国マンデル・フレミング・モデルは，奥村（1985）や河合（1994）でもとりあげられているが，これらの文献では，本章における筆者の問題意識に焦点を合わせた分析はなされていない。本章で提起されたような問題意識に焦点を合わせた当該モデルの詳細かつ徹底した解析的分析は，意外なことに，現在までのところ，あまり利用可能でないように思われる。したがって，本章の分析にも一定の存在意義があるのではないかと筆者は考えている。

第7章　変動相場制下の2国マンデル・フレミング・モデルにおける財政金融政策の効果　193

$$\dot{Y}_i = \alpha_i [C_i + I_i + G_i + J_i - Y_i] \; ; \alpha_i > 0 \tag{1}$$

$$C_i = c_i(Y_i - T_i) + C_{0i} \; ; 0 < c_i < 1, \quad C_{0i} \geqq 0 \tag{2}$$

$$T_i = \tau_i Y_i - T_{0i} \; ; 0 < \tau_i < 1, \quad T_{0i} \geqq 0 \tag{3}$$

$$I_i = I_i(r_i) \; ; \quad I_{r_i}^i = dI_i/dr_i < 0 \tag{4}$$

$$M_i/p_i = L_i(Y_i, r_i) \; ; \quad L_{Y_i}^i = \partial L_i/\partial Y_i > 0, L_{r_i}^i = \partial L_i/\partial r_i < 0 \tag{5}$$

$$J_1 = J_1(Y_1, Y_2, E) \; ; \quad J_{Y_1}^1 = \partial J_1/\partial Y_1 < 0, J_{Y_2}^1 = \partial J_1/\partial Y_2 > 0,$$
$$J_E^1 = \partial J_1/\partial E > 0 \tag{6}$$

$$Q_1 = \beta\{r_1 - r_2 - (E^e - E)/E\} \; ; \beta > 0 \tag{7}$$

$$A_1 = J_1 + Q_1 \tag{8}$$

$$P_1 J_1 + E p_2 J_2 = 0 \tag{9}$$

$$P_1 Q_1 + E p_2 Q_2 = 0 \tag{10}$$

$$P_1 A_1 + E p_2 A_2 = 0 \tag{11}$$

$$A_1 = 0 \tag{12}$$

$$\dot{E}^e = \gamma(E - E^e) \; ; \gamma > 0 \tag{13}$$

$$P_1 = P_2 = 1 \tag{14}$$

---

5) このモデルは，不完全資本移動を仮定したケインズ型動学モデルという意味で浅田（1997）第3章およびAsada（2004）のモデルと若干の類似性があるが，それらのいずれとも異なっている。浅田（1997）第3章では，投資の資本蓄積効果を考慮に入れた固定相場制と変動相場制の小国モデルがとりあげられている。Asada（2004）では，投資の資本蓄積効果を共慮に入れた固定相場制の2国モデルが分析されている。本章のモデルは，投資の資本蓄積効果を捨象した「短期」における変動相場制の2国モデルである。

194　第Ⅲ部　財政金融の諸問題

ここで，サブスクリプト i （$i=1,2$）は国の指標を表し，記号は，以下のように定義されている。$Y_i=$ 第 i 国の実質国民所得。$C_i=$ 第 i 国の実質民間消費支出。$I_i=$ 第 i 国の実質民間投資支出。$G_i=$ 第 i 国の実質政府支出。$T_i=$ 第 i 国の実質所得税。$M_i=$ 第 i 国の名目貨幣供給量。$p_i=$ 第 i 国の物価水準。$r_i=$ 第 i 国の名目利子率。$J_i=$ 第 i 国の実質純輸出。$Q_i=$ 第 i 国の実質資本収支。$A_i=$ 第 i 国の実質総合収支。$E=$「第 2 国の通貨 1 単位＝第 1 国の通貨 E 単位」という意味での，第 1 国の通貨建ての為替レート（単に「為替レート」と呼ぶことにする）。$E^e=$ 期待為替レート（予想為替レート）。記号の上のドット（・）は，時間に関する微分を表す。

(1)式は，各国における財市場不均衡の数量調整過程（ケインズの乗数過程）である。α_i は，第 i 国における財市場の調整速度を表すパラメーターである。(2)式は，各国の消費者行動を表すケインズ型消費関数である。(3)式は，標準的な租税関数である。(4)式は，標準的なケインズ的な投資関数であり，(5)式は貨幣市場の均衡条件を表す「LM 方程式」である。(5)式の右辺は，ケインズ的な貨幣需要関数である。

(6)式は，第 1 国の実質純輸出関数であり，この関数は，以下のようにして導出される（浅田(1997)26 ページ参照）。第 1 国の名目純輸出 J_1^N は，$J_1^N=p_1X_1-Ep_2N_1$ と表される。ここで，X_1 と N_1 はそれぞれ，第 1 国の実質輸出量と実質輸入量である。したがって，第 1 国の実質純輸出 J_1 は，$J_1=J_1^N/p_1=X_1-(Ep_2/P_1)N_1$ となる。$X_1=X_1$ $(Y_2,\ E)$, $\partial X_1/\partial Y_2>0$, $\partial X_1/\partial E>0$, $N_1=N_1$ $(Y_1,\ E)$, $\partial N_1/\partial Y_1>0$, $\partial N_1/\partial E<0$ と仮定すれば，$J_1=X_1$ $(Y_2,\ E)-(Ep_2/p_1)$ N_1 $(Y_1,\ E)=J_1$ $(Y_1,\ Y_2,\ E)$ となる。この式から，

$$J_{Y1}^1=\partial J_1/\partial Y_1=-(Ep_2/P_1)(\partial N_1/\partial Y_1)<0, \tag{15}$$

$$J_{Y2}^1=\partial J_1/\partial Y_2=\partial X_1/\partial Y_2>0, \tag{16}$$

$$J_E^1=\partial J_1/\partial E=(\partial X_1/\partial E)-(Ep_2/P_1)(\partial N_1/\partial E)-(p_2N_1/p_1)$$
$$=\frac{X_1}{E}\left(\frac{\partial X_1}{\partial E}\cdot\frac{E}{X_1}\right)+\frac{p_2N_1}{p_1}\left(-\frac{\partial N_1}{\partial E}\cdot\frac{E}{N_1}-1\right)=\frac{X_1}{E}\eta_{XE}^1+\frac{p_2N_1}{p_1}(\eta_{NE}^1-1) \tag{17}$$

第 7 章　変動相場制下の 2 国マンデル・フレミング・モデルにおける財政金融政策の効果　195

という関係を得る。ここで，$\eta_{XE}^1 = \left| \dfrac{\partial X_1}{\partial E} \cdot \dfrac{E}{X_1} \right| = \dfrac{\partial X_1}{\partial E} \cdot \dfrac{E}{X_1}$，$\eta_{NE}^1 = \left| \dfrac{\partial N_1}{\partial E} \cdot \dfrac{E}{N_1} \right| = -\dfrac{\partial N_1}{\partial E} \cdot \dfrac{E}{N_1}$

はそれぞれ，第 1 国の通貨建て為替レート E の変化に関する第 1 国の輸出と輸入の弾力性である。(17)式により，(6)式で課した条件 $J_E^1 > 0$ が成立するための 1 つの下線{十分条件}が $\eta_{NE}^1 > 1$ という不等式が成立することである，ということがわかる。この不等式はまた，「マーシャル・ラーナーの条件」$\eta_{XE}^1 + \eta_{NE}^1 > 1$ (浅田(2005)第 7 章参照) が成立するための十分条件でもある。

　(7)式は，不完全資本移動モデルにおける第 1 国における実質資本収支関数である。この式は，第 1 国の実質資本収支 Q_1 が第 1 国の国内債券の名目収益率 (r_1) と第 1 国の通貨で測った第 2 国の国内債券の期待名目収益率 ($r_2 + \dfrac{E^e - E}{E}$) の差によって決まることを示している。β は，国際資本移動の流動性の程度を表すパラメーターである。β が大きければ大きいほど，国際資本移動は流動的になる。β が無限大の特殊ケースである「完全資本移動」モデルでは，$r_1 = r_2 + (E^e - E)/E$ という関係が常に成立する。(8)式は，第 1 国の実質総合収支の定義式である。

　(9)，(10)，(11) の各式は，ある国の純輸出，資本収支，総合収支の黒字 (赤字) が同額だけの他国のそれぞれの収支の赤字 (黒字) と対応しなければならないことを示している。

　(12)式は，総合収支が均衡するように為替レート E が内生的に決まるという，変動相場制の為替レート調整メカニズムを示している[6]。(13)式は，為替

---

6)　(6)式と(7)式を(8)式に代入すれば，$A_1 = J_1\ (Y_1,\ Y_2,\ E) + \beta\ \{r_1 - r_2 - E^e/E + 1\}$，$\partial A_1 / \partial E = \underset{(+)}{J_E^1} + (\beta E^e / E^2) > 0$ となる。ところで，「超短期」における為替レートの自然な調整メカニズムは $\dot{E} = \Phi(A_1)$；$\Phi(0) = 0$，$\Phi'(A_1) < 0$ と想定することができる。このメカニズムは，第 1 国の総合収支 A_1 が黒字 (赤字) であれば，第 1 国の通貨建ての第 2 国の為替レート E が減価 (増価) する，というものである。「超短期」においては為替レート E 以外の諸変数は所与であると想定すれば，この調整過程における唯一の変数は E であり，$d\dot{E}/dE = \underset{(-)}{\Phi'(A_1)} \cdot \underset{(+)}{(\partial A_1 / \partial E)} < 0$ となるので，「超短期」の調整は，「安定」になる。以下では，この「超短期」の調整メカニズムにおける調整速度が十分に速く，常に $A_1 = 0$ を満たすように為替レート E が瞬時に決まることが仮定されているのである (浅田(1997)327 ページ参照)。

196 第Ⅲ部 財政金融の諸問題

レートの期待形成が近い過去に実現した値に基づいて適応的に行われるという
「適応期待仮説」（adaptive expectation hypothesis）を表している。γは，適応期待の
調整速度を表すパラメーターである。

　本章では，分析を単純化するために，為替レート以外の価格の変動を捨象し
た短期の「固定価格経済」を分析の対象とするため，両国の物価水準は固定さ
れていると仮定し，インフレ・デフレの問題は扱わない[7]。そこで，(14)式の
ように両国の物価水準を基準化する。この仮定の下では，利子率を含めた各変
数の「名目値」と「実質値」を区別する必要がなくなる。

　各国の実質政府支出G_i，限界税率τ_i，名目貨幣供給量M_iを政策パラメータ
ーとして固定すれば，20本の独立した方程式から成るシステム $(1)\sim(14)$
は，20個の内生変数Y_i，C_i，T_i，I_i，r_i，J_i，Q_i，A_i，p_i $(i=1, 2)$，E，E^eの動
きを決定する完結したシステムになる。

　つぎに，このシステムをより簡潔な方程式システムに還元することにしよ
う。(5)式を利子率r_iについて解けば，以下のような「LM方程式」を得る。

$$r_i = r_i(Y_i, M_i)\ ;\ r_{Yi}^i = \partial r_i/\partial Y_i = -L_{Yi}^i/L_{ri}^i > 0,\ \ r_{Mi}^i = \partial r_i/\partial M_i = 1/L_{ri}^i < 0 \quad (18)$$

　(2)，(3)，(4)，(6)，(9)，(14)，(18) の各式を (1) 式に代入し，(6)，
(7)，(8)，(18) の各式を (12)式に代入すれば，以下のような，4変数の動学
システムが得られる。

$$\dot{Y}_1 = \alpha_1[c_1(1-\tau_1)Y_1 + c_1 T_{01} + C_{01} + G_1 + I_1(r_1(Y_1, M_1)) + J_1(Y_1, Y_2, E) - Y_1] \tag{19a}$$

$$\dot{Y}_2 = \alpha_2[c_2(1-\tau_2)Y_2 + c_2 T_{02} + C_{02} + G_2 + I_2(r_2(Y_2, M_2)) - (1/E)J_1(Y_1, Y_2, E)$$
$$-Y_2] \tag{19b}$$

$$0 = J_1(Y_1, Y_2, E) + \beta\{r_1(Y_1, M_1) - r_2(Y_2, M_2) - E^e/E + 1\} \tag{19c}$$

---

7)　物価水準が各国の「インフレ期待で修正されたフィリップス曲線」に従って変動
　する可変価格のケインズ的な変動相場制2国モデルは，浜田 (1982)，Asada, Chiarel-
　la, Flaschel and Franke (2003) などによって分析されている。

第 7 章　変動相場制下の 2 国マンデル・フレミング・モデルにおける財政金融政策の効果　197

$$\dot{E}^e = \gamma(E - E^e) \tag{19d}$$

　このシステムは，以下の方法によって，さらに簡単なシステムに変換できる。(19c) 式を為替レート E について解けば，以下の式を得る。

$$E = E(Y_1, Y_2, E^e, M_1, M_2) ; \quad E_{Y1} = \partial E / \partial Y_1 = -\{J^1_{Y1} + \beta \, r^1_{Y1}\} / \{J^1_E + \beta(E^e/E^2)\},$$
$$\underset{(-)}{} \quad \underset{(+)}{} \quad \underset{(+)}{}$$

$$E_{Y2} = \partial E / \partial Y_2 = \{-J^1_{Y2} + \beta \, r^2_{Y2}\} / \{J^1_E + \beta(E^e/E^2)\},$$
$$\underset{(+)}{} \quad \underset{(+)}{} \quad \underset{(+)}{}$$

$$E_{E'} = \partial E / \partial E^e = \{\beta(1/E)\} / \{J^1_E + \beta(E^e/E^2)\} > 0,$$
$$\underset{(+)}{}$$

$$E_{M1} = \partial E / \partial M_1 = -\beta \, r^1_{M1} / \{J^1_E + (E^e/E^2)\} > 0,$$
$$\underset{(-)}{} \quad \underset{(+)}{}$$

$$E_{M2} = \partial E / \partial M_2 = \beta \, r^2_{M2} / \{J^1_E + (E^e/E^2)\} < 0 \tag{20}$$
$$\underset{(-)}{} \quad \underset{(+)}{}$$

　もし国際資本移動の流動性パラメーター β が十分に大きければ，(20)式において，$E_{Y1} < 0$ および $E_{Y2} > 0$ となることがわかる。この命題は，経済学的に解釈することができる。各国の貨幣供給の変化をともなわずに（例えば拡張的な財政政策によって）ある国の実質国民所得が増加した場合，もし為替レートが一定ならば，輸入の増加によって当該国の純輸出が減少するが，他方，当該国の利子率の上昇によって当該国に資本が流入し，当該国の資本収支は増加する。国際資本移動の流動性が高ければ，純輸出効果より資本収支効果の方が上回り，為替レートが一定ならば，当該国の総合収支を増加させる。このことは，当該国の為替レートの増価をもたらすのである[8]。本章では，以下の仮定のもとに分析を行う。

────────────

8)　(20)式における不等式 $E_{M1} > 0$ および $E_{M2} < 0$ も，経済学的に解釈できる。ある国の貨幣供給が増加した場合の（国民所得への影響を無視した）直接効果は，当該国の利子率の低下を通じて資本流出を招き，為替レートが一定ならば当該国の総合収支を減少させることである。このことは，当該国の為替レートの減価をもたらすのである。他方，期待為替レート E^e の増加は第 2 国の国内債券の期待収益率を上昇させるので，第 1 国から第 2 国への資本流出を招き，第 2 国の為替レートを増価させるので，$E_{E^e} > 0$ という不等式が成立するのである。

198　第Ⅲ部　財政金融の諸問題

［仮定1］

　国際資本移動の流動性パラメーター β が十分に大きいので，$\underset{(-)}{J_{r_1}^1} + \beta \underset{(+)}{r_{r_1}^1} > 0$，$-\underset{(+)}{J_{r_2}^1} + \beta \underset{(+)}{r_{r_2}^2} > 0$ という不等式が成立し，したがって，$E_{r_1} < 0$ および $E_{r_2} > 0$ となる。

　(20)式を(19a)式と(19b)式に代入すれば，各国の政策パラメーター M_i，G_i，τ_i $(i=1,\ 2)$ が所与のとき，以下のような3次元（3変数）の非線形微分方程式システムが得られる。

$$\dot{Y_1} = \alpha_1 [c_1(1-\tau_1)Y_1 + c_1 T_{01} + C_{01} + G_1 + I_1(r_1(Y_1, M_1))$$
$$+ J_1(Y_1, Y_2, E(Y_1, Y_2, E^e, M_1, M_2)) - Y_1] = F_1(Y_1, Y_2, E^e) \tag{21a}$$

$$\dot{Y_2} = \alpha_2 [c_2(1-\tau_2)Y_2 + c_2 T_{02} + C_{02} + G_2 + I_2(r_2(Y_2, M_2))$$
$$- \{1/E(Y_1, Y_2, E^e, M_1, M_2)\} J_1(Y_1, Y_2, E(Y_1, Y_2, E^e, M_1, M_2)) - Y_2]$$
$$= F_2(Y_1, Y_2, E^e) \tag{21b}$$

$$\dot{E^e} = \gamma \{E(Y_1, Y_2, E^e, M_1, M_2) - E^e\} = F_3(Y_1, Y_2, E^e) \tag{21c}$$

3.　均衡解の性質

　つぎに，$\dot{Y_1} = \dot{Y_2} = \dot{E^e} = 0$ を満たす (21)式の均衡解 $(Y_1^*,\ Y_2^*,\ E^{e*})$ の性質を調べることにしよう。(21)式の均衡解は，以下の連立方程式の解として定義される。

$$c_1(1-\tau_1)Y_1 + c_1 T_{01} + C_{01} + G_1 + I_1(r_1(Y_1, M_1)) + J_1(Y_1, Y_2, E) - Y_1 = 0 \tag{22a}$$

$$c_2(1-\tau_2)Y_2 + c_2 T_{02} + C_{02} + G_2 + I_2(r_2(Y_2, M_2)) - (1/E)J_1(Y_1, Y_2, E) - Y_2 = 0 \tag{22b}$$

$$J_1(Y_1, Y_2, E) + \beta \{r_1(Y_1, M_1) - r_2(Y_2, M_2)\} = 0 \tag{22c}$$

$$E = E^e \tag{22d}$$

　このシステムは，以下のようにして，より取り扱いやすいシステムに変換で

第7章　変動相場制下の2国マンデル・フレミング・モデルにおける財政金融政策の効果　199

きる。(22c)式を E について解けば，〔仮定1〕の下では，次式を得る。

$$E = \widetilde{E}(Y_1, Y_2, M_1, M_2) \; ; \; \widetilde{E}_{Y1} = \partial \widetilde{E} / \partial Y_1 = -\{\underset{(-)}{J^1_{Y1}} + \underset{(+)}{\beta} \, \underset{(+)}{r^1_{Y1}}\} / \underset{(+)}{J^1_E} < 0,$$

$$\widetilde{E}_{Y2} = \partial \widetilde{E} / \partial Y_2 = \{\underset{(+)}{-J^1_{Y2}} + \underset{(+)}{\beta} \, \underset{(+)}{r^2_{Y2}}\} / \underset{(+)}{J^1_E} > 0, \; \widetilde{E}_{M1} = \partial \widetilde{E} / \partial M_1 = -\underset{(-)}{\beta} \, \underset{(+)}{r^1_{M1}} / \underset{(+)}{J^1_E} > 0,$$

$$\widetilde{E}_{M2} = \partial \widetilde{E} / \partial M_2 = \underset{(-)}{\beta} \, \underset{(+)}{r^2_{M2}} / J^1_E < 0 \tag{23}$$

(23)式を (22a)，(22b) に代入すれば，以下の2変数の連立方程式が得られる。

$$H_1(Y_1, Y_2) = c_1(1 - \tau_1)Y_1 + c_1 T_{01} + C_{01} + G_1 + I_1(r_1(Y_1, M_1))$$
$$+ J_1(Y_1, Y_2, \widetilde{E}(Y_1, Y_2, M_1, M_2)) - Y_1 = 0 \tag{24a}$$

$$H_2(Y_1, Y_2) = c_2(1 - \tau_2)Y_2 + c_2 T_{02} + C_{02} + G_2 + I_2(r_2(Y_2, M_2))$$
$$- \left(\frac{1}{\widetilde{E}(Y_1, Y_2, M_1, M_2)}\right) J_1(Y_1, Y_2, \widetilde{E}(Y_1, Y_2, M_1, M_2)) - Y_2 = 0 \tag{24b}$$

各国の金融政策パラメーター（M_1, M_2）と財政政策パラメーター（G_1, τ_1, G_2, τ_2）が所与ならば，（Y_1, Y_2）平面上の2本の曲線 $H_1(Y_1, Y_2) = 0$ と $H_2(Y_1, Y_2) = 0$ の交点が両国の均衡実質国民所得（Y_1^*, Y_2^*）を与え，それらを(23)式に代入すれば，均衡為替レート $E^* = \widetilde{E}(Y_1^*, Y_2^*, M_1, M_2)$ が得られる。本稿の固定価格2国ケインジアン・モデルでは，このようにして決まった両国の均衡実質国民所得は，労働の完全雇用を必ずしも保証しない。

4. 均衡点の小域的安定性

本節では，均衡解（$Y_1^* Y_2^*$, E^*）＞（0, 0, 0）が一意的に存在することを仮定して，この均衡解の小域的安定性について検討する。

〔仮定1〕の下では，(21)式の均衡点で評価されたヤコービ行列 J を，以下のように表すことができる。

200　第Ⅲ部　財政金融の諸問題

$$
J = \begin{bmatrix} F_{11} & F_{12} & F_{13} \\ F_{21} & F_{22} & F_{23} \\ F_{31} & F_{32} & F_{33} \end{bmatrix} = \begin{bmatrix} \alpha_1 G_{11} & \alpha_1 G_{12} & \alpha_1 G_{13} \\ \alpha_2 G_{21} & \alpha_2 G_{22} & \alpha_2 G_{23} \\ \gamma G_{31} & \gamma G_{32} & \gamma G_{33} \end{bmatrix} \tag{25}
$$

ここで,

$$
G_{11} = -\underset{(+)}{\{1-c_1(1-\tau_1)\}} + \underset{(-)}{I_{r1}^1}\underset{(+)}{r_{y1}^1} + \underset{(-)}{J_{y1}^1} + \underset{(+)}{J_E^1}\underset{(-)}{E_{y1}} < 0, \quad G_{12} = \underset{(+)}{J_{y2}^1} + \underset{(+)}{J_E^1}\underset{(+)}{E_{y2}} > 0,
$$

$$
G_{13} = \underset{(+)}{J_E^1}\underset{(+)}{E_{E'}} > 0, \ G_{21} = (1/E)\left[\underset{(-)}{-J_{y1}^1} + \{\underset{(+)}{-J_E^1} + \underset{(?)}{(1/E)J_1}\}\underset{(-)}{E_{y1}}\right],
$$

$$
G_{22} = -\underset{(+)}{\{1-c_2(1-\tau_2)\}} + \underset{(-)}{I_{y2}^2}\underset{(+)}{r_{y2}^2} + (1/E)\left[\underset{(+)}{-J_{y2}^1} + \{\underset{(+)}{-J_E^1} + \underset{(?)}{(1/E)J_1}\}\underset{(+)}{E_{y2}}\right],
$$

$$
G_{23} = (1/E)\{\underset{(+)}{-J_E^1} + \underset{(?)}{(1/E)J_1}\}\underset{(+)}{E_{E'}}, \quad G_{31} = \underset{(-)}{E_{y1}} < 0, \quad G_{32} = \underset{(+)}{E_{y2}} > 0,
$$

$$
G_{33} = \underset{(+)}{E_{E'}} - 1 = \frac{\beta(1/E)}{\underset{(+)}{J_E^1} + \beta(1/E)} - 1 < 0
$$

　均衡において$J_1 \leqq 0$ならば$G_{21} > 0$, $G_{22} < 0$ および$G_{23} < 0$ となるが, 均衡において$J_1 > 0$ となる可能性もある。しかし, たとえ均衡において$J_1 > 0$ であっても, その値は相対的に小さく, 以下の不等式が常に満たされるものと仮定する。

［仮定2］

　　$G_{21} > 0$, $G_{22} < 0$, $G_{23} < 0$

このシステムの特性方程式は, 以下のようになる。

$$
f(\lambda) = |\lambda I - J| = \lambda^3 + a_1\lambda^2 + a_2\lambda + a_3 = 0 \tag{26}
$$

ただし,

$$
a_1 = -traceJ = -\alpha_1\underset{(-)}{G_{11}} - \alpha_2\underset{(-)}{G_{22}} - \gamma\underset{(-)}{G_{33}} = a_1(\gamma) > 0, \tag{27}
$$

　　$a_2 = J$ のすべての2次小行列式の和

$$=\alpha_1\alpha_2\begin{vmatrix}G_{11}&G_{12}\\G_{21}&G_{22}\end{vmatrix}+\alpha_1\gamma\begin{vmatrix}G_{11}&G_{13}\\G_{31}&G_{33}\end{vmatrix}+\alpha_2\gamma\begin{vmatrix}G_{22}&G_{23}\\G_{32}&G_{33}\end{vmatrix}$$

$$=\alpha_1\alpha_2(\underset{(-)}{G_{11}}\,\underset{(-)}{G_{22}}-\underset{(+)}{G_{12}}\,\underset{(+)}{G_{21}})+\gamma\{\alpha_1(\underset{(-)}{G_{11}}\,\underset{(-)}{G_{33}}-\underset{(+)}{G_{13}}\,\underset{(-)}{G_{31}})+\alpha_2(\underset{(-)}{G_{22}}\,\underset{(-)}{G_{33}}-\underset{(-)}{G_{23}}\,\underset{(+)}{G_{32}})\}$$

$$=a_2(\gamma),\tag{28}$$

$$a_3=-\det J=-\alpha_1\alpha_2\gamma\begin{vmatrix}G_{11}&G_{12}&G_{13}\\G_{21}&G_{22}&G_{23}\\G_{31}&G_{32}&G_{33}\end{vmatrix}=\alpha_1\alpha_2\gamma[-\underset{(-)}{G_{11}}\,\underset{(-)}{G_{22}}\,\underset{(-)}{G_{33}}-\underset{(+)}{G_{12}}\,\underset{(-)}{G_{23}}\,\underset{(-)}{G_{31}}$$

$$-\underset{(+)}{G_{13}}\,\underset{(+)}{G_{32}}\,\underset{(+)}{G_{21}}+\underset{(+)}{G_{13}}\,\underset{(-)}{G_{22}}\,\underset{(-)}{G_{31}}+\underset{(+)}{G_{12}}\,\underset{(+)}{G_{21}}\,\underset{(-)}{G_{33}}+\underset{(-)}{G_{11}}\,\underset{(+)}{G_{32}}\,\underset{(-)}{G_{23}}]=a_3(\gamma),\tag{29}$$

$$a_1a_2-a_3=a_1(\gamma)a_2(\gamma)-a_3(\gamma)=A\gamma^2+B\gamma+C;$$

$$A=-\underset{(-)}{G_{33}}\{\alpha_1(\underset{(-)}{G_{11}}\,\underset{(-)}{G_{33}}-\underset{(+)}{G_{13}}\,\underset{(-)}{G_{31}})+\alpha_2(\underset{(-)}{G_{22}}\,\underset{(-)}{G_{33}}-\underset{(-)}{G_{23}}\,\underset{(+)}{G_{32}})\}>0\tag{30}$$

である。ただし，A, B, C は，パラメーターγに依存しない。

微分方程式システム（21）の均衡点が小域的に安定になるための必要十分条件は特性方程式（26）の固有値の実数部分がすべて負になることであるが，そのための必要十分条件は，以下の「ラウス・フルヴィッツ条件」を満たすことである（Gandolfo(2009), Chap. 16 参照）。

$$a_1>0,\quad a_3>0,\quad a_1a_2-a_3>0\tag{31}$$

本章では，以下の仮定をおく。

［仮定 3 ］

$$-\underset{(-)}{G_{11}}\,\underset{(-)}{G_{22}}\,\underset{(-)}{G_{33}}-\underset{(+)}{G_{12}}\,\underset{(-)}{G_{23}}\,\underset{(-)}{G_{31}}-\underset{(+)}{G_{13}}\,\underset{(+)}{G_{32}}\,\underset{(+)}{G_{21}}+\underset{(+)}{G_{13}}\,\underset{(-)}{G_{22}}\,\underset{(-)}{G_{31}}+\underset{(+)}{G_{12}}\,\underset{(+)}{G_{21}}\,\underset{(-)}{G_{33}}+\underset{(-)}{G_{11}}\,\underset{(+)}{G_{32}}\,\underset{(-)}{G_{23}}>0$$

［仮定 3 ］の不等式は，$a_3>0$ という不等式と同値であり，もし G_{11} と G_{22} の絶対値が他の諸項目の絶対値に比べて相対的に大きければ，この不等式は満たされるであろう。この不等式は，均衡点が小域的に安定になるための<u>必要条件</u>の１つである。$G_{ii}<0$（$i=1$, 2）であるが，これらの絶対値が大きいことは，第 i 国の実質国民所得（実質国民総生産）の増加が当該国の実質超過需要を縮小

202 第Ⅲ部 財政金融の諸問題

させて当該国のさらなる実質国民総生産の増加を抑制するという，安定化効果を持つ負のフィードバック・メカニズムが強いということを意味する。もし両国の投資の利子率に対する感応度 $|I_n^i|$ ($i = 1$, 2) が相対的に大きければ，この条件は満たされるが，これは，当該国の実質国民所得の増加が LM 曲線を通じた当該国の利子率の増加によって当該国の投資支出を抑制する効果が大きいこと，を意味する。

［命題 1］

パラメーター γ が十分に大きければ，［仮定 1～3］の下で，微分方程式システム（21）の均衡点は，小域的に安定になる。

［証明］

(27)式と［仮定 3］より，$a_1 > 0$ および $a_3 > 0$ となる。他方，(30)式より，γ が十分に大きければ $a_1 a_2 - a_3 > 0$ となる。この場合には，ラウス・フルヴィッツの小域的安定条件（31）がすべて満たされる。　　　　　　　　　□

［命題 1］は，もし国際資本移動の流動性の程度 β と為替レートの適応期待の調整速度 γ が十分に大きければ，若干の追加的仮定の下で，本章で定式化された変動相場制・不完全資本移動の 2 国マンデル・フレミング・モデルの短期における調整過程は，少なくとも小域的には動学的に安定になることを示している。ここで均衡点の「小域的安定性」は，伝統的な意味で定義されている。すなわち，この「伝統的ケインズ・モデル」においては，たとえ「不安定根」（実数部分が正の固有値）があっても解を収束させることができる初期値の組合せをモデル内の経済主体が自由に「選ぶ」ことができることを仮定する Dornbusch（1980）による「為替レートのオーバーシューティング・モデル」や Woodford（2003）や Galí（2008）に代表される「ニューケインジアン」動学モデルの「ジャンプ変数アプローチ」とは異なり，諸変数の初期値は歴史的に所与であり，均衡点の近傍のいかなる初期値から出発しても均衡点に収束する場合にのみ，均衡点は「小域的に安定」であると見なされるのである[9]。

第7章　変動相場制下の2国マンデル・フレミング・モデルにおける財政金融政策の効果　203

5. 財政金融政策の比較静学分析

つぎに，動学システム（21）の均衡点が小域的に安定であることを前提にして，財政金融政策が均衡における各国の実質国民所得や為替レートにどのような影響を及ぼすかを，比較静学の手法を用いて分析しよう。

5-1　金融政策の比較静学分析

均衡条件を表す方程式（22）において，第1国の金融政策パラメーター M_1 が dM_1 だけ変化した場合に内生変数 Y_1, Y_2, E の均衡値に及ぼす影響を調べるために（22）式を全微分すれば，以下のようになる。

$$
\begin{bmatrix} T_{11} & T_{12} & T_{13} \\ T_{21} & T_{22} & T_{23} \\ T_{31} & T_{32} & T_{33} \end{bmatrix} \begin{bmatrix} dY_1 \\ dY_2 \\ dE \end{bmatrix} = \begin{bmatrix} -\underset{(-)}{(I_{r1}^1}\,\underset{(-)}{r_{M1}^1)}\,dM_1 \\ 0 \\ -\underset{(-)}{(\beta r_{M1}^1)}\,dM_1 \end{bmatrix} \tag{32}
$$

ただし，[仮定1と2]の下では，$T_{11} = -\underset{(+)}{\{1-c_1(1-\tau_1)\}} + \underset{(-)}{I_{r1}^1}\,\underset{(+)}{r_{Y1}^1} + \underset{(-)}{J_{Y1}^1} < 0$, $T_{12} = \underset{(+)}{J_{Y2}^1} > 0$,

$T_{13} = \underset{(+)}{J_E^1} > 0$, $T_{21} = -(1/E)\underset{(-)}{J_{Y1}^1} > 0$, $T_{22} = -\underset{(+)}{\{1-c_2(1-\tau_2)\}} + \underset{(-)}{I_{r2}^2}\,\underset{(+)}{r_{Y2}^2} - (1/E)\underset{(+)}{J_{Y2}^1} < 0$,

$T_{23} = (1/E)\{-\underset{(+)}{J_E^1} + (1/E)\,\underset{(?)}{J_1^1}\} < 0$, $T_{31} = \underset{(+)}{J_{Y1}^1} + \beta\,\underset{(+)}{r_{Y1}^1} > 0$, $T_{32} = \underset{(+)}{J_{Y2}^1} - \beta\,\underset{(+)}{r_{Y2}^2} < 0$, $T_{33} = \underset{(+)}{J_E^1} > 0$

となる。（32）式の左辺の係数行列を T とすれば，その行列式 $\det T$ は，以下のようになる。

$$
\det T = \underset{(-)}{T_{11}}\,\underset{(-)}{T_{22}}\,\underset{(+)}{T_{33}} + \underset{(+)}{T_{12}}\,\underset{(-)}{T_{23}}\,\underset{(+)}{T_{31}} + \underset{(+)}{T_{13}}\,\underset{(-)}{T_{32}}\,\underset{(+)}{T_{21}} - \underset{(+)}{T_{13}}\,\underset{(-)}{T_{22}}\,\underset{(+)}{T_{31}} - \underset{(+)}{T_{12}}\,\underset{(+)}{T_{21}}\,\underset{(+)}{T_{33}} - \underset{(-)}{T_{11}}\,\underset{(-)}{T_{32}}\,\underset{(-)}{T_{23}}
$$

$$\tag{33}$$

われわれは，以下の仮定を置くことにする。

［仮定4］

$\det T > 0$

---

9) 「ニューケインジアン」動学モデルにおける「ジャンプ変数」仮説の分析的批判としては，浅田（2012）を参照されたい。

204　第Ⅲ部　財政金融の諸問題

　　［仮定4］の不等式は，両国の投資の利子率に対する感応度 $\left|I_{ri}^i\right|$ $(i=1,\ 2)$ が相対的に大きいことを反映して T_{11} と T_{22} の絶対値が他の諸項目の絶対値に比べて相対的に大きければ満たされるが，この仮定は，［仮定3］と類似している。以上の仮定の下で，(32)式における内生変数の変化についてクラーメルの公式を用いて解けば，以下の結果が得られる。

$$
\frac{dY_1}{dM_1}=(Y_{M1}^1)^*=(\frac{1}{\det T})\begin{vmatrix} -\underset{(-)}{I_{r1}^1}\underset{(-)}{r_{M1}^1} & T_{12} & T_{13} \\ 0 & T_{22} & T_{23} \\ -\beta\underset{(-)}{r_{M1}^1} & T_{32} & T_{33} \end{vmatrix}
$$

$$
=(\frac{1}{\det T})\{(\underset{(-)}{I_{r1}^1}\underset{(-)}{r_{M1}^1})(-\underset{(-)}{T_{22}}\underset{(-)}{T_{33}}+\underset{(-)}{T_{23}}\underset{(+)}{T_{32}})+(\beta\underset{(-)}{r_{M1}^1})(-\underset{(+)}{T_{12}}\underset{(+)}{T_{23}}+\underset{(+)}{T_{13}}\underset{(-)}{T_{22}})\}
$$

(34)

$$
\frac{dY_2}{dM_1}=(Y_{M1}^2)^*=(\frac{1}{\det T})\begin{vmatrix} T_{11} & -\underset{(-)}{I_{r1}^1}\underset{(-)}{r_{M1}^1} & T_{13} \\ T_{21} & 0 & T_{23} \\ T_{31} & -\beta\underset{(-)}{r_{M1}^1} & T_{33} \end{vmatrix}
$$

$$
=(\frac{1}{\det T})\{(\underset{(-)}{I_{r1}^1}\underset{(-)}{r_{M1}^1})(\underset{(+)}{T_{21}}\underset{(-)}{T_{33}}-\underset{(-)}{T_{23}}\underset{(-)}{T_{31}})+(\beta\underset{(-)}{r_{M1}^1})\{\underset{(-)}{T_{11}}\underset{(-)}{T_{23}}-\underset{(+)}{T_{13}}\underset{(+)}{T_{21}}\} \tag{35}
$$

$$
\frac{dE}{dM_1}=(E_{M1})^*=(\frac{1}{\det T})\begin{vmatrix} T_{11} & T_{12} & -\underset{(-)}{I_{r1}^1}\underset{(-)}{r_{M1}^1} \\ T_{21} & T_{22} & 0 \\ T_{31} & T_{32} & -\beta\underset{(-)}{r_{M1}^1} \end{vmatrix}
$$

$$
=(\frac{1}{\det T})\{(\underset{(-)}{I_{r1}^1}\underset{(-)}{r_{M1}^1})(-\underset{(+)}{T_{21}}\underset{(-)}{T_{32}}+\underset{(-)}{T_{22}}\underset{(+)}{T_{31}})+(\beta\underset{(-)}{r_{M1}^1})(-\underset{(-)}{T_{11}}\underset{(-)}{T_{22}}+\underset{(+)}{T_{12}}\underset{(+)}{T_{21}})\} \tag{36}
$$

　　これらの式および dM_2 に関する同様の式より，以下の命題が成立することがわかる。

［命題2］

　　システムの安定化要因である T_{11} と T_{22} の絶対値が相対的に大きく，国際資本移動の流動性パラメーター β が十分に大きい場合には，

$$
\frac{dY_1}{dM_1}>0,\ \frac{dY_2}{dM_1}<0,\ \frac{dE}{dM_1}>0 \tag{37}
$$

および

$$\frac{dY_1}{dM_2}<0, \quad \frac{dY_2}{dM_2}>0, \quad \frac{dE}{dM_2}<0 \tag{38}$$

が成立する。

　［命題2］は，不完全資本移動ではあるが国際資本移動の流動性がかなり高い変動相場制の2国モデルにおいて，若干の追加的仮定が満たされるとき，他の条件が一定ならば，ある国の貨幣供給の増加は当該国の実質国民所得の増加と外国の実質国民所得の減少をもたらし，当該国の為替レートの減価をもたらすことを意味している。この結果は，本章の第1節で紹介した図7-1～図7-3で示される世界経済における経験的事実と整合的であり，2013年に安倍政権の下で「アベノミクスの第1の矢」という名称の下に日本で開始された積極的な金融緩和政策の帰結とも整合的である。

　なお，1国のみによる金融緩和は当該国の為替レートの減価を通じて外国の純輸出を減少させ，外国の実質国民所得を低下させる「近隣窮乏化政策」（beggar my neighbor policy）になるので望ましくない，という見解が表明されることがしばしばある。1980年代までは，1930年代の世界大不況の時代に行われた各国の「為替安競争」が事態をますます悪化させた，という説が，経済史の研究者の間の「通説」であったが，この「通説」も，この見解に依拠している。ところが，1980年代後半から1990年代にかけて登場したテミン（Temin (1989)），アイケングリーン（Eichengreen (1992)），バーナンキ（Bernanke (2000)）らの大恐慌研究における「国際学派」と呼ばれる研究者グループは，入念な実証分析に基づき，この「通説」を真っ向から否定している。彼らの主張は，以下のような根拠に基づいている[10]。

　純輸出を増加させて自国の景気を上向かせる目的で自国為替レートを減価さ

10）「国際学派」の主張に関する詳細な解説については，野口・若田部（2004）を参照されたい。

206　第Ⅲ部　財政金融の諸問題

せるためには，自国の貨幣供給を増加させなければならない。そのためには，当該国の貨幣供給が中央銀行の金保有量によって制約されている当時の国際通貨制度である「金本位制」（Gold Standard System）が課す「金の足かせ」（Golden Fetters，アイケングリーンの著書 Eichengreen（1992）の題名）を解除し，「金」の保有量に縛られることなく，当該国の中央銀行が金融政策の手段として貨幣供給量を自由に選択できるようにする必要がある。このようなわけで，各国は事実上の固定相場制であった「金本位制」から順次離脱して金融政策の自律性を確保した変動相場制に移行し，各国の「通貨安競争」が始まったのであるが，ある国の貨幣供給の増加による当該国の為替レートの減価が他国の貨幣供給の増加によって相殺され，為替レートの変動が「中立化」されるとともに，各国の貨幣供給の増加が世界全体の貨幣供給の増加をもたらし，その結果世界全体の景気を上向かせる効果が純効果として残った。このようなわけで，世界全体の貨幣供給を増加させる「通貨安競争」は，結果的に，「近隣窮乏化政策」にはならず，世界経済を大不況から脱却させるために貢献したのである。

　この「国際学派」の命題は，本章のモデルでも，以下のようにして解析的に裏付けることができる。各国の金融政策パラメーター M_1 と M_2 がそれぞれ同時に dM_1, dM_2 だけ変化することを仮定して（22）式を全微分すれば，以下のようになる。

$$
\begin{bmatrix} T_{11} & T_{12} & T_{13} \\ T_{21} & T_{22} & T_{23} \\ T_{31} & T_{32} & T_{33} \end{bmatrix}
\begin{bmatrix} dY_1 \\ dY_2 \\ dE \end{bmatrix}
=
\begin{bmatrix}
-(\underset{(-)}{I_{r1}^1} \underset{(-)}{r_{M1}^1}) dM_1 \\
-(\underset{(-)}{I_{r2}^2} \underset{(-)}{r_{M2}^2}) dM_2 \\
\beta(-\underset{(-)}{r_{M1}^1} dM_1 + \underset{(-)}{r_{M2}^2} dM_2)
\end{bmatrix}
\tag{39}
$$

　ここで，1つの例として，M_1 と M_2 が以下の関係を満たしながら連動して動く場合について考察しよう。

$$
dM_1 > 0, \quad dM_2 = (\underset{(-)}{r_{M1}^1} / \underset{(-)}{r_{M2}^2}) dM_1 > 0
\tag{40}
$$

（40）式を（39）式に代入すれば，以下のようになる。

第7章　変動相場制下の2国マンデル・フレミング・モデルにおける財政金融政策の効果　207

$$
\begin{bmatrix}
T_{11} & T_{12} & T_{13} \\
T_{21} & T_{22} & T_{23} \\
T_{31} & T_{32} & T_{33}
\end{bmatrix}
\begin{bmatrix}
dY_1 \\
dY_2 \\
dE
\end{bmatrix}
=
\begin{bmatrix}
-(I_{r1}^1 \underset{(-)}{r_{M1}^1}) dM_1 \\
-(I_{r2}^2 \underset{(-)}{r_{M1}^1}) dM_1 \\
0
\end{bmatrix}
\tag{41}
$$

この式を解けば，以下の結果が得られる。

$$
dY_1 = \left(\frac{1}{\det T}\right)
\begin{vmatrix}
-(I_{r1}^1 \underset{(-)}{r_{M1}^1}) dM_1 & T_{12} & T_{13} \\
-(I_{r2}^2 \underset{(-)}{r_{M1}^1}) dM_1 & T_{22} & T_{23} \\
0 & T_{32} & T_{33}
\end{vmatrix}
$$

$$
= \{(\underset{(-)}{-r_{M1}^1} \underset{(+)}{dM_1}) / \underset{(+)}{\det T}\}\{\underset{(-)}{I_{r1}^1}(\underset{(-)}{T_{22}}\underset{(+)}{T_{33}} - \underset{(-)}{T_{23}}\underset{(-)}{T_{32}}) + \underset{(-)}{I_{r2}^2}(\underset{(+)}{-T_{12}}\underset{(+)}{T_{33}} + \underset{(+)}{T_{13}}\underset{(-)}{T_{32}})\} > 0
\tag{42}
$$

$$
dY_2 = \left(\frac{1}{\det T}\right)
\begin{vmatrix}
T_{11} & -(I_{r1}^1 \underset{(-)}{r_{M1}^1}) dM_1 & T_{13} \\
T_{21} & -(I_{r2}^2 \underset{(-)}{r_{M1}^1}) dM_1 & T_{23} \\
T_{31} & 0 & T_{33}
\end{vmatrix}
$$

$$
= \{(\underset{(-)}{-r_{M1}^1} \underset{(+)}{dM_1}) / \underset{(+)}{\det T}\}\{\underset{(-)}{I_{r1}^1}(\underset{(+)}{-T_{21}}\underset{(+)}{T_{33}} + \underset{(-)}{T_{23}}\underset{(+)}{T_{31}}) + \underset{(-)}{I_{r2}^2}(\underset{(-)}{T_{11}}\underset{(+)}{T_{33}} - \underset{(+)}{T_{13}}\underset{(+)}{T_{31}})\} > 0
\tag{43}
$$

$$
dE = \left(\frac{1}{\det T}\right)
\begin{vmatrix}
T_{11} & T_{12} & -(I_{r1}^1 \underset{(-)}{r_{M1}^1}) dM_1 \\
T_{21} & T_{22} & -(I_{r2}^2 \underset{(-)}{r_{M1}^1}) dM_1 \\
T_{31} & T_{32} & 0
\end{vmatrix}
$$

$$
= \{(\underset{(-)}{-r_{M1}^1} \underset{(+)}{dM_1}) / \underset{(+)}{\det T}\}\{\underset{(-)}{I_{r1}^1}(\underset{(+)}{T_{21}}\underset{(-)}{T_{32}} - \underset{(-)}{T_{22}}\underset{(+)}{T_{31}}) + \underset{(-)}{I_{r2}^2}(\underset{(-)}{-T_{11}}\underset{(-)}{T_{32}} + \underset{(+)}{T_{12}}\underset{(+)}{T_{31}})\}
\tag{44}
$$

これらの分析結果を，以下のようにまとめることができる。

［命題3］

(40)式を満たしながら各国の名目貨幣供給量 M_1 と M_2 がともに増加した場合には，両国の実質国民所得 Y_1 と Y_2 はいずれも増加する。

(44)式は，第1国の通貨建ての為替レート E を上昇させる要因と低下させる要因が同時に作用するので，為替レートに及ぼす影響は不確定であることを

208 第Ⅲ部 財政金融の諸問題

示している。なお，(40)式を満たしながら両国の貨幣供給が増加することは，このモデルにおいて両国の実質国民所得が増加するための1つの十分条件にすぎず，決して必要条件ではないことに留意すべきである。

5-2 財政政策の比較静学分析

つぎに，財政政策の比較静学分析を行う。(22)式において，第1国の財政政策パラメーター τ_1 と G_1 がそれぞれ $d\tau_1$，dG_1 だけ変化した場合に (22)式を全微分すれば，次式を得る。

$$\begin{bmatrix} T_{11} & T_{12} & T_{13} \\ T_{21} & T_{22} & T_{23} \\ T_{31} & T_{32} & T_{33} \end{bmatrix} \begin{bmatrix} dY_1 \\ dY_2 \\ dE \end{bmatrix} = \begin{bmatrix} (c_1 Y_1)\,d\tau_1 - dG_1 \\ 0 \\ 0 \end{bmatrix} \tag{45}$$

本節でも，［仮定4］の下で分析を行う。まず，$d\tau_1 = 0$ および $dG_1 \neq 0$ の場合について考えよう。この場合には，内生変数の変化について解けば，以下のようになる。

$$\frac{dY_1}{dG_1} = (Y_{G1}^1)^* = \left(\frac{1}{\det T}\right) \begin{vmatrix} -1 & T_{12} & T_{13} \\ 0 & T_{22} & T_{23} \\ 0 & T_{32} & T_{33} \end{vmatrix} = \left(\frac{1}{\det T}\right)(-\underset{(-)}{T_{22}}\underset{(+)}{T_{33}} + \underset{(-)}{T_{23}}\underset{(-)}{T_{32}}) > 0 \tag{46}$$

$$\frac{dY_2}{dG_1} = (Y_{G1}^2)^* = \left(\frac{1}{\det T}\right) \begin{vmatrix} T_{11} & -1 & T_{13} \\ T_{21} & 0 & T_{23} \\ T_{31} & 0 & T_{33} \end{vmatrix} = \left(\frac{1}{\det T}\right)(\underset{(+)}{T_{21}}\underset{(+)}{T_{33}} - \underset{(-)}{T_{23}}\underset{(+)}{T_{31}}) > 0 \tag{47}$$

$$\frac{dE}{dG_1} = (E_{G1})^* = \left(\frac{1}{\det T}\right) \begin{vmatrix} T_{11} & T_{12} & -1 \\ T_{21} & T_{22} & 0 \\ T_{31} & T_{32} & 0 \end{vmatrix} = \left(\frac{1}{\det T}\right)(-\underset{(+)}{T_{21}}\underset{(-)}{T_{32}} + \underset{(-)}{T_{22}}\underset{(+)}{T_{31}}) \tag{48}$$

これらの式および dG_2 に関する同様の式より，以下の命題が導かれる。

［命題4］

T_{11} と T_{22} の絶対値が相対的に大きく，パラメーター β が十分に大きい場合には，

第 7 章　変動相場制下の 2 国マンデル・フレミング・モデルにおける財政金融政策の効果　209

$$\frac{dY_1}{dG_1} > 0, \ \frac{dY_2}{dG_1} > 0, \ \frac{dE}{dG_1} < 0 \tag{49}$$

および

$$\frac{dY_1}{dG_2} > 0, \ \frac{dY_2}{dG_2} > 0, \ \frac{dE}{dG_2} > 0 \tag{50}$$

が成立する。

　つぎに，(45)式において $d\tau_1 \neq 0$ および $dG_1 = 0$ の場合について考えよう。この場合には，以下のような式が得られる。

$$\frac{dY_1}{d\tau_1} = (Y_{\tau 1}^1)* = \left(\frac{1}{\det T}\right) \begin{vmatrix} c_1 Y_1 & T_{12} & T_{13} \\ 0 & T_{22} & T_{23} \\ 0 & T_{32} & T_{33} \end{vmatrix} = \left(\frac{c_1 Y_1}{\det T}\right)(\underset{(-)}{T_{22}} \underset{(+)}{T_{33}} - \underset{(-)}{T_{23}} \underset{(-)}{T_{32}}) < 0 \tag{51}$$

$$\frac{dY_2}{d\tau_1} = (Y_{\tau 1}^2)* = \left(\frac{1}{\det T}\right) \begin{vmatrix} T_{11} & c_1 Y_1 & T_{13} \\ T_{21} & 0 & T_{23} \\ T_{31} & 0 & T_{33} \end{vmatrix} = \left(\frac{c_1 Y_1}{\det T}\right)(-\underset{(+)}{T_{21}} \underset{(+)}{T_{33}} + \underset{(-)}{T_{23}} \underset{(+)}{T_{31}}) < 0 \tag{52}$$

$$\frac{dE}{d\tau_1} = (E_{\tau 1})* = \left(\frac{1}{\det T}\right) \begin{vmatrix} T_{11} & T_{12} & c_1 Y_1 \\ T_{21} & T_{22} & 0 \\ T_{31} & T_{32} & 0 \end{vmatrix} = \left(\frac{c_1 Y_1}{\det T}\right)(\underset{(+)}{T_{21}} \underset{(-)}{T_{32}} - \underset{(-)}{T_{22}} \underset{(+)}{T_{31}}) \tag{53}$$

　これらの式および $d\tau_2$ に関する同様の式より，以下の命題が導かれる。

［命題 5 ］

　T_{11} と T_{22} の絶対値が相対的に大きく，パラメーター β が十分に大きい場合には，

$$\frac{dY_1}{d\tau_1} < 0, \ \frac{dY_2}{d\tau_1} < 0, \ \frac{dE}{d\tau_1} > 0 \tag{54}$$

および

$$\frac{dY_1}{d\tau_2} < 0, \ \frac{dY_2}{d\tau_2} < 0, \ \frac{dE}{d\tau_2} < 0 \tag{55}$$

210　第Ⅲ部　財政金融の諸問題

が成立する。

　［命題 4 ］と［命題 5 ］は，以下のことを意味している。不完全資本移動で
はあるが国際資本移動の流動性がかなり高い変動相場制下の 2 国モデルにおい
て，若干の追加的仮定が満たされるとき，他の条件が一定ならば，ある国にお
ける拡張的な財政政策（実質政府支出の増加または限界税率の引き下げ）は，当該
国および外国の実質国民所得をともに増加させ，当該国の為替レートの増価
（外国の為替レートの減価）をもたらす。同様の条件の下で，ある国における緊
縮的な財政政策（実質政府支出の減少または限界税率の引き上げ）は，当該国およ
び外国の実質国民所得をともに減少させ，当該国の為替レートの減価（外国の
為替レートの増価）をもたらす。すなわち，不完全資本移動の 2 国モデルにおい
ては，たとえ変動相場制であっても，ある国の拡張的（緊縮的）な財政政策
は，当該国の利子率の上昇（下落）および当該国の為替レートの増価（減価）
によって完全には無効化されず，当該国の実質国民所得を増加させる（減少さ
せる）のである。また，当該国の実質国民所得の増加（減少）と当該国の為替
レートの増価（減価）は，外国の純輸出の増加（減少）を通じて外国の実質国
民所得を増加させる（減少させる）のである。

　この結果は，日本経済が資本移動の流動性が比較的高い変動相場制下にある
にもかかわらず，1997 年および 2014 年における消費税の増税が景気に深刻な
マイナスの影響を及ぼしたこと（野口(2015)；浜田・安達(2015)；若田部(2015) 参
照）を理論的に説明できる[11]。すなわち，日本は，資本移動の流動性がかなり
高いとはいえ，完全資本移動の小国ではなく，不完全資本移動の大国なのであ
る。また，上述の結果は，第 1 節で紹介した図 7-1 ～ 7-3 において，サブプラ
イム・ショック後のヨーロッパ中央銀行の金融政策が（当時の日銀ほどではない
が）比較的消極的で日本に次いで鉱工業生産の落ち込みが大きかったにもかか

────────────────

11)　このモデルでは，τ_i は第 i 国の限界所得税率であるが，消費税率の引き上げ（引き
　　下げ）が経済に与える影響も，τ_i の引き上げ（引き下げ）が経済に与える影響と定性
　　的には同じであると考えられる。

わらず，急激な円高に見舞われた日本とは異なり相対的に米ドルに比してユーロ安になったことも，理論的に説明できる。すなわち，この時期のヨーロッパ諸国は，政府支出の切り詰めと増税による緊縮的財政政策を米国よりも強力に実行していたので，相対的に大きな景気の落ち込みと米ドルに比してのユーロ安が両立していたと考えられるのである。

5-3　財政金融ポリシーミックスの比較静学分析

最後に，財政金融のポリシーミックスの比較静学分析を行う。第1国の金融政策および財政政策の諸パラメーター M_1，G_1，τ_1 がそれぞれ dM_1，dG_1，$d\tau_1$ だけ同時に変化した場合に各国の実質国民所得と第1国の通貨建て為替レート E に及ぼす影響は，以下の公式によって表すことができる。

$$dY_1 = (Y_{M1}^1)^* dM_1 + (Y_{G1}^1)^* dG_1 + (Y_{\tau1}^1)^* d\tau_1 \tag{56}$$
$$\phantom{dY_1 = (Y_{M1}^1)}{\scriptstyle(+)}{\scriptstyle(+)}{\scriptstyle(-)}$$

$$dY_2 = (Y_{M1}^2)^* dM_1 + (Y_{G1}^2)^* dG_1 + (Y_{\tau1}^2)^* d\tau_1 \tag{57}$$
$$\phantom{dY_2 = (Y_{M1}^2)}{\scriptstyle(-)}{\scriptstyle(+)}{\scriptstyle(-)}$$

$$dE = (E_{M1})^* dM_1 + (E_{G1})^* dG_1 + (E_{\tau1})^* d\tau_1 \tag{58}$$
$$\phantom{dE = (E_{M1})}{\scriptstyle(+)}{\scriptstyle(-)}{\scriptstyle(+)}$$

これらの式で用いられた記号は，(34)～(36)，(46)～(48)，(51)～(53) の各式で用いられている記号と同じ意味を持っている。(56)～(58)式は一般的な公式であるが，以下では，2つの特殊ケースにこの公式をあてはめてみよう。

5-3-1　$dM_1 = dG_1 > 0$，$d\tau_1 = 0$ の場合

これは，第1国が中央銀行引き受けの国債発行によって政府支出増加の資金をまかなった場合，すなわち，中央銀行による「マネー・ファイナンス」によって政府支出が増加した場合である。この場合には，(56)～(58)式は，以下のようになる。

$$dY_1 = \{(Y_{M1}^1)^* + (Y_{G1}^1)^*\} dM_1 > 0 \tag{59}$$
$$\phantom{dY_1 = \{(Y_{M1}^1)}{\scriptstyle(+)}{\scriptstyle(+)} dM}{\scriptstyle(+)}$$

$$dY_2 = \{(Y_{M1}^2)^* + (Y_{G1}^2)^*\} dM_1 \tag{60}$$
$$\phantom{dY_2 = \{(Y_{M1}^2)}{\scriptstyle(-)}{\scriptstyle(+)} dM}{\scriptstyle(+)}$$

212　第Ⅲ部　財政金融の諸問題

$$dE = \{(E_{M1})^* + (E_{G1})^*\}\, dM_1 \tag{61}$$
$$\underset{(+)}{}\quad\underset{(+)}{\phantom{(E_{M1})}}\underset{(-)}{\phantom{(E_{G1})}}\underset{(+)}{}$$

　これらの式は，第1国の「マネー・ファイナンス」による政府支出の増加は，政府支出の増加をともなわない同額だけの金融緩和の場合に比べて，第1国の国民所得増大効果をより大きくし，第2国の国民所得に与えるマイナスの影響を軽減し，第1国の為替レートの減価（E の上昇）を抑制することを示している。

5-3-2　$dM_1 > 0$, $dG_1 = 0$, $d\tau_1 > 0$ の場合

　これは，第1国の中央銀行による金融緩和と政府による増税が同時に行われる場合であり，2007年のサブプライム・ショック後のヨーロッパや，消費税の5%から8%への増税と日本銀行による金融緩和が並行して行われた2014年の日本で，実際にこのようなことが行われた。この場合には，(56)～(58)式は，以下のようになる。

$$dY_1 = (Y_{M1}^1)^*\, dM_1 + (Y_{\tau1}^1)^*\, d\tau_1 \tag{62}$$

$$dY_2 = (Y_{M1}^2)^*\, dM_1 + (Y_{\tau1}^2)^*\, d\tau_1 < 0 \tag{63}$$

$$dE = (E_{M1})^*\, dM_1 + (E_{\tau1})^*\, d\tau_1 > 0 \tag{64}$$

　これらの式は，第1国の中央銀行による金融緩和と政府による増税という組み合わせのポリシーミックスは，増税をともなわない金融緩和の場合に比べて，第1国の国民所得増大効果を削減し，第2国の国民所得減少効果をより大きくし，第1国の為替レートの減価（E の上昇）をより大きくすることを示している。これらの結果は，ヨーロッパ諸国や日本の経験と整合的である。

6. おわりに

　本章では，過去20年間の日本を含む先進資本主義諸国のマクロ経済政策が及ぼした国内・国外への影響の波及効果を，不完全資本移動・変動相場制下の2国マンデル・フレミング・モデルを用いて整合的に説明できることを示し

た。本章で定式化した 2 国モデルは，ケインズ的な不完全雇用をともなう現実的な状況下における貿易・国際資本移動・為替レートの変化を通じたマクロ経済政策の国際的な波及過程を理論的に分析できるというメリットを持っている。ただし，本章で定式化された単純な固定価格 2 国モデルは，マクロ経済政策が現実の物価上昇率や期待物価上昇率への影響を通じて雇用や実質所得のような経済の実体に及ぼす影響を捨象している。1990 年代から 2000 年代にかけて 20 年間も続いた日本の「デフレ不況」や，デフレ不況から脱却するために 2013 年に開始された「アベノミクスの第 1 の矢」と呼ばれる新体制下の日本銀行による年率 2 ％インフレ目標をともなう「インフレーション・ターゲティング」についての詳細な経済学的考察は，浜田（2013），岩田・浜田・原田編著（2013），田中編（2013），浜田・安達（2015），野口（2015），若田部（2015）などで行われているが，これらの要因を本章のモデルに導入するためには，各国における期待で修正したフィリップス曲線とインフレ期待形成仮説を不完全資本移動・変動相場制の 2 国モデルに導入しなければならない。浜田（1982），Asada, Chiarella, Flaschel and Franke（2003）で開拓された分析方法を用いればそのような方向へのモデルの拡張は可能であるが，数学的な解析は極めて複雑になる。また，そのようなモデルにおいては，財政金融政策の分析も，本章で採用した比較静学分析よりも，各国の名目貨幣供給の成長率の差が各国のインフレ率の差や為替レートの変化率や各国の実質国民所得の成長率にどのような影響を及ぼすかを分析する「比較動学分析」の方がより妥当であろう。これらの問題の理論的考察は，将来に残された課題である[12]。

謝辞　本章は，平成 25 年日本学術振興会科学研究費補助金（基盤研究（C）25380238），文部科学省私立大学戦略的研究基盤形成支援事業および平成 26 年度中央大学特定課題研究費に基づく研究成果の一部である。記して感謝する。

---

12) Asada（2014）は，外国との取引を無視した閉鎖経済モデルに期待で修正したフィリップス曲線とインフレ期待，投資の資本蓄積効果を導入し，中央銀行によるインフレーション・ターゲティングの効果の動学分析を行っている。また，松本（2007）は，変動相場制下の小国開放経済モデルに価格の伸縮性と負債効果を導入し，金融政策の効果を分析している。

214　第Ⅲ部　財政金融の諸問題

参 考 文 献

浅田統一郎（1997）『成長と循環のマクロ動学』日本経済評論社。

浅田統一郎（2005）『マクロ経済学基礎講義　第 2 版』中央経済社。

浅田統一郎（2012）「『ニューケインジアン』動学モデル：批判的考察と代替的アプローチの提示」『経済学論纂』（中央大学）　第 52 巻第 4 号，147－170 ページ。

岩田規久男・浜田宏一・原田泰編著（2013）『リフレが日本経済を復活させる』中央経済社。

奥村隆平（1985）『変動為替相場制の理論』名古屋大学出版会。

河合正弘（1994）『国際金融論』東京大学出版会。

清野一治（2008）「小国マンデル・フレミング・モデルの再考」清野一治編『金融・通貨制度の経済分析』早稲田大学出版部，125－152 ページ。

田中秀臣編（2013）『日本経済は復活するか』藤原書店。

野口旭（2015）『世界は危機を克服する：ケインズ主義 2.0』東洋経済新報社。

野口旭・若田部昌澄（2004）「国際金本位制の足かせ」岩田規久男編著『昭和恐慌の研究』東洋経済新報社，19－62 ページ。

浜田宏一（1982）『国際金融の政治経済学』創文社。

浜田宏一（2013）『アメリカは日本経済の復活を知っている』講談社。

浜田宏一・安達誠司（2015）『世界が日本経済をうらやむ日』幻冬舎。

松本直樹（2007）『開放マクロ経済分析』日本評論社。

若田部昌澄（2015）『ネオアベノミクスの論点：レジームチェンジの貫徹で日本経済は復活する』PHP 新書。

Asada, T. (2004), "A Two-regional Model of Business Cycles with Fixed Exchange Rates : A Kaldorian Approach", *Studies in Regional Science* Vol. 34, No. 2, pp. 19–38.

Asada, T. (2014), "Macrodynamics of Deflationary Depression : A Japanese Perspective", Asada, T. (ed.), *The Development of Economics in Japan : From the Inter-war Period to the 2000s,* London : Routledge, pp. 155–206.

Asada, T., Chiarella, C., Flaschel, P. and Franke, R. (2003), *Open Economy Macrodynamics : An Integrated Disequilibrium Approac*h, Berlin : Springer.

Bernanke, B. (2000), *Essays on the Great Depression,* Princeton : Princeton University Press（栗原潤・中村亨・三宅敦史訳（2013）『大恐慌論』日本経済新聞出版社）.

Dornbusch, R. (1980), *Open Economy Macroeconomics,* New York : Basic Books（大山道廣・堀内俊洋・米沢善衛訳（1984）『国際マクロ経済学』文眞堂）.

Eichengreen, B. (1992), *Golden Fetters : The Gold Standard and the Great Depression 1919 – 1939,* Oxford : Oxford University Press.

Fleming, J. M. (1962), "Domestic Financial Policies Under Fixed and Floating Exchange Rates", *IMF Staff Papers* Vol. 9, pp. 369–379.

Frenkel, J. A. and Razin, A. (1987), *Fiscal Policies and the World Economy,* Cambridge, Massachusetts : The MIT Press（河合正弘監訳（1991）『財政政策と世界経済』HBJ 出版局）.

Galí, J. (2008), *Monetary Policy, Inflation, and the Business Cycle : An Introduction to the New Keynesian Framework,* Princeton, Princeton University Press.

Gandolfo, G. (2009), *Economic Dynamics, Fourth Edition,* Berlin : Springer.

Keynes, J. M. (1936), *The General Theory of Employment, Interest and Money,* London : Macmillan（間宮陽介訳（2006）『雇用・利子および貨幣の一般理論』上・下，岩波文庫）.

Mundell, R. (1963), "Capital Mobility and Stabilization Policy Under Fixed and Flexible Exchange Rates", *Canadian Journal of Economics and Political Science,* Vol. 29, pp. 475–485.

Mundell, R. (1968), *International Economics,* New York : Macmillan（渡辺太郎・箱木真澄・井川一宏訳『新版 国際経済学』ダイヤモンド社）.

Samuelson, P. (1947), *Foundations of Economic Analysis,* Cambridge, Massachusetts : Harvard University Press（佐藤隆三訳（1967）『経済分析の基礎』勁草書房）.

Temin, P. (1989), *Lessons from the Great Depression,* Cambridge, Massachusetts, MIT Press（猪木武徳・山本貴之・鳩澤歩訳（1994）『大恐慌の教訓』東洋経済新報社）.

Woodford, M. (2003), *Interest and Prices : Foundations of a Theory of Monetary Policy,* Princeton : Princeton University Press.

第 8 章

通貨から見たアジアの未来
──ドル，ユーロの不安定な中で──

中 條 誠 一

1. はじめに

　現代の世界経済は，しばしばグローバル金融資本主義などと呼ばれる。それは，実物経済に比べ，金融経済が肥大化し，有り余る資金が投機的動きをすることによって，世界経済が混乱をきたすという不安定な状況にあることを意味している。

　近年の世界のもの・サービス貿易額は22.8兆ドルであるが，世界の金融・資本市場の資産規模は50.4兆ドルにのぼっており，これをベースに世界的規模で資本取引がなされていると見られる。その額を正確に把握することはできないが，世界の外国為替取引額（1日あたり5.35兆ドル）から推定すると，財・サービス貿易額をはるかに上回ることは間違いない。財・サービス貿易にともなう外国為替売買が，実務的に為替媒介取引や企業の為替操作によって膨らまされたとしても [1]，世界の外国為替取引額の年間推計額，1284兆ドルには遠

---

1) 実務的には，財・サービス貿易にともなう外国為替取引は，取引の少ない通貨建てであれば，ドルなどが為替媒介通貨となって2つの取引に倍増すること，先物を中心に為替操作がなされれば，何倍にも膨らむことが考えられる反面，包括的な為替操作がなされることによって，ネット分の操作になり圧縮される可能性もありうる。こうした実態からすると，外国為替取引総額と貿易額の単純な比較はできな

218 第Ⅲ部 財政金融の諸問題

く及ばないであろう。やはり，その大宗は金融・資本取引にともなうものと推察されるからである。

　国境を越えてうごめく資本が，実物取引の決済に必要な額を越えて蓄積されてくるとともに，その余剰資金は，「お金がお金を生む」金融取引へと投入されることになっている。それが，短期的で投機性が強い金融商品や外国為替，とりわけデリバティブ取引へと向けられ，一方方向の売買に偏重した場合に，世界経済はしばしば通貨・金融危機に見舞われてきた。このように，余剰資金があふれ，不安定化した世界経済をもたらした原因はなんであろうか。それは，基軸通貨国・アメリカがその特権に胡坐をかき，節度ある経済運営をしてこなかったことに最大の原因があるといえる。

　そこで，本章では，まず現在のドル1極基軸通貨体の問題点を概観したうえで，複数基軸通貨体制への転換の可能性を見てみたい。そのうえで，つぎにその1極を担うと期待されるアジアの通貨システムについて，どのようなシステムが形成されうるのかを検討する。さらに，予想されるアジアの通貨システムによって，アジアや日本にはどのような影響が出るかを考察してみたい。

2. 基軸通貨の特権の上に胡坐をかくアメリカ

　第2次世界大戦直後には，アメリカはおおよそ世界のGDPや鉱工業生産の4割を占め，世界の金の6割を保有し，まさに「小人の国のガリバー」ともいうべき超経済大国であった。したがって，これを背景にドルを基軸通貨とした固定相場制であるブレトン・ウッズ体制が構築されたのも当然といえる。しかし，その後アメリカ経済の相対的な地位が後退する中で，1971年のニクソン・ショック，そして1973年の変動相場制への移行によってブレトン・ウッズ体制が崩壊しても，ドルは基軸通貨の地位を降りることはなかった。

　今日のアメリカの経済的比重は，図8-1の2009年のデータからわかるように，世界の約25％に低下している。他の国々や地域の台頭によって，間違い

――――――――――――――――――――――
　　いが，ある程度貿易にともなう外国為替取引額が膨らんだとしても，それが大宗を
　　占めることはないと推測される。

第8章 通貨から見たアジアの未来　219

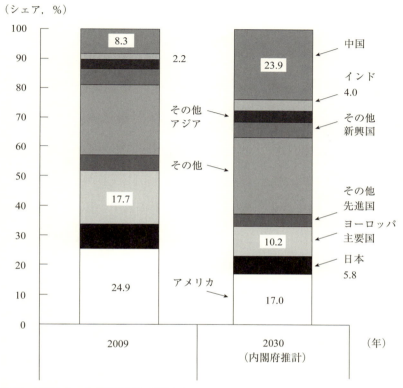

図 8-1　2030 年の世界経済予測（市場レートベース）

（出所）内閣府（2011）『世界経済の潮流』(http://www5.cao.go.jp/j-j/sekai_chouryu/sh11..../s1-11-1-4.pdf)。

なく実物経済面では世界は多極化の時代を迎えている。それにもかかわらず，国際通貨面では，アメリカのドルは国際通貨，基軸通貨として絶大な力を誇っていることを看過してはならない。すなわち，国際通貨としてどれだけ使用されているかを大胆にいうならば，ドルは60％強，ユーロは30％弱，円などその他通貨は10％と見られる。さらに，基軸通貨としての勢力圏となると，ドルは80〜90％の地域で君臨しており，後はユーロがヨーロッパを中心に局地的な基軸通貨の役割を担っているにすぎない。まさしく，世界はドル1極基軸通貨体制のままといっても過言ではない。

220　第Ⅲ部　財政金融の諸問題

　そうした中で，アメリカが基軸通貨の特権のみを享受し，その責務を果たしていないことが，今日の世界経済の不安定性の根底にある。アメリカの持つ最大の特権は，自国通貨であるドルでほとんどの国際取引の決済ができるために，経常収支赤字のファイナンスが容易なことである。自国通貨でそれができない多くの国では，外国の商品を輸入したいと思ったならば，一時的にはドルを借りることもできるが，根本的にはその国の誰かが努力をし，外国に売れる商品を製造・輸出し，ドルを稼がなければならない。しかし，アメリカはそうした努力をする必要はない。輪転機で印刷したドルで，いくらでも外国商品を輸入できるからである。

　しかも，その代金支払いは「負債決済」と呼ばれ，ほぼ自動的にアメリカに預金という形で還流される。例えば，日本の輸出代金は，日本の銀行がアメリカの銀行に持つ口座（コルレス勘定）への入金という形で決済される。つまり，日本へ支払われた輸出代金は，自動的にアメリカの銀行への預金増となっており，アメリカはいつも自分の国の銀行への預金，すなわち債務（つけ）で外国商品を買えるということである。しかし，コルレス勘定はほとんど収益を生まないが，それは日本の生保などの投資家によるアメリカの魅力的な金融商品の購入へと姿を変えている。こうして，アメリカの巨額な経常収支の赤字はスムーズに資本の還流（資本収支黒字）でファイナンスされるため，激しいドルの暴落も杞憂に終わってきた。

　それだけでなく，つぎのような特権も持っている。アメリカでは，対外的な借金（対外純債務残高）が経常収支赤字ほど増えない，あるいは減少さえありうる。通常，経常収支の赤字額分だけその国の対外純債務残高は増加する。しかし，アメリカの対外債務はすべてドル建てなのに対して，対外債権はドル以外の外国通貨建てが相当含まれているという構造の中で，ドルが外国通貨に対して下落すると，図8-2に見られるように，対外債権がドル建てで膨らむために，経常収支赤字額ほど対外純債務残高は増加しないことになる。もちろんその裏側では，ドル建て債権を多く抱える日本や中国などが，資産の目減りに見舞われていることはいうまでもない。

図 8-2　アメリカの対外債権・債務

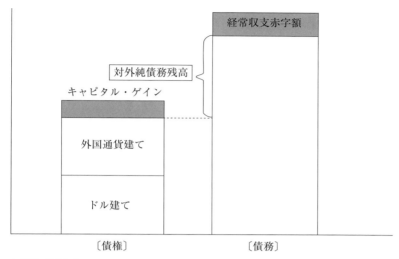

(出所) 筆者作成。

　さらに，アメリカは「借金大国」で，約5.4兆ドルもの巨額の対外純債務残高を抱えながらも，その収益である「投資収益」は黒字を維持している。これも，アメリカは基軸通貨国であるがゆえに，対外的に積極的，効率的な投資ができるが，アメリカ以外の国々は日々の決済や危機に備えて，流動的であるが収益性の低いドル資産（コルレス勘定や外貨準備）を相当額保有せざるをえない。このことが，アメリカの対外資産の収益率を高め，逆に対外債務への利子・配当の支払いを抑制できるため，ネットで巨額の「借金大国」でありながら，「投資収益」がプラスとなっている。

　経常収支の赤字が容易にファイナンスでき，その赤字額ほど純債務が膨らまず，投資収益まで得られるという基軸通貨国としての「法外な特権」を享受しているアメリカは，基軸通貨・ドルの安定を維持するという責務を負わなければならない[2]。しかし，ブレトン・ウッズ体制が崩壊して以来，それを放棄

---

2) 「法外な特権」については，B. Eichengreen（2011）が詳しい。

222　第Ⅲ部　財政金融の諸問題

し，自国中心の安易な政策運営を遂行していることに大きな問題がある。財政赤字と経常収支赤字という「双子の赤字」，巨額な対外純債務を抱え，世界に過剰な国際流動性を供給してきたことが，冒頭のグローバル金融資本主義と呼ばれるような世界経済をもたらしている。それが，事実上ドル1極基軸通貨体制である今日の国際通貨システムを不安定なものにしているといっても過言ではない。

3．3極基軸通貨体制の構築を

　こうした世界経済を安定化させるためには，ドルに対抗できる基軸通貨が誕生することであると，一橋大学の小川英治教授はいう[3]。他に有力な基軸通貨が存在するならば，アメリカも「法外な特権」の上に胡坐をかいた安易な経済運営は不可能になり，基軸通貨国の節度が遵守されると期待されるからである。ヨーロッパに誕生した共通通貨・ユーロにその期待がかけられたが，局地的な基軸通貨にとどまっているだけでなく，ユーロ危機さえ招いてしまっている。

　しかし，ユーロの誕生，そしてユーロ危機からつぎのような教訓が得られた。1つは，ユーロという基軸通貨が地域限定的であるにせよ誕生したこと自体が，国際通貨体制の変革にとって重要な意味を持つことである。なぜならば，図8-1にも見られるように，今後の世界経済はますます多極化が予想されている。そうした中では，アメリカは衰えつつあるとはいえ，それに代わる超経済大国が登場する可能性は少ない。そのうえ，基軸通貨には強い慣性が作用しており[4]，世界規模でドルに取って代わる基軸通貨が誕生することは望むべくもない。しかし，局地的にはドルを駆逐し，その地域では基軸通貨が交代する可能性があることを示しているからである。

　もう1つは，通貨統合は大きなメリットがありうるが，ユーロ危機を経験す

---

3)　小川英治（2013）参照。
4)　Ogawa　Eiji（2015）において，ユーロ誕生の時もドルに強い慣性が作用したことが推計されている。

ることによって，一体的・同質的ではない国々，すなわち最適通貨圏の条件が充足されていない国々が統合した場合，危機を招きかねないことを知った。通貨統合によって，ユーロ圏は外国為替の売買コストが消滅し，域内の為替リスクもなくなり，経済の効率化や活性化がもたらされた。しかし，放漫な財政運営，安易な資金調達によるバブルの発生・崩壊から一部の国で財政・金融上の問題が表面化し，ユーロ危機を招来してしまった。

確かに，ユーロ危機はこうした財政・金融危機的側面を持っていたが，最適通貨圏の条件を満たしていない国々が，政治主導で統合を果たしたところに根本的問題があったことを看過してはならない。通貨を統合するということは，為替レートがなくなり，1つの金融政策で運営しなければならないことを意味する。にもかかわらず，景気循環にズレがあったり，生産性格差から国際競争力に開きが生じうる国同士が，通貨を統合すれば危機が発生することは多くの論を待たない。そうしたことの起きない「真の通貨統合」の必要性を認識することができたといえる[5]。

つまり，ユーロ危機の鎮静化のためには，財政・金融支援，危機管理システムの構築が必要であったが，それだけでは危機の再発を防ぐ根本的な解決策とはならない。通貨統合の非可逆性によって，ギリシャなどの離脱が難しいとすれば，そうした国々の経済力を強化し，加盟国が本当に一体性・同質性を持つような改革が不可欠だからである。しかし，それには多大な時間と労力が必要であり，ユーロの安定性や基軸通貨としての存在感の向上は簡単ではないといわざるをえない。

となれば，国際通貨体制の安定化のために考えうるのは，ユーロの誕生そのものの経験を踏まえ，世界にもう1つの地域的な基軸通貨が誕生することではなかろうか。その点では，2030年には世界の経済規模の30％，50年には50％を占め，「アジアの世紀」が到来するとの予想もあるアジアが最も注目される。もし，アジアがドルから脱却し，独自の通貨圏を形成したならば，国際通

---

5)　詳しくは，中條誠一（2014）を参照。

貨体制はドル1極基軸通貨体制から大きく変貌を遂げうる。

それは，日本人にも人気のある中国の歴史ドラマ「三国志」時代を彷彿させるものがある。図8-3のイメージ図のように，強大な魏（ドル圏）に対して，弱小な呉（ユーロ圏）が存在するにすぎない現在の勢力版図から，諸葛孔明の天下三分の計によって蜀（アジア新通貨圏）が建国され，3国鼎立状態へと移行する姿に似ていないであろうか。魏，呉，蜀は時として連合・離反をしながらも，相互に牽制し合い，微妙な緊張関係から三竦み状態を維持した。そんな関係が，将来の国際通貨体制において具現することを期待したい。

ヨーロッパのユーロ圏に次いで，アジアに新しい通貨圏が誕生したならば，米州を中心にアフリカや中東など，依然としてドルの勢力圏は大きいかもしれないが，国際通貨体制におけるドル1極基軸通貨体制は終焉するといってよい。もちろん，そこでは3極の経済動向をめぐる投機家の思惑次第で，3極通貨を持ち替える通貨投機が大々的になされるため，通貨・金融危機の危険性が高まるとの見解もある。しかし，少なくともほぼ唯一の基軸通貨国としての特権をフルに生かして，独善的ともいえる経済運営をしてきたアメリカは，それ

図 8-3　基軸通貨の『三国志』時代の到来

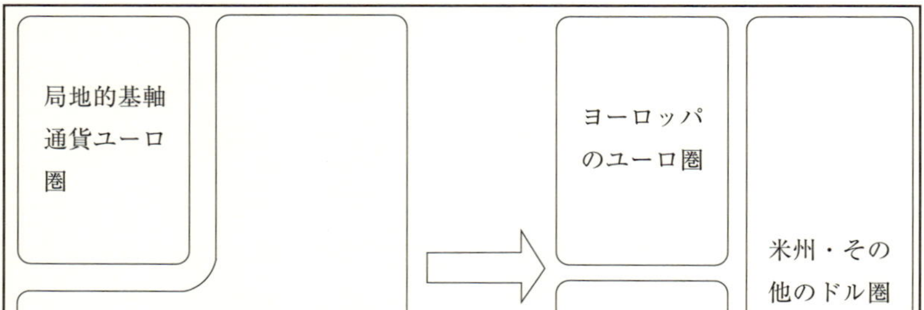

（出所）筆者作成。

ができなくなるであろう。そうした節度を欠いた経済運営を続ければ，他通貨への資金シフトを招き，ドル暴落の危機性が高まるからである。それは赤壁の戦いで惨敗した魏の曹操が，その後の蜀の建国で，尊大な態度を控えて2方面作戦を取らざるをえなくなったのに似ていなくもない。

　さらに，「三国志」時代では3国全体が協調・連携をすることはなかったが，現代の国際社会であれば，国際協調は十分考えうる。すなわち，3極の通貨当局が協力することによって，主要な3通貨間の安定化を政策的に図ることが容易になるかもしれない。まさしく，そうした3極基軸通貨体制の実現の鍵を握っているのが，アジアの通貨システムの行方に他ならない。

4. 人民元圏が誕生する可能性の高いアジア

　将来，アジアの通貨システムが今のドルを基軸通貨としたドル圏から転換するとすれば，どのような通貨圏になるのであろうか。

　残念ながら，円を基軸通貨とした円圏が誕生する可能性は乏しい。日本は最も経済依存関係が密接なアジアでの通貨協力によって円の国際化を推進しなかったがために，円の国際化に失敗したという見解も聞かれる。そうした要因もありうるが，それ以上に日本が円の国際化を推進した1980～90年代には，アジア各国が実質ドル・ペッグ政策を採用していたことが影響した。なぜならば，円の国際化を図りやすいアジアとの貿易や資本取引において，種々の利便性が高いうえに，為替リスクの少ないドルに，為替リスクの大きい円が挑戦することは難しかったからである[6]。アジアで実質ドル・ペッグ政策が転換されつつある中で，再度チャレンジするといっても，その背景になる日本経済が今後アジアにおいて断トツの経済力を持つとは思えない。日本の円は大きなチャンスを逃してしまったといわざるをえない。

　やはり，想定しうるのは，中国の人民元圏か，アジアでも通貨統合ができ，

---

6)　李暁（2010）において，アジア通貨危機以前の円の国際化戦略の間違いが指摘されている。しかし，中條誠一（2011）において，円の国際化が失敗した本源的原因はアジアの為替政策・制度にあることを指摘した。

226 第Ⅲ部 財政金融の諸問題

新たな共通通貨圏が誕生するかのいずれかではなかろうか。アジアにおいても通貨統合を目指すとすれば，各国がアジア全体の通貨システムを構築するために，通貨協力を推進しなければならない。しかし残念ながら，アジアでは通貨危機以降，危機管理のための金融協力は進展したものの，そうした動きは見られない。このままでは，何人かの欧米研究者が指摘しているように，自然発生的に人民元圏が誕生する可能性が高いといわざるをえない。

　その論拠としては，やはり中国が今後も経済力を増し，アジアにおいて「小人の国のガリバー」的な存在になることが指摘される。近年，中国経済には環境問題，資源・エネルギー問題，少子高齢化問題などの成長制約要因が強まっており，前掲の内閣府予測とは異なり，2030年になってもアメリカを凌駕できないとの見方が支配的になってきている[7]。しかし，それでもアジアという地域で見れば，日本やインドをはるかに上回る超経済大国になることはほぼ間違いないからである。

　さらに，中国自身もそれを見据えて，人民元をアジアの中心的通貨にすべく（アジア通貨化という），2009年から人民元の国際化に乗り出したこともある。同年の7月には，貿易取引の人民元建て決済を開始し，最近では中国の貿易の約22%が人民元建てとなる急増ぶりを示している。とはいえ，資本取引における人民元の使用は，対内および対外直接投資や対内証券投資の極一部で開始されたものの，まだ微々たるものにすぎない。今後は，1国2制度の香港を人民元のオフショア市場として実験場にしながら，資本取引における人民元の活用を段階的に進めると見られる。

　中国の人民元の国際化戦略は，その端緒に就いたばかりである。そして，その行方は資本取引における人民元の使用に大きく左右されるといってよい。また，国際通貨になるための条件からいうならば，① 経済力，政治力が大きいこと，② 通貨価値が安定していること，③ 経常収支が黒字であること，④ 効率的で豊かな金融市場が存在し，対外的に開放されていることという4つのう

---

7) 例えば，日本経済研究センター (2013)，津上俊哉 (2013) 参照。

ち，④の条件の充足が最重要課題ということに他ならない。残念ながら，中国は実物経済の著しい躍進に比較して，金融経済面，すなわち金融市場は前近代的であり，脆弱性が目立つ。それゆえ現在，金融の自由化，金融監督体制の整備と規範化，金融機関のリスク管理機能の強化，中小企業金融および資本市場の整備など，その改革が進められているが，相当の時間を要すると見られる。したがって，金融市場の強化が前提となる資本取引の自由化は，慎重かつ段階的に推進せざるをえない。ましてや，その中で，あるいはその一環として推進される人民元の使用や保有という資本取引における人民元の国際化は，さらに時間をかけ段階的に進められることが予想される。

それゆえ一言でいうならば，人民元の国際化に関して，中国の政策当局は条件が整うまで「時間稼ぎ戦略」を取っているといっても過言ではない。人民元のアジア通貨化には時間がかかるとしても，中国の研究者の間では，方法論を巡って2つの考え方が提示されている。吉林大学の李暁教授など多くの研究者は，人民元のアジア通貨化は，日本などアジア各国との通貨協力によってなすべきであると主張している。しかし逆に，アジアにおいて，中国の存在感が一段と強まると予想される中では，自然発生的に人民元が中心通貨になりうるため，国益を最優先した独自戦略を採用すべきであるという主張が，中国社会科学院・世界経済政治研究所の姚枝仲氏によってなされている[8]。

実際に，中国の政策当局はアジアにおける通貨協力に消極的であり，独自に人民元を国際化するために，自国の金融市場の整備・強化と開放のための時間稼ぎをしているのではないかとも推察される。したがって，もし今後ともアジア各国が後述のような地域全体の通貨システムの改革に向けて，通貨協力に乗り出すことができなければ，この中国の人民元のアジア通貨化の独自戦略が功を奏することになりかねない。

---

8) 李暁（2011），姚枝仲（2008）参照。中條誠一（2015）において，両論を詳しく紹介した。

5. 中国の戦略で大きく異なるアジア，そして日本の未来

中国が人民元のアジア通貨化を前述のどちらで推進するかによって，アジアにおけるその意味は大きく異なることを看過してはならない。前者のように，中国がアジア各国による通貨協力において主導的役割を果たし，後述するようにアジア通貨制度（AMS）のような安定的なシステムが構築された場合にも，人民元が実質的な基軸通貨になる可能性が高い。しかし，その場合には中国は国益だけを追求した独善的政策運営をしにくくなる。AMS の下では，参加国メンバーは基本的に対等の立場になるが，その中でも中国は中核をなす国として，地域全体の経済動向を勘案した政策運営，とりわけ金融政策を遂行し，AMS の安定性維持に対して重要な責務を負うことになる。基軸通貨国としての節度ある政策運営こそが，そのシステムの維持，ひいてはアジアの地域的安定に不可欠だからである。

一方，中国が後者のように独自の通貨戦略を採用した場合には，アジアでは中国だけが特権を持つ中心国となり，他のアジア各国は周辺国として，それに追随した政策運営をすることによって人民元に自国通貨を安定化させなければならない。いわゆる，非対称的な通貨システムが誕生することになる。

それは，まさしくドルを事実上の基軸通貨とした現行の国際通貨体制のミニ版がアジアに出現するということに他ならない。そこでは，今の世界全体でのドルと同じように，中国はアジア各国に対して，制度的には基軸通貨国としての節度ある金融政策の遂行，通貨価値の安定といった責務をなんら負っていない。したがって，自国の国益を重視した経済政策目標を達成することを第一義的に考えた政策運営をすることが可能となる。

これに対して，他のアジア各国は否応なくそれに準じた政策運営を強いられることになる。そうしないと，中国との間で金利格差や景気のズレが生じてしまい，国際収支不均衡に陥ったり，投機アタックを受けて，通貨危機に見舞われかねないからである。さらに，もしそうなったとしても，それは基本的にはその国の自己責任であり，中国が支援してくれる保証はなにもない。したがっ

て，地域協力としての金融支援メカニズムを別途構築することが極めて重要となる。

　以上のように，中国が人民元のアジア通貨化をどのような戦略で推進するかによって，アジアの通貨システムは大きく異なり，各国に与える影響も違ってくる。極論するならば，アジアの未来が中国の戦略に大きく左右されるとさえいえる。したがって，中国がアジアの盟主として，AMS のような地域全体の安定的な通貨システム作りに貢献し，アジアの共存共栄を目指すことに期待をしたい。

　残念ながら，それが叶わずアジアで自然派生的に人民元圏が誕生したならば，日本が一番不利益を被りかねない。アジアが人民元圏になるならば，多くのアジアでの財・サービス貿易，さらには資本取引が人民元でなされることになる。そして，域内では経済交流が活発化しており，人，もの，金の移動が自由になされることになろう。とりわけ，多くの国で，資本取引の自由化が促進され，アジアの金融統合が進捗していると予想される。

　そうした中で，アジア各国は為替政策・制度の選択をすることになる。つまり，国際金融のトリレンマ論から考えて，資本取引の自由化を前提に，自国の金融政策と為替政策・制度の組合せを選ばなければならないということに他ならない。まず，中国への経済的依存の極めて強い周辺国，例えばラオス，ミャンマー，北朝鮮はもとより，中国がアジアの超経済大国になればなるほど，多くの国々が経済依存度を強め，中国の庭先経済ともいえるような経済圏が形成される可能性が強い。そうした国々では，経済の動きは中国とほぼ軌道を一にすることになり，独自の金融政策をとる必要性は乏しい。したがって，金融政策の自立性を放棄しても，人民元との為替レートの固定化を選ぶ可能性が高い。となると，アジアの大勢は人民元との固定的な為替レートの下で，人民元で財・サービスや資本取引が活発になされることになろう。

　しかし，インド，インドネシア，そして衰えたりとはいえ，日本は人民元と固定的な為替政策・制度を選択することがむずかしい。経済規模では中国に大きく水をあけられているとはいえ，それ相応の規模を持つ日本経済が中国経済

とほぼ完全に一体化・同質化するとはいい難い。となれば，国内経済を独自の経済政策で管理運営しなければならなくなる。成熟化しているため，もはや急拡大は望めないとしても，日本には一定規模の国内市場が存在する。また，対外的にも，欧米などとの経済依存関係も存続するであろう。そうした中で，自然派生的に人民元圏が誕生したのであれば，日本経済のすべてが中国中心のアジアに組み込まれることにはならない。したがって，日本としては独自の経済運営のために金融政策の自立性を確保しておかなければならず，人民元との為替レートの固定化は選択しにくいと思われる。

　そのときに，人民元圏となったアジアの中で固定的な為替政策・制度を採用する国が多くを占めた場合，日本はアジアでの財・サービス貿易や資本取引において不利な立場を余儀なくされる。人民元が使用されるそれらの取引において，為替リスクを負った日本の企業は，不利な競争を強いられるからである。もし，そのときにもアジアが世界の成長センターであるとすれば，日本はアジアの成長を享受する機会を失うかもしれない。つまり，アジアが人民元を基軸通貨にした安定的通貨圏として成長し，繁栄する中で，日本は取り残され，アジア第2の経済大国から中流国に転落することになりかねない。

　これに対して，アジアが人民元圏になっても，日本はイギリスのようにアジアの金融センターとして発展するチャンスがあるという意見を聞く。例えば，日本銀行政策委員会の白井さゆり審議委員は，ロンドンにはパリやフランクフルトのようなユーロ圏の金融市場にない強みがあるが，東京も中国にない強みを磨けばよいと述べている[9]。しかし，果たして東京にそれが可能であるかというと，懐疑的にならざるをえない。

　ドルやユーロなどが取引される国際金融市場には，その通貨の発行国市場（伝統的市場）と，そこから海外へ流出したドルやユーロの集積・配分を行う規制の少ないロンドンなどの市場（ユーロ市場またはオフショア市場）がある。このロンドンのように，中国から流出した人民元のオフショア市場としての役割

---

9)　白井さゆり女史の朝日新聞，2010年7月22日の「争論」を参照。

を，東京がアジアで果たせばよいというのである。

しかし，人民元がアジアの基軸通貨になった場合には，中国はこの国際金融市場の2つの機能を国内に兼ね備えることができ，残念ながら東京がアジアにおけるユーロ人民元の国際金融センターとして繁栄することは難しいと思われる。アジア各国が基軸通貨である人民元を調達したり，運用する本場の市場としては，中国本土の上海が有力視される。事実，中国は2020年までに，上海を国際金融センターに育成する構想を打ち出している。同時に，中国から流出したユーロ人民元が効率的に集積・配分される市場が必要となるが，その市場としては，東京も考えられるが，それ以上に香港が有力視されるからである。

中国に返還されたにもかかわらず，香港は中国の外国為替管理上は非居住者扱いされており，中国本土とは別の管理制度が敷かれている。この1国2制度の下で，中国はこれをうまく活用し，香港を人民元の国際化の実験場として利用しており，ゆくゆくは人民元の一大オフショア市場（ユーロ市場の一形態）に育成するつもりのようである。つまり，人民元が国際化され，海外に流出したユーロ人民元が巨額になっても，それを集積・配分する中心的国際金融センターは香港になる可能性が高い。アジアの基軸通貨である人民元を東京に引き寄せ，それをまたアジア各国に供与して行く金融技術と信用力を，中国のお膝元である香港以上に発揮することは至難の業といわざるをえない。

6. 共通のビジョンを持って，アジア通貨システムの改革を

まだまだ遠い将来かもしれないが，アジアが自然派生的に人民元圏になるとすると，それがアジア全体にとって，安定と繁栄をもたらすか疑問であるし，日本にとっては厳しい事態が具現しかねない。それよりは，アジア各国が対等な立場に立って，ともに地域の安定と繁栄に責務を分担し合う対称的通貨システムを構築することが望ましい。その最終ゴールが通貨統合に他ならないが，アジアでそれを達成できるかという疑問は依然として大きい。むしろ，アジアにとっては，その成否以上に重要なことがある。それは，各国の協力によって，今後の経済発展段階にふさわしい通貨システムへと変革をしていくことに

他ならない．とりわけ，近年の日中韓での厳しい政治的軋轢を乗り越えて，アジアの安定と繁栄という目標のために，アジア全体の通貨システムを変革するビジョンを共有し，通貨協力の一歩を踏み出すことを切望したい．以下，簡単に変革の道筋を提示してみたい．

今日のアジアは，1970年代初めにヨーロッパで域内通貨の安定化を目指し始めた段階にも至っていない．アジアは多様な経済発展段階にある国からなり，躍動感を持った国が多い．したがって，アジアでは域内通貨を固定的なという意味で安定化することはできない．まずは，当時のヨーロッパの段階に到達するための助走段階から始めなければならない．

アジアは，1997年の通貨危機によって，過剰にドルに依存することの危険性を知った．それゆえ，為替相場制度としてはそれまでの実質ドル・ペッグ政策の転換を図ってきたが，その足並みは全く揃っていない．各国はバラバラの為替相場制度を採用しているのが現状である．その結果，2000年代に入ってからのアジア各国通貨の動きは，図8-4に見られるように，為替レートの乱高下（ボラテリティ）が激しく，かつ各国の実体経済の状況を反映したものとはいい難い状態にある．つまり，アジア各国間の為替レートの動きには経済的合

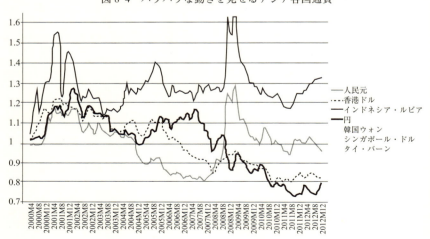

図8-4　バラバラな動きを見せるアジア各国通貨

第8章 通貨から見たアジアの未来 233

理性が乏しく，各国および域内経済全体の発展にとって，大きな障害になることが懸念される。図8-5に示されるように，アジアの貿易依存の度合いは，欧米以上に域内のウエートが高まっている。そうした中で，域内各国通貨間の為替レートがこれだけ変動し，そのリスクが大きければ，貿易・投資意欲が阻害されかねないし，為替レートのオーバー・シューテングはアジア域内における資源の最適配分を歪めるからである。現実に，アジア各国間の為替レートの非合理的動向によって，これまでは日本がその実害を被ってきたことは，周知の事実である。

では実際に，どのように改革をすべきであろうか。多様な経済発展段階にある国々が存在し，かつダイナミックな経済変動を遂げつつある現時点のアジアにとっては，そうした実体経済の動き，とりわけ国際競争力の変化を反映した為替レートの調整がなされうるシステムこそ最適といえる。つまり，固定的なものではなく，「合理的な伸縮性を持った通貨システム」が不可欠ということに他ならない。具体的なシステムとしては，ドル，円，ユーロからなるG3共通通貨バスケット制をBBCレールによって運営する方式，アジア通貨による共通通貨単位（AMU）からの乖離指数による運営方式などが提案されている。

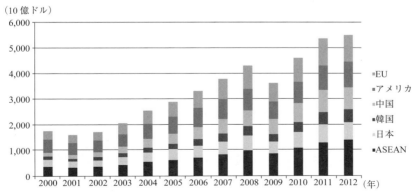

図8-5　ASEAN+3諸国の対外貿易

（注）1. EUは25ヶ国。ブルガリア，ルーマニア，クロアチアを除く。
　　　2. 貿易額＝輸出額＋輸入額。
（出所）JETRO ASEAN10ヶ国貿易統計より筆者作成。

234　第Ⅲ部　財政金融の諸問題

いずれにせよ，現在の躍動的なアジアにおいては，一定の合理性を持って各国の為替レートが変動するようなルール作りに着手することが，当面の最大の課題であるといえる。

　助走段階における「合理的な伸縮性を持った通貨システム」によって，アジア経済の相互依存関係がさらに深化し，円や人民元の国際化により過剰なドルへの依存が軽減され，さらには金融政策を中心とした政策協調気運が高まると期待される。こうして，アジア経済が同質性を増し，一体感を強めたならば，いよいよアジアもヨーロッパの1970年代初頭の段階に到達したといえる。ここまでくれば，ほとんどヨーロッパの経験を踏襲することができる。すなわち，ヨーロッパで1979年に構築された欧州通貨制度（EMS）のアジア版，すなわちアジア通貨制度（AMS）を作り出せばよい。

　この固定的な為替相場制度の下で，アジアの経済発展が持続し，さらにはアジアでも1980年代のヨーロッパのように，人，もの，金の移動の自由化が推進されるならば，アジア域内の財・サービス貿易および資本取引は飛躍的に増大しよう。なおかつ，域内通貨間の為替レートが固定化されているため，その取引の多くは現地通貨建てでなされることになると予想される。そうなれば，アジア各国の外国為替市場において，ドルの取引を上回るアジアの通貨が出てきて，それが為替媒介通貨の役割をドルに代わって担うことになるであろう。こうして，アジアでも基軸通貨の座はドルからアジアの特定国の通貨へと交代し，脱・ドルが実現することになる。

　このAMSが安定的に運営しうるようになったならば，それはアジアが最適通貨圏の条件を充足してきたことを意味する。すなわち，アジアでも通貨統合が視野に入って来たといってよい。しかし，ユーロの失敗を他山の石として，厳格な条件に基づく真の通貨統合をすべきである。そのためには，まず本当に最適通貨圏の条件を満たした参加国を選別すべく，収斂基準には厳格な財政規律を求めると同時に，同質的で経済格差が生じることがないことをチェックできるような条件をより明確に規定することである。それを厳格に遂行し，安易な政治的妥協は慎むべきである。

第 8 章　通貨から見たアジアの未来　235

7．お わ り に

　現代の国際通貨体制はドルに対する信認が低下する中で，ユーロも対抗馬に
なりえないどころか，危機を招来してしまっている。国際通貨体制の安定化の
ためには 3 極基軸通貨体制への移行が考えられるが，そのためにはアジアの動
向が注目される。ただし，アジアがドルから脱却し，新たな通貨圏を構築する
といっても，今のところ自然派生的に人民元圏が誕生する可能性が最も高い。

　なぜならば，アジアでは通貨システム改革のための通貨協力は，その助走段
階とさえいえる「合理的な伸縮性を持った通貨システム」作りにも取りかかれ
ていない。日中韓の政治的軋轢やユーロ圏の財政・金融危機がその熱意を殺い
でしまったからである。しかし，アジアでも持続的な経済発展のためには，そ
の発展段階にふさわしい通貨システムに変革していくことが不可欠である。す
なわち，アジアが多様で，ダイナミックな発展を遂げる中では「合理的な伸縮
性を持った通貨システム」を，その後成熟期に入り一体性・同質性が高まった
ならば，AMS のような固定的な通貨システムを構築すれば，その先には通貨
統合が視野に入ってくるかもしれない。

　いずれにせよ，アジアにおいて超経済大国化が予想される中国に，アジアの
命運を委ねるのではなく，アジア各国が共通のビジョンを持って，通貨協力に
取り組むことを切望したい。そこで日本が果たすべき役割は大きい。なんとい
ってもまずは，アジアの持続的経済発展のためには通貨システムの改革が不可
欠であるという大義名分を掲げ，アジアが改革の一歩を踏み出すよう積極的な
通貨外交を展開すべきである。とりわけ，アジアの通貨協力にとっては要とな
る中国と韓国とは，政治的障害を乗り越えて，協力を推進するよう外交努力を
すべきである。

　同時に，自らはアジア各国との FTA や EPA，さらには RCEP（東アジア地域
包括的経済連携）構想を積極的に推進することによって，アジアの経済的ネッ
トワークを深化させ，地域経済の一体化，同質化に貢献しなければならない。
さらに，アジアにおいて過剰なドルへの依存を軽減することに一役買うため

に，円の国際化に再チャレンジすべきであるといえる。

参 考 文 献

小川英治（2013）「グローバル・インバランスと国際通貨体制」『グローバル・インバランスと国際通貨体制』東洋経済新報社。

津上俊哉（2013）『中国台頭の終焉』日経プレミアムシリーズ。

中條誠一（2011）『アジアの通貨・金融協力と通貨統合』文眞堂。

中條誠一（2013）『人民元は覇権を握るか―アジア共通通貨の実現性』中公新書。

中條誠一（2014）「ユーロ危機に学ぶ「真の通貨統合」―アジアへの教訓」（『商学論纂』（中央大学）第 55 巻第 3 号）。

中條誠一（2015）「中国における人民元の国際化戦略・再論」（『経済学論纂』第 55 巻第 5・6 合併号）。

日本経済研究センター（2013）『2050 年への構想―グローバル長期予測と日本の 3 つの未来』2013 年 9 月 1 日。

姚枝仲（2008）「非対称競争圧力と人民元のアジア戦略」（『国際金融』1191 号）。

李暁（2010）「円の国際化の歴史とその戦略調整：中国学者の評価」上川孝夫・李暁編著『世界金融危機―日中の対話』春風社。

李暁（2011）「中国人民元の国際化について―その背景，経緯と課題」（『Business & Economic Review』2011.4）。

Eichengreen, Barry (2011), *Exorbitant Privilege*：*The Rise and Fall of the Dollar and the Future of the International Monetary System*, Oxford University Press（小浜裕久監訳（2012）『とてつもない特権―君臨する基軸通貨ドルの不安』，勁草書房）.

Ogawa Eiji (2015), "Local currency trade settlement under the international monetary system with the US dollar as a key currency", prepared for The symposium of The Japan Society of International Economics,10/January/2015.

第 9 章

租税構造の国際比較
——日本の租税構造の現状および将来の方向性を考える——

飯 島 大 邦

1. は じ め に

日本の高齢化は急速に進んでおり，2014年時点で，65歳以上の高齢者人口は3300万人となり，高齢化率は過去最高の26％に達した。また，日本の政府債務残高の対GDP比も急速に上昇しており，2014年時点で230％に達している。このような日本の高齢化率および政府債務残高の対GDP比は，他の先進国と比較しても極めて高い水準であり，現段階において，これらの数値が低下する兆候は見られない。したがって，高い高齢化率および政府債務残高の対GDP比という現在の状況を踏まえると，政府の財源調達のあり方，とりわけ租税制度のあり方を検討することは極めて重要である。

租税制度について経済学において検討する際，2つの分析アプローチがある。1つの分析アプローチは，理論に基づいて望ましい租税体系（tax system）を検討するものである。もう1つのアプローチは，歴史的に変化してきた現実の租税構造（tax structure）を検討するものである。前者の望ましい租税体系を分析するアプローチについては，租税理論に基づく制度分析や応用ミクロ経済学の1つの分野である最適課税論などがある。一方，後者の租税構造を分析するアプローチについては，租税構造の類型化，および租税構造に影響をもたら

238　第Ⅲ部　財政金融の諸問題

す要因を解明する分析からなる。

　租税構造の要因分析については，政治経済学の分野においても盛んに研究がなされている。例えば，Angelopoulos (2012) は，内閣のイデオロギーと租税構造との関係について分析し，左翼政権は，労働所得課税よりも資本所得課税を重くし，さらに消費課税を重くするなどの結論を得ている。また，Ehnhart (2013) は，途上国を分析対象として，選挙と租税構造の関係について分析し，政権党は，選挙前に間接税を引き下げるが，直接税には政治的影響は認められないという結論を得ている。さらに，Adams (2015) は，より不平等な経済であるほど，労働所得課税よりも資本課税を重くするという結論を得ている。

　租税構造の類型化に関する分析は，租税構造の要因分析と比較するとそれほど多くはない。例えば，Peters (1980) は，OECD19 ヶ国に関して，8 種類の租税項目のデータに対して因子分析をし，広義に解釈された所得，消費，資産という 3 つの因子を抽出している。また赤間 (1989a, b) は，OECD20 ヶ国に関して，5 時点における 8 種類の租税項目に対して因子分析をし，第 1 次元として「個人所得税（および個別消費税）対社会保障拠出金」，および第 2 次元として「法人税・財産税対一般消費税（および雇用者拠出金）」を抽出している。その上で，基本的に類似した性質を持つ複数の歳入手段の代替関係について検討している。さらに畑農他 (2003) は，OECD14 ヶ国に関して，5 つの租税項目に対して主成分分析をし，第 1 主成分として「社会保障負担・間接税対法人所得税・財産税」，さらに個人所得税の軽重に対応する第 2 主成分を抽出している。

　本章では，このような租税制度に関する先行研究を考慮し，租税構造の類型に基づく OECD 諸国の国際比較を踏まえて，日本の租税構造の現状および将来の方向性について検討する。具体的には，次節以降，以下のように分析を行う。第 2 節において，分析に用いる OECD 諸国の租税に関するデータを説明し，租税項目ごとにその時系列的推移を確認する。第 3 節において，第 2 節で説明したデータを用いて主成分分析を行い，各国の租税構造を捉える主成分の抽出を試み，さらに抽出された主成分得点を用いて，分析の対象とする国々の全体的な租税構造の変化について検討する。第 4 節では，第 3 節で導出された

主成分得点を用いて，階層的クラスター分析を行い，各国の租税構造の類型化を試みる。そしてその類型の特徴付けを，主成分得点を用いて検討する。第5節では，政府債務残高の対 GDP 比に注目し，日本および政府債務残高の対 GDP 比が高い国々の租税構造を比較し，将来の日本の租税構造の方向性について検討する。第6節において，結論付ける。

2. OECD 諸国における租税の構成の時系列的推移

まず，本章の分析において用いる租税データである，OECD Revenue Statistics について説明する。OECD Revenue Statistics は，6つの大分類からなり，それぞれ，所得，利益，キャピタルゲインに対する課税（Taxes on income, profits and capital gains），社会保障負担（Social Security contributions），給与税および賃金税（Taxes on payroll and workforce），財産税（Taxes on property），財およびサービスの取引に対する税（Taxes on goods and services，以下では財・サービス税と呼ぶ）およびその他の税（Other taxes）である。さらに，所得，利益，キャピタルゲインに対する課税は，個人に対する課税（Taxes on income, profits and capital gains of individuals，以下では個人所得税と呼ぶ）と法人に対する課税（Corporate taxes on income, profits and capital gains，以下では法人所得税と呼ぶ）という小項目に分類される。他の大分類の租税項目も，それぞれ小項目に分類される。

これらの租税項目のうち，本章の分析では，個人所得税，法人所得税，社会保障負担，財産税および財・サービス税の5つの項目について，それぞれの税収の対 GDP 比を分析対象とする。さらに，中央政府（Federal or Central government）の税収の対 GDP 比も分析対象とする。なお，給与税および賃金税は導入国が多くないことと，その税収の GDP に占める割合が大きくないので，分析対象としない。さらに，その他の税も分析対象としない。

分析対象期間は，1975年から2012年までの38年間とする。また，分析の対象国は，OECD 加盟国のうち20ヶ国とする。具体的には，オーストラリア，オーストリア，ベルギー，カナダ，デンマーク，フィンランド，フランス，ドイツ，ギリシャ，アイルランド，イタリア，日本，オランダ，ニュージ

240　第Ⅲ部　財政金融の諸問題

表 9-1　各税収の対 GDP 比の記述統計

	最小値	最大値	平均値	変動係数
個人所得税収	1.66	25.80	10.63	0.43
法人所得税収	0.26	12.76	2.79	0.54
社会保障負担	0	19.17	8.64	0.57
財産税収	0.38	7.29	1.96	0.47
財・サービス税収	3.53	17.22	10.17	0.30
中央政府税収	6.91	37.97	20.19	0.35

（出所）OECD Revenue Statistics より，筆者作成（9 章図表すべて）。

ーランド，ノルウェー，スペイン，スウェーデン，スイス，イギリス，アメリカである。したがって，サンプル・サイズは，20（国）×38（年）＝ 760 である。

　分析対象とする 6 つの税収の対 GDP 比の記述統計は，表 9-1 にまとめられている。中央政府税収を除く 5 つの税収の対 GDP 比の平均値について，個人所得税収および財・サービス税収は，それぞれ対 GDP 比で 10％以上であり，その他の税収よりも大きく，法人所得税収は，2.79％で比較的小さい。また，中央政府税収を除く 5 つの税収の対 GDP 比の変動係数について，財・サービス税収は 0.30 で最も小さく，個人所得税収も比較的小さいが，法人所得税収は 0.54 で 2 番目に大きい。したがって，財・サービス税収の対 GDP 比および個人所得税収のそれについて，平均値は大きいが，ばらつきは小さい。一方，法人所得税収の対 GDP 比について，平均値は小さいが，ばらつきは大きい。なお，社会保障負担の最小値は 0％であるが，これは，社会保険料が存在しないオーストラリアとニュージーランドの値である。

　表 9-2 には，税収別対 GDP 比のピアソンの積率相関係数が示されている。中央政府税収を除く 5 つの税収の対 GDP 比について，相関係数の絶対値が0.7 以上となる高い相関はない。また相関係数の絶対値が 0.4 以上 0.7 未満であるものは，個人所得税収と社会保障負担（-0.41），および個人所得税収と財・サービス税収（0.44）がある。個人所得税収と社会保障負担の関係の典型例として，オーストラリアとニュージーランドを考えることができる。先に述べたように，両国は，社会保険料が存在せず，そのため社会保障財源を個人所

第 9 章 租税構造の国際比較 241

表 9-2 各税収の対 GDP 比の相関係数

	個人所得税収	法人所得税収	社会保障負担	財産税収	財・サービス税収	中央政府税収
個人所得税収	1	0.00	-0.41**	-0.04	0.44**	0.56**
法人所得税収	0.00	1	-0.17**	0.15**	-0.04	0.32**
社会保障負担	-0.41**	-0.17**	1	-0.33**	0.11**	-0.19**
財産税収	-0.04	0.15**	-0.33**	1	-0.37**	-0.16**
財・サービス税収	0.44**	-0.04	0.11**	-0.37**	1	0.71**
中央政府税収	0.56**	0.32**	-0.19**	-0.16**	0.71**	1

(注) ** は，1％水準で有意であることを示す。

得税に強く依存していると考えられる[1]。一方，個人所得税収と財・サービス税収については，表 9-1 において，両者の平均値は大きいことが示されている。したがって，両者は，それぞれ政府規模との正の相関が予想される。実際，財・サービス税収と中央政府税収の相関係数は 0.71 であり，さらに個人所得税収と中央政府税収のそれは 0.56 であり，それぞれ正の相関を示している。

つぎに，税収の対 GDP 比の時系列的推移について検討する。図 9-1 より，総税収の対 GDP 比に関して，OECD20 ヶ国平均は，分析対象期間である 38 年間において，ほぼ 5％ポイント上昇し，約 35％の水準で推移していることがわ

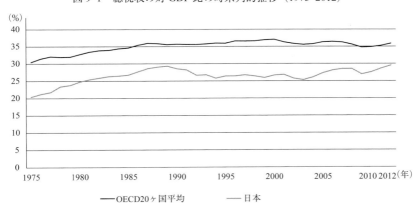

図 9-1 総税収の対 GDP 比の時系列的推移 (1975-2012)

---

1) 加藤 (2014) 48 ページを参照。

図 9-2　総税収の対 GDP 比の変動係数の時系列的推移（1975-2012）

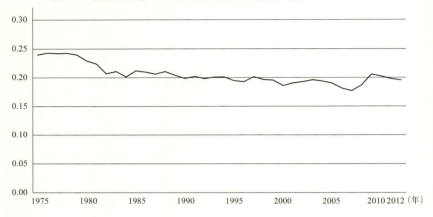

かる。また，日本の税収の対 GDP 比は，分析対象期間中，一貫して OECD20 ヶ国平均より低い水準で推移しているが，ほぼ 10％ポイント上昇し，約 30％ の水準まで到達していることがわかる。また図 9-2 より，総税収の対 GDP 比の変動係数は，分析対象期間において約 0.05 減少しており，ばらつきは小さくなっていることがわかる。

図 9-3 より，個人所得税収の対 GDP 比に関して，OECD20 ヶ国平均は，分

図 9-3　個人所得税収の対 GDP 比の時系列的推移

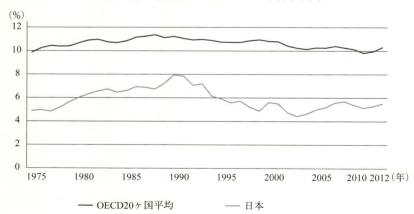

第 9 章　租税構造の国際比較　243

図 9-4　法人所得税収の対 GDP 比の時系列的推移

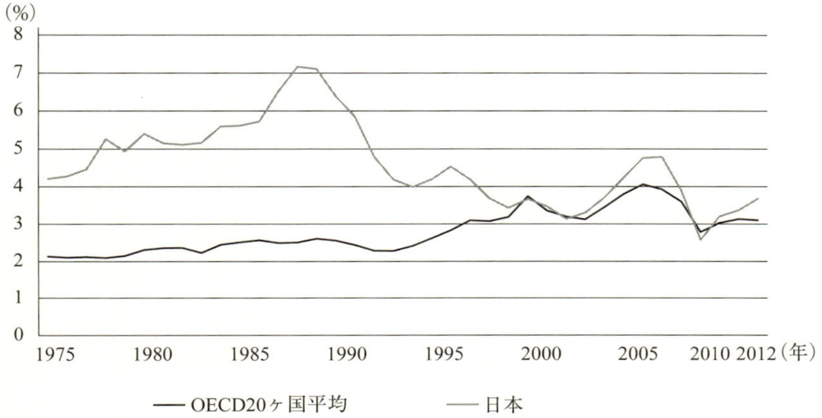

(%)

8
7
6
5
4
3
2
1
0

1975　　1980　　1985　　1990　　1995　　2000　　2005　　2010 2012 (年)

——OECD20ヶ国平均　　——日本

析対象期間において，概ね 10％から 11％の間で推移しており，安定している
ことがわかる。一方，日本の個人所得税収の対 GDP 比は，分析対象期間中，
概ね 6％を中心にして上下に振れているものの，一貫して OECD20 ヶ国平均よ
りも低い水準である。なお，日本の個人所得税収の対 GDP 比は，バブル経済
期において最も高い水準にあるが，その後減少に転じ，近年は若干は上昇傾向
にある。

　図 9-4 より，法人所得税収の対 GDP 比に関して，OECD20 ヶ国平均は，
1990 年代半ばまでは概ね 2％台で推移していたが，2000 年代になると概ね 3％
台で推移している。一方，日本の法人所得税収の対 GDP 比は，1990 年代まで
は，OECD20 ヶ国平均と比較して一貫してかなり高い水準で推移しているが，
2000 年代になると OECD20 ヶ国平均に近い水準まで低下している。なお，日
本の法人所得税収の対 GDP 比も，バブル経済期において最も高い水準にある
が，その後減少に転じている。

　図 9-5 より，社会保障負担の対 GDP 比に関して，OECD20 ヶ国平均は，分
析対象期間中，7％台から 8％台に上昇しているが，1990 年代半ば以降は安定
して推移している。一方，日本の社会保障負担の対 GDP 比は，分析対象期間
中，一貫して上昇しており，1975 年時点で 6％ほどであったが，2012 年時点

図 9-5 社会保障負担の対 GDP 比の時系列的推移

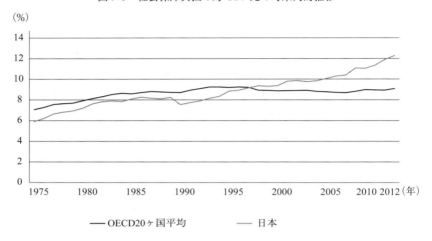

図 9-6 財産税収の対 GDP 比の時系列的推移

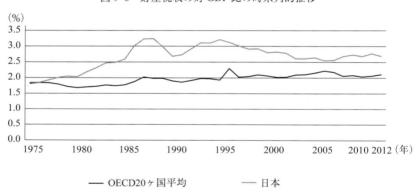

で 12％台まで上昇している。

　図 9-6 より，財産税収の対 GDP 比に関して，OECD20 ヶ国平均は，分析対象期間中，概ね 2％前後で推移している。一方，日本の財産税収の対 GDP 比は，分析期間中，OECD20 ヶ国平均と比較して一貫して高い水準で推移しており，最も高い時点で 3％を超える水準まで達しているが，近年は 2％台半ばあたりの水準で推移している。

第 9 章　租税構造の国際比較　245

図 9-7　財・サービス税収の対 GDP 比の時系列的推移

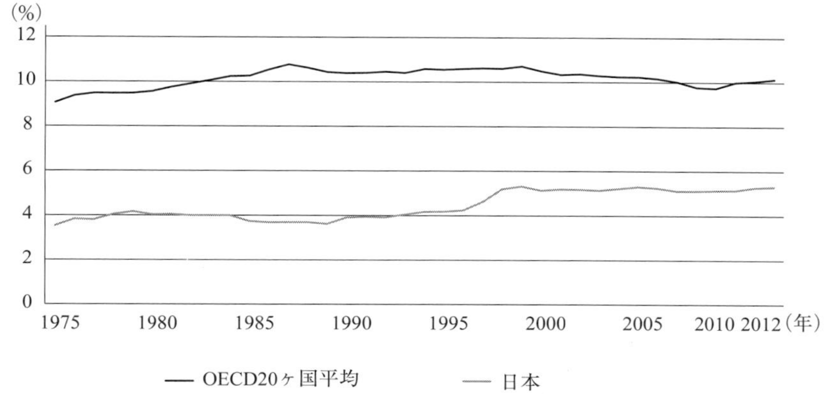

図 9-7 より，財・サービス税収の対 GDP 比に関して，OECD20 ヶ国平均
は，分析対象期間中，概ね 10％前後で安定的に推移している。一方，日本の
財・サービス税収の対 GDP 比は，分析対象期間中，OECD20 ヶ国平均と比較
して一貫して極めて低い水準で推移している。つまり，日本の財・サービス税
収の対 GDP 比は，1990 年代半ばまでは概ね 4％前後で推移していたが，消費
税率が引き上げられた 1997 年以降は概ね 5％台で推移している。

図 9-8 より，中央政府税収の対 GDP 比に関して，OECD20 ヶ国平均は，
1980 年以降概ね 20％前後で推移している。一方，日本の中央政府税収の対
GDP 比は，分析対象期間中，OECD20 ヶ国平均と比較して一貫して極めて低
い水準で推移している。つまり，日本の中央政府税収の対 GDP 比は，分析対
象期間で相対的に高い水準である 1980 年代を除くと，概ね 10％前後で推移し
ている。

図 9-9 には，各税収の対 GDP 比の変動係数が，どのように分析対象期間に
おいて推移しているか示されている。法人所得税収の対 GDP 比を除くと，各
税収の対 GDP 比の変動係数の推移は，表 9-1 の記述統計の変動係数の結果と
よく対応し，比較的安定していることがわかる。法人所得税収の対 GDP 比の
場合も表 9-1 の記述統計の変動係数の結果と矛盾するものではないが，法人所

図 9-8　中央政府税収の対 GDP 比の時系列的推移

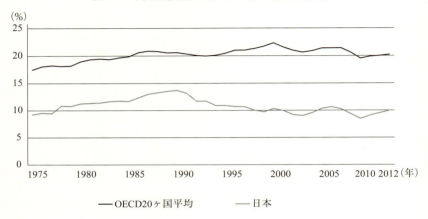

図 9-9　各税収の対 GDP 比の変動係数の時系列的推移

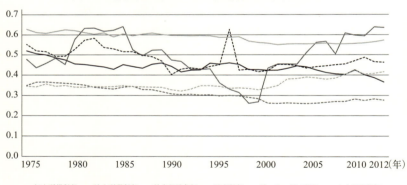

得税収の対 GDP 比の変動係数は，唯一，時系列的に振れが大きいことがわかる。とりわけ，2000 年以降，法人所得税収の対 GDP 比の変動係数は急激に大きくなっており，OECD 各国の法人所得税収の対 GDP 比のばらつきが大きくなっていることがわかる。

ところで，図 9-3 から図 9-7 までの考察を踏まえて，日本に関する税収の対 GDP 比の特徴をまとめるとつぎのようになる。総税収の対 GDP 比は，上昇傾

向にあるとはいえ，OECD20ヶ国平均と比較すると低い水準にある。個別の租税項目に注目すると，個人所得税収および財・サービス税収の対GDPは，OECD20ヶ国平均と比較すると，一貫して際だって低い水準で推移している。一方，社会保障負担の対GDPは，急速な高齢化を反映して急激に上昇して，OECD20ヶ国平均と比較してもかなり高い水準になっている。また法人所得税収の対GDP比は，OECD20ヶ国平均と比較して，以前は高い水準で推移していたが，近年はOECD20ヶ国平均とほぼ同水準まで低下してきている。このような日本の状況も考慮して，第5節において，今後の日本の租税構造の方向性について検討することにする。

第3節においては，本節で検討したOECD Revenue Statisticsから抽出した租税収入の対GDP比のデータを用いて主成分分析を行い，OECD諸国の租税構造とその時系列的推移について検討する。

3. OECD諸国の租税構造とその時系列的推移

本節では，第2節で検討したOECD Revenue Statisticsから抽出した租税収入の対GDP比のデータ，すなわち，個人所得税収の対GDP比，法人所得税収の対GDP比，社会保障負担の対GDP比，財産税収の対GDP比，財・サービス税収の対GDP比，中央政府税収の対GDP比に対して，主成分分析を行う。なお，第2節と同様に，分析対象期間は，1975年から2012年までの38年間とし，分析の対象国は，OECD加盟国のうち20ヶ国とする。

まず，主成分分析の手順を説明する。本章の分析で用いるデータは，20ヶ国の38年間にわたるデータであるので，繰り返しのあるデータである。繰り返しのあるデータに対する主成分分析としては，サンプルを合併する方法または変数を合併する方法，さらに合併したデータ全体を一括して分析する方法またはデータ全体をいくつかに分けて分析する方法などがある[2]。しかし，本章では，20ヶ国の租税構造の時系列的推移を検討するにあたり，合併したデー

---

2) 繰り返しのあるデータに対する主成分分析については，内田（2013）を参照せよ。

248　第Ⅲ部　財政金融の諸問題

表 9-3　主成分分析の結果（固有値，寄与率，累積寄与率，主成分負荷量）

変数	第 1 主成分	第 2 主成分	第 3 主成分
中央政府税収	**0.91**	0.06	0.21
財・サービス税収	**0.82**	-0.39	0.01
個人所得税収	**0.77**	0.24	-0.39
社会保障負担	-0.27	**-0.79**	0.32
財産税収	-0.29	**0.75**	-0.06
法人所得税収	0.20	0.46	**0.84**
固有値	2.29	1.60	1.01
寄与率	38.12	26.70	16.78
累積寄与率	38.12	64.82	81.60

タ全体を一括して分析する方法をとることにする。具体的には，上記の 20 ヶ国について，変数である 38 年間にわたる 6 つの租税項目の対 GDP 比に主成分分析を行い，6 つの変数から，固有値の大きさおよび累積寄与率を基準にして，少数の合成変数（主成分）をつくる。さらに主成分負荷量を考慮して，それぞれの主成分の意味付けを行い，6 つの変数の関係を探る。

　表 9-3 には，6 つの租税項目の対 GDP 比に主成分分析の結果が示されている。なお，Kaiser-Meyer-Olkin の標本妥当性の測度の値は 0.543 であり，Bartlett の球面性検定の結果は $p < 0.01$ であるので，主成分分析を行うことは妥当であると結論付けることができる。

　主成分の数の決定にあたっては，固有値の値が 1 以上となる主成分まで採用した。すなわち，第 1 主成分の固有値が 2.29，第 2 主成分の固有値が 1.60，第 3 主成分の固有値が 1.01 であるので，3 つの主成分を採用した。なお寄与率より，第 1 主成分のみで全体の情報の 38.12％を説明することができる。以下，全体の情報のうち，第 2 主成分のみで 26.70％，第 3 主成分のみで 16.78％を，それぞれ説明することができる。また累積寄与率より，3 つの主成分で，全体の情報の 81.60％を説明することができる。

　表 9-3 には，主成分負荷量も示されているが，その絶対値が 0.7 以上のものを太字で示している。この主成分負荷量に基づいて，3 つの主成分の解釈をする。第 1 主成分に関する主成分負荷量について，中央政府税収の対 GDP 比は

0.91，財・サービス税収の対 GDP 比は 0.82，個人所得税収の対 GDP 比は 0.77 である。中央政府税収は，特定の地方レベルではなく全国レベルで徴税するものであり，地域という観点から広く負担を求めるものであると考えることができる。また個人所得税収は，課税ベースなどの問題もあるが，基本的に広く負担を求めるものである。さらに，財・サービス税収も，非課税となる取引や軽減税率などの問題があるが，基本的に広く負担を求めるものである。したがって，第 1 主成分を，「負担の広範性」と解釈することにする。

第 2 主成分に関する主成分負荷量について，社会保障負担の対 GDP は -0.79，財産税収の対 GDP 比は 0.75 である。社会保障負担については，その収入面のみに注目する場合，逆進性が指摘されているが，本章は政府の収入面に関する分析であるので，社会保障負担については，その逆進性に注目することにする。したがって，社会保障負担の対 GDP 比の主成分負荷量の符号がマイナスであるので，社会保障負担の対 GDP が大きくなれば，逆進性および負担の不公平性が高まり，第 2 主成分得点は小さくなる。なお，社会保障負担の逆進性の原因として，社会保険料の算定において，資産所得が考慮されず，勤労所得のみによって決定されることが指摘されている。一方，財産税は，資産に課税されるものであり，財産税が増大することにより，税負担の公平性がより確保されると考えることができる。ゆえに，財産税収の対 GDP 比の主成分負荷量の符号がプラスであるので，財産税収の対 GDP 比が大きくなれば，税負担の公平性が高まり，第 2 主成分得点は大きくなる。以上のことを考慮して，第 2 主成分を「負担の公平性」と解釈することにする。

第 3 主成分に関する主成分負荷量について，法人所得税収の対 GDP 比は，際だって大きく 0.84 である。ゆえに，法人所得税収の対 GDP 比が大きくなると，第 3 主成分得点は大きくなる。したがって，第 3 主成分を「負担の法人税依存度」と解釈することにする。

上記の 3 つの主成分について，主成分得点の時系列的推移について検討する。図 9-10 には，OECD20 ヶ国平均および日本に関して，第 1 主成分「負担の広範性」の主成分得点の時系列的推移が示されている。OECD20 ヶ国平均

250　第Ⅲ部　財政金融の諸問題

図 9-10　第 1 主成分得点の時系列的推移

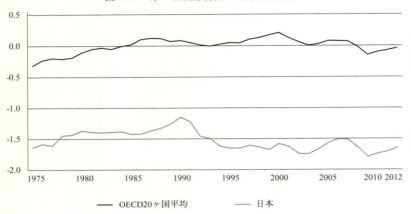

図 9-11　第 2 主成分得点の時系列的推移

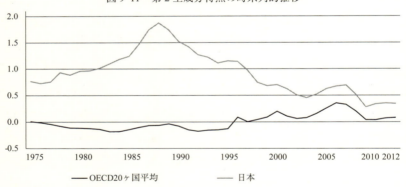

は，1980 年代半ばから世界金融危機までの間，比較的高い水準で推移している。一方，日本の水準は，一貫して OECD20 ヶ国平均と比較すると極めて低い水準で推移している。これは，表 9-3，図 9-3，図 9-7 および図 9-8 を考慮すると，個人所得税収の対 GDP 比，財・サービス税収の対 GDP 比および中央政府税収の対 GDP 比に関して，日本の水準は，OECD20 ヶ国平均よりも一貫してかなり低い水準で推移していることを反映していると考えられる。

図 9-11 には，OECD20 ヶ国平均および日本に関して，第 2 主成分「負担の

第 9 章　租税構造の国際比較　251

図 9-12　第 3 主成分得点の時系列的推移

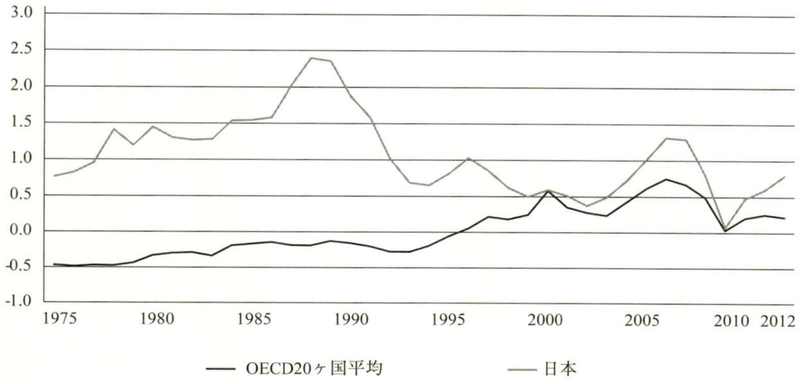

公平性」の主成分得点の時系列的推移が示されている。OECD20 ヶ国平均は，
1990 年代半ば以降，それ以前よりも高い水準で推移している。一方，日本の
水準は，1980 年代後半をピークとして，OECD20 ヶ国平均よりも一貫して高
い水準で推移しているが，2000 年代以降は，OECD20 ヶ国平均の差は小さく
なっている。ところで，表 9-3，図 9-5 および図 9-6 を考慮すると，財産税収
の対 GDP 比に関して，日本の水準は，OECD20 ヶ国平均よりも高い水準にあ
り，1980 年代後半に 1 つのピークを迎えているが，2000 年代以降は，
OECD20 ヶ国平均との差は小さくなっている。さらに，社会保障負担の対
GDP 比に関して，日本の水準は，上昇傾向を示しており，1990 年代以降は急
激に上昇し，OECD20 ヶ国平均をかなり上回っている。図 9-11 に示された日
本の第 2 主成分得点の時系列的推移は，このような租税項目の対 GDP 比の動
向を反映していると考えられる。

　図 9-12 には，OECD20 ヶ国平均および日本に関して，第 3 主成分「負担の
法人税依存度」の主成分得点の時系列的推移が示されている。OECD20 ヶ国平
均は，1990 年代半ば以降，それ以前よりも高い水準で推移しているが，世界
金融危機後，急激に水準が低下している。一方，日本の水準は，OECD20 ヶ国
平均よりも高い水準で推移しており，バブル経済期にピークに達し，1990 年
代末以降，OECD20 ヶ国平均との差は小さくなっている。これは，表 9-3 およ

252　第Ⅲ部　財政金融の諸問題

び図 9-4 を考慮すると，法人所得税収の対 GDP 比に関する OECD20 ヶ国平均
および日本の水準を反映していると考えられる。

　なお，このような OECD20 ヶ国平均および日本の各主成分得点の時系列的
推移も考慮して，第 5 節において，今後の日本の租税構造の方向性について検
討することにする。ところで本節では，各主成分得点の時系列的推移につい
て，日本以外の国を個別に取り上げて考察することはしなかった。そこで，第
4 節においては，各国の主成分得点に対して階層的クラスター分析を適用し
て，分析対象国の類型化をし，各類型の特徴付けを試みる。

4．OECD 諸国の租税構造による類型化

　本節では，第 3 節において行われた主成分分析から導出された分析対象国
20 ヶ国の主成分得点に対して階層的クラスター分析を適用して，分析対象国
をグループ分けし，独自の類型化を試みる。

　まず，階層的クラスター分析の手順について説明する。分析対象国 20 ヶ国
のグループ分けの時系列的推移を見ることができるように，4 つの期間，つま
り 1975 年から 2012 年，1975 年から 1989 年，1984 年から 1999 年，および
1994 年から 2012 年における 3 つの主成分得点データに対して，階層的クラス
ター分析を行った。まず，階層的クラスター分析に用いるためのデータ加工と
して，それぞれの期間において，分析対象とする各国に関して，それぞれの主
成分ごとに主成分得点の平均点を導出した。その上で，それぞれの主成分ごと
に主成分得点を標準化した。また，各国間の距離の測定には，平方ユークリッ
ド距離を用い，さらにクラスター間の距離の測定には，ウォード（Ward）法を
用いた。

　図 9-13 から図 9-16 に，4 つの期間，つまり 1975 年から 2012 年，1975 年か
ら 1989 年，1984 年から 1999 年，および 1994 年から 2012 年，それぞれのデー
タを用いたデンドログラムが示されている。デンドログラムからクラスター
（グループ）数を決定する客観的基準は存在しないが，本章の分析では，3 つ前
後を 1 つの目安とした。

図 9-13　租税体系に関する主成分得点を用いたデンドログラム（1975-2012 年）

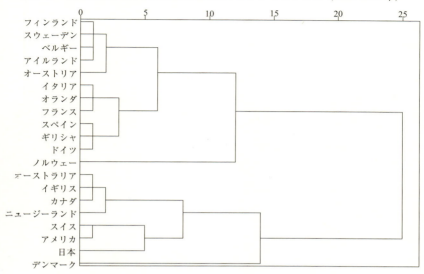

図 9-14　租税体系に関する主成分得点を用いたデンドログラム（1975-1989 年）

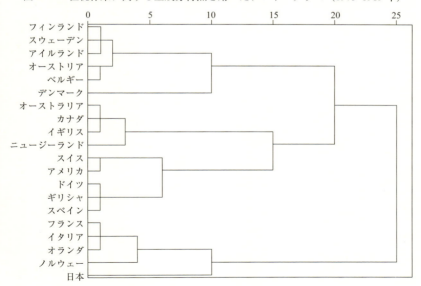

254　第Ⅲ部　財政金融の諸問題

図 9-15　租税体系に関する主成分得点を用いたデンドログラム（1984-1999 年）

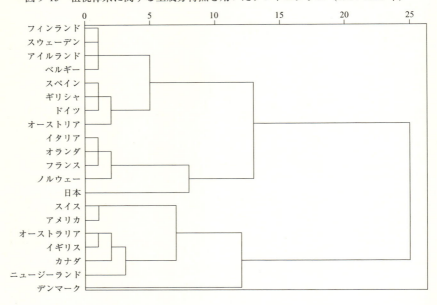

図 9-16　租税体系に関する主成分得点を用いたデンドログラム（1994-2012 年）

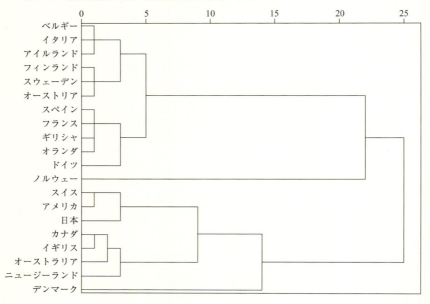

第 9 章　租税構造の国際比較　255

図 9-17　3 つの主成分によるグループの凝集過程

1975-2012	1975-1989	1984-1999	1994-2012
グループ数	グループ数	グループ数	グループ数
5　4　2	7　3	7　4　2	6　4　3
オーストラリア カナダ イギリス ニュージーランド	オーストラリア カナダ イギリス ニュージーランド	オーストラリア カナダ イギリス ニュージーランド	オーストラリア カナダ イギリス ニュージーランド
スイス	スイス	スイス	スイス
日本	アメリカ	アメリカ	日本
アメリカ	ドイツ	デンマーク	アメリカ
デンマーク	スペイン	ベルギー	デンマーク
オーストリア	ギリシャ	フィンランド	オーストリア
ベルギー	オーストリア	アイルランド	ベルギー
フィンランド	ベルギー	スウェーデン	フィンランド
アイルランド	フィンランド	オーストリア	アイルランド
スウェーデン	アイルランド	ドイツ	イタリア
ドイツ	スウェーデン	スペイン	スウェーデン
スペイン	デンマーク	ギリシャ	ドイツ
フランス	フランス	フランス	スペイン
ギリシャ	イタリア	イタリア	フランス
イタリア	オランダ	オランダ	ギリシャ
オランダ	ノルウェー	ノルウェー	オランダ
ノルウェー	日本	日本	ノルウェー

▨：第 1 グループ，　■：第 2 グループ，　▨：第 3 グループ，　□：第 4 グループ

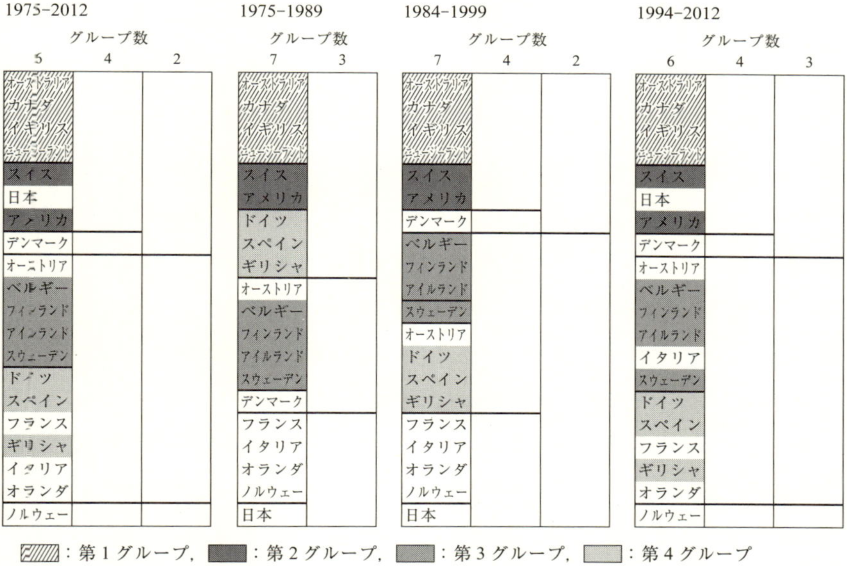

　図 9-17 には，図 9-13 から図 9-16 までのデンドログラムに基づいて，図式化された 3 つの主成分によるグループの凝集過程が示されている。図 9-17 において網かけがつけられている国々は，図 9-13 から図 9-16 までのデンドログラムを検討し，すべての期間において比較的位置が安定している国々である。これに基づいて，以下の 4 つのグループを抽出した。

　第 1 グループ：オーストラリア，カナダ，イギリス，ニュージーランド
　第 2 グループ：スイス，アメリカ
　第 3 グループ：ベルギー，フィンランド，アイルランド，スウェーデン
　第 4 グループ：ドイツ，スペイン，ギリシャ

　図 9-13 から図 9-16 までのデンドログラムの考察を踏まえて，上記の 4 つのグループおよび上記のグループに含まれない国々について，つぎのようなグル

ープ分けに関する特徴を指摘することができる。第1に，第1および第2グループは，全期間にわたり，互いに比較的近いところに位置するが，第3グループとは比較的離れている。第2に，第4グループは，1975年から2012年，1984年から1999年および1994年から2012年の期間では，第3グループとの距離が相対的に近い。第3に，北欧諸国に関して，スウェーデンとフィンランドのみが，一貫して同じグループに属している。第4に，日本は，1975年から1989年および1984年から1999年の期間では，他の国々と一定上の距離を保っていたが，1994年から2012年の期間では，第2グループと非常に近い距離に位置し，したがって第1グループとも比較的近い距離にある。

　つぎに，上記の4つのグループそれぞれの主成分得点の平均に注目して，各グループの特徴付けをする。図9-18には，横軸方向に第1主成分得点，縦軸方向に第2主成分得点がそれぞれ測られ，4つのグループそれぞれの主成分得点の平均値，および日本の主成分得点について，1975年から2012年までの時系列的推移が示されている。図より，4つのグループそれぞれの時系列的推移の違いが明確に読み取れる。第1グループは第1象限，第2グループは第2象限，第3グループは第4象限，第4グループは第3象限において，それぞれ推

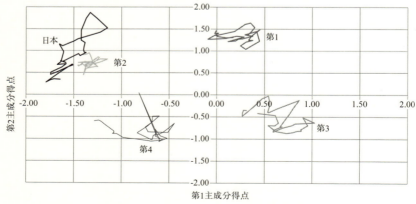

図9-18　4つのグループおよび日本に関する第1および第2成分得点の時系列的推移（1975-2012年）

図 9-19　4つのグループおよび日本に関する第2および第3成分得点の
　　　　時系列的推移（1975-2012 年）

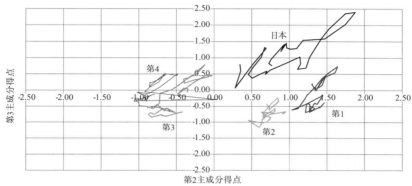

移している。つまり，第1グループは，第1主成分「負担の広範性」および第2主成分「負担の公平性」がともに相対的に高く，第2グループは，第1主成分「負担の広範性」が相対的に低くかつ第2主成分「負担の公平性」が相対的に高く，第3グループは，第1主成分「負担の広範性」が相対的に高くかつ第2主成分「負担の公平性」が相対的に低く，第4グループは，第1主成分「負担の広範性」および第2主成分「負担の公平性」がともに相対的に低い。なお，日本は，第2グループよりも北西方向で推移し，第2グループと同様に，第1主成分「負担の広範性」が相対的に低くかつ第2主成分「負担の公平性」が相対的に高い。

　図 9-19 には，横軸方向に第2主成分得点，縦軸方向に第3主成分得点がそれぞれ測られ，4つのグループそれぞれの主成分得点の平均値，および日本の主成分得点について，1975年から2012年までの時系列的推移が示されている。図より，第1および第2グループは，第1または第4象限で推移し，第3および第4グループは，第2または第3象限で推移している。また，第3主成分得点の変動の範囲について，4つのグループの間で顕著な違いは認められない。したがって，4つのグループの間では，第3主成分「負担の法人税依存

258 第Ⅲ部 財政金融の諸問題

度」に関して顕著な違いは認められないが，第2主成分「負担の公平性」に関して，それが相対的に高い第1および第2グループと相対的に低い第3および第4グループに分かれる。このように，第1および第2グループと第3および第4グループの2つに分かれることは，図9-17の3つの主成分によるグループの凝集過程の結果と整合的である。なお，日本は，第2主成分「負担の公平性」に関しては，第1および第2グループと同程度であるが，第3主成分「負担の法人税依存度」の高さを反映して，第1および第2グループよりも上方の領域で推移している。

第5節においては，日本と4つのグループとの政府債務の対GDP比に関する比較，さらに日本と政府債務の対GDP比が高い国々との比較を踏まえて，将来の日本の租税構造の方向性について検討する。

5. 将来の日本の租税構造の方向性について

まず，将来の日本の租税構造の方向性を考えるにあたり，現在の日本の財政状況を特徴付ける政府債務の対GDP比について検討する。

図9-20には，1997年から2012年にわたる政府債務の対GDP比に関して，第4節で導かれた4つのグループそれぞれの平均と日本について，その時系列的推移が示されている。政府債務の対GDP比に関して，4つのグループ平均は，何れも2000年代半ば以降上昇傾向が見られるが，一番高い第4グループ平均でも115％ほどに止まっている。一方，日本の政府債務の対GDP比は，1997年時点では，何れのグループ平均よりも高いが，際だって高い水準にはないのが，その後急激に上昇し，2012年時点で215％に達している。

図9-21には，政府債務の対GDP比に関して，1997年時点において，日本と同水準またはそれ以上の国々，ベルギー，カナダ，ギリシャ，イタリアの時系列的推移が示されている。2012年の時点では，日本の水準が約215％で際立って高く，2番目に高いギリシャでも約166％である。なお，ベルギーは第3グループに属し，カナダは第1グループに属し，ギリシャは第4グループに属している。

第9章 租税構造の国際比較 259

図9-20 4つのグループおよび日本に関する政府債務の対GDP比の時系列的推移（1997-2012）

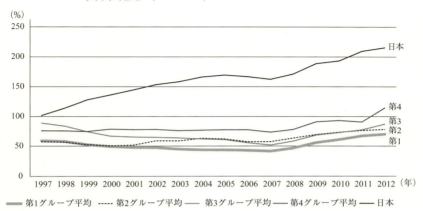

図9-21 5ヶ国の政府債務の対GDP比の時系列的推移（1997-2012）

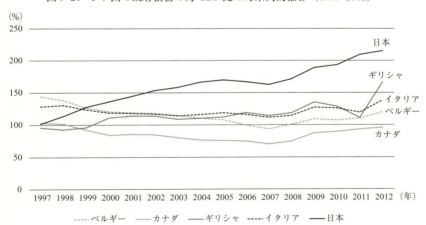

つぎに，図9-21に示された政府債務の対GDP比が高い国々について，租税の構成を比較する。図9-22から図9-26において，ベルギー，カナダ，ギリシャ，イタリア，日本に関して，個人所得税収の対GDP比，法人所得税収の対GDP比，社会保障負担の対GDP比，財産税収の対GDP比，財・サービス税収の対GDP比，それぞれの時系列的推移が示されている。図9-22より，個人

260　第Ⅲ部　財政金融の諸問題

図 9-22　個人所得税収の対 GDP 比の時系列的推移（1975-2012）

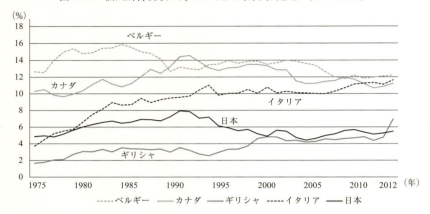

図 9-23　法人所得税収の対 GDP 比の時系列的推移（1975-2012）

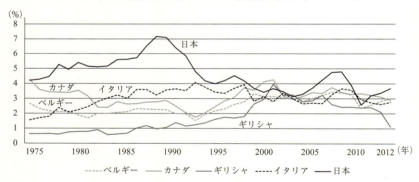

　所得税収の対 GDP 比に関して，日本の水準は，ギリシャと同様に一貫して他国と比較して低い。図 9-23 より，法人所得税収の対 GDP 比に関して，日本の水準は，1990 年代初めまでは他国と比較して高い水準で推移しているが，それ以降は急激に下落し他国とほぼ同水準で推移している。図 9-24 より，社会保障負担の対 GDP 比に関して，日本の水準は，ギリシャと同様に急激に上昇して高い水準に到達している。図 9-25 より，財産税収の対 GDP 比に関して，

図 9-24 社会保障負担の対 GDP 比の時系列的推移（1975-2012）

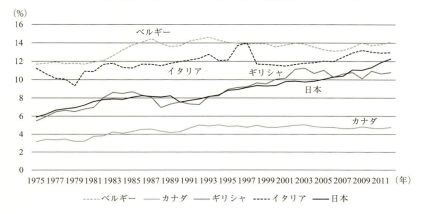

図 9-25 財産税収の対 GDP 比の時系列的推移（1975-2012）

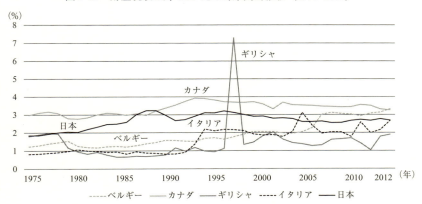

日本の水準は，カナダと同様に，一貫して高い水準で推移している。図 9-26 より，財・サービス税収の対 GDP 比に関して，日本の水準は，一貫して他国と比較して極めて低い。

ところで，図 9-20 および図 9-21 においてすでに見たように，2012 年における日本の政府債務の対 GDP 比が極めて高い。一方，日本の総税収の対 GDP 比は，図 9-1 より，OECD20 ヶ国平均と比較して低い水準であり，さらに図

図 9-26 財・サービス税収の対 GDP 比の時系列的推移（1975-2012）

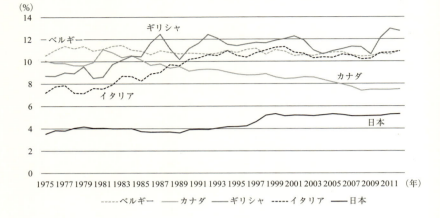

図 9-27 5 ヶ国の総税収の対 GDP 比の時系列的推移（1975-2012）

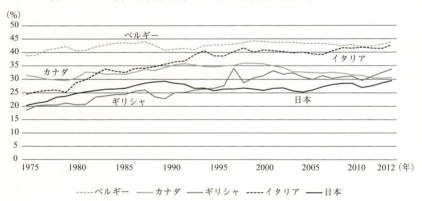

9-27 より，政府債務の対 GDP 比が高いベルギー，カナダ，ギリシャ，イタリアと比較しても低い水準である。したがって，日本の財政再建のためにも，税収の対 GDP 比における増税の余地は十分にあると考えられる。

　税収の対 GDP 比の観点から増税を検討する場合，それにより租税構造は変化する。具体的に検討するにあたっては，各租税項目の対 GDP 比の動向を示した，図 9-3 から図 9-7，および図 9-22 から図 9-26 の結果が手がかりになる。各租税項目の対 GDP 比に関して，2000 年代以降，OECD20 ヶ国平均およ

び政府債務の対 GDP 比が高い国々と比較して，日本の水準が際立って高い租税項目はない。ただし，日本の社会保障負担の対 GDP 比は，高齢化を反映して急激に上昇しているので，将来も過去と同じようなペースで増加すれば，際だって高い水準になる可能性は十分にある。一方，個人所得税収の対 GDP 比および財・サービス税収の対 GDP 比において，OECD20 ヶ国平均および政府債務の対 GDP 比が高い国々と比較して，日本の水準は一貫して低い水準で推移している。したがって，税収の対 GDP 比という観点から，日本における増税を考える場合，個人所得税および財・サービス税において増税の余地があると考えられる。

日本において，増税にあたり，個人所得税収の対 GDP 比および財・サービス税収の対 GDP 比を増大させることにより，租税構造は変化する。このような税収の対 GDP 比の変更による租税構造の変化を検討するにあたり，第 3 節および第 4 節において検討された主成分に注目する。個人所得税収の対 GDP 比および財・サービス税収の対 GDP 比の増大は，表 9-3 の主成分負荷量に注目すると，第 1 主成分「負担の広範性」を増大させる。また，高齢化の進展を考慮すると，社会保障負担の対 GDP 比が引き続き上昇することも予想され，その場合，第 2 主成分「負担の公平性」が低下する可能性も考えられる。

図 9-18 を用いてこのような 2 つの主成分得点の変化を通じて，日本の租税構造の変化を検討する。図 9-18 では，横軸方向に「負担の広範性」，縦軸方向に「負担の公平性」が，それぞれ測られている。日本は，これまで，つねに第 2 象限上にあり，第 2 グループ（スイス，アメリカ）よりも北西方向に位置している。2012 年時点における日本の位置は，過去の時系列的推移の軌跡のうちで，第 2 象限と第 3 象限の境界に近いところにある。したがって，先に述べたように，日本の租税構造が，今後，第 1 主成分「負担の広範性」が増大し，第 2 主成分「負担の公平性」が低下するように推移すると，第 4 グループ（ドイツ，スペイン，ギリシャ）の方に向かって変化すると予想される。

264　第Ⅲ部　財政金融の諸問題

6. お わ り に

　本章の分析では，OECD20 ヶ国に関して，1975 年から 2012 年までの OECD Revenue Statistics のデータを用いて主成分分析および階層的クラスター分析を行い，租税構造の国際比較，および日本の租税構造の現状と将来の方向性について検討した。その結果，主として以下のような結論を得ることができた。

　第 1 に，OECD Revenue Statistics のデータを用いて主成分分析を行った結果，第 1 主成分「負担の広範性」，第 2 主成分「負担の公平性」および第 3 主成分「負担の法人税依存度」を抽出した。なお，累積寄与率より，3 つの主成分で，全体の情報の 81.60% を説明することができる。

　第 2 に，第 1 主成分「負担の広範性」の主成分得点の時系列的推移について，OECD20 ヶ国平均は，1980 年代半ばから世界金融危機までの間，比較的高い水準で推移している。一方，日本の水準は，一貫して OECD20 ヶ国平均と比較すると極めて低い水準で推移している。

　第 3 に，第 2 主成分「負担の公平性」の主成分得点の時系列的推移について，OECD20 ヶ国平均は，1990 年代半ば以降，それ以前よりも高い水準で推移している。一方，日本の水準は，1980 年代後半をピークとして，OECD20 ヶ国平均よりも一貫して高い水準で推移しているが，2000 年代以降は，OECD20 ヶ国平均の差は小さくなっている。

　第 4 に，第 3 主成分「負担の法人税依存度」の主成分得点の時系列的推移について，OECD20 ヶ国平均は，1990 年代半ば以降，それ以前よりも高い水準で推移しているが，世界金融危機後，急激に水準が低下している。一方，日本の水準は，OECD20 ヶ国平均よりも高い水準で推移しており，バブル経済期にピークに達し，1990 年代末以降，OECD20 ヶ国平均との差は小さくなっている。

　第 5 に，3 つの主成分得点に対して階層的クラスター分析を行った結果，OECD20 ヶ国から，つぎの安定的な 4 つのグループを抽出した。第 1 グループは，オーストラリア，カナダ，イギリス，ニュージーランド，第 2 グループ

は，スイス，アメリカ，第3グループは，ベルギー，フィンランド，アイルランド，スウェーデン，第4グループは，ドイツ，スペイン，ギリシャである。

第6に，第1および第2主成分に関して，第1グループは，相対的に「負担の広範性」および「負担の公平性」が高く，第2グループは，相対的に「負担の広範性」は低いが，「負担の公平性」は高く，第3グループは，相対的に「負担の広範性」は高いが，「負担の公平性」は低く，第4グループは，相対的に「負担の広範性」および「負担の公平性」が低い。また，第1および第2グループは，第3および第4グループと比較すると，第3主成分「負担の法人税依存度」が相対的に高い。

第7に，OECD20ヶ国平均および日本について，税収の対GDP比を比較すると，つぎのようになる。日本の総税収の対GDP比は，OECD20ヶ国平均と比較すると低い水準にある。また，日本の個人所得税収および財・サービス税収の対GDPは，OECD20ヶ国平均と比較すると，一貫して際だって低い水準で推移している。さらに，日本の社会保障負担の対GDPは，急速な高齢化を反映して急激に上昇して，OECD20ヶ国平均と比較してもかなり高い水準になっている。

第8に，日本の財政再建にあたり増税を考える場合，税収の対GDP比の観点からは，個人所得税収および財・サービス税収の対GDPの引き上げが考えられる。また，高齢化にともなう社会保障負担の対GDPの一層の上昇も考慮すると，将来の日本の租税の構成は，2つの主成分の観点からは，第1主成分「負担の広範性」が増大し，第2主成分「負担の公平性」が低下するように推移し，第4グループ（ドイツ，スペイン，ギリシャ）の方に向かって変化すると予想される。

ところで，本章では，分析対象国の制度を考慮せずに，単にデータを処理することにより分析を行った。そのため，各国の租税構造が，どのような要因によってもたらされるのか，明確にされていない。このような問題は，さらなる分析をすすめるにあたり重要であり，今後の課題としたい。

参 考 文 献

赤間祐介（1989a）「先進産業国の歳入構造（上）―税収構成の政治的要因」（『季刊
　　行政管理研究』47）33-48 ページ。

赤間祐介（1989b）「先進産業国の歳入構造（下）―税収構成の政治的要因」（『季刊
　　行政管理研究』48）13-24 ページ。

内田治（2013）『主成分分析の基本と活用』日科技連出版社。

加藤慶一（2014）「オーストラリアとニュージーランドの税・給付制度―累進度お
　　よび再分配効果と効率性等との相克」（『レファレンス』757 号）43-79 ページ。

畑農鋭矢・中東雅樹・北野祐一郎（2003）「租税構造の国際比較」（『PRI Discussion
　　Paper Series』（No.03A-22））。

Adams, A., Kammas, P. and A. Lapatinas (2015), Income inequality and the tax structure: Ev-
　　idence from developed and developing countries, Journal of comparative economics 43,
　　pp.138-154.

Angelopoulos, K., Economides, G. and P. Kammas (2012), Does cabinet ideology matter for
　　the structure of tax policies?, European Journal of Political Economy 28, pp.620-635.

Ehnhart H. (2013), Elections and the structure of taxation in developing countries, Public
　　Choice 156, pp.195-211.

Peters, B. G. (1980), Determinants of choice in tax policy, in Dye, T. R. and V. Gray eds. The
　　determinants of public policy, Lexington, pp.203-211.

第IV部

労働と産業の政策課題

第 10 章

超高齢社会における労働市場政策

阿 部 正 浩

1. は じ め に

　働く意思があり，働く能力を持つ人々がいきいきと活躍できる社会は，いつの時代にも望まれる社会像だ。ところが，1990年代後半以降のわが国では，働く意思も働く能力もある人々が，必ずしも活躍できていない社会が出現しつつある。

　まず，90年代前半のバブル経済崩壊以降，わが国では失業率が持続的に高まり，大きな問題となった（図10-1）。失業率は，労働力人口に占める失業者の割合と定義され，働く意思があって働く能力のある人々が職に就けていない割合を意味する。人々が働こうとする主な理由は生活の糧を得るためであり，働く意思がある人々のうちで失業する人が増えるということは，生活の糧を得たくても得られない人が増加しているということになる。また，働く能力を持ちながら失業して仕事に就けない労働者が増えるということは，社会が有能な人材を有効に活用できていないということでもある。90年代後半以降のわが国は，生活困窮度が高く，人材を有効に活用できていない社会になったともいえる。

　また，90年代後半以降の日本経済は若年者層の良好な就業機会を減少させ，フリーターやニートの増加といった若年労働者問題を引き起こした[1]。例え

図 10-1　完全失業率の動き

(出所)『労働力調査』(総務省統計局)。

ば，最初に就いた仕事が非正規の職員・従業員だった者の割合は，1987年10月～1992年9月の間に初職に就いた雇用者では13.4%だったものが，年々上昇傾向にあり，直近の2007年10月～2012年9月になると39.8%にも達している（図10-2）。20数年前なら10人に1人がフリーターだったものが，最近では10人に4人となっている。

　若年層に対する良好な就業機会の減少は，日本経済の将来に負の影響を与える可能性がある。若年期は職業能力の開発を行う期間で，若年労働者は職業教育や訓練を受けることで人的資本を蓄積し，職業能力を磨いていく。人的資本を蓄積するほど，労働者の生産性は向上し，当人の賃金も上がる。そして，人的資本を蓄積した労働者が多くなるほど社会全体の生産性も高まり，経済も成長する。ところが，わが国の職業能力開発は企業が主体となり主に正社員に対して行われるのが一般的であり，非正規雇用者の職業能力開発の機会は乏し

1）　フリーターは，在学していない若年者で，アルバイトやパートなどの非正規雇用で働いている労働者。ニートは，職に就かず，教育も職業訓練も受けていない若年者。いずれも1990年代後半から社会問題化してきた。

図 10-2 初職非正規割合の推移

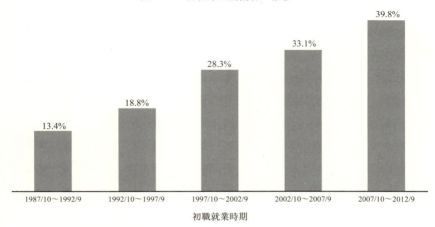

(注) 初職就業時に「雇用者（役員を除く）だった者に占める非正規の職員・従業員」の割合。初職とは最初に就いた仕事のことである。ただし，通学の傍らにしたアルバイトなどは含まれない。
(出所) 総務省「就業構造基本調査」（平成 24 年）。

い。若年層の良好な就業機会が減り，彼らの能力開発機会が奪われると，当人の職業生活だけでなく，社会全体にも悪影響を及ぼす。

　さらに，過労による労働災害が年々増加していることも問題だ。図 10-3 は脳・心臓疾患および精神障害による労災支給決定件数を全労働者数で割った労災発生率（10 万人あたり）を月平均の所定外労働時間ごとに示している。所定外時間が長いほど労災発生率は上昇し，80 時間を超えると極端に高くなっていることがわかる。医学的見地からの研究では，長時間労働が睡眠時間や脳・心臓疾患に多大な影響を与えるという結果が多数示されている。2005 年の労働安全衛生法の改正で一定以上の時間外労働などをした労働者には医師の面接指導などが義務化されたが，労災の発生は減少していない。過労による労災を減らすことは，安全・安心な社会を築くための喫緊の課題となっている。

　他方で，以前に比べると女性や高齢者がわが国の労働市場で活躍する機会が増えていることも事実だ。

　まず，女性の労働力率は，以前よりも高まる傾向にあり，20 歳代後半から

図 10-3 所定外労働時間別,脳・心臓疾患と精神障害の労災発生率

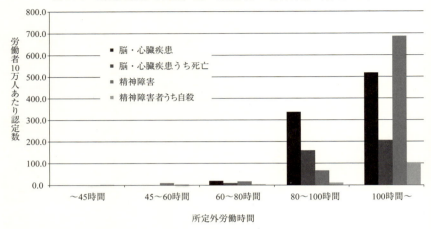

(注) 数値は労働者 10 万人あたりの労災認定数である。なお,所定外労働時間別の労働者数は筆者による推計値を用いた。
(出所)「脳・心臓疾患と精神障害の労災補償状況（平成 24 年度）」（厚生労働省）,「労働時間等総合実態調査（平成 25 年度）」（厚生労働省）,「毎月勤労統計調査（平成 24 年度）」（厚生労働省）。

30 歳代前半に観察されてきた労働力率の落ち込みは年々小さくなっている。ただし,これには仕事と家庭の両立支援（ワーク・ライフ・バランス）策の拡充によって正規雇用で働く女性が増加傾向にある一方で,企業による非正規雇用者の基幹化が女性雇用を拡大した面も否定できない。

また,高齢者の場合も,2012 年（平成 24 年）の「高年齢者等の雇用の安定等に関する法律」（高年齢者雇用安定法）の改正[2]によって,65 歳までの継続雇用を採用する企業が増えており,60 歳代前半の労働力率は高まっている。た

---

2) 高年齢者雇用安定法では,事業主は 60 歳未満の年齢で定年を定めることはできない（法第 8 条）。また,65 歳未満の定年を定めている事業主に対しては,65 歳までの雇用を確保するため,定年の引上げか継続雇用制度の導入,あるいは定年の廃止のうち,いずれかの措置を講じることが平成 16 年の改正で既に義務付けられている（法第 9 条）。従来は継続雇用制度において労使協定によって基準が定められた場合には希望者全員を対象としない制度も可としていたものを,今回の改正では希望者全員を雇用することを義務化している。

だし，法改正の影響を受けていない 65 歳以上の労働力率は以前よりも低くなる傾向にある。

このように，1990 年代後半以降になってわが国の労働市場には様々な問題が出現してきた。こうした問題を克服し，働く意思と能力を持つ人々が活躍できる，全員参加型社会の実現を目指すことが，今後ますます進展する超高齢社会では必要になると考えられる。そのために，どのような労働市場政策が必要かを以下では議論してみたい。

2. これまでの労働市場政策

第二次世界大戦後の労働市場政策が立案された背景とその政策内容とを概観することで，わが国の労働市場政策の特徴を見ておこう。

一般に，政策は一度取られると長期間にわたって継続される傾向にある。経済や社会あるいは市場に大きな変化が無ければ，政策の転換は起きないのが普通だ。労働市場政策も同様で，今ある政策は過去に取られてきた政策の路線上にあるものが多く，政策の転換は多くはない。ただし一部の政策は，過去の路線から別れて，新たに立案され，施行されているものもある。これまでの政策を振り返ることで，現在の政策がどのような経緯で立案されたかを確認でき，現在の労働市場とそれを対比させることで，これからの政策のあり方についての参考になるだろう。

2-1 不完全就業問題と労働市場流動化策

第二次世界大戦後，わが国の生産設備は，戦争中の爆撃などにより，大きな損傷を受けた。1946 年（昭和 21 年）の実質国民経済生産は 1934 ～ 36 年平均の約 65％まで縮小しており，大幅な資本不足の状態にあった（「1957 年度経済計画大綱」）[3]。その一方で，海外からの引揚者や復員者などによって，1930 ～

---

3) 資本不足に陥った理由としては，戦時中の軍需産業への産業動員の過程で，軍需産業以外の産業への資本投下が極端に縮小されたことや，道路や上下水道などの社会資本への投資もなされなかったこともあげられる。

40 年の人口増加率は約 11.6％にも達し，国内人口は大幅に増加した。このうち生産年齢人口（15 歳以上 59 歳人口）の増加率は 13.9％に達していた。生産資本が不足する一方で，生産年齢人口が急増するとなると，仕事に就くことができない人々が急増する。1946 年に内閣統計局が行った人口調査では，労働力人口に占める失業者の割合が 5.3％，月間就業日数 20 日未満の者の割合が 21.1％で，月間就業日数 20 日以上の者の割合は 73.5％であり，失業者および不完全就業者の割合は非常に高かった。そして，不完全就業者の多くは農村部に寄宿しており，1946 年の調査では市部人口 30 に対して郡部人口は 70 に達していた。こうした状況に対して政府は，傾斜生産方式と公共事業による経済復興によって雇用機会を創出すると同時に，職業安定法（1947 年制定）によって労働移動をスムーズに行い，求職者と求人企業のマッチングを高めようとした[4]。さらに，失業保険法を 1947 年に制定し，失業者や不完全就業者の生活保障に対応しようとした。

1950 年代に入ると，朝鮮戦争による特需によって，1950 年代前半には製造業を中心に日本経済は活況を呈するようになる。この時期の労働市場は，製造業への就業者も増加したが，それ以上に卸・小売，金融，不動産業やサービス業など第 3 次産業への就業者が増加した[5]。就業者の増加が製造業でほどほどだった背景には，製造業で新規設備投資が行われるなどして生産性が急上昇したため，就業者の増加にはあまり寄与しなかったためと考えられる。全般的に就業者が増加する一方で，同時に完全失業者も増加傾向にあり，この時期に不完全就業者の問題が改めてクローズアップされるようになった。当時の失業対策審議会による報告書『潜在失業に関する調査報告書』では，労働力人口

---

4)　ただし，氏原（1981）によれば，戦後直後の公共事業などによる雇用機会の創出は少なく，公共職業安定所による斡旋，紹介は，石炭労務者や駐留軍労務者に限られ，失業保険制度も発足したばかりで，いずれもその政策効果は限定的だとされている。

5)　当時の総理府統計局による『労働力調査』によると，1950 年から 53 年にかけて，労働力人口は 10.8％増加し，就業者は 10.9％の増加，完全失業者は 4.5％増加した。また，製造業の就業者は 9.3％増加し，卸・小売および金融・不動産の就業者は 55.6％の増加，サービス業では 40.4％増加した。

第 10 章　超高齢社会における労働市場政策　275

3,610 万人のところ，失業者が 53 万人，不完全就業者が 696 万人とされ，労働力人口の約 2 割が不完全就業者だった。この結果から，失業対策審議会では 1955 年の報告書の冒頭部分において，「(前略) このような状態においては，失業を一時的例外的のものとみて，その対策を事後的救済措置のみに求めることは妥当とは思われず，……。失業問題がいまや，雇用一般の問題として事後的救済措置から雇用増進政策，すなわち財政経済を通ずる政策にその重点を移さなければならない……。」(失業対策審議会(1955)『日本における雇用と失業に関する報告書』) として，労働市場政策を積極的雇用政策へと舵を切るように促している。

　1950 年代後半に入ると，神武景気 (54 年 11 月〜57 年 6 月) や岩戸景気 (58 年 6 月〜61 年 12 月) など，長期の好況局面を迎えて就業環境も好転する。1954 年から 60 年にかけては，就業者全体では 11.8％増加する一方で，農林業の就業者はマイナス 12.2％となった。第 2 次産業や第 3 次産業の就業者が増加し，雇用者も増加した。1960 年以降になると，『国民所得倍増計画』(1960 年 12 月 27 日閣議決定) の下で日本経済はさらに成長し，就業構造も変化が促された。そもそも国民所得倍増計画の目的は，「……，速やかに国民総生産を倍増して，雇用の増大による完全雇用の達成をはかり，国民の生活水準を大巾に引き上げることを目的とするものでなければならない。この場合とくに農業と非農業間，大企業と中小企業間，地域相互間ならびに所得階層間に存在する生活上および所得上の格差の是正につとめ，もつて国民経済と国民生活の均衡ある発展を期さなければならない。」とされている。しかし実際のところは，重化学工業など高生産部門での就業機会を拡大し，第 1 次産業や第 3 次産業，そして第 2 次産業の零細部門に存在した不完全就業者を高生産性部門に吸収しようと企てられていた。そうすることで，低生産性部門の生産性も向上すれば，失業者および不完全就業者が一掃され，完全雇用状態が達成できる。このため，この時期の労働市場政策は，労働力流動化を志向するものとなった。

2-2 国民所得倍増計画と新卒一括採用

1960 年代に入ると，国民所得倍増計画での目標を上回る経済成長を日本経済は実現し，極めて大きな労働需要が発生した。しかも，高い経済成長によって技術革新が促されて産業構造が変化し，産業や職業間の労働需要構成にも変化が生じていた。例えば，エネルギー革命によって石炭から石油や天然ガスへ燃料転換が起こり，国内産炭地の炭鉱労働者の失職が増加した。その一方で，国民所得の増大によって第 3 次産業の従事者は急増していたのである。

しかし，産業や職業によるミスマッチ問題が大きくならなかったのは，団塊世代の新規学卒を中心とした膨大な労働供給がこの時期に存在したからである。さらに，この新規学卒者の就職が，当初は公共職業安定所による全国的な計画的ジョブ・マッチングによって，そして 60 年代以降は学校と企業間の連携が増加することによって，効率的に行われたことも見逃せない[6]。従来から一部の大企業で新規学卒者の一括採用は行われていたが，この時期に高卒者を中心にして大企業が大量採用を実施したことから，この新卒一括採用はわが国で一般的な雇用慣行となっていった。

その一方で，この時期には炭鉱労働者の失職問題など構造的失業問題の根が深かったのも事実だ。そのため，炭鉱離職者対策や中高年齢者失業対策も重要な労働市場政策であった。例えば，1960 年の炭鉱離職者臨時措置法（1963 年には改正）では，炭鉱離職者を常用労働者として雇い入れた事業主に雇用奨励金を支給したり，炭鉱離職者が再就職した場合に再就職奨励金を支給したりして，問題に対応しようとしている。また，この臨時措置法は地域間移動を伴う広域職業紹介を可能にしたり，各種の再教育，再訓練への助成を行うことで職業転換を図ったりなどもしている。中高年齢失業者に関しても，1963 年の職業安定法の改正で，臨時措置法と同様の就職促進策が採られている。これらの政策は，これ以降のわが国の雇用政策の原型であり，後に制定される雇用保険法で体系化されることになる。

---

6) 詳細については菅山（2011）。

2-3 オイル・ショックと日本的な労働市場政策の確立

1970年代に入ると，2度のオイル・ショックがあり，わが国の高度成長も陰りが見えてくるようになる。国際的に原油価格などが急騰し，日本経済および日本企業には大打撃が与えられた。こうした状況を乗り越えるため，日本企業はコスト削減を目指した減量経営戦略を採り，現代風にいえば「選択と集中」を行った。それまでの日本企業は，例えば輸送や運搬，機械設備の修理・保全，あるいは清掃など，本来の目的以外の附帯的活動も自前で行っていることが多かったが，それを外部化してコスト削減を行うなどである。これにともなって，対事業所サービス業が増加し，就業者も増加した。

オイル・ショックに前後して，1974年の年末に雇用保険法が成立した。失業保険から雇用保険に変わったことで，これまでの労働市場政策が体系化され，これ以降の典型になっていく。特に，雇用改善事業，能力開発事業，雇用福祉事業という3事業が雇用保険には加わり，政策としての積極的労働市場政策が確固たるものに位置付けられた。それまでは，不完全就業問題や構造的失業問題に対応して，ある意味では場当たり的に行われてきた対策が，雇用保険法で体系化されたのである。とりわけ構造的失業問題への対応を一過性のものとせず，将来的に起こりえる問題として位置付けしようという意図があったと考えられる。

中でも雇用改善事業に含まれた雇用調整給付金制度は，折からのオイル・ショックに即応する政策として注目を浴び，わが国に特徴的な政策となっていく。当時の雇用調整給付金制度は，一定の指定基準の下で指定された不況業種に所属する事業主が，経済的理由によって一時休業を余儀なくされるような場合に，事業主が支払う休業手当の一部を給付する制度であった[7]。その背景には，従業員の雇用を維持したまま，事業多角化などによって業種転換し，産業構造の転換に対応できると考えられたからである。労働者の産業構造転換が内

---

7) 雇用調整給付金制度によって，オイル・ショックによる解雇または希望退職者募集を回避することができるようになるため，それまで成立が危ぶまれていた雇用保険法の成立を労使それぞれが支持に回ることになった。

278　第Ⅳ部　労働と産業の政策課題

部労働市場を利用して達成することができれば，外部労働市場を通して達成するよりも，失業発生は生じないから効率的だ。ただし，そのためには企業経営が将来的にも持続可能性が高いことが前提であり，この時期にはそれも可能だった。

　80年代に入ると，日本経済は2度のオイル・ショックを乗り越えて一旦は安定成長を実現するものの，1985年のプラザ合意以降は円高ドル安の急速な進展により輸出産業を中心に景況感は悪化した。前後して，先進諸国がオイル・ショックの後遺症に喘ぐ中，日本経済が大幅な国際収支黒字を享受し，日米間の貿易摩擦問題が拡大していた。日本政府は国際収支是正のため『前川リポート』あるいは『新前川レポート』をまとめ，内需拡大や市場原理の導入，輸入障壁の撤廃，日本経済の構造調整などが提言された。この時期の労働市場政策は，円高進展などによって産業構造が急速に変化していたため，経済政策や産業政策との連携をより密にするようになった。雇用調整助成金の助成内容拡大（時限措置），緊急雇用安定地域の指定，30万人雇用開発プログラムの実施，さらには特定求職者雇用開発助成金の助成率引き上げ（時限措置）などの策が採られた。また，経済社会の変化や労働者の意識変化に対応した政策も次々に登場したのがこの時期だ。経済構造調整の実現のために，労働時間をそれまでの週48時間制から段階的に週40時間制へ削減することが1987年の労働基準法改正によって決められた。また，1985年には女性労働者の活躍への阻害を防ぐために男女雇用機会均等法が制定されているし，労働者の多様な就業ニーズに応えるべく労働者派遣法が制定されている。この他，職業能力開発促進法や高年齢者等雇用安定法なども制定された。

2-4　労働市場政策の機能不全

　1980年代までには確立したわが国の労働市場政策は，労働者個人を支援するのではなく，企業の人事管理を通して完全雇用を達成しようという思想で展開されてきた。新卒採用や終身雇用，そして企業内訓練などの日本的な雇用慣行の下では，企業が労働者の雇用を保障するため，企業の人事管理を支援する

第 10 章 超高齢社会における労働市場政策 279

ことが完全雇用の達成や労働者の生活安定には最も効率が良い政策であったからだ[8]。

しかしながら，日本の労働市場政策は，90年代後半になると総じて機能障害を起こすようになる。その大きな要因として，労働者に求められるスキルが変容してきたことによって，企業による人材育成の重要性が弱まってきたことがあげられる。日本の主な企業が従業員の雇用保障を重視してきたのは，人材育成を重視してきたからに他ならない。従来，従業員の職務遂行において企業特殊的なスキルや知識が重要視されており，そのために企業が独自の訓練を行うことで従業員の企業特殊熟練を磨いてきた。従業員が身につけるスキルや知識が企業特殊的であるほど，他企業への転職は不利になるから，事前に雇用を保障しないと，従業員は企業特殊熟練を磨くインセンティブを失う。だから，企業は雇用を保障して，従業員の企業特殊的熟練を磨いてきた。

ところが，技術革新によって企業特殊熟練の重要性が弱まってきた。1970年代のME化はブルーカラー労働者の熟練形成に大きな影響を及ぼすようになったし，90年代後半からのIT化はホワイトカラー労働者の熟練形成に大きな影響を及ぼすようになっている。この結果，企業の人材育成が変容し，従来のような企業主体の能力開発から個人主体の能力開発へと舵を切る必要が出てきた。

また，企業の従業員に対する雇用保障が退行し，解雇や早期退職などの雇用調整手段を採る企業が増えてきた。90年代前半まで，景気が後退して企業が雇用調整する際に採られた調整手段の多くは残業禁止や新卒採用の中止であ

---

8) 樋口（2001）によれば，日本の雇用政策の特徴はつぎのようなものであるという。第一に，景気対策が重視され，多額の政府資金が投入されてきたこと。第二に，雇用政策関連支出が公共事業費に比べて低く抑えられてきたこと。第三に，企業の雇用維持を支援しようとしてきたこと。第四に，解雇を制限して企業の雇用責任を追及する一方で，企業には包括的人事権を認めてきたこと。第五に，高齢者の雇用創出には力を入れてきたが，若年対策には関心が払われてこなかったこと。第六に，労働者の能力開発に関しては公共職業訓練を充実させるとともに，企業内部の能力開発を重視し，これを充実させようとしてきたこと。第七に，男女間や多様な雇用形態間の均等対策が総じて遅れたこと。

り，非正規雇用者の雇止めはあっても，正規雇用者数の調整は自然減に任せていたのが一般的だった。ところが90年代後半以降は，正規雇用者の解雇や早期退職といった手段を採る企業も増えており，正規雇用者の雇用保障は揺らぎ，日本的な労働市場政策が「行き過ぎた雇用維持」と指摘されるようになった。

さらに，未熟練でもできる仕事が増え，それを担う非正規雇用者が80年代半ば以降から傾向的に増加した。それまで非正規雇用者は縁辺労働力と位置付けられ，政策の対象としてはあまり重視されていなかった。非正規雇用者の大部分が，学生や主婦であり，家計を補助するために働く人々であったからだ。ところが，90年代半ば以降になると，若年フリーターが増加し，中高年フリーターも現れ，家計の主たる生計者が非正規労働者として働くケースも増えてきた。正規雇用を対象とした日本的な労働市場政策のこうした人々に対する政策対応は遅れてしまい，特に若年労働者対策は後手に回っている。

3. 現下の労働市場の概況

本章を書いている時点でのわが国の労働市場は，リーマン・ショック以前と同様の比較的良好な状態にある。図10-1のとおり，完全失業率は2009年7月以来低下トレンドにあり，2015年3月時点では3.4％となっている。また，有効求人倍率も2009年5月以来上昇トレンドにある。2015年3月時点の有効求人倍率は1.15であり，一部の職種では人手不足に陥っている。有効求人倍率の高い方から，医師，歯科医師，獣医師，薬剤師6.70，建設躯体工事の職業6.65，保安の職業4.76，建築・土木・測量技術者3.78，医療技術者3.05，建設の職業2.81，保健師，助産師，看護師2.74，土木の職業2.61などで，医療や建設の分野で人手が不足している。

このように現下の労働市場はかなり逼迫気味にあり，その意味において労働市場改革など行わなくともよいのではないかという見方が無いわけではない。少なくとも失業問題は解決しそうである。労働需要は，生産活動から派生するものであり，生産活動が活発になれば増加して失業率は下がるはずだからだ。

したがって，生産活動を促進するように有効需要政策を適切に行うことができれば，労働市場の問題（少なくとも失業問題について）は解決するはずだ。

しかしながら，実際にはそうとはいい切れない。というのは，労働市場の長期的・構造的な課題を（短期的な）有効需要創出だけでは解決できないからである。

この点について，まず図10-4のUV曲線の推移を見ながら考えてみよう。UV曲線は，縦軸に雇用失業率を，横軸に欠員率をとり，欠員と雇用失業の関係を見ているものだ。ただし，雇用失業率は（失業者数）÷（失業者数＋雇用者数）で計算され，欠員率は（有効求人数－就職件数）÷（有効求人数－就職件数＋雇用者数）で計算される。失業者数と雇用者数は総務省統計局の『労働力調査』を用い，有効求人数と就職件数は厚生労働省の『職業安定業務統計』を用いている。

ここで欠員とは，企業が求人を出しているにもかかわらず，それが埋まらずに企業内の席が空いている状態のことだ。欠員が存在すると利益を逸する可能性が高いため，企業は欠員をできるだけ早く埋めようと努力する。したがっ

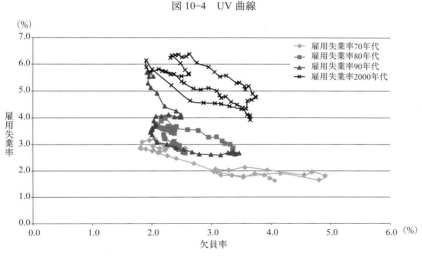

図10-4　UV曲線

(出所)『労働力調査』（総務省統計局），『職業安定業務統計』（厚生労働省）。

282 第Ⅳ部 労働と産業の政策課題

て，他の条件が同じであれば，欠員が多いときほど新規に雇われる労働者は多くなり，失業者は減るはずである。このため UV 曲線は右下がりに描かれると予想される。

実際，図 10-4 では UV 曲線は右下がりになっており，欠員率が高まると失業率は低下している。ただし，時代とともにその水準が異なっていることに注意して欲しい。70 年代前半までが最も低い位置にあったが，その水準は次第に上昇している。97 年以降が最も高い位置にある。このことは，同じ欠員率でも雇用失業率の水準は高まっていることを意味している。例えば，欠員率が 3.0 の場合には，70 年代前半までであれば雇用失業率は 2％近傍であったが，最近では 4.5 〜 6％で推移していることが図からわかる。つまり，現在の労働市場では求人があったとしても，その求人に合った労働者を企業が採用することが難しく，他方で労働者は自身が求める仕事に就くことが難しくなっているといえる。

このことを図 10-5 で再度見てみよう。図 10-5 は，完全失業率を需要不足による失業と均衡失業に分けて，それぞれの推移を見たものである。ここで均衡失業率は欠員率と等しいときの失業率である [9]。欠員率と失業率が等しいとき，失業と欠員が共に存在している可能性はあるものの，総量では互いに等しい状態にあるはずで，労働需要と労働供給は均衡状態にあると考えられる。その意味で，欠員率と等しい失業率を均衡失業率と呼んでおり，実際の失業率と均衡失業率の差を需要不足失業と呼んでいる。

さて，図 10-5 に示されるように，需要不足失業率には景気循環による振幅が見られ，1974 年と 79 年のオイル・ショックや 92 年のバブル経済崩壊，あるいは 2007 年のリーマン・ショックといったショックの後に需要不足による失業が増大している。しかし，その後の景気回復によって需要不足失業は解消している。他方，均衡失業率は一貫して上昇トレンドにあり，最近の均衡失業率は 3.5％程度であるが，需要不足失業はほとんどゼロ近傍にあると推測でき

---

9) 実際には，均衡雇用失業率を就業者ベースに換算したものである。

図 10-5 需要不足失業と均衡失業

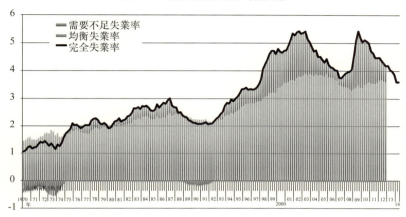

（注）均衡失業率は労働政策研究・研修機構による推計結果を用いた。
（出所）『労働力調査』（総務省統計局），『職業安定業務統計』（厚生労働省）。

る。上述したように人手不足感が最近になって強まっているが，それは現実の失業率が均衡失業率にほぼ等しくなっていることの現れでもある。

ところで，失業率は労働力人口に占める失業者の割合のことであるが，これはある時点における失業者のストックの蓄積度合いを示しており，ストックの指標である。他方，時点間における失業者数の変動を考えれば，就業状態や非労働力状態から失業状態に移動した人たちのグループと失業状態を継続している人たちのグループ，そして失業状態から就業状態や非労働力状態へ移動しているグループが存在していることになる。したがって，失業率の変動には失業状態への流入と失業状態からの流出，そして失業状態の継続期間がそれぞれ影響することになる。

図 10-6 は入職率と離職率の推移を見ている。入職率と離職率は当該 1 年間の入職者数と離職者数の当該 1 月 1 日時点における労働者数に対する割合である。図中には転職入職率も含まれているが，転職入職は入職者のうち，入職前 1 年間に就業経験のある労働者の入職を指している[10]。これらの数値は厚生

---

10) ただし，「内職」や 1 ヶ月未満の就業は含まれない。

図 10-6 入職率, 離職率の推移

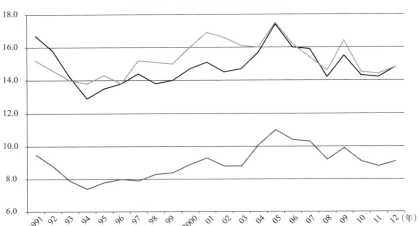

(出所)『雇用動向調査』(厚生労働省)。

労働省『雇用動向調査』によっている。

　図 10-6 からは，入職率も離職率も 12.9 〜 17.5％の間を推移しており，明確な上昇あるいは下降トレンドは観察されない。ただし，これらの指標は上で説明した失業状態への流入と失業状態からの流出を正確に反映しているものではない。というのは，離職者の中には失業状態へ移行するのではなく非労働力化する労働者も含まれ，また入職者のなかには非労働力から移行してくる労働者も含まれているからだ。特に労働力人口の高齢化を反映して離職者が引退する傾向は強まっており，離職率が高くなったとしても失業状態への流入は増えないかもしれない。とはいえ，総合的に判断して，失業への流入も失業からの流出も特に上昇あるいは下降トレンドはなさそうだ。

　図 10-7 は完全失業者のうち長期失業者の割合と長期失業率の推移を見たものだ。長期失業者は失業期間が 1 年を超える失業者のことで，長期失業率は労働力人口に占める長期失業者の割合である。すると，完全失業者に占める長期失業者の割合も長期失業率も年々高まっていることがわかる。したがって，失業状態を長期に継続する労働者が増加し，結果として失業率が高まっていると

図 10-7 長期失業の動き

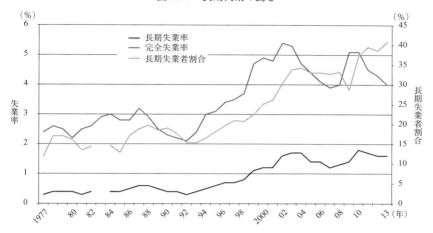

（出所）『雇用力調査』（総務省統計局）。

いえる。

4. 労働市場の環境変化への対応

4-1 マッチング効率を高める工夫

では，均衡失業率が上昇トレンドにあり，長期失業が増えているのはなぜなのだろうか。その理由は複数ある。

ひとつは産業構造の変化である。いま，A 産業が成熟し，B 産業は成長が著しいとしよう。すると，A 産業の雇用吸収力は落ちており，雇用を喪失する可能性は高い。一方，B 産業では雇用吸収力は高く，雇用の創出が多いと考えられる。このとき，A 産業で職を失った労働者が求職活動をするとしよう。すると，一般には前職で身につけた知識や技能を活かそうとすることを労働者は考えるから，この人も A 産業の求人を探すことになるだろう。ところが，A 産業の雇用吸収力は落ちているから，この人の求職活動はなかなかうまくいかない。かといって B 産業の求人を当てにできるかというと，A 産業と B 産業では労働者に要求される知識や技能が異なり，この人が B 産業の職に就くと労

働条件は以前に比べて悪化するかもしれない。労働条件の悪化を嫌えば，B産業に求人があっても失業状態は継続することになる。このため，産業構造が大きく変化する場合には，労働者と企業のマッチングが円滑に行われない可能性があり，結果として均衡失業率は高まる。

では，実際にどの程度で産業構造が変化しているだろうか。そこで産業別の就業者数の割合がどう変化してきたかを見てみよう（図10-8）。この数値は総務省統計局の『国勢調査』から取ったものである。すると，第二次世界大戦後の産業の高度化を反映して，農林業や鉱業といった第1次産業の就業者数割合は一貫して減少しており，代わって第2次産業や第3次産業の就業者数割合は増加してきた。ただし，第2次産業の就業者数の増加は70年代までで，80年代以降は徐々にそのシェアを下げている。1990年以降を見ると，第2次産業の就業者割合は33.5％から25.2％へ8.3％ポイントほどシェアを下げている一方，第3次産業のそれは59.4％から70.6％へと11.2％ポイントの増加で，最近でも産業構造は着実に変化している。

ここで注意しておく点は，1980年代までの産業構造変化による就業者シェ

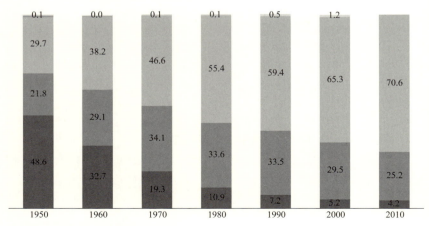

図10-8 産業別就業者割合

（出所）『国勢調査』（総務省統計局）。

アの調整は新規学卒者を中心とした若年層で行われることが多かった点だ。産業間の労働力再配置を人的資本蓄積の相対的に少ない若年層で行うことができれば，転職による人的資本のロスは少なくなり，また転職者の賃金変化も少なくて済む。新たな会社で新しい知識や技能を身につけるにしても，若年の転職者であれば教育訓練の投資効率もさほど悪くはないだろう。

ところが，90年代半ば以降は若年人口が減少しており，労働力再配置を若年層ですることは難しくなった。中途採用も増加しており，再配置のコストがより高まっている。先に見た図10-6には転職入職率が描かれていたが，入職者に占める転職入職者の割合は上昇トレンドにあり，産業間の労働力再配置も中途採用によって行われる傾向が強まっている。

高齢化が進む今後はますます労働力再配置は中途採用で行われ，しかも中高齢者による再配置が増すだろうと考えられる。中高齢者による再配置は，労働者が前職で身につけた人的資本を損失する可能性が高く，産業や職業間で移動するとなるとなおさらその影響は大きくなるだろう。このため，いかに再配置を効率よく円滑に進められるかが，労働市場政策にとっては重要となる。

そのためには，職業紹介機関のマッチング効率を高めるだけでなく，マッチングの際に利用される求人情報と求職者情報のより明確化が必要となる。特に労働者の情報は人事情報として企業内で蓄積されるが，それが転職の際に有効に活用されていないのが現状である。外部労働市場で評価可能な情報を流通させるために，職業能力の見える化は必要だと考えられる。さらに，転職先で必要な知識や技能を労働者が身につけるために，キャリア・カウンセリングや職業能力開発の拡充も必要であろう。

4-2　非正規雇用者の雇用安定とキャリア形成

均衡失業率上昇のもうひとつの理由として，主に均衡失業率に与える影響であるが，非正規雇用者の増加があげられよう。非正規雇用者は正規雇用者に比べて雇用期間が短く，契約満了時に雇用継続されない頻度が高い。また，景気が悪化すると雇用調整の対象にもなりやすい。雇用保障があまり手厚くない非

正規雇用者の増加は均衡失業率を押し上げる結果となる。

では，非正規雇用者の増加は何が影響しているのか。

そのひとつの要因として，経済グローバル化により競争環境が厳しくなる中で，コスト削減のために企業は非正規雇用者を増加させたことも無視できない。技術革新や製品サイクルが短期化し，経営の先行きの不透明感も高まる中で，雇用の柔軟化が求められるようになった。正規雇用者を雇えば柔軟に雇用調整することが難しく，非正規雇用者の活用が増加したと考えられる。

ただし，非正規雇用者を活用しても生産活動が非効率化するようだと，企業経営にはネガティブな影響しか与えない。一般的に，企業が生産活動を効率的に行うためには，当該企業の生産活動に欠かせない知識や技能を労働者に身につけさせる必要がある。

しかしながら，そうした知識や技能は当該企業以外では有用でない場合もあり，労働者自らがその教育訓練費用を負担しようとはしない。そのため，教育訓練費用を企業が負担すると同時に労働者に正規雇用という雇用保障を与えて，企業に特殊な人的資本を蓄積させてきた。

ところが非正規雇用者の場合は，企業は雇用保障を与えていないわけであるから，企業に特殊な人的資本を蓄積させようとはあまり考慮されていないと考えられる。非正規雇用者も雇用保障されていない中で特殊な知識や技能を身につけるインセンティブは乏しい。

企業が非正規雇用者を活用できるようになったのは，特殊な人的資本が重要ではない仕事が増えてきたからに他ならない。1980年代のME化や90年代以降のIT化は熟練の必要度を減少させ，教育訓練のあまり必要のない仕事を創り出した。これも非正規雇用者が増加した要因のひとつである。

さらに，あえて非正規雇用の仕事に就職するのを望んだ労働者が増加したのも，非正規雇用者が増加した要因である。とりわけ，結婚や子育てが一段落して労働市場に参入した女性の多くは仕事と家庭を両立するために，強い時間的制約がある中でパートタイム労働を希望する。こうした層が90年代後半からのいわゆる失われた10年の所得環境が厳しくなる中で，家計補助的に働こう

として労働供給が増加した。ただし，厚生労働省などの各種調査によれば，パートタイム労働者や派遣労働者など非正規労働者のうちほぼ半分は非正規雇用を希望して就業したが，残りの半分は正規雇用の職がなかったため仕方なく非正規雇用の職に就いたとしており，注意が必要だ。

　現状，雇用者の3人に1人以上が非正規雇用の仕事に就いており，彼・彼女たちの生産性向上は個人のキャリア形成や所得向上だけでなく，日本経済の生産性指標にもポジティブな影響がある。ところが，上でも述べたように，生産性向上に寄与する教育訓練に関するインセンティブは企業にも非正規労働者にも乏しい。それゆえ，労働市場政策として非正規雇用者に対して教育訓練を誘導することは必要だと考える。これは，正規雇用を目指す人たちだけでなく，非正規雇用を望む人たちにも望まれることだ。

　さらに，非正規雇用者の人的資本の蓄積を促すためにも，彼・彼女たちのキャリアのあり方にも目を配る必要があろう。現状では非正規雇用者向けの人事労務管理が体をなさない企業も多数あり，昇進昇格，あるいは正社員登用がないケースが散見される。企業が非正規労働者の能力を適切に評価しキャリア管理していくことは生産性向上のために必要なことであり，そのために職業能力評価基準を非正規労働者に適応する取り組みも望まれる。さらに，非正規雇用から正社員への登用が一足飛びに難しいようなキャリアあるいは能力の断絶があるならば，その間を埋める多様な正社員の活用も望まれる。従来のような職務も職場も無限定な正社員に登用するのが難しくとも，それらを限定して働き易い働き方を創出すれば，企業にも労働者にも選択肢が広がるはずだからだ。

5．超高齢社会と労働市場政策

　現在，わが国は少子・高齢化が急激に進んでいる。すでに2007年には65歳以上人口の割合が21％を超え，超高齢社会に突入した。総人口も減少に転じており，15歳以上の就業者と失業者を足した「労働力人口」も大幅に減少している。今後もこの傾向は続くが，わが国の経済はどのようになると考えられるだろうか。

一国全体の経済の大きさを映し出す国内総生産（GDP）は，就業者数と就業者1人あたりの生産額（労働生産性）を掛け合わせたものだ。2010年の就業者数は約6300万人で，1人あたり約813万円の生産をしていた。この結果，物価変動の影響を除いた実質GDPは813万円×6300万人の約512兆円となり，国民1人あたりGDPは約400万円となっていた。

では，2050年にはどうなるだろうか。

国民1人あたりの生活水準が2010年と同じ400万円と仮定し，国立社会保障・人口問題研究所の将来人口推計を用いて試算する。2050年の総人口は9700万人（中位推計）なので，388兆円（＝400万円×9700万人）の実質GDPが確保されれば国民1人あたりの生活水準は400万円になる。このとき，もし労働生産性に変化がなく，1人あたり生産額が813万円のままだと，388兆円を生み出すために約4770万人の就業者が不可欠となる。しかし，これを達成するのは並大抵のことではない。というのは，2050年時点での15〜64歳人口は約5000万人と予測されており，このままだと15〜64歳人口の約95％の人が就業しないと4770万人という数字は達成できないからだ。ちなみに2010年での15〜64歳の就業率は77％なので，現在よりも圧倒的に多くの人が就業しなければならない。

すると労働力率を高めて働ける人を増やせば良いではないかとなるが，今後も少子化で若年人口がますます減少していくから，そもそも母数が減ってしまう。労働力率を高めても限りがある。2018年以降は18歳以下の人口がより一段と減少すると予測されており，これまでのように企業が若い人を採用するのは難しくなっていく。では少子化対策で出生率を上げて若い人達を増やせば良いと思われるかもしれないが，これから出生率が大幅に回復したとしても，現在のすり鉢状の人口ピラミッドを理想的なつり鐘型へシフトするまでには相当の時間がかかる。少なくとも今後50年間でつり鐘型の人口ピラミッドに移行することは無理だ。

5-1　多様な働き方の必要性

　若年労働者が減少するとはいっても，わが国にはまだ活用されていない労働力が埋蔵されている。働く意欲のある女性や高齢者だ。十分に活用されていない女性や高齢者の活躍の場を広げることは，個人にとっての問題ではなく，わが国経済の持続性の上で非常に重要な政策課題となっている。

　女性と高齢者の労働力率を引き上げる鍵はワーク・ライフ・バランスだ。女性，特に既婚女性の場合は家事や育児などのため時間的制約が強いため，仕事と家庭の両立が可能となる働き方が望ましい。また，高齢者の場合は健康上の理由から仕事と生活の両立が可能となる働き方が望ましい。それゆえ，女性と高齢者のワーク・ライフ・バランスを考慮した雇用管理が必要となる。

　現在でも政府は，企業が仕事と生活の両立を考慮した働き方を整備することに対して支援をしてきた。しかし，女性の就業行動に大きな変化が起こったわけではない。従来のワーク・ライフ・バランス施策は，育児休業や介護休業制度など，正規労働者が継続就業することを前提に考えられている制度・施策が多く，正規労働者として就業できなければ制度を利用できない制度が多い。このため，正規労働者として働くには労働時間など労働条件が合わない，継続就業できる環境が整わないといった労働者は多く，制度利用が進まなかった。例えば，結婚や出産で正規労働者として就業するのを断念してしまう女性は今も相変わらず多く，出産した女性の3割程度しか継続就業できていないのは今も昔も変わらない。これは，保育所の整備といった子育て環境の整備だけでなく，勤務時間の繰り下げ・繰り上げや通常勤務から短時間勤務への変更（あるいはこの逆）など，柔軟で多様な働き方が整備されていないことにも原因を求めることができる。

　さらに，就業者に占める非正規労働者の割合が高まっていることから，非正規労働者にも仕事と家庭生活が両立可能な働き方が提供されるべきだ。上でも指摘したように，ワーク・ライフ・バランス施策は主に正規雇用者に提供され，結果として非正規労働者が継続就業することを難しくしている。これまでの研究では，非正規労働者も継続就業することで高いスキルを身につけられ，

292 第IV部 労働と産業の政策課題

正規雇用への転換が進むことが明らかにされている。しかし，家庭生活との両立が難しくなって就業を断念すれば，正規雇用への転換も難しくなってしまう。非正規雇用者の割合が増加している女性や高齢者にとって，ワーク・ライフ・バランス施策はスキルアップや正規雇用への転換の上でも重要だ。

さらに付言すれば，従来のワーク・ライフ・バランスは女性労働者を念頭におく人々が多いが，男性労働者にとってもワーク・ライフ・バランスの提供は重要となる。そのひとつの理由が，介護離職問題の深刻さだ。介護を理由とする離職は年々増加しており，最近では年間10万人ほどが離職しており（厚生労働省調べ），組織内で中核を担ってきた男性労働者の介護離職が増えている。育児休業取得だけでなく，介護休業の取得は男性労働者の継続就業の上で大きな課題となりつつあり，介護休業の整備は急務となっている。

5-2 生産性を高めることこそ重要

女性や高齢者の活躍の場を広げることで，埋蔵されている労働力を活用できたとしても，持続的な経済成長に十分な量の労働力を確保できる可能性は低い。上の試算では約4770万人が必要だったが，それは15歳から64歳までの人口のほとんど全員が就業することで実現する数値だ。若年層の高等教育への進学などを考えれば，その実現はほとんど不可能だ。

冒頭で説明したように，GDPは就業者数に就業者1人あたりの生産額（労働生産性）を掛け合わせたものに等しい。もし労働生産性を高めることができ，就業者1人あたりの生産額を高められれば，就業者数減少の影響を補うことができる。仮に就業率が2010年と同じ77％とすると，2050年の就業者数は3850万人（=5000万人×77％）となり，就業者1人あたり約1008万円の生産ができれば388兆円のGDPが達成できる。これは年率0.6％程度の成長が可能であれば達成できる。

ではどうしたら生産性を引き上げることができるだろうか。教科書には以下のような四つの策があげられている。

第一に，労働者1人が利用できる機械などを増やし，資本装備率を引き上げ

第 10 章　超高齢社会における労働市場政策　293

ることだ。例えば労働集約的だった農業は，1960 年代以降になって一段と機
械化が進んだことで，飛躍的に生産性を高めた。その結果，兼業でも営農が可
能になるほど労働力の省力化を実現できた。他の産業でも資本装備率が高まっ
ているのはいうまでもないが，今後も資本装備率を引き上げていくことは超高
齢社会においては必要となろう。

　特に今後の労働需要が増大する医療や介護分野で資本装備率の向上が望まれ
る。医療ロボットや介護ロボットなど，以前であれば夢物語のようなものもあ
ったが，技術革新が進み，それらは現実のものとなりつつある。ところが，現
状では医療や介護分野での人手不足解消となると，資本装備の導入ではなく，
資格保有者や外国人労働者の活用など，どうやって人手を確保するかに議論が
偏ってしまっている。確かに，現場では今すぐに人手がなければ仕事が回らず
大変だというのは理解できるが，労働供給や賃金に過度に政府が介入し，労働
と資本の相対価格に変化が無いと資本装備を高めようとする事業者のインセン
ティブが無くなってしまう。長期的には資本装備率の引き上げは必要なのであ
り，そのために労働の価格である賃金が人手不足によって高くなる必要があ
る。短期的な人手不足解消だけでなく，長期的視野に立った対策が必要だ。

　第二に，資本装備率の引き上げとも関連するが，技術進歩は生産性を高め
る。同じ労働と資本を使ったとしても，より多くの生産物を産出することが技
術革新で可能になる。例えば 1990 年代後半からの情報通信技術の進歩は，特
にホワイトカラーの仕事に影響を与えている。デジタル化可能な定型的な仕事
はコンピューターが行えるようになり，定型的な仕事に対する労働需要は減っ
た。その一方で，デジタル化が難しい非定型的な仕事の労働需要は増えてお
り，付加価値の高い仕事をするようになった。技術進歩の促進は日本経済の持
続性の上で重要な役割を果たす。

　ところで，高齢化や人口減少が進むと技術進歩の速度はどうなるだろうか。
経済企画庁（1995）によると，高齢化や人口減少と技術進歩の関係について
は，① 規模の経済性が喪失することによる効果（人口増加率低下による集団的な
力の低下），② 創造性の喪失効果（若年層の持つ創造性や積極性が乏しくなる），③

労働の節約促進効果（労働力に頼らなくてもいいような技術進歩が促される），が考えられる。もし①や②の効果が強ければ技術進歩の速度は遅くなるし，③の効果が強ければ早くなる。既存研究の多くは高齢化で技術進歩速度が遅くなると指摘するものが多く（例えばNIRA（2009）など），なんらかの手を打っておくことが必要だ。具体的には，③の効果を促進するような政策であり，例えば，高齢者の就業は体力などの衰えなどによって若年者に比べて生産性が落ちると一般に考えられているが，それを補うような技術開発は高齢者の就業の場を拡大することに貢献するはずで，そうした技術進歩を促すための税制や補助金の創設や拡充は検討の余地がある。

　第三に，労働資源をより効率的に配分・配置することも生産性を高める策だ。そのためには，労働市場のマッチング機能を強化する必要がある。労働市場では求職者と求人をマッチングするために，求職者と求人の特性や特徴などの情報を効率的に流通させる必要がある。ところが，労働力が高齢化すれば職業能力のバラツキは大きくなるから，情報の流通が非効率になるきらいがある。

　マッチング機能の効率化の上で大事な点は，職業能力評価の高度化である。採用の際に企業が注目するのは求職者の保有能力や潜在能力が主だが，それらを的確に評価できればミスマッチが防げ，マッチング機能の効率性は向上するはずだ。特にホワイトカラーの職業能力評価は，ビジネス・キャリア検定やホワイトカラー職務能力評価がすでにあるものの，十分に活用されてはいない。職業能力評価の普及が望まれる。他方，求人内容が正確で明確であれば，そうした求人には求職者が応募しやすくなり，ミスマッチを防げる。求人内容の正確性や明確性を高めていく必要もある。

5-3　もうひとつの鍵は能力開発

　第四の策は，技術進歩にも関連するが，能力開発などを通じて労働の質を高めることだ。能力開発は，従来から重要な政策として位置付けられてきたが，以下ではあえて二つの視点から課題を提起したい。

　ひとつ目の課題は，高齢者や女性の活用を考えた能力開発のあり方だ。高齢

者や女性の場合，これまで基幹の若年男性労働者と比べ，能力開発を受ける機会が限られていた。高齢者の場合は，若いときに受けた能力開発を基準に，その後は仕事経験を通じて，能力を磨いてきたはずだ。しかし，技術革新が速まると蓄積してきた能力の陳腐化が起こり，昔取った杵柄が使えないケースも生じうる。女性の場合も同様で，結婚や育児で一旦仕事を辞めたり休んだりすると，その間の技術革新にキャッチアップすることができない場合もある。ところが，高齢者や女性に対しては，若年層に比べて期待される勤続年数が短いことなどで，企業が積極的に能力開発しようというインセンティブがない。高齢者や女性の活用機会を拡大しても，能力開発せずに生産性が低いままでは，経済成長への貢献は限定的になる。

　もうひとつの課題は，非正規労働者に対する能力開発だ。非正規雇用者が雇用者全体に占める割合は，1982 年には 15.3%だったものが，2014 年には 37.1%まで高まっている。人数も，1982 年には 600 万人程度だったが，今や 1950 万人程度まで非正規労働者は増えている。しかし，質の点では十分に活用されておらず，労働の質を反映すると考えられる賃金は，正規雇用者と非正規労働者との間に約 3 割の格差がある。これは，非正規労働者の能力開発が十分に行われておらず，概して付加価値の低い仕事にしか就いていないからだ。厚生労働省の『能力開発基本調査』によると，正規雇用者に対して計画的な OJT を実施した事業所は 6 割程度であるが，正規雇用者以外に対してそれを実施した事業所は約 3 割に留まる。OFF-JT についても同様であり，多くの企業は非正規労働者に対する能力開発に熱心ではない。さらに，OFF-JT を受講した雇用者の延べ受講時間平均は，正規雇用者の場合は約 40 時間だが，正規以外は約 22 時間に止まり，非正規労働者は正規雇用者の半分の時間しか訓練を受けていない。能力開発の中身も見劣りしている。

　これまで，高齢者や女性，そして非正規労働者の能力開発は，どちらかといえば個人が主体となって行われてきた。しかし，労働者個人に能力開発を委ねると，資金制約や将来の不確実性の存在により，社会全体では最適となる水準より過少な能力開発しかしなくなる。そうなると経済成長の足が引っ張られて

296　第Ⅳ部　労働と産業の政策課題

しまうことになる。そこで，個人だけでなく，企業もこうした層の能力開発に
取り組めるような環境整備が必要となっており，これを政府が支援することは
有意義なはずだ。

6.　おわりに

わが国は超高齢社会に突入している。絶対的な労働力不足は間もなくやって
くる。日本社会が持続していくためには，従来のような経済成長の実現は難し
いかもしれないが，それでも労働力の確保と労働の質の向上は欠かせない。全
員参加型の社会を実現して労働力率を高めるだけでなく，1人1人の生産性を
高めていくことが，日本経済の持続性の上では喫緊の重要課題である。

そのために必要な政策は，纏めると以下の二つになる。

ひとつは，日本的雇用慣行の変容に合った政策遂行の必要性だ。終身雇用や
企業内訓練といった雇用慣行の重要性が低下しており，これらと補完的であっ
た従来型の労働市場政策の有効性が低下している。このため外部労働市場を通
じた労働力再配置を効率化させることの重要性が高まっていると同時に，外部
労働市場での人材育成の重要性も高まっている。さらに，そもそも日本的な雇
用慣行の対象となっていない非正規労働者のキャリア開発も重要となってい
る。

もうひとつは，これからの人口動態に合った政策遂行の必要性だ。労働力人
口が減少していくなか，女性や高齢者が活躍できるよう労働市場の基盤を整備
すると同時に，労働者1人1人の質を高めていくことが求められている。

参 考 文 献

氏原正治郎（1981）「経済変動と雇用政策」『社会保障講座2　経済変動と社会保障』
　　（氏原正治郎・佐藤進・中鉢正美・佐口卓・松原治郎編）総合労働研究所。
樋口美雄（2001）『雇用と失業の経済学』日本経済新聞社。
菅山真次（2011）『「就社」社会の誕生―ホワイトカラーからブルーカラーへ』名古
　　屋大学出版会。

第 11 章

知の継続的創造によるイノベーション生成のプロセス

遠　山　亮　子

1.　はじめに——イノベーションとは

　日本経済の持続的発展のためには「イノベーション」が必要であるといわれている。そのため，政府は2007年にイノベーションの創造のための長期的な戦略指針「イノベーション25」を閣議決定し，「2025年までを視野に入れ，豊かで希望に溢れる日本の未来をどのように実現していくか，そのための研究開発，社会制度の改革，人材の育成など短期，中長期にわたって取り組むべき政策」[1] を示している。

　イノベーションは「技術革新」と訳されることもあるが，単に新技術を開発することではない。「イノベーション25」にも示されているとおり，それは「これまでとは全く違った新たな考え方，仕組みを取り入れて，新たな価値を生み出し，社会的に大きな変化を起こすこと」[2] である。

　企業にとってイノベーションは不可欠である。顧客が「価値である」と思えるような価値を継続的に生み出しその対価を得ることができなければ，企業は長期的に存続していけない。

---

1)　『イノベーション25閣議決定本文』1ページ，2007年6月1日。
2)　同上。

しかし「何が価値であるか」は実は難しい問題をはらんでいる。価値は文脈依存的であり，ある人にとっての価値が他の人にとっては全く無価値であることもある。また，同じ人にとっても状況により価値は異なってくる。冬の寒い朝と夏の暑い日中では同じ「温かい缶コーヒー」であってもその価値は全く異なる。さらに，時とともに価値は変わる。10年前の「よい車」が今日も「よい車」であるとは限らない。イノベーションにより「新しい価値」を企業が生み出し続けなければならないのは，まさにこの理由による。

イノベーションとは価値創造であり，未来創造である。現在われわれが直面しているような急激な環境変化の中では，組織が生き残り持続的に発展するには，その組織にしか創れない未来を自ら創り出していく必要がある。それができなければ，組織はより良い未来を創り出せる他の組織にとってかわられてしまう。これは営利企業に限らず，大学，NPO，地方自治体，そして国家にとっても同様である。

ピーター・ドラッカーは「企業，大学，病院のいずれにせよ，変化を先導することが組織の役目なのだと認識しなければ，生き残ることはできない。急激な構造変化の時代にあっては，生き残るのはチェンジ・リーダーだけである」[3]と述べている。環境の変化に対応するだけでなく，率先して誰よりも早く未来を着想し，実現し，変化を創り出していくことこそ，つまりイノベーションを起こすことこそが組織が存続していける唯一の道なのである。

未来を創るとは，知識を創ることである。ドラッカーは，『ポスト資本主義社会』(1993) において，「今言えることは，(略) 知識を富の創造過程の中心に据える経済理論が必要とされているということである。そのような経済理論のみが，今日の経済を説明し，経済成長を説明し，イノベーションを説明することができる」[4]と述べ，21世紀は知識の時代であり「知識」が唯一の意味ある資源となると主張した。これまでの資本主義経済では「ヒト」「モノ」「カネ」つまり労働や生産財や資本が価値生産の中心要素を構成すると考えられてき

---

3) Drucker, P.F.（1999）p.73.
4) Drucker, P.F.（1993）p.303.

た。しかし，高度に発達した資本主義社会では，これらの資源に代わって知識が価値創造の源泉として最も有力な資源となり，知識の創造と活用が経済の持続的成長の決定要因となるというのである。

　知識という経営資源は，物的な経営資源とは大きく異なる性質を持つ。このような資源を経営に活用する場合，従来の物的資源を基本におく考え方では通用しない。例えばブライアン・アーサーは，現代の産業世界が，従来のアルフレッド・マーシャル型の収益低減産業と，知識をベースとした収穫逓増型産業（例えばハイテク産業）の併存状態にあり，それぞれの世界は別の経済原理で動いているために，ルールや経営戦略が異なってくることを指摘している[5]。

2．知識とは何か

　それでは，組織はどのようにして知識を創造し，イノベーションを起こして新しい価値を生み出していくことができるのだろうか。まずは知識とは何かをいうところから論を進めたい。

　伝統的な認識論においては，知識とは「正当化された真なる信念（justified true belief）」と定義される。人が強い思い（信念）を抱き，それが真実であると正当化（証明）されたものが知識である。「何が真であるか」「それが真であるとどうやって正当化するか」は非常に難しい問いであり，認識論はこの問いに答えるための議論を長い年月積み重ねてきた。しかしここではまず，知識は「信念」から出発することに着目したい。知識はわれわれの外側にわれわれとは関係なく存在し発見されるのを待っている資源ではなく，われわれの内側から生まれ出てくる資源である。「思いなきものには知は創れない」のである。

　信念を抱くのも，それが真であると正当化するのも，人間である。知識は，単なるデータや情報を集めたものではない。物的資源，そして情報に比べての知識の最大の特質は，それが「人が関係性の中で作る資源である」ということである。知識は，人が他者との関係，あるいは環境との関係性の中で創り出す

---

5) Arthur, W.B.（1958）.

ものであり，そのときの状況や知識を使う人の人的特質（思い，理想，主観，感情など）によって意味や価値が異なってくる資源なのである。したがって，知識を理解するためには，われわれはなによりまず人間と人間を取り巻く関係性を理解する必要がある。

　物的資源によるモノの生産と異なり，知識の生産は一定の投入─産出関数で捉えることはできない。人間が知識の生産に何をどれだけ投入し，どれほどの知識を生産できるかは，その人間が抱く理想や，信頼や，コミットメントや，そのプロセスにかかわる他者との関係性などの文脈に大きく依存する。時間と費用を費やせば知識が創造されイノベーションが起こるわけではないことは，歴史を見れば明らかである。

　人間は現実を見，解釈し，そして自らの意思により現実を創り変えていく能動的な存在である。そうした現実を見るための視点も，解釈するためのフレームワークも，現実を創り変えるための指針となる未来のビジョンや価値観も，個人により異なる。これまでの組織論や情報システム論においては，そうした個人による違いは，むしろ乗り越えるべき「弱点」であった。能力にばらつきがある人間が運営しても同一レベルの製品，情報，成果があげられるようにというのが近代資本主義における生産や情報システム，組織の構築原理であった。

　しかし知識においては，まさにそうした違いこそが新しい知識を生む源泉なのである。知識は「意味のある情報」とも定義される。現象・データの背後にある意味を読み取るのは人間の主観であり，その主観が人により異なるからこそ，新しい意味（知識）が創造され，新しい価値の創造につながる。情報と異なり，知識においてはまず「私がどう思うか」という主観が重要なのである。知識を理解するためには，その個々人によって異なる主観という問題に正面から取り組む必要がある。

　もちろん，主観はそのままでは知識とはならない。個人の抱いた思い（主観）は，他者や環境との間の相互作用の中で正当化（客観化）され，「真」とされていく。知識とは他者との相互作用を通じて，何が真・善・美であるかを問

い続けるプロセスであり，そうした信念（主観）と正当化（客観）の相互作用にこそ知識の本質がある[6]。

　知識が異なる主観から創造されるということは，新しい知識を創造し続けるためには，組織には異なる主観を持つメンバーが必要であり，そうした異なる主観と組織としての統一性という矛盾を内包し続ける必要性があるということを意味する。これまでの日本企業においては，「組織の統一性」に主眼がおかれ，「異なる主観を持つ個人」をいかに遇するかという点においては欧米企業に比べ出遅れているように見受けられる。

　「ダイバーシティ」という言葉は，現在の日本企業においてはむしろいかに競争力に影響しないように政府の政策や法令が要求するレベルのマイノリティの雇用を確保するかという問題に矮小化されている感がある。しかし，本来の意味では，ダイバーシティとは多様性をいかに企業の競争優位の源泉にしていくのかという問題でもある。皆が同じ考え方，行動をする金太郎飴的組織は確かに効率的かもしれない。しかし，日本企業が今後生き残っていくためには，「他者とは違うものの見方」ができる個人を組織に取り込み，その異なる主観からイノベーションを起こしていくことが必要不可欠なのである。

3. 暗黙知と形式知

　前節で知識は主観と客観の相互作用の中から創造されると述べた。知識は暗黙知と形式知という2つの次元を持つ。この概念は，マイケル・ポランニー(1958) が示した知識の概念に基づく。暗黙知とは，特定の状況に関する個人的で具体的な形に表現して他人に伝えることが難しい知識であり，具体的には，熟練，ノウハウなどの行動スキル，そして思い（信念）やメンタルモデル，視点といった思考スキルである。ポランニーによれば「我々は語れる以上のことを知っている」という明確に把握できない知である。例えば自動車を運転するという知識を言葉で明確に表して伝達することは難しい。そのような知

---

6)　野中・遠山・平田 (2010)。

識は個人が経験により身につけていくほかないのである。一方，形式知とは言葉や文章や絵や数値などにより表現が可能であり，形式的・論理的言語によって他者に伝達可能な知識である。

　暗黙知と形式知は互いに独立して存在するわけではなく，むしろ氷山の水面下の部分と水面から出た部分のように，連続体である。しかし両者は対照的な性格を有するがゆえに，その相互変換プロセスにおいて弁証法的創造のダイナミクスを内在し，そのダイナミクスの中で新しい知識が生まれてくる。知識の継続的創造のためには，暗黙知と形式知の絶え間ない相互変換が必要なのである。

　暗黙知とその形式知化の重要性については，いまや程度の差はあれどマネジメントの現場でも認識されており，さまざまな研究も積み重ねられている。米国式経営の強みの1つとされているマニュアル化や標準化も，暗黙知の形式知化である。日本でも，労働人口の急速な老齢化に伴って，これまでは暗黙知の領域であった熟練の技を言語化し，エキスパートシステムなどへ移転する試みが盛んに行われている。しかし，暗黙知にはノウハウのような行動スキルばかりではなく，思いや視点，メンタルモデルといった思考スキルも含まれている。自動車を運転するためには，自動車運転のためのノウハウだけではなく，例えば右折しようとしたとき，どのタイミングであれば対向車両より先に行けるか，どのタイミングであれば止まって待つべきかという判断をする必要がある。そのような判断力も，マニュアルを読むことによってではなく経験を積むことによってしか得ることができない暗黙知なのである。こうした思考スキルは，暗黙知が暗黙知として伝承されていく過程においては行動スキルと一緒に伝承，移転されていくものと考えられるが，行動スキルが一旦形式知化されると，暗黙知のままで残された思考スキルはその存在を忘れられてしまうことも多い。手順をマニュアル化することにより，そもそもその手順が生み出された根拠や考え方が忘れ去られてしまい，その結果としてマニュアルで想定されていない状況に適応できなくなることは，よく見られる。行動スキルばかりではなく思考スキルをどのように取り扱うかは，今後の組織的知識創造を考える上

第 11 章　知の継続的創造によるイノベーション生成のプロセス　303

での課題である。

　さらに重要なのは，企業が知識を持続的な競争優位の源泉とするためには，暗黙知の蓄積が継続的に行われる必要があるということである。暗黙知の形式知化は，より多くの人がその知識を共有しさらに新しい知識を創造することを可能にするが，それは同時に，組織の外へもその知識は移転されやすくなるということを意味する。情報技術の発達により，形式知の探索・移転コストは劇的に減少した。誰もが簡単に比較的安価に形式知を探し出し手にいれられるようになった社会では，形式知はそれ自体では競争優位の源泉とはならない。

　例えば，ハードウェアとしての iPod は汎用部品で構成されており，その意味では形式知の塊である。実際，iPod が発売された当時，「新しい技術は何もない」と評価する日本人技術者もいたという。しかし，iPod に競争力を与えているのは，「簡単に音楽が手に入り，いつでもどこでも簡単に聴けることができる」未来を実現したいというスティーブ・ジョブズの強い思いから生まれた，iTunes を通した楽曲配信というビジネスモデルと，「アップルらしさ」という明確には把握できないものに対する強いこだわりを体現したデザインである。ビジネスモデルやデザインはそれ自体は形式知であるが，いずれもアップルがこれまでに蓄積した暗黙知から生み出されたものであり，それらはアップル独自のものであるがゆえにアップルの競争優位性の源泉となった。

　しかしそのようなビジネスモデルやデザインも，形式知となった時点で遅かれ早かれ他社に模倣される運命にある。これに対しアップルができることは，暗黙知に基づきさらに新しいデザインやビジネスモデルを生み出し続けていくことと，顧客との関係性の中でブランドイメージという暗黙知を蓄積していくことである。

　日本企業においては，高品質な製品を安定して生産するための製造現場における暗黙のノウハウが長い間その競争優位の源泉となってきた。しかし，例えばエレクトロニクス産業においては，デジタル化によりそうした暗黙知の多くが組み込みソフトのような形で形式知化されてしまっている。かつては日本企業の工場でしか生み出せなかった高機能・高品質の製品も，汎用部品を組み合

わせることにより簡単にどの企業でも安価に生産できる時代となってしまったのである。一度形式知化されてしまった暗黙知は，拡散を防ぐことはできない。日本のエレクトロニクス産業の凋落は，かつての競争優位の源泉であった暗黙知に変わる新たな暗黙知を生み出せていないところにある。

　暗黙知を蓄積し，それに基づいて自分にしか創り出せない形式知を創造し続けることこそが，持続的な競争優位の源泉となる。トヨタ自動車株式会社の渡辺捷昭社長（2008年当時）は「暗黙知を成長させないと形式知も成長しない」と述べている[7]。

4. 知識ベースビジネスモデル

　それでは，組織はどのようにして創造した知から価値を作り出していくのだろうか。そのプロセスは図11-1のような知識ベースビジネスモデルのフレームワークで表すことができる。

図11-1　知識ベースビジネスモデル

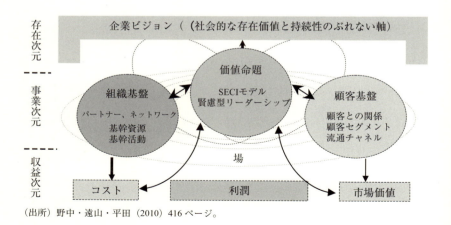

（出所）野中・遠山・平田（2010）416ページ。

7）　渡辺（2008）83ページ。

第11章　知の継続的創造によるイノベーション生成のプロセス　305

　ビジネスモデルとは，価値創造・提供の構造を表したもので，企業ビジョンから生み出される価値命題を中心におき，両側に組織基盤と顧客基盤をおく概念図として示すことができる。組織基盤は組織がその能力や資源，そして供給業者や提携相手といったパートナーとの関係性に基づいて価値創造を行うための仕組みであり，それがコスト構造を決定する。一方顧客基盤は顧客を創造し，価値を分配・流通させ，顧客とのコミュニケーションを図る仕組みであり，収益構造を決定する。市場価値創出による収益とコストの差は利潤となる。

　ビジネスモデルの概念図は，存在次元と事業次元と収益次元の3つのレベルから構成される。そして，その全体が社会的に存在価値を評価され，企業の持続性につながる。経済的なビジネスモデルと異なり，知識ベースビジネスモデルにおいては，単に価格やコストによる最適化メカニズムというだけでなく，未来へ向け組織がどのような価値創造を行い，社会に対して提供していくのかというビジョンがまずその組織の存在を規定し，それに基づいて事業，そしてその事業によって生み出される収益が規定される。

4-1　ビ　ジ　ョ　ン

　知を創造するということは，自己の周りの環境を創り変え，未来を創造するということである。企業ビジョンは，企業にとってのそうした未来の像を描くものであり，企業の究極の存在理由を規定する。経済学において企業の究極的な目的は利潤の最大化とされているが，企業ビジョンはそのような企業の目的を超えて，「どのような存在でありたいか」「なぜそれをやるのか」を問うことにより，組織の依って立つ知の根幹を問い直し，組織の戦略の基幹となるミッションやドメインを決定する。「お客様のためによい車を提供する」という目的を掲げたホンダの事業は，最終的には利潤の実現に結び付くが，それは利潤の最大化という目的を達成するための単なる手段ではなく，ホンダがそのような存在でありたいという目的自体でもある。そのようなビジョンは知識スパイラルに方向性を与え，企業の製品，部門，組織，さらには市場の境界を越えな

306　第Ⅳ部　労働と産業の政策課題

がらも，その企業の追及する価値に一貫性をもたらし，企業の長期的な進化の方向を決定付ける。

　また企業ビジョンは，組織成員の知的情熱を触発し，組織が生み出す知識の質を評価し正当化するための一貫性のある価値体系を定義する。前述したように，新しい知が創出されるためには，知の正当化という社会的なプロセスが必要であるが，そのためにはその組織にとって何が「真・善・美」であるかという一貫した価値基準が必要となる。

　米国のグレート・カンパニーでは，ゆるぎない価値と目標からなる中核となる理念を維持する一方で，事業戦略とその実践は，変化する競争環境に合わせて，たゆまぬ適応力を発揮していることが指摘されている[8]。企業間の「競争に勝つ」という相対価値は，勝った時点で消える可能性があるが，「われわれは何のために存在するのか」という存在論から始まるビジョンは，企業の依って立つ知の根幹を問い直し，その企業が生み出す知識の質を評価し正当化する役割を果たすことにより，企業を変化させ続ける。

　製薬メーカーのエーザイでは，hhc（ヒューマン・ヘルス・ケア）という絶対価値に基づいた知識ビジョンを策定した。それは，エーザイがなすべきことは，目の前の顧客である医師や薬剤師を喜ばせることではなく，患者やその家族と喜怒哀楽を共有し彼らに貢献することである，という一貫した価値観を全社員に認識させるためのものであった。患者やその家族に貢献するとはどういうことか，そのために製薬会社としてのエーザイは何ができるのか，それを社員1人1人が日々の仕事の中で改めて考え，知恵を出し合うことにより，さまざまなイノベーションにつながった。例えば，主に後発医薬品の製造販売を行っているエルメッド・エーザイでは，高齢者向けに少ない唾液でも容易に溶ける錠剤（速崩錠）を生産している。このような付加価値は，本来はまず利益率の高い新製品につけられてもよい機能である。しかし，現場を知るために社員研修として行われた病院での高齢者の介護体験により，飲み込む力の弱い人には普

---

8)　Collins（2001）.

第 11 章　知の継続的創造によるイノベーション生成のプロセス　307

通の錠剤は不向きであることや，節水制限のある患者は錠剤を飲むために必要なコップ 1 杯の水さえ飲むことができないといった問題点に気付いた社員が考案したのが速崩錠であった。「患者様の立場に立つ」という hhc の理念があったからこそ，後発品であっても高齢者向けの製品には速崩性という付加価値をつけようという発想になったのだといえよう。他社との「競争に勝つ」という相対価値は，自らの存在価値のよりどころとはならない。しかし hhc という絶対価値は，エーザイの存在価値を示すものとしてエーザイの社員に共有され，彼らが創り出す知を正当化する基準となっているのである。

　企業ビジョンは「かくありたい」という理想像であり，そうした理想は簡単に達成できるものではない。むしろ過去と現在に意味を与える未来の像として，現在自己がある姿を超える自己超越的な目的である。ニコラス・レシャーの主張する理想主義的プラグマティズムの考え方によれば，たとえ達成不能に見える大きな目的であっても，それは思考と行動を望ましい方向に向けるという重要な役割を果たす。そうした目的の中に含まれる価値や理想は，現実の人間営為の効力を最大化するのに十分な合理性を発揮する思考手段となるのである。

　例えば，セブン-イレブン・ジャパンがその経営哲学の柱としている「変化への対応」と「基本の徹底」は，セブン-イレブンにとって「かくありたい姿」であり，企業ビジョンであるといえるが，それらは容易に達成できる目的ではない。しかしそうした容易に達成できない目的であるからこそ，変化し続ける顧客に対応し続け，変化し続ける組織に基本を徹底させるために，本部のみならず各店舗における知識創造プロセスが絶えず回り続けているといえる。

4-2　SECI モデル

　それでは企業はそのビジョンに基づき，具体的にはどのように事業次元において価値を創造するのだろうか。事業次元の中心となるのが，企業がどのような価値を顧客に提供するのかという価値命題である。

　価値命題は，前述したように暗黙知と形式知の継続的な相互変換によって創

造される。この相互変換プロセスは,「共同化 (Socialization)」,「表出化 (Externalization)」,「連結化 (Combination)」,「内面化 (Internalization)」という4つの変換モードからなる知識創造モデルによって表される。これをそれぞれの頭文字をとって SECI(セキ)モデルと呼ぶ(図11-2)。

以下,SECI プロセスの各変換モードの詳細を説明する。便宜上共同化から説明を始めるが,実際には SECI スパイラルは連続したプロセスであるためその起点を特定することは難しい。また,SECI プロセスは1つで完結するわけではなく,いくつもの SECI が時空間を超えて重なり合い互いに関係しながら動いている。例えば連結化モードにおいては,さまざまな SECI プロセスにおいて表出化された形式知が集められ体系化されるであろうし,その中には他の組織によって表出化された形式知や,はるか過去に表出化された形式知が含まれていることもあるだろう。SECI プロセスにおいては,明確な起点や終点よ

図11-2 SECI モデル

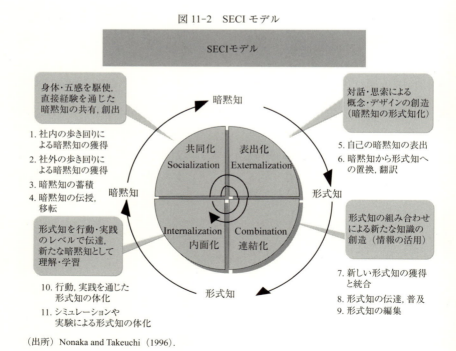

(出所) Nonaka and Takeuchi (1996).

りも，暗黙知と形式知の相互作用により知が創造され続けるプロセス自体が重要なのである。

4-2-1 共同化（Socialization）

第1のモードは，暗黙知から暗黙知に変換する「共同化」である。この段階では，個人の暗黙知は日々の社会的相互関係の中で得られる経験，すなわち自分とは異なる人と共通の時間・空間を過ごす体験を通じて複数人の間で共有され，さらに異質な暗黙知が相互作用する中から新たな暗黙知を創造していく。

共同化の方法論は「共感」である。暗黙知は，多くの場合特定の文脈に依存し，自分は知っているがそれを他人が理解できるような具体的形には表現できない知であるため，身体的に"五感"を働かせる直接的な共体験による共有が有効である。本来異なる存在である個人は，個別具体の世界に共に生きること，あるいはその内に棲みこむという経験の共有により，その世界におけるそれぞれの暗黙知を他人と共有し蓄積していくのである。

典型的には，徒弟制度の下で親方のノウハウを弟子が体得するプロセスや，企業における OJT などがあげられる。徒弟制度では，弟子は親方と起居をともにし，同じ状況に自らの身をおく。そこで観察や模倣，訓練によって親方が持つ言葉では伝え難いノウハウを経験的に体得していく。この過程においては，しばしば生ずる特殊な状況や矛盾や非合理さを排除し体系化しようとするよりも，その状況をありのままに受容し，行動と知覚を通してその都度の状況から知識を吸収していくのである。いわば理屈を説明するよりもまず体に沁み込ませるやり方といえる。

また企業では，「顧客に学ぶ」という言葉に代表されるように，顧客と出会う市場に多くの関係形成と共体験の場が存在し，そこから知識を得ることができる。市場におけるさまざまな行動により呼び起こされる共感や共鳴によって，顧客や取引先，さらには競合他社とも暗黙知を共有することが可能なのである。

特に，相手の立場に立つことにより身体知を深く共有する他者の世界への「棲み込み」は，自己を超越し他者視点に立つことにより，固定観念や理論の

310　第Ⅳ部　労働と産業の政策課題

打破につながる。例えばセブン-イレブン・ジャパンでは，「顧客のためにと考えるな，顧客として考えよ」という。顧客の「ために」といった途端，顧客は自分の外にある客体となり，自分の都合や視点から見て顧客に対し何ができるか，あるいはできないかという話になってしまう。しかし顧客「として」考えるということは，自らが顧客という主体になり，企業側の都合やコンビニビジネスに関する固定観念にとらわれずに，顧客としてまず何を望むかを考えるということなのである。

　ホンダにおいて，商品開発に対する考え方の基本となっているのは「三現主義」である。「三現主義」とは「現場で現物を手にとって現実を知る」ことである。三現主義の意味するところは，商品が生産され使用されるまさにその現場に身をおいて状況と一体化し，その現実の本質を理解することにある。ホンダがヨーロッパ市場向けの車として企画されたフィットを開発する際，最初に車のコンセプトを決めるために，開発チームはヨーロッパ各地に出かけてユーザーのさまざまな生活シーンにおいてどのような車がどのように使われているかを実体験しながら各地を回った。事前に現地の駐在員など，ヨーロッパ市場に詳しい人の知見を得ようとしなかったのは，先入観を持たずに直接現地を観察して，自分たちでユーザーの状況を見たかったからである。開発メンバーの1人は，「現場で現実を見て身体で考え，頭のなかで勝手に描いていたイメージを壊す。私が体感にこだわったのはそのためです」[9]と述べている。

　ホンダの開発チームが実体験から得ようとしたのは，車に関する具体的な情報だけではない。その現場の多様な状況において現実が示している本質を見抜く感覚であり，それは顧客になりきって顧客のライフスタイルや価値観を体験する以外に得ることができない。真の共同化とは，単に観察することではなく，思い込みを捨てて，自分と観察の対象とが一体となった主客未分の共感を通した気づきや発見による知の獲得・共有のプロセスなのである。

　9）　勝見（2002）52ページ。

4-2-2　表出化（Externalization）

　共同化により個人の内部に集積された暗黙知は，言語やイメージ，モデルなど何らかの表現手段を媒介にして具体的な形にする表出化により形式知として表現される。共同化は，直接経験を共有する人々の間に限定されるプロセスであるが，表出化は個人知である暗黙知を形式知にすることにより，集団の知として発展させていくプロセスである。表出化により，暗黙知として伝えられるよりもはるかに多くの人に知を効率的に伝えることができる。ディスカッションや図表化などの手段を用いて顧客のニーズの本質を反映した新製品のコンセプトを創造する，現場の熟練労働者が体験的に習得している技能をマニュアルやシステムに落とし込む，効率改善の提案書を作成する，などがその具体例である。

　さらに，表出化においては，個人の内部でもさらなる新たな気付きが起こることにより知が創造される。暗黙知は目に見えるものではなくしかも常に変化しているので，それを持っている本人もそれが何であるか，あるいはその存在すら自覚していない状況は珍しいことではない。自分が何を知っているか，あるいはなぜある行動を取るのか，きちんと説明できる人間の方が少ないであろう。明確な形を取っていない自分の考えを文章や図により表現しようとする表出化の過程において，焦点が明確になり自分でも思ってもみなかった新たなアイデアが浮かぶといった現象が起き，知が広がりを持つのである。言葉にしようと試みることで，個人の中に秘められていた暗黙的知識の本質が具体的な形になって浮かび上がるのである。

　表出化の方法論は「対話による本質追及」である。表出化においては，個人の暗黙知は対話によりその本質が言語化され，さらに磨かれて概念化されていく。例えば，トヨタでは「原因よりも真因」として，問題が起こった際には表面的な原因の奥底に隠れている本質的な問題を追及することを重視しているが，その際に使われるのが「なぜを5回繰り返す」という方法論である。「なぜ」という問いとそれに対する答え，そしてまたその答えに対して「なぜ」を問うという対話の繰り返しにより，当初考えてもみなかった問題の本質が明ら

かになってくるのである。

　対話はまた，暗黙知がその保持者以外によって形式知化されることも可能にする。豊かな暗黙知を持つ者が言語化能力に長けているとは限らない。自分が体で「知っている」ことを言語によって説明することの難しさは，野球の名選手が必ずしも名解説者になれるわけではないことを見ればわかるであろう。また，自分が持つ暗黙知の価値や存在自体に気付かない人も多い。そうした人の暗黙知を他者が観察したりインタビューすることにより，「翻訳」して表出化することができる。例えば鉄の生産工程は，以前は現場の熟練技術者の勘や経験に依存していたが，現在ではかなりの部分についてコンピュータ化が進められている。その原型を創るにあたっては，熟練技術者の独自メモなどを基に観察や対話を繰り返し，熟練技術者たちが意識していなかった工程管理のノウハウを1つ1つ拾い出し体系化してコンピュータ・プログラムに落とし込むというプロセスが取られた。そうやって創りあげられた仕組みは，熟練技術者の暗黙知を出発点としているが，システムエンジニアにより翻訳され，彼ら自身の知と結合した新たな知識なのである。現在ではモーションキャプチャーなどさまざまな観察技術と分析手法の発達により「翻訳」の精度も上がり，例えば「おいしさ」という感覚的なものですら数値化して表出化することができるようになってきている。

　表出化のプロセスにおいては，膨大な暗黙知のすべてが形式知化されるのではなく，また暗黙知と形式知が分離されるのでもないことに留意が必要である。形式知の背景には，その基になった経験的暗黙知が存在しているのであり，形式知を十分に活用するには，本来はその背景についても理解していなければならない。背後にある暗黙知とそれに対する理解が豊かであるほど，そこから生み出された形式知もまた豊かなものになる。

4-2-3　連結化（Combination）

　形式知からより高次の形式知への変換を行うプロセスが連結化である。具体的には，新製品開発においてコンセプトを具体的な製品仕様にしていく設計の過程や，データの組合せによって意味生成を行う分析の過程などがあげられ

第 11 章　知の継続的創造によるイノベーション生成のプロセス　313

る。連結化とはまた，抽象的で曖昧なコンセプトを具体的な形態へ「落とし込む」ことでもある。例えば，企業のビジョンを事業や製品に落とし込むことは，知識を統合して体系化された新たな形式知を創造することである。

　連結化の方法論は「論理分析によるシステム化」である。連結化のプロセスにおいては，例えば製品であれば部品間の関係，ビジネスモデルであれば関わるプレイヤー間の関係などに内包していたさまざまな矛盾が表面化するが，それらは論理分析に基づく合理的・科学的な方法論によって解決される。

　しかし，単に既存の知識を組み合わせる，情報を大量に集積するといったことだけでは，知識の有効性は高められない。どのような観点から知識を編集し体系化するかによって，そこから創造される知識の有効性は大きく異なるからである。IT 技術の活用により連結化を促進することはできるが，それはあくまで手段にすぎず，問題は何を目的として連結化を行うかなのである。ナレッジ・マネジメントを情報ネットワーク整備と同義的に考えた企業の多くが失敗しているのはそのためである。

　しかし，近年の IT とインターネットのめざましい発達によって，時空間を超えた形式知の組み合わせ可能性が飛躍的に高まり，同時により多くの人が必要な情報をリアルタイムに低コストで利用できるようになったことが，知識創造を促進していることも事実である。例えば，コンピュータ OS の Linux 開発のように，開発者たちが互いにプログラムのソースコードを公開して開発を進めるオープンソース型の開発では，あるプロジェクトが公開されると，ネットワークを利用して数百人から数千人規模の協力者たちが平行して作業を進めることで，知識創造のコストを劇的に減らすことを可能にした。こうした大規模なオープンソース型の開発においては，論理的な手続きの共通の方法を共有することで，少人数で秘密裏の開発と比べて，より多くの人的資源と知識が効率的かつ効果的に連結されることになる。

　必要な形式知を世界中から探し出しアクセスするコストが劇的に減少した現在，企業は連結化する形式知を自社内だけでまかなうことはできない。知は世界中でさまざまなプレイヤーによって創造され，それらは猛スピードで連結化

314　第Ⅳ部　労働と産業の政策課題

され新しい製品，サービス，ビジネスモデルとなり，そしてまた新たな知と結び付くことにより刻々とその姿を変えていく。そのような世界では，どんなに素晴らしいコンセプトであっても，それを実現するスピードとコストにおける競争に敗れてしまえば，市場で生き残ることはできない。必要な知を世界中から探し出し，素早く，そして低コストで連結化するという能力を，日本企業は身に付ける必要がある。

4-2-4　内面化（Internalization）

　形式知化された知識が再度個人に取り込まれ暗黙知化されるのが内面化のモードである。連結化により組織において創造され共有化された形式知は，内面化の段階で行動を通じて自覚的に暗黙知として個人の血肉へと変換されて個人のものになる。例えば，人は本を読むことにより多くの形式知に触れることができるが，読んだだけではその文章の意味を理解し完全に自分のものにできるとは限らない。その得た知識を実践し，あるいは頭の中で反復・再構成することによって，自分のおかれた状況や自分の中のほかの知識と結び付け，“腑に落ちる”ことによって初めて自分のものになったといえるのである。これはいわば実習による学習の段階であり，現実の状況に適用された知識が新たな実践の基礎になる。製品のコンセプトや製造手順などの形式知は，現実に行動に移し，その結果から反省し，さらなる工夫を加えて実践してみるというプロセスを経て，次第に個人の暗黙知として血肉化されていくのである。

　内面化の方法論は「実践の中で考える」である。内面化はただ実践することではなく，自覚的・意識的に行われる実践である。自分の行為とその行為によって得られたものが自分にとってどのような意味を持つのかを考えるという内省を実践と同時に行いながら，形式知を暗黙知化するのが内面化である。

4-2-5　スパイラル

　この共同化（S），表出化（E），連結化（C），内面化（I）の4モードからなる知識創造プロセスは，スパイラル（らせん）状に展開されていくのであって，閉じた円ではないことに留意する必要がある。未来へ向けて新たな知を生み出す知識創造の過程は，SECI プロセスの中で増幅され拡大発展していくス

第 11 章　知の継続的創造によるイノベーション生成のプロセス　315

パイラルなのである。

　SECI がスパイラル状に展開されていく過程において，個人の暗黙知は表出化されて形式知に変換され，他者との共有が可能になり，他者の視点によって新たな意味を与えられたり他者が持つ知と統合されたりして新たな知となる。そしてそれは再度個人の暗黙知へと変換され，より多くの個人にとって価値を持つ新たな主観的知識となり，次の知識創造プロセスの土台となる。

　例えば，画期的な新たな生産方式を開発した企業は，供給業者の生産方式にも変化を生じ，その影響でさらに自社の製品や生産方式にイノベーションをもたらすかもしれない。顧客が製品を使うことで，世の中の見方が変わり行動が変わるなど，顧客自身を取り巻く関係の変化につながり，それがさらに別の組織における新たな知識創造のスパイラルを動かすきっかけとなるかもしれない。SECI プロセスにおいて創造された知識は，次の新たな知識創造のスパイラルを呼び，組織の境界さえも超えて縦横無尽に広がっていくことが可能なのである。

　先にあげた iPod の例でいえば，まずユーザーと話すあるいはユーザーとしての立場で考えることにより，開発者は「いつでもどこでも簡単に音楽を手に入れて聴きたい」というニーズに気付く（S：共同化）。つぎにそれを組織の境界を超えて本質的対話を行うことにより具体的な製品コンセプトやデザインとして形式知化（E：表出化）する。製品コンセプトは，情報技術などを駆使して購入部品などの形式知を体系化することにより具体的製品の形に整えられ（C：連結化），最終的には iPod という製品（モノ）に結晶化し，それまでの開発に関わる経験はアップル独自の開発ノウハウとして内部化される（I：内面化）。同時に iPod に結晶化されたアップルの知識は，顧客の使用経験を通してアップルのブランドイメージや「iPod で動画も見たい」といった新たなニーズという顧客の知を触発し，それらがアップルに還流することにより再び共同化につながる過程をたどる。

　このプロセスにおいては SECI の 4 モードを経て個人から集団，組織へと知識が広がり，質・量ともに増大していくスパイラルアップが理想である。しか

316 第Ⅳ部 労働と産業の政策課題

し，なんらかの原因により，SECI の 4 モードのいずれかが阻害されると，質・量のいずれかが減少するスパイラルダウンが起きることもありえる。

4-3 「場」

知識ベースビジネスモデルにおいては，ビジョンを実現するために，SECI プロセスにより知識が生み出され価値として顧客に提供されるが，そのプロセスの基盤となるのが場である。知識は個人と個人の関係，また個人と環境との関係，すなわち文脈ないし状況としての「場」から生まれる。

「場」は，知識の相互作用と知識創造プロセスを支える意味空間である。日本語の「場」という言葉は，物理的な場所だけではなく，特定の時間と空間，あるいは「関係の時空間」を意味している。知識は特定の時間，場所，他者との関係性や状況，すなわち文脈において動的に生起する。そして，そのような文脈のあり方によって，知識創造の成果が左右される。

場はオフィスや会議室といった物理的な空間だけでなく，メーリングリストや TV 会議といった仮想空間，あるいは共通体験や想いといった心理的空間にも存在しうる。しかし場の本質は，そこでどのような相互作用を通してどのような文脈が共有され，どのような意味が生み出されるかにある。多くの企業で，知識共有のための特別な機構（例えば組織横断的なプロジェクト組織，コミュニティ型の組織運営など）が試みられているが，これらは「場」の類型と考えられる。

4-3-1 多様な「場」の有機的配置としての組織

SECI の知識スパイラルを創り出すためには，異なった特性を持つ知識創造の「場」が必要である。個別具体的な場は多数併存し重層的に現れるが，1 つ 1 つの場は単一の意味で完結することなく，個人の移動や場と場との相互作用の中でそれぞれの場で生成された意味が相互浸透しつつ多様な意味を生成し，一貫した知識体系を形成していく。

その意味では，組織は場の重層的集合体といえる。したがって，場がいかに戦略的あるいは自律的に結合され，そこでどのような相互作用が行われるか

第 11 章　知の継続的創造によるイノベーション生成のプロセス　317

が，創造される知識の質を決定する。イノベーションに成功している企業では，組織全体が目的に応じて自在な関係を生成する有機的な場の多層構造が見られる。

　さらに，場の有機的配置の有効性は組織内部にとどまらない。むしろ，顧客やサプライヤーといった外部と企業とのネットワークや，地域を基点に構成される産業クラスターなどにおいて，場の有機的な配置は益々重要になると考えられる。

　場はその生成維持の過程を通じて人と人との関係性を創り出し，それを拡大していく。「スモールワールド・ネットワーク」と呼ばれるゆるい連結は，人の世界だけではなく自然界にも存在し，ネットワークそれ自体が組織性と偶然性を持ち，一見無関係に見える現象の背後にある関係性を支えている[10]。このようなネットワークは，遠く離れた場を結び付け，知の新結合を促進する働きがある。イノベーションを起こすためには，こうしたスモールワールド・ネットワークにおける知の新結合をいかにタイムリーに創り出し，利用していくかが重要である。

　知は組織の内部だけでなく，顧客や供給業者や競争相手や大学など，組織を取り巻くさまざまなプレイヤーの中に埋め込まれているが，組織はそれらの外部の知と自らの知を綜合し新しい知を生み出していく。企業にとって，環境は知の生態系を構成しており，企業自身を含めその生態系を構成する要素の間には絶え間ない相互作用が存在する。知の生態系とは，生物における連鎖や住み分けの関係と同じように，さまざまな場所に多様な形で存在する知識が，相互に有機的な関係を構成している状態をいう。環境は組織の境界を超えてダイナミックに発展する場の重層的な連なりであり，企業は知の生態系における動的知識創造体である。

　知の生態系の中に存在するものとして企業を捉えた場合，企業の境界は従来の企業の理論のように所有の範囲では捉えきれなくなる。知は関係性の中で共

---

10)　Watts（2003）.

318　第Ⅳ部　労働と産業の政策課題

有されたり創造されたりするため，コンセプト次第でその境界が自在に設定できる。関係性は誰も所有できないからである。こうした生態系では，伝統的な知識の保護だけでは役立たない。一方でオープン化を図りながら，技術的知識のブラックボックス化を行うなど，プロセスとして知識を創出・活用して優位性を創出していく重層的な場のマネジメントが求められているのである。

4-3-2　「場」の促進要因

物理的な空間を用意し，人を集めただけでは場の機能は発揮されない。場が機能し高質な知識が創造されるためには，さまざまな促進要因が必要となる。

第1に，場は独自の意図，目的，方向性，使命等を持った自己組織化された場所でなければならない。意図がなければ場のエネルギーは方向付けられず，カオスが場を支配することになる。企業レベルの知識ビジョンは，こうした方向付けの機能を果たすが，個々の場のレベルにおいては，ミドルマネジメントが中心となり，知識ビジョンに基づいて実際の仕事上の目標を立て，場の意図を創出することとなる。

第2に，参加するメンバーの間において共通の感覚が生成されている必要がある。共通感覚の生成には，自己を他者の立場におくことが必要である。そこから他者との「共鳴」や「共感」が生成されるのである。場が成立すると，個人は他者との相互の感情や価値観を共鳴させ，開かれた関係の中で，自己の限られた視点を超えて物事を捉えることができる。そのためには，特に共同化においては，「直接顔を合わせる」ことが重要である。

第3に，場には境界が必要であるが，その境界は開かれていなければならない。文脈の広がりには無限の可能性があり，意味ある文脈共有のためには一定の境界設定が必要である。しかし，独自の文脈を持った参加者が自由に出入りし，共有された文脈が絶えず変化していくという意味において，場は開かれているということもできる。場にはいわば浸透性のある境界が必要なのである。

第4に，場には異質な知を持つ参加者が必要である。知識は異なる主観を綜合することにより創造される。したがって，さまざまな視点，知識，情報を持った参加者が文脈を共有することにより，場とそこで創造される知識は豊かな

第11章　知の継続的創造によるイノベーション生成のプロセス　319

ものとなっていく。

　しかし，ただ異質な知を持ち寄るだけでは，新しい知は生まれない。先に述べたような共感と共通の目的により，異なる視点と文脈を共有するプロセスが必要である。このプロセスには時間と場の参加者による能動的な関与が必要なため，場の参加者の持ち寄る文脈が互いに大きく異なっているほど，知識創造の効率性は損なわれることになる。この創造性と効率性の矛盾の綜合が，場のマネジメントの課題でもある。

　第5に，場には参加者のコミットメントが必要である。コミットメントは人間の知識創造活動の基盤となるものであり，場における相互作用にエネルギーを与えるものである。場の目的にコミットし，場におけるプロセスに積極的に関わる参加者により，知識は生成されていくのである。

　そのような積極的な参加は，参加者が自分の時間とエネルギーを費やすことを意味する。また，組織の持続的競争優位の源泉となるような暗黙知を蓄えている個人は組織にとって価値が高いが，そうした暗黙知を表出化することはその暗黙知の所有者の価値を低下させる可能性があるので，所有者としては暗黙知を積極的に表出化しない場合も考えられる。したがって場においては，信頼，愛，安心感，場や組織へのコミットメントなどを醸成することにより，場の参加者が積極的に知識を提供できるような動機付けを行うことが必要である。

　知識創造のモチベーション研究では，組織の競争優位性の源泉としての内因的モチベーションの重要性を指摘する[11]。外因的モチベーションの典型は金銭であり，内因的モチベーションの典型は夢や達成感である。これらはそれぞれ状況に応じて効果が異なっており，どちらが優れていると一概にはいえない。しかし，外因的モチベーションは，比較的定型的な仕事には有効で，短期的には効果が上がるように見えるが，長期的に見れば，動機付けられなければ仕事をしないという負の効果を生むことが指摘されている。外因的モチベーシ

---

11)　Osterloh and Frey（1997）.

320　第Ⅳ部　労働と産業の政策課題

ョンをコントロールしても，強制的に暗黙知を表出化させることはできないのである。

　一方，1．創造性を要求される，2．内容が広範囲で複雑であり，幅広い知識が要求される，3．暗黙知の移転と創造が不可欠である，のいずれかの要素が含まれている仕事の場合には，内因的モチベーションの有無がその成果の質を決定する。何かを創造することによる満足感や同朋意識，組織に対する帰属意識などが知識創造においては重要になるのである。したがって，個人が内因的モチベーションを持続できるような条件を整え，暗黙知の移転と創造を活性化する多様で多元的なインセンティブ・システムを設計することが必要になる。それが場の高い活動レベルを支援するのである。

4-4　リーダーシップ

　知識ベースビジネスモデルの3つの次元を結び付け，ビジョンに基づく知識創造プロセスから企業が継続的に価値を生み出すために必要なのがリーダーシップである。リーダーシップは知識創造プロセスを方向付け，総合し，実践する役割を果たす。

　知識ベース企業のリーダーシップは，固定化された管理統制型リーダーシップではなく，その文脈ごとに臨機応変にリーダーが決まる，より柔軟な「自律分散型リーダーシップ」が基本である。知識経営は組織のすべてのレベルにおける日々の実践によりもたらされるものであり，トップマネジメントのみならず組織のあらゆるレベルのリーダーシップのあり方が問われることになる。それは一部のエリートではなく，組織成員全員に主体的なコミットメントを求める「知の総動員」システムともいえる。

　知識創造プロセスにおけるリーダーシップの役割はまず，使命やビジョンを設定し，それを理解し一貫性を持たせることである。組織で創造される知識の真理性は，究極的には「何を真・善・美としたいか」というリーダーと個の志の高さに依存する。そしてそれは単に一企業内にとどまらず，組織外にまでわたるものとなる。環境とのダイナミックな知識の生態系を成す企業は，相互依

存的に社会的に正当性の高い目的を生み出していかなければ，最終的には価値を生み出すことができず，存続できない。そうした目的を見出すこと，また他の組織成員が自らそうした目的を見出しコミットすることを手助けすることが，リーダーシップに求められる。

つぎに，場を積極的に活用して，個々人の思いと組織のビジョンを対応させ，部分最適から全体最適への変換を支援していくこともリーダーシップの役割である。具体的には，求められる活動の種類に応じて，どのような場を生み出すか（場の生成），生み出された場が知識ビジョンの方向性をはずれたり，停滞したり，消滅したりしないようにどのように維持していくか（場の維持），組織内外の多種・多層な場をどう相互に関係付けていくか（場の結合）の3つである。

リーダーは，時間，空間，気配り，機会などを提供することにより場の構築を促進する。成員のキャリア形成に配慮した高質経験の場を創出することはリーダーシップの重要な機能である。一方，創出された場の中で，メンバーが場を活性化するような相互作用を与え合うように促進する場の創造性支援もリーダーシップの役割である。場を常に創造的に保つということは簡単なことではない。そのために，リーダーは自らも場の一員としてその場に深くコミットすると同時に，比喩やモデルなどを駆使して，成員のアイデアを触発したりコンセプト創造とその具現化を促進したりする。

組織的知識創造におけるリーダーシップは，賢慮型リーダーシップと呼ばれる[12]。アリストテレスは知識をエピステーメ（episteme），テクネ（techne），フロネシス（phronesis）の3つに分類した。エピステーメは，どのような状況にも通用する普遍の真理であり，科学的知識に対応する。テクネは，実用的な知識やスキルを応用することで何らかのものを生み出し，創りだすノウハウである。フロネシス（賢慮）は，一般には「個別具体的な場面の中で，全体の善のために，意思決定し行動すべき最善の振る舞いを演ずる見出す能力」と定義さ

---

12) 野中・遠山（2005）。

れる。つまり，価値・倫理についての思慮分別をもって，その都度のコンテクストや状況において最善の判断と行為ができる実践的知恵（高質の暗黙知）である。

例えば，テクネが「車をうまく作る」ための知識であるとすれば，フロネシスとは「よい車とはどのようなものであるかを知っており（価値判断の基準が明確）そうした車を実際に作ることができる（価値判断を実現する力がある）」ということである。テクネだけでは企業は存続できない。いくら車をうまく作ったところで，それが「よい車」でなければ価値の創造とはならないからである。しかし，何が「よい車か」というのはエピステーメにはなりえない。「よい」というのは主観の問題であり，その車に乗る人間や時代によって変わるため，普遍の真理にはならないからである。ある時代，ある顧客のためという「個別具体的な場面」において何が最善の「よい」なのかを判断しそして実現する能力，それが賢慮（フロネシス）である。

5. お わ り に

企業の持続的競争優位は，結局のところ企業がどのような価値を生み出し続けることができるかにかかっている。そして価値は，単なる情報の結合や環境の合理的分析からは生まれてこない。それは環境を主観的に解釈する力，そして何よりその組織独自の未来を創造しようという「強い思い」から生まれてくる。「思いなきものに知は創れない」，そして知を創れないものにイノベーションを起こして自らと社会を変えていくことはできないのである。

参 考 文 献

勝見明（2002）「宇井與志男 不常識のすすめ」（『Leadership Strategy』Spring Edition 52）。

内閣府 （2007）『イノベーション 25 閣議決定本文』2007 年 6 月 1 日。

野中郁次郎・遠山亮子（2005）「フロネシスとしての戦略」（『一橋ビジネスレビュー』Vol.53, No.3）88-103 ページ。

野中郁次郎・遠山亮子・平田透（2010）『流れを経営する』東洋経済新報社。

渡辺捷昭（2008）「ものづくりの質を日々高める」（『Voice』362）80-87 ページ。

第 11 章　知の継続的創造によるイノベーション生成のプロセス　323

Arthur, W.B.(1958), *Increasing Returns and Path Dependence in the Economy*, University of Michigan Press.

Collins, J.(2001), *Good to Great: Why Some Companies Make the Leap...And Others Don't*, Collins Business（山岡洋一訳『ビジョナリー・カンパニー 2―飛躍の法則』日経 BP 社）.

Drucker, P.F.(1993), *Post-Capitalist Society*, Harper Business.

Drucker, P.F.(1999), *Management Challenges for the 21st Century,* Harper Business.

Nonaka, I. and Takeuchi, H.(1995), "The Knowledge-Creating Company" Oxford University Press（梅本勝博訳『知識創造企業』東洋経済新報社）.

Osterloh, M. and Frey, B.(1997), 'Managing Motivation: Crowding Effects in the theory of the firm' "Diskussionsbeitrag 31" Institut für betriebswirtschaftliche.

Polányi, M.(1966), *The Tacit Dimension*　Routledge & Kogam Paul （佐藤敬三訳『暗黙知 の次元』紀伊国屋書店）.

Watts, D. J.(2003), *Six Degrees: The Science of a Connected Age,*　W.W. Norton（辻竜平・ 友知政樹訳『スモールワールド・ネットワーク―世界を知るための新科学的思 考法』阪急コミュニケーションズ）.

第 12 章

日本の産業における垂直的生産構造の課題

鳥 居 昭 夫

1. はじめに——垂直的生産構造

日本の生産構造を特徴付ける要素の 1 つは，系列等の形で密接に連携された垂直的生産構造である。この垂直的連携システムは，1980 年代以後に再評価されるまでは，非効率性をはらむ前近代的な存在としてとらえられてきた[1]。再評価においては，垂直的連携を現実に実現している種々の取引慣行が，ゲーム理論，情報の経済学，制度の経済学等を用いて合理的な行動として説明された[2]。一般均衡理論を中心としたミクロ経済学では，それらの慣行を理解することが難しかったのである。この再評価の背景には，1980 年代日本の組立産業における国際競争力の強化がある。Torii (1991)，鳥居 (2001) は個別製造業の技術効率性が，それぞれの産業における下請依存と正の相関があることを報告している[3]。この観測は，20 世紀末の日本の組立型製造業における強い国際

---

1) 小宮山 (1941)；藤田 (1965) など。
2) サプライヤー・システム，長期安定的取引，情報共有と技術移転，購買管理，中間組織などのキーワードで説明されている。再評価の文献は数多いが，すべて浅沼 (1984a；1984b；1997) の分析を起点としている。
3) 同様に『平成 10 年中小企業白書』では，下請依存度が 30％以上の 4 桁細分類製造業では技術効率が平均効率性において 79.2％ であるのに比べて，下請依存度が 30％以下の製造業では 65.1％ にすぎないと報告している。

326 第Ⅳ部　労働と産業の政策課題

競争力に，垂直的協力関係が貢献しているという認識を裏付けるものであった。

　密接な垂直的連携システムにおいて，高度成長期以後なぜ高い生産性が実現されたかという問題については，Asanuma（1989）浅沼（1998）の「関係特殊的技能」形成の理論，Helper（1991）の Voice 戦略，伊藤（1989）の少数部品メーカー間の「顔の見える競争」理論，藤本（1998）の「まとめてまかせる」仮説などがある[4]。これらの理論は，主に典型的な組立型製造業である自動車製造業および電気機械産業における観察に基づいた理論である。そのために，垂直的連携システムについての包括的な議論とはなっていない。垂直的連携システムは高い生産性をもたらすメカニズムを仮説として提示するものではあるが，それらのメカニズムが働く条件を提示するものではない。その後，1990年代以後日本経済が停滞し，個別産業の競争力が停滞する一方，海外で中間組織が更に発展したシステムが観察されるようになると，主な研究の対象は生産管理の理論に移行する[5]。日本においても「アーキテクチャ」など，製品の構造を含めた生産システムの理論に発展していくが，垂直的連携システムの機能評価が直接に分析の対象となることが少なくなっている[6]。

---

4)　関係特殊的技能とは「中核企業のニーズに対して効率的に反応するためにサプライヤー側に要求される技能」（浅沼（1998）26 ページ）であり関係準レントと呼ばれる付加価値の余剰分形成の源泉となるとされる。Voice 戦略は，Exit 戦略に対する戦略であり，関係に問題が生じた場合，退出する（Exit 戦略）ことによって交渉力を維持するのではなく，関係を持続しながら直接にメッセージを送り続けることによって解決を図る戦略である。長期的な技術進歩をもたらす点に Voice 戦略の優位性があるとされる（藤本(1998)）。「顔の見える競争」とは，競争相手であるライバルの数が少数に限られることによって，競争がより熾烈になることをいう。「まとめてまかせる」とは，承認図など特定のサプライヤーに関連する工程を一括して外注することによってサプライヤーの能力を引き出し蓄積させ効率化をもたらすことをいう。

5)　例えば Extended Enterprise の議論など。サプライヤーと製造業者のサプライ・チェーン・マネジメントやカスタマー・リレーション・マネジメントなどに IT を使う。しばしば例示されるのがマクドナルドのシステムである。Dyer J. H.（2000）などを参照せよ。

6)　2000 年代初頭からモジュール化の議論が盛んになる。藤本（2002）；青木・安藤（2002）など。藤本（2004）は日本製造業の優位性が，ときには完全なモジュール化を無視してでも，全体の機能をうまく整えるすり合わせ技術にあるという議論を行

第 12 章　日本の産業における垂直的生産構造の課題　327

　これらの一連の研究の対象となった垂直的連携システムは，組立型製造業における下請制に限定されていることが多い。概念としての検討を省略するが，以下では系列等の形で長期継続的に密接な垂直的取引関係を持つことを下請制と呼ぶ。下請制が観測されるのは組立型製造業にとどまらない。一般的な調査が行われているわけではないが，2015 年 3 月末現在において中小企業庁は「下請適正取引等の推進のためのガイドライン」を，(1)素形材，(2)自動車，(3)産業機械・航空機等，(4)情報通信機器，(5)繊維，(6)情報サービス・ソフトウェア，(7)広告，(8)建設業，(9)トラック運送業，(10)建材・住宅設備産業，(11)放送コンテンツ，(12)鉄鋼，(13)化学，(14)紙・加工品，(15)印刷，(16)アニメーション制作業の 16 業種において策定している[7]。このうち，平成 25 年度に中小企業庁が「公益財団法人全国中小企業取引振興協会　下請かけこみ寺本部」に委託して作成した事例集には 69 事例が掲載されているが，類別が示されている事例のうち，製造委託 21 件に次いで多いのが建設工事（建設追加工事を含む）15 件，情報成果物制作委託 8 件である。これらの建設業・建築業およびソフトウェア・コンテンツ等製造業における，下請取引の広がりがうかがわれる[8],[9]。さらに，ガイドライン制作の対象とはなっていないが，原子力産業においてもやはり多重下請構造が見られるようである。原子力産業における下請制は，下請労働との関連で言及されることが多いものの，その実態につ

っている。

7)　http://www.chusho.meti.go.jp/keiei/torihiki/guideline.htm　（2015 年 4 月 7 日）。

8)　建設業においては国土交通省が都道府県・中小企業庁と連携して毎年「建設業取引適正化推進月間」を実施し，「建設業の請負契約における不適切な取引」の是正を図っている。こうした措置が必要であるほどの問題が生じていることを表している。国土交通省「平成 26 年度下請取引等実態調査」によると，調査対象 1 万 1656 者のうち，元請の割合は 58.4％，1 次下請，2 次下請，3 次下請の割合は 33.1％，7.4％，0.9％であった。

9)　公正取引委員会事務総局「テレビ番組制作業における下請取引実態と改正下請法の内容 ―改正下請法の円滑な運用に向けて―」（平成 16 年 2 月）によると，対象とした事業者のうち，番組制作会社の割合が 61.3％であったが，その構成は親事業者 5.3％，親・下請事業者（親事業者および下請事業者両方の立場となる事業者）26.5％，下請事業者 29.5％であった。

328　第Ⅳ部　労働と産業の政策課題

いての報告はほとんど無い。しかし，下請労働の文献から事業者においても多重下請構造の存在が示唆される[10]。

　問題は，これら組立型製造業以外の分野における下請制は，組立型製造業におけるものと異なり，その産業の高い生産性に貢献していると評価されることがほとんど無いことである。前述の中小企業庁によって作成された事例集において，製造委託に次いで多い事例が掲載されている建設業については，「建設白書」において繰り返し生産性の低さと構造改善の必要性が強調されているところである。建設業では，他の産業に比べて生産性の低下が懸念されており，また諸外国の成果に比べて生産性が低いことが指摘されている[11]。次いで多い事例が掲載されている情報成果物制作委託においても同様である。事例には多様な業種が含まれるが，例えば，ソフトウェア生産においては，日本における生産性の低さが繰り返し指摘されている[12]。また，映像コンテンツなどを制作供給している産業は低い収益性と労働対価の低さで知られている。2004年の経済産業省「新産業創造戦略」では，

　　現在，映画配給会社，テレビ放送局などのコンテンツ流通部門が寡占的傾

---

10)　例えば濱崎（2008）は，調査した原子力発電所の定期検査時の保守作業に携わる熟練作業者 25 名は，元請作業員と下請作業員の人数がほぼ半数ずつであったと報告している。

11)　日本建設業連合会『建設業ハンドブック 2014』によると，実質粗付加価値労働生産性は 1990 年から 2012 年にかけて全産業で 3003（円／人・時間）から 4218 まで上昇したのに比べて建設業では 3513 から 2518 まで低下している。ただし，建設業の労働生産性は他国でも長期低落傾向にある国が多い。日本生産性本部『日本の生産性の動向』によると，建設業における 1990 年代以降の実質付加価値労働生産性トレンドは，イタリアが−0.8%，米国−1.6%，フランス−0.7%，カナダ+0.1%，ドイツ 0.0%，英国 0.4%であるが，日本は−1.2%である。この水準は米国に次いで低い。経済産業省『通商白書 2013 年版』によると，米国に比べて，建設業における日本の労働生産性は 84.4%，TFP で比べても 90.8%にすぎない。

12)　しかし，他国と比べて生産性の低さが直接比較されることはない。ソフトウェアの産出物を計測することは難しいことが主な理由と思われる。多くの研究では，さまざまな情報を組み合わせてこうした「低さ」を確認しているところである。今井・石野（1991）；田中（2003）；元橋（2010）；峰滝・元橋（2007；2008）を参照せよ。

向にある中で，コンテンツの制作事業者は，製作資金調達，マーケティング等において流通事業者に大きく依存せざるを得ない状況にある。このため，コンテンツ産業では付加価値の多くを流通事業者が取得する構造にあり，コンテンツ自体の価値を創造する生産部門が必ずしも成果に応じたリターンを得られていない状況にある。（経済産業省「新産業創造戦略」82ページ）

と述べられている。番組制作請負においても下請取引が一般的である。自動車製造業や電気機械製造業における下請は，リスク・シェアリングが行われており，その意味で少なくとも1次下請までは，分配が偏るということはなかったと考えられている[13]。番組制作においての分配の偏りは，組立産業における下請と対照的である[14]。分配の偏りは後述のインセンティブ供与の機能を制約するから，下請制が生産性に貢献するのを防げる原因となる。さらに，原子力産業においても，1999年東海村臨界事故の原因の1つが，作業が下請に外注されていく段階で仕様や作業手順についてのノウハウが正確に伝わっていなかったことにあると指摘されているところであり，問題は大きい[15]。組立型製造業においても，生産性への貢献が中核企業と1次サプライヤーとの関係において評価されているのであって，2次以下のサプライヤーとの関係は異なるという指摘もある[16]。

　日本の緊密な垂直的取引システムの生産性への高い貢献を説明する理論は，決して組み立て産業に固有な要因に依存するものではない。例えば，建設業において関係特殊的技能を形成することや，元請業者がVoice戦略をとること，下請事業者を少数に絞り競争を促すことや「まとめてまかせる」ことは十分可能だろう。それぞれの理論は，特定の技術的条件に依存するものではない。そ

---

13)　浅沼（1998）。
14)　田中・村上・矢崎（2007）。注32）も参照せよ。
15)　日本原子力学会 JCO 事故調査委員会（2005）。
16)　例えば佐伯（2008）を参照せよ。

330　第Ⅳ部　労働と産業の政策課題

れにもかかわらず，緊密な垂直的取引システムが高い成果をもたらす場合もそ
うでない場合もある。下請制が効率性の実現において業種によって差異がある
ことについては，これまでほとんど議論されてこなかった。何らかの環境条件
の相違によって，こうした差異が生じるのであろうか。もしそうであるとすれ
ば，その要因は何だろうか。

　もちろん，垂直的取引関係が十分な成果をあげていないとすれば，それは取
引関係において生じる広義の取引費用に対処できていないということを意味す
るから，取引費用の発生を議論するということにもなる。上述の諸理論はまさ
しく取引費用を軽減する対処が存在する可能性を示したものであった。それで
は，例えば建設業やソフトウェア・コンテンツ制作分野においては，これらの
方法では対処が難しいほどの取引費用が発生していると考えられるのだろう
か。取引費用の増大要因として，教科書的には，取引の複雑性・不確実性，立
証困難性，資産の特殊性，情報の偏在などがあげられることが多い。例えば，
建設業では請負取引が組み立て製造業への部品供給に比べて複雑であるなどの
相違があるのだろうか[17]。

　本章では，紙面と筆者の能力の制約により，これらの問題について包括的に
検討することはしない。ここでは，通常あまり指摘されてこなかった2つの要
因を示し，より包括的な検討への準備としたい。それらは，下請取引における
マルチタスク・エージェンシーの問題と，コモン・エージェンシーの問題であ
る。両者ともエージェンシー問題として特定の下請取引に発生する困難を理解
しようという試みである。以下第2節では，マルチタスク・エージェンシーの
問題を，第3節ではコモン・エージェンシーの問題をそれぞれ説明する。

---

17)　他に，ソフトウェア生産における下請の成果を決める要因として競争圧力の効果
　　が分析されることもある。峰滝和典・元橋一之（2007；2008）を参照せよ。確かに，
　　乗用車製造業や電機機械製造業は競争が激しい産業として知られている。一方で，
　　原子力産業は競争が乏しいし，建設業においても特に公共工事の場合に談合の多さ
　　が知られている。放送コンテンツ供給においても発注主体であるテレビ局は参入規
　　制で守られている。広範な分野にわたる比較には，系統的なデータ収集・分析が必
　　要である。

2. 下請におけるマルチタスク・エージェンシー問題

ある経済主体において何らかの業務が遂行される必要があるとする。その主体は自らその業務を遂行することなく，外部の運営主体に依頼することがある。業務を委託する主体はプリンシパルと呼ばれ，その業務を受託する外部の運営主体はエージェントと呼ばれる。経済活動にはこの図式で描かれる取引や契約関係が多いが，さまざまな困難が発生する可能性が指摘されている。困難は，効率的な取引や経済活動が実現できないという形で生じる。これらの困難の発生はエージェンシー問題と呼ばれる。マルチタスク・エージェンシー問題は，エージェンシー問題の1つの形態である。

エージェンシー問題の発生には，大きく分けてアドバース・セレクションの形での発生と，モラル・ハザードの形で発生するものとがある。アドバース・セレクションは，エージェント自らの能力などの私的な情報を，プリンシパルが知らないまま契約を結ばなければならない場合に発生する。能力などの差によって効率的な活動内容は異なると考えるのが自然だろう。ところが，プリンシパルは能力を観測できないまま，契約しなければならない。この場合，活動内容をプリンシパルが直接指示することは望ましくないと考えられている。エージェントが自発的に望まれた活動を選ぶように契約をデザインしなければならない。そうしたインセンティブをもたらすため，エージェントの能力に応じた最も効率的な活動と，デザインされ実際に選択される活動との間にはずれが生じる。ずれの大きさは能力水準によって異なるとされているが，一般に非効率が発生する。一方，モラル・ハザードは，エージェントがとった努力水準などの行動を，プリンシパルが直接観測できない場合に発生する。業務を委託するプリンシパルにとって，エージェントが実際にとる活動内容によって，委託した業務の達成による便益は異なる。そのため，やはりエージェントが自発的に望ましい活動を選ぶように契約をデザインしなければならない。このデザインはエージェントが実際に行った活動の結果として観測される成果などに関連づけて行われる。しかし，この成果などの指標は不完全にしか活動内容を反映

332　第Ⅳ部　労働と産業の政策課題

しないために，またエージェント自身がリスクを回避する行動をとるために，最も効率的な活動とデザインされ選択される活動との間にやはりずれが生じる。このずれにより，同様に非効率が発生してしまう。

　マルチタスク・エージェンシー問題は，モラル・ハザードの形で表れる困難の1つである。エージェントが受託した業務を遂行するに際して，複数の活動を同時に行わなければならない場合に発生する困難である。ここでは，活動を課業（タスク）と表現する。例えば，営業マンは利益に貢献するという課業も求められると同時に，売上目標を達成するという課業も求められるかもしれない。エージェントは自らの活動時間などの限られた資源を複数の課業に配分しなければならない。一般にこれらの課業の結果として表れる成果は，確率的なノイズを含むものであり，課業に投入された資源をそのまま示すものではない。プリンシパルが観測しやすい経営指標として示される成果もあるし，製品の品質など観測の難しい成果もある。成果は，それぞれの課業に費やされた資源の量と相関するかもしれないが，一般には，複数の課業の成果が互いに独立である場合もあり，相関している場合もある。課業が複数存在する場合には，課業が1つであるときよりさらに関係が複雑になり，対処が難しくなる。例えば，2つの課業のうち，一方の課業の成果が観測できないとき，もう片方の活動の成果が観測しやすいときでも，観測が容易な方の成果に依存したインセンティブをデザインすべきではないとされている。もしそのようなインセンティブが与えられた場合，エージェントは評価される活動に過度に偏った資源配分を行い，全体の成果が損なわれてしまうと考えられているからである[18]。

　下請契約の場合にも，一般に受託事業者は複数の課業に直面する。多くの契約では，費用低減と品質維持を同時に実現することが求められる。費用削減努力の成果は，バリュー・アナリシスなどにより比較的容易にモニターできるだろう。一方，製品の品質は観測が難しいか，観測できても立証することが難しいことが多い。費用低減努力を行う場合にも，品質維持に務める場合にも，そ

---

18)　Holmstrom and Milgrom (1991).

れぞれ費用が発生する。しかもこれらの費用は相関するだろう。すなわち，維持しなければならない品質水準が高い場合，費用削減のための投資費用は嵩むだろう。一方，維持しなければならない品質水準が低くてもよい場合には，比較的容易に費用削減という課業は達成できるだろう。こうした条件の下で望ましい契約をデザインしなければならない。

　建設業においては，費用水準が請負工事を入札で獲得するために最も重要な要因であろう。その他に，種々の工事を納期までに完工するために，また工事において種々生起する予期しない困難に対処するために，さらに供用されたときに保守管理が容易であるよう高い工事品質を維持するために作業者の技術的熟練が必要である。特に建設現場では学習効果が大きいとされるので，技術的熟練は重要な要因であると考えられる[19]。　費用水準と熟練の程度とを比較すると，特に競争入札で受注を獲得しなければならない公共工事において，費用水準が絶対的に重要な要因である。近年総合評価入札方式が普及し始めているが，未だより望ましい形での技術評価方法を模索している段階である[20]。　公共工事においては，特に発注者であるプリンシパルと，その施設の最終的利用者が異なる。ないしは，プリンシパル・エージェント関係が複層的になっており，施設の最終利用者がさらに上位のプリンシパルとなっているのだが，その選好ないしは利益が発注者である下位のプリンシパルの利益に反映されていないと言った方がよいかもしれない。いずれにせよ，発注者であるプリンシパルは，施設の使い勝手や居住性等の便益の差を直接に被るわけではない。多くの公共工事においては，プリンシパルは，指定した仕様が満たされている限り，入札価格および契約時に定めた価格調整を含めた最終的支払価格と納期の遵守に対して最も関心を払うであろう。しかし，建設された施設が長期の供用期間にわたってもたらすサービスの効率性を考えると，ないしは最終的利用者である上位のプリンシパルの利益を考えると，高い熟練によって建設された品質部

---

19)　Couto, J. P. and J. C. Teixeira（2005）など。

20)　塚原他（2010）などを参照せよ。

334 第Ⅳ部 労働と産業の政策課題

分がより重要となることは明らかである。この部分を契約において評価することは極めて難しい[21]。

　つぎに，情報成果物制作として，ソフトウェア制作とテレビ番組などのコンテンツの制作とについて考える。ソフトウェア制作の場合に，発注者であるプリンシパルが関心を持つのは，費用水準・納期と成果物の品質の両方であろう。どちらも，ユーザーとして，ないしは最終製品の販売者として，プリンシパル自らの利益に影響するからである。ただし，費用水準・納期と品質とでは成果の観測の容易さが異なる。マン・アワーの積み上げを基にする労働投入量を根拠とする費用水準および納期は比較的直接に課業に費やした資源の量を反映すると思われる。一方，ソフトウェアの品質は，品質維持という課業に費やした資源の量を示すと思われるが，成果に含まれるノイズの量は大きく，費やした資源の量は費用水準などに不確かにしか表われない。さらに品質水準の観測は難しい。「バグ」と呼ばれる欠陥が，使用時になって初めて表れるものも多い。また，ソフトウェアの品質は長期的なメンテナンスのコストに反映されるという。使い勝手やメンテナンスの容易さも指標化することは難しい[22]。さらに，ソフトウェア制作においては下請構造の多層化が指摘されている[23]。建設業の場合と同様に，上位のプリンシパルであるソフトウェアの最終的利用者の利益が発注者である下位のプリンシパルの利益に反映されないことによる問題が発生しうる。

　テレビ番組などのコンテンツ制作の場合に，発注を行うプリンシパルであるテレビ局が関心を持つのは，費用水準に並んで成果物である番組の視聴率である。視聴率を高めるためには，層の厚い視聴者層が求める娯楽性の高い番組を制作しなければならない。一方で，テレビ番組には報道・教養番組として一定

---

21)　建設業の品質確保の問題については渡邊（1999）を参照せよ。

22)　ソフトウェア品質の問題については Brooks（1995）；Rice（2007）を，またソフトウェア評価の困難については Hoffman（2000）などを参照せよ。日本のソフトウェア業については田中（2003）を参照せよ。

23)　峰滝和典・元橋一之（2008）。

の役割が求められる。この役割を主に担うのは公共放送である。しかし，テレビ放送においてはメジャーなメディアとして報道等の役割が民放にも期待されている。そのため，民放の「質の低下」が懸念されるのである。質の維持は他の代替的なメディアが普及するなか，テレビメディアが生き残るために必須である[24]。しかし，番組の質は特に評価が難しい。これは放送として期待される内容が極めて多岐にわたるからである[25],[26]。

　こうした産業に比較すると，組立型製造業における下請において，成果を評価する問題は対処が容易である。組み立てを行う中核企業であるプリンシパルは費用水準および品質の両者に自らの利益が大きく影響を受ける。エージェントは両方の要因について成果を出すことを求められる。エージェントが配分した資源の成果はもちろんノイズを含むが，観測は可能である。多くの場合に部品に品質水準として要求される精度などの仕様は明確であり，コストをかけさえすれば検証が可能である。プリンシパルは，費用水準と品質維持という課業に配分した資源の成果が表れる成果指標が2つ以上あれば，成果指標に含まれるノイズとその相関を考慮して，エージェントの資源配分が自らの利益に最も貢献するようにコントロールする形で，インセンティブをデザインするであろう。ただし，ノイズの大きさと相関によっては，効率性が一定程度損なわれる。

　一方，建設業やソフトウェア・コンテンツ制作の場合には，検討したとおり，品質水準が維持されないとシステム全体の利益が損なわれるにもかかわらず，プリンシパルが当面の利益の確保のみを目的として品質水準に関心を持たない場合，および品質水準を成果として把握できない場合がそれぞれ存在する。プリンシパルが品質維持に関心を持たない場合には，品質を維持する課業に対して，インセンティブがデザインされることはない。この場合，エージェ

24）　民放の問題については馬場（2009）を参照せよ。

25）　テレビ・コンテンツの質に関する問題は春日他（2014）を参照せよ。

26）　この構図も建設業の場合と同様にプリンシパル・エージェント関係が複層的になっていて，上位のプリンシパルである視聴者の利益に関わる番組の質が，下位のプリンシパルである民放テレビ局の利益に反映されないという解釈が可能である。

336 第IV部 労働と産業の政策課題

ントは費用が最小水準となるよう，それぞれの課業に資源を配分する結果，品質は最低水準となる。費用を削減するための投資コストが品質水準の増加関数であると考える場合にも，やはり品質を低下させて，できるだけ低コストで費用削減を実現しようとするだろう。前述のとおり，品質要因の重要さを理解しているが，成果としてプリンシパルがその水準を把握することが難しい場合には，観察が可能な費用水準についてもインセンティブを供与すべきではないことが知られている[27]。品質水準がプリンシパルの利益にどのような形で反映されるかに依存するが，望ましい契約は費用についてもそれほど強いインセンティブを与えるものではないだろう。この場合にも，エージェントの活動をコントロールすることは難しく，システムの効率性は損なわれる。

　ここで，NHK・BS の例を紹介する。NHK・BS の本放送開始は 1989 年であるが，視聴契約は 1990 年代を通じて順調に伸びている[28]。NHK 視聴料は，国会で NHK の収支予算を承認することによって定められるから，値上げによる増収は難しい。NHK・BS による衛星放送受信料は NHK にとって収入拡大の方途であった。2000 年以降，BS チャンネル枠が増えるにともない民放が参入する。しかし，NHK・BS の成功に比べて民放 BS の視聴率は低迷し，累積赤字も増加していく。この民放 BS が単年度ベースで黒字化するのには約 10 年かかる。これは NHK・BS の成功と対照的であった。

　社団法人全日本テレビ番組製作社連盟「NHK–BS の在り方について」（総務省「NHK の衛星放送の保有チャンネル数の在り方に関する研究会（第 6 回）」配付資料）によると，BS が始まる前までは，NHK は原則的に自前で番組を作っていた。BS が始まるとともに制作のリソース不足のために外部のプロダクション

---

27)　Holmstrom and Milgrom (1991) においてインセンティブ条項の欠如（Missing Incentive Clauses in Contracts）として証明されている。

28)　総務省「NHK の衛星放送の保有チャンネル数の在り方に関する研究会（第 1 回）」配布資料「NHK の衛星放送の現状について」(http://www.soumu.go.jp/main_sosiki/joho_tsusin/policyreports/chousa/nhk_ch/070807_2.html　2015 年 4 月 15 日ダウンロード）によると，90 年代を通じて契約数，契約収入とも順調に伸び，1998 年度には累積収支においても赤字を解消している。

に委託する必要が生じた。当時，地上波民放はコスト削減のために費用のかさむドキュメンタリーなどは減らす方向だった。これら民放で経験を積んだ制作プロダクションを使って，逆に NHK・BS はドキュメンタリーに力を入れた。それが番組の質の高さをもたらし，視聴者を得て BS の成功につながった。

　テレビ放送の場合，観測可能な品質としては視聴率，観測困難な品質としては番組の質がある。民放の場合，プロダクションに委託する際，番組の質を要求することはなかなか難しいだろう。利益を求めるためには，低コストでかつ広告収入を稼ぐために視聴率を高めることを目指しがちとなる。最終的なユーザーである視聴者は制作にいくら費やされたかに対しては関心がなく，面白さと番組の質を重視する。両者とも視聴率という成果に一定程度反映されるが，不完全にしか反映されない。春日他（2014）が詳述するように，評価のおくれ，視聴の習慣性など，価値財としての社会心理的要因が指摘されている。そうなると最終的な視聴者とプリンシパルである民放テレビ局の間で求めるものにずれが生じる。この構図がマルチタスク・エージェンシーの問題を生じさせ，システムとして非効率な状態に陥るのは前述のとおりである。NHK・BS の場合にはこのずれを避けることができた。それは，1990 年当時 NHK が求めたものは，視聴率そのものというよりも将来の新たな収入源となる BS の普及であり，そこに質を求める「圧力」があったからであるということである。すなわち，プリンシパルの利益に質の維持という要因が反映されていたのである。

3．コモン・エージェンシーである下請

3-1　コモン・エージェンシー

　コモン・エージェンシーは，1 人のエージェントに対し，複数のプリンシパルが契約しようとする状況をいう。複数の大規模メーカーが，同一の流通業者と取引契約を行う場合，また複数の規制官庁が料金水準と環境基準など異なる側面から，同一の企業に対して直接規制を行う場合などが例としてあげられている。プリンシパルたちがそれぞれ，小売であれば販売量・小売価格などの意

338　第Ⅳ部　労働と産業の政策課題

思決定をコモン・エージェントに委ねる。このことによって，一般に，販売量などの意思決定がコーディネートされ，協調的な帰結がもたらされると考えられている。

　ここでは，特に，プリンシパルとエージェントとの間に情報の非対称性があり，アドバース・セレクションの問題が発生する場合を考察する。アドバース・セレクションは，前述のとおり，エージェントの特性をプリンシパルが知らないまま契約を結ばなければならないことによって発生する。能力などの差に応じてエージェントが望まれた活動を自発的に選ぶように，契約をデザインしなければならない。コモン・エージェンシーの場合には，このインセンティブを提供するために，最も効率的な活動とデザインされ選択される活動との間のずれが，一般のエージェンシーの場合に比べてさらに大きくなることが知られている。このためにエージェントが獲得するレントは大きく，また非効率も甚だしくなる。

　コモン・エージェントを用いない場合，それぞれのプリンシパルは独立に異なるエージェントに販売などの業務を委託する。この枠組みは，通常の1対1のプリンシパル・エージェント関係であるが，異なるのはエージェントどうしが差別化された市場で競合するところである。このような競合する2つのエージェンシーの関係は排他的エージェンシーと呼ばれている。コモン・エージェンシーの成果の評価は，単に通常の1対1のプリンシパル・エージェンシーの結果と比べるだけでは不十分であり，排他的エージェンシーの帰結と比べる必要がある。この観点から，コモン・エージェンシーの成果を評価したのが，Martimort（1996）である。Martimort の主な結果は，①異なるプリンシパルが生産し最終消費者に供給される財が互いに代替財である場合，排他的エージェンシーどうしが競合する結果，情報の非対称性によって必要なインセンティブ，すなわち情報レントは節約される，②そのため，コモン・エージェンシーは相対的に非効率となる，③ただし，情報の非対称性がそれほど大きくないとき，すなわちエージェントの特性の散らばりが小さいときには，排他的エージェンシーが効率的であるにもかかわらず，コモン・エージェンシーが支配的な

第 12 章　日本の産業における垂直的生産構造の課題　339

戦略となる場合がある，④一方，供給される財が，補完財の関係にある場合，コーディネーションの重要性が高まり，コモン・エージェンシーが相対的に効率的になる，というものである。

3-2　下請のメッシュ化

　日本の産業における緊密な垂直的生産構造において，下請業者をエージェントと考えた場合に，コモン・エージェントは，複数の元請と取引をする下請業者である。一方，排他的エージェンシーは特定の系列に属する下請業者に対応する。前述の低い収益性と労働対価の低さで知られている映像コンテンツなど制作業では下請取引が一般的であるが，ほとんどの番組製作会社は数社から番組制作を請け負っている[29]。建設業においても，特定の元請企業に依存する専属比率は高くない。国土交通省『平成 23 年度建設業構造基本調査』によると，下請取引にあった企業について，特定の元請業者 1 社からの完工高が 50％以上の企業は全体で 31.7％にすぎない。30％未満の企業が 47.5％を占めている[30]。

　従来，コンテンツ制作業の下請において分配上の問題が指摘されていることは，前述のとおりである。建設業においても，同様に分配の偏りが指摘されている[31]。これらの問題は，プリンシパル間の競争，ないしはエージェント間の競争との関連で議論されている[32]。しかし，産業分野間のこうした請負契約における分配のばらつきを競争構造の差だけで説明することは難しい。象徴

---

29)　公正取引委員会「テレビ番組制作業における下請取引実態と改正下請法の内容」（2004 年）によると，1 社からのみ番組を請け負っている事業者の割合は 13.8％であり，残りは複数の局から番組制作を請け負っている。ただし，最頻の階層は 1 社から 5 社より制作を請け負っている事業者の階層である。

30)　国土交通省『平成 23 年度建設業基本調査の調査結果について』（http://www.mlit. go.jp/report/press/totikensangyo14_hh_000307.html　2015 年 4 月 18 日ダウンロード）。

31)　藤木寛人（2012）。

32)　田中・村上・矢崎（2007）は映像コンテンツ制作における分配の問題をテレビ放送局間の競争および番組製作会社間の競争から議論している。金本編（1999）では建設業における問題をやはり競争の点から議論している。

340 第Ⅳ部　労働と産業の政策課題

的であるのがルネサスエレクトロニクス株式会社の事例である。2011 年の東日本大震災で，同社の多くの事業所が被災のため操業を停止したことによって，多くの供給先製造業者に影響が広がったことからも，同社が製造業における部品供給ネットワークの要であったことが明らかである[33]。しかしながら，同社の経営は前身であるルネサステクノロジの時代から継続して苦しいものであった[34]。供給する製品が，最終財製造業者にとって替えることのできない重要な中間生産物であっても，適切な分配を得ることが難しいことの例となっている。

　最終財製造業者にとって替えることのできない部品を供給する事業者は，大きな交渉力を持っても不思議はない。しかし，ルネサスエレクトロニクスがなぜ交渉力を発揮できなかったのか，そしてまたデンソーなど特定のメーカー系列に入っている自動車部品製造業者とは何が違ったのかを考えると，コモン・エージェンシーと排他的エージェンシーとの差が大きな要因であったのではないかという仮説を立てることができる。もし，排他的エージェンシーであり，特定の最終財製造業者の系列に属していたら，均衡における成果は異なっていたのではないかと予想される。

　もちろん一般の取引において，取引相手の数が増えるほど交渉力が増大するということについては，その性質は変わることがない。問題は，下請として密接な垂直的関係を保ちながら，複数のプリンシパルと取引契約を結ぶところにある[35]。この傾向が強まっていることは中小企業の取引形態としてメッシュ

─────────────

33)　財団法人企業活力研究所『東日本大震災を踏まえた企業の事業継続の実効性向上に関する調査研究報告書─グローバルな競争環境下におけるリスク対応力の向上とものづくり競争力の確保を目指して─』（2013 年 3 月）に詳しい。

34)　ルネサスエレクトロニクス株式会社「第三者割当により発行される株式の募集並びに主要株主，主要株主である筆頭株主，親会社及びその他の関係会社の異動に関するお知らせ」（2012 年 12 月）など。

35)　日本経済研究センター「西岡幸一の産業脈診　ルネサス OB がブランドたれ」（2012 年 10 月 23 日）では，ルネサスエレクトロニクスと似た境遇にある会社にスイスに本社をおく ST マイクロシステムズ社との比較が行われている。同社の環境はルネサスエレクトロニクスとよく似ているが，下請関係の有無に業績の差があると説明されている。さらに，湯之上隆氏はルネサスエレクトロニクスが交渉力を持た

化が進んでいるという指摘に確認することができる。メッシュ化は，取引先の複数化を指す言葉であり，中小企業の競争力を増すとして理解されることが多い[36]。2006年の『中小企業白書』によると，中小企業の工程別受注取引数は，原材料から完成品メーカーまで，いずれの工程においても調査時点過去10年間で取引先数が増加している。さらに，いずれの産業においても10年前には，上位3社の大口取引先に総売上高の大半（61％以上）を依存する企業が過半数を占めていたが，調査時現在上位3社に総売上高の61％以上を依存する企業の割合は，自動車を除いて過半数を割っているとしている。その上で，「製品・部品の規格化によるオープン取引の増加」を経験している企業や，「特定企業との系列や協力の関係が弱まった」企業は，それ以外の企業に比べて，売上高でも利益率でもパフォーマンスが落ちていることが確認されている。

3-3　モデル分析

　前項で説明したように，建設業やコンテンツ・ソフトウェア供給における低い成果は，コモン・エージェンシーの結果であると仮説を立てることができる。前述のMartimort（1996）の結論は，販売をエージェントに依存するメーカーの選択をモデル分析したものから導き出されている。部品調達も販売委託もエージェンシー関係の同じ枠組みで分析できるので，結果に大きな違いは生じないことが予想される。しかし，競合する最終消費財間の代替性・補完性など，設定の違いに結論が依存することも示されている。そこで，ここで考えている部品供給をエージェントへ委託する状況に即して，アドバース・セレクションのモデルを再構成し分析を行う必要がある。

　最初にプリンシパル，エージェントともに1社である場合を説明する。以下

　ない理由を，商品企画やシステム設計，さらにはアーキテクチャ設計に参画することなく，単にLSI論理設計，回路設計，そして製造工程のみを任されていることにあるとしている。「ルネサスが生き延びる2つの道ルネサスは下請体質脱却可能か　矛盾に満ちた産業革新機構の投資」「Focus半導体業界」2013年3月（http://yunoga-mi.net/_src/sc1124/ej1394n38c8e8d86.pdf　2014年4月6日ダウンロード）。

36）　『平成18年度中小企業白書』第2部第3章。

342 第Ⅳ部 労働と産業の政策課題

では，プリンシパルを P，エージェントを A と略記する。P は q だけの量の部品を必要とする。q は所与の定数である。この部品は P の生産活動において不可欠であり，入手できないと甚大な損害を被るとする。A はこの部品の生産を P から受託する。この部品の生産費用は，事前に i だけの投資を行った場合 1 個あたり $c-i$ で一定である。ただし，c は定数であり，i だけの投資には $\theta i^2 / 2$ だけの費用がかかるものとする。θ はパラメータであり，$[\underline{\theta}, \overline{\theta}]$ に一様に分布することがわかっている。A は自らのパラメータ θ を事前に知ることができるが，P には観測できない。一方，i の水準は P にも観測が可能である。P は事前のコミュニケーションを通して，またバリュー・アナリシスによって A の費用削減投資の水準を知ることができる。P は A に対して，i の水準に応じた支払い $w(i)$ を提示する。ゲームのタイミングは以下のとおりである。(1) A は自らの θ の値を知る。(2) P は A に契約 $w(i)$ を提示する。(3) A は提示された契約を受諾するか拒絶する。拒絶した場合，A のペイオフは 0 である。(4) 受諾した場合，A は投資 i を実行する。(5) 部品の生産・供給を行い，対価が支払われる。アドバース・セレクションのモデルにおいては，発注量 q を可変量とし，より大きな量を発注することによってインセンティブを与え，A のコントロールを図るものが多いが，ここでは下請の状況に即し，発注される部品は最終消費財のごく一部を構成するのみであり，固定的であると仮定している。また費用削減投資の費用は，発注量に依存しない固定費的な性格を持っている。

A が契約を受諾した場合のペイオフを π_A とおくと，

$$\pi_A(i, \theta) = w(i) - (c-i)q - \frac{\theta i^2}{2}$$

である。総費用 $(c-i)q + \theta i^2 / 2$ を最小化するファースト・ベストは $i = i^F \equiv q / \theta$ の投資によって実現される。P の解くべき問題は，

$$\min_{w(\cdot)} E\Big(w\big(i^*(\theta)\big)\Big) \text{ s.t. } i^*(\theta) = \mathrm{argmax}_i \pi_A(i, \theta), \qquad \pi_A(i^*(\theta), \underline{\theta}) > 0$$

である。この問題を解く過程は省略するが，標準的な解法が適用可能である。

解は,

$$i^*(\theta) = \frac{q}{2\theta - \underline{\theta}}, \qquad w(i) = \left(c - \frac{i}{2}\right)q + \frac{1}{4}\left(\underline{\theta}i^2 - \frac{q^2}{2\overline{\theta} - \underline{\theta}}\right)$$

である。この解の導出には表明原理 (revelation principle) が用いられ, インセンティブの供与によって, A が自らの属性 θ に対して最も望ましい契約を選ぶ解となっている。最適な契約では, A のコストが最も低い場合 ($\theta = \underline{\theta}$) 総費用を最小とする効率的な解が選ばれる ($i = q/\theta = i^F$)。A のコストが高い場合 ($\theta > \underline{\theta}$) には, インセンティブを与えるため, 効率的な解よりも低い水準の投資をもたらす報酬しか与えない ($i^* = q/(2\theta - \underline{\theta}) < q/\theta = i^F$)。ただし, 高い投資を実現できる方が, システム全体の効率性は高まるのである。

つぎに, P が 2 社ある場合を考える。2 社の P をそれぞれ P_1, P_2 とする。2 社は全く異なる最終財を生産しているが, 同種の部品をそれぞれ q_1, q_2 だけ必要としている。最終財の間の競合を考えないので, コーディネーションの利益は生じないモデルになっている。2 社の P 間の関係は, Martimort (1996) の設定したような需要構造においてではなく, 費用構造において発生すると設定する。同種の部品を製造受託しているので, 費用削減投資の効果が 2 社からの受注に対して同様に発生すると考える。すなわち, i の水準の費用削減投資を行った場合, P_1 に供給する部品も, P_2 に供給する部品も同じ単価 $c - i$ で製造可能であると考える。すなわち, 費用構造が補完的であると仮定している。P_1 および P_2 はそれぞれ独立に, A に対して契約 $w_1(i)$ および $w_2(i)$ を提示する。A は 2 つの契約提示を受けて, どちらか片方の契約だけ受諾するか, 両方を受諾するか, それともどちらも受諾しないかを決める[37]。両方拒否する場合には, ペイオフ 0 を取りゲームは終了する。片方を受諾する場合には, 前述の 1 対 1 の場合と同様である。両方を受諾する場合には, 望ましい水準の (両方の

---

37) したがって, ここにおけるコモン・エージェンシーは Martimort and Stole (2009) の区分によると, delegated (委託的) であり, 片方のみとの契約を可能とする。しかし, A が供給する部品は P の生産にとって不可欠であると仮定しており, A が受諾する解を求めている。

契約に共通する）i の水準を選択する。c が定数であること，i だけの投資には $\theta i^2 / 2$ だけの費用がかかること，θ が $[\underline{\theta}, \overline{\theta}]$ に一様に分布することは 1 対 1 の場合と同様である。ゲームのタイミングも同じであるが，契約の提示は同時に行われ，契約の受諾・拒否も同時に行われる。2 社の P は互いに，他社がどのような提示を行ったかを知らない。

　両方の契約を受諾した場合，$P_j(j=1,2)$ の契約のみ受諾した場合の，A のペイオフをそれぞれ，$\pi_A^{12}, \pi_A^j(j=1,2)$ とおくと，

$$\pi_A^{12}(i, \theta) = w_1(i) + w_2(i) - (c-i)(q_1+q_2) - \frac{\theta i^2}{2}, \quad \pi_A^j(i, \theta) = w_j(i) - (c-i)q_j - \frac{\theta i^2}{2}$$

である。$P_j \ (j=1,2)$ の解くべき問題は，それぞれ

$$\min_{w_j(\cdot)} E\Big(w_j\big(i^*(\theta)\big)\Big),$$

s.t. $\ i^*(\theta) = \mathrm{argmax}_i \pi_A^{12}(i, \theta), \ \ \pi_A^{12}(i^*(\theta), \theta) \geq \pi_A^{j'}(i, \theta), \ \ \pi_A^{12}(i^*(\theta), \theta) \geq 0$

$(j, j' = 1, 2, j \neq j')$

である。均衡では，

$$i^*(\theta) = \frac{q_1+q_2}{3\theta - 2\underline{\theta}}, \qquad w_j(i) = -\frac{i\big(2(q_1+q_2) - \underline{\theta}i\big)}{6} + \alpha_j, \ \ \alpha_j \geq 0, \ \ (j=1,2)$$

$$w_1(i) + w_2(i) = -\frac{i\big(2(q_1+q_2) - \underline{\theta}i\big)}{3} + \big(c - i^*(\overline{\theta})\big)(q_1+q_2) + \frac{\big\{i^*(\overline{\theta})\big\}^2 \overline{\theta}}{2}$$

となる。紙面の都合で詳細は省くが，連続的な均衡が存在している[38]。

　一方，それぞれの P が排他的エージェンシーを用いる場合，ここでの設定では競合関係を捨象しているので，1 対 1 のエージェンシー関係と変わるところがない。この場合，投資水準は前に示したように，

---

38) Martimort（1992）で示されているように 2 社のプリンシパルについて，同時に表明原理を用いた形で解を限定することはできない。ここでは，Martimort（1996）で用いられている方法と同様に，ライバルの 1 次条件を固定し，解を限定することによって均衡を求めている。

$$i^*(\theta) = \frac{q_j}{2\theta - \underline{\theta}} \quad j=1,2$$

である。コモン・エージェンシーは排他的エージェンシーと比べて，同じ発注量について，より強いインセンティブが供与されることがわかる（$q/(2\theta - \underline{\theta})$ $> q/(3\theta - 2\underline{\theta})$ for $\theta > \underline{\theta}$)。その分だけ，システムとしては非効率になる。この結果は Martimort（1996）で示されている最終財が補完的関係にある場合と整合的である。費用構造が補完的であることによって，このように需要が競合的である場合と同様の結果が示されている。

ここでは，費用構造の補完性が極端な形で設定されていることに注意されたい。すなわち，Aがいったん費用削減投資を行うと，その効果はどちらのPについても効力を持っている。したがって，異なるAが別々に投資を行うのは，仮定により元々非効率である。しかし，この効果もコモン・エージェンシー特有の非効率によって凌駕されることがある。すなわち，排他的エージェン

図12-1　コモン・エージェンシーによって発生する非効率が
　　　　　重複投資による非効率を超える領域

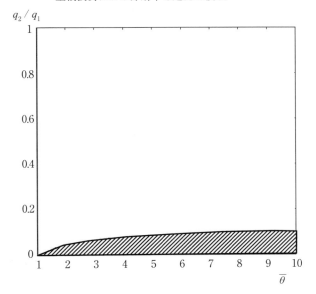

346 第Ⅳ部 労働と産業の政策課題

シーを用いることによって，投資が重複してしまう場合でも，その重複投資による非効率がコモン・エージェンシーで発生する非効率よりも小さい場合がある。図 12-1 は数値をあてはめてこの可能性が存在することを示している。パラメータを $c=1, \underline{\theta}=1$ と設定したときコモン・エージェンシーの下で総費用が嵩む $(\bar{\theta}, q_2/q_1)$ の領域が斜線で示されている。このように，2 社の P において規模の差が顕著なとき，重複投資を超える非効率が発生する可能性がある。

さらに，コモン・エージェンシーにおいて困難な問題が，均衡解に示されている。均衡が連続的に存在することが示されているが，均衡に至るためには，他社の提示する契約についての情報が必要である。これをもう少し，簡明な例で説明する。2 社の P がそれぞれ部品を 1 だけ必要であるとする。費用の補完性が働くので，A は 1 だけ生産するとき 10 の，2 生産するときには 15 だけ費用がかかるものとする。このとき，2 社の提示する契約 (w_1, w_2) は，

$$w_1 + w_2 - 15 \geq w_1 - 10, \qquad w_1 + w_2 - 15 \geq w_2 - 10, \qquad w_1 + w_2 - 15 \geq 0$$

を満たさなければならない。2 社の P が費用最小化を図ると，均衡では

$$w_1 + w_2 = 15, \qquad w_1 \geq 5, \qquad w_2 \geq 5$$

となる。すなわち，費用の補完性によって節減された部分の分配に応じて均衡が連続に存在する。いったん均衡に至れば，その分配は相手の提示を前提としてナッシュ均衡となる。しかし，どの均衡に至るかは先験的に確定することはない。前の解においても同じ問題が生じている。

ここでもし，費用構造が代替的であるとする。例えば，A が 1 だけ生産するとき費用は 10 であるが，2 生産するときには 25 の費用がかかるものとする。このとき，2 社の提示する契約 (w_1, w_2) は，

$$w_1 + w_2 - 25 \geq w_1 - 10, \qquad w_1 + w_2 - 25 \geq w_2 - 10, \qquad w_1 + w_2 - 15 \geq 0$$

を満たさなければならない。2 社の P が費用最小化を図ると考えると，

$$w_1 = w_2 = 15,$$

が均衡となる。このように，費用が代替的な場合には，コモン・エージェント
は情報レントによらずに利益を獲得できる。ただし，Martimort（1996）は，需
要が互いに代替的な場合，排他的エージェンシーが望ましいときでも，コモ
ン・エージェンシーが選択されてしまうことが可能であることを示した。ここ
でのモデルに即して確認はしないが，費用が補完的に限らず代替的な場合に
も，困難が発生する可能性があることを考慮しなければならない。

　本節では，簡単なモデルを用いて，コモン・エージェンシーの下で生じうる
もう1つの問題，インセンティブ供与における非効率性の問題が，大きく効率
性を損なう可能性を示した。建設業やコンテンツ・ソフトウェア制作において
の問題は，より詳細に検討しなければならないが，ここで示したように，費用
構造の補完性が特に分配の問題を難しくしている可能性もある。

　最後にこの節で得たインプリケーションを金型産業における事例に適用する
ことを試みる。田口（2011）によると，日本の金型メーカーは「通常主要な取
引先を4〜5社持っている」ということである。すなわち，コモン・エージェ
ンシー型の下請であるととらえることができる。田口は，日本の金型産業は
70年代以後90年代まで設備投資ができるほど十分な利益を生み出していた，
と指摘している。金型製造では，ノウハウが多岐にわたるため中小零細メーカ
ーでも一定の受注を確保でき，新設備を積極的に導入する体質が形成されてい
た。現在では新興国にキャッチアップされながらも高い技術水準を維持してい
る。それにもかかわらず，採算ラインぎりぎりの取引に耐えている状況であ
る。この間，従来熟練工の技術に依存した手作業による生産が，NC工作機械
が普及するとともに，データ蓄積の重要なシステム化された形へ進化してい
る。この変化は，費用構造の代替的構造，すなわち限界費用逓増から，補完的
構造への変化として解釈できるだろう。これにともなって，金型生産を受注す
る企業に帰属するレントが減少し，設備投資の費用を確保することが難しくな
った。

348 第Ⅳ部 労働と産業の政策課題

4. おわりに

本章では，緊密な垂直的取引関係が一般的な産業間で，成果の評価に差があるとしたとき，その成果に影響を与える要因として考えられる取引形態の特徴を2つあげて検討した。第1に，マルチタスク・エージェンシーの問題が生じている可能性，すなわち，システムの効率性を決定する重要な要素がプリンシパルのペイオフに表れないか，ないしは表すことが難しいために，エージェントに十分なインセンティブを与えられず，その要素をコントロールできないという問題を検討した。第2に，コモン・エージェンシーの問題，すなわち下請企業が複数の取引先を持っていることが交渉力の増大につながらず，かえってコモン・エージェンシー固有の，インセンティブ供与の非効率化という問題が表れているという可能性を検討した。

どちらの要因についても，今まであまり検討されてこなかった要因である。これまでは，主に競争の程度という要因から，取引関係についての問題が議論されることが多かった。ここで見たように，さまざまな事例の中に，理論が示している問題の兆候をとらえることができる。日本の製造業が，より活性化するためには，こういった構造的問題の所在を認識することが必要である。例えば，取引のメッシュ化を促進したことがあるように，問題の所在について正しい認識に基づかないと，産業政策によってかえって問題が深刻になるケースも懸念される。より詳細な事例研究のみならず，これら取引関係に示唆を与える可能性のある理論の検討も必要であろう。

参 考 文 献

青木昌彦・安藤晴彦（2002）『モジュール化』東洋経済新報社。

浅沼万里（1984a）「自動車産業における部品取引の構造—調整と革新的適応のメカニズム（新産業社会と企業行動の革新＜特集＞）」（『季刊現代経済』）38-48ページ。

浅沼万里（1984b）「企業組織と取引のメカニズム—部品取引の分析を通じて—自動車産業にみる日本の「中間組織」の強み」（特集・現代社会と企業の役割）『日本経済研究センター会報』22-30ページ。

浅沼万里（菊谷達弥編）（1997）『日本の企業組織　革新的適応のメカニズム』東洋経済新報社。

伊藤元重（1989）「企業間関係と継続的取引」今井賢一・小宮隆太郎編『日本の企業』東京大学出版会。

今井賢一・石野福弥（1991）「日本のソフトウェア」（『ビジネスレビュー』Vol.41, No.1）東洋経済新報社，1-18 ページ。

春日教測・宍倉学・鳥居昭夫（2014）『ネットワーク・メディアの経済学』慶應義塾大学出版会。

金本良嗣編（1999）『日本の建設産業』日本経済新聞社。

小宮山琢二（1941）『日本中小企業研究』中央公論社。

佐伯靖雄（2008）「下請制及びサプライヤー・システム研究の系譜と課題」（『立命館経営学』Vol.47, No.4）325-350 ページ。

田口直樹（2011）『産業技術競争力と金型産業』ミネルヴァ書房。

田中辰雄（2003）「ソフトウェア産業」後藤晃・小田切宏之編『サイエンス産業』第8章，NTT 出版社。

田中辰雄・村上礼子・矢崎敬人（2007）「メディア・コンテンツ産業での競争の実態調査」公正取引委員会競争政策研究センター。

塚原隆夫他（2010）「公共工事における総合評価方式の実施状況に関する一考察」（『土木学会論文集 F4』Vol.66, No.1（建設マネジメント）特集号）土木学会，277-284 ページ。

日本原子力学会 JCO 事故調査委員会（2005）『JCO 臨界事故　その全貌の解明—事実・要因・対応—』東海大学出版会。

馬場康之（2009）「日本における民放テレビ局のビジネスシステム研究」（『経営戦略研究』No.3）関西学院大学，61-74 ページ。

濱崎賢一（2008）「原子力発電所の定期検査時の保守作業における技能に関する調査」（『INSS journal』no.15）21-33 ページ。

藤木寛人（2012）「重層的下請構造に内在する手抜き工事の誘因」（『経営研究』Vol.63, No.2）大阪市立大学，71-116 ページ。

藤本隆宏（1998）「サプライヤー・システムの構造・機能・発生」藤本隆宏・西口敏宏・伊藤秀史編『サプライヤー・システム』有斐閣，41-70 ページ。

藤本隆宏（2002）『日本型サプライヤーシステムとモジュール化—自動車産業を事例として』東洋経済新報社。

藤本隆宏（2004）『日本のものづくり哲学』日本経済新聞社。

藤田敬三（1965）『日本産業構造と中小企業下請制工業を中心にして』岩波書店。

峰滝和典・元橋一之（2007）「日本のソフトウェア産業の業界構造と生産性に関する実証分析」（RIETI Discussion Paper Series 07-J-018）経済産業研究所。

峰滝和典・元橋一之（2008）「ソフトウェア産業の重層的下請構造：イノベーションと生産性に関する実証分析」（RIETI Discussion Paper Series 09-J-002）経済産業研究所。

元橋一之（2010）「IT と生産性に関する実証分析：マクロ・ミクロ両面からの日米比較」（RIETI Policy Discussion Paper Series 10-P-008）経済産業研究所。

渡邊法美（1999）「建設サービスのコストと品質」金本良嗣編『日本の建設産業』
　　第7章，日本経済新聞社。

Asanuma, Banri (1989), Manufacturer-supplier relationships in Japan and the concept of rela-
　　tion-specific skill. *Journal of the Japanese and International Economies*, 3 (1), pp.1-30.

Brooks, Frederick Phillips Jr. (1995), The Mysthical man-month: essays on software engi-
　　neering, Addison-Wesley Publishing Company Inc.（滝沢徹他訳『人月の神話』ピ
　　アソン・エデュケーション 2002）.

Couto, J. P. and J. C. Teixeira (2005), 'Using linear model for learning curve effect on high-
　　rise floor construction,'Construction Management and Economics Vol.23, No.4, pp.355-
　　364.

Dyer, J. H. (2000), *Collaborative advantage: Winning through extended enterprise supplier
　　networks* (p. 209). New York, NY: Oxford University Press.

Helper, Susan (1991), 'How Much Has Really Changed between U.S. Automakers and Their
　　Suppliers?,' *Sloan Management Review*, Vol.32, No.4, pp.15-28.

Hoffman, Doug (2000), 'The darker side of metrics.' Pacific Northwest Software Quality
　　Conference, Portland, Oregon.

Holmstrom, Bengt, and Paul Milgrom (1991), 'Multitask principal-agent analyses: Incentive
　　contracts, asset ownership, and job design,' *Journal of Law, Economics, & Organiza-
　　tion*, Vol. 7, Special Issue, pp.24-52.

Martimort, David (1992), 'Multi-principaux avec anti-selection,' *Annales d'Economie et de
　　Statistique*, N°28, pp.1-37.

Martimort, David (1996), 'Exclusive dealing, common agency, and multiprincipals incentive
　　theory,' *The RAND journal of economics*, Vol.27, No.1, pp.1-31.

Martimort, David, and Lars Stole (2009), 'Market participation in delegated and intrinsic
　　common‐agency games,' *The Rand Journal of Economics*, Vol.40, No.1, pp.78-102.

Rice, David (2007), *Geekonomics: The real cost of insecure software*, Pearson Education（宮
　　本久仁男監訳，鈴木順子訳（2010）『欠陥ソフトウェアの経済学』オーム社）.

第 13 章

日本におけるサービス・イノベーションの課題

塩 見 英 治

1. はじめに

　日本経済は少子高齢化の進展，エネルギー制約，経済連携の遅れなどから苦境にたっている。産業面でも従来日本経済を支えてきた製造業の国際競争力が大幅に低下し，わが国のものづくり産業の地位が大きくゆらいでいる。本章では，製造業を中心とする日本産業の発展の主要な軌跡と要因，現状と問題点を指摘し，課題と対応の方向性に考察を行う。課題と方向性について，イノベーションに焦点を当て，産業分野ではサービス経済化とさまざまな制約の中でサービス産業に焦点を当て，発展に関してグローバル化と生産性の低さの構造的制約があることをふまえ，問題を打開すべき課題と方向性について分析を行っている。

2. 成長戦略の課題

　現安倍晋三自民党政権は，慢性的なデフレ景気低迷から脱却し持続的成長につないでいくために，積極的財政や金融緩和と合わせ「3本目の矢」として新たな成長戦略を打ち出した。産業発展の初期の戦後から70年代までは補助金・振興策や行政指導を通じて繊維や鉄鋼などの特定産業に産業政策が実施された。日本経済の成熟につれ，市場の失敗が正当化されないこともあって，こ

うした産業政策は後退していた。産業政策は競争政策を主軸とする段階であるが，市場の失敗に加えての政治の失敗による社会コストの回避が市場の失敗以外の成長制約を回避することもあって，2008年以降，産業政策が再び脚光を浴びるようになった。特定成長分野への産業への投資や人材の移動を促し，規制改革や新産業創出やイノベーションなどを促すことを成長戦略の理念としている点に特徴がある。なお，新分野でのイノベーションの推進のための産業政策の取り組みは，欧米でも最近見られるようになっている。いずれにせよ，特定の産業の育成を目指す方向に再度，かじが切り直されつつあることは注目される。官民連携が求められるが，官民ファンドを使った産業政策の手法には多くの課題がある。日本は，これまで蓄積されてきた産業政策の経験をふまえて，適切な制度デザインを適用することが求められる。

3. 製造業の構造と成長の限界

1970年代半ばから90年代中頃までの約20年間は，日本の製造業は，多数の部品から構成される高度組立型機械工業の黄金期で，自動車工業をはじめ日本の機械工業製品は，その圧倒的な品質優位に支えられて国内生産は拡大し，輸出を伸張させてきた。下請け体制，企業間協力の下で，すりあわせ生産を行い，経済成長を牽引してきた。最近の製造業を取り巻く環境下，この成長モデルには明るい展望にはない。その背景には第1に，変動の経過はあるが，長期的に見ると金融危機後の円高基調にともなう輸出採算の悪化がある。第2に，生産要素価格の高負担の回避，販路拡大などの意図から企業の海外進出が活発化していることがあげられる。中間財，最終財調達の現地化も進んでおり，日本からの輸出を誘発する効果は低下している。第3は，金融危機以降，主要な製品輸出販路先の欧米先進国の成長率がシフトダウンしており，当分，高い伸びは見込めないからである。そして，構造的な第4の要因は，3D，ICT革新が始まった1990年代後半以降，日本産業の競争優位性を支えてきた企業間生産性の多くがデジタル技術によって代替され，東アジア全域に普遍化すると，競争基盤としての分業システムの役割が低下してきた。モジュールが著しく進

第13章 日本におけるサービス・イノベーションの課題 353

展し，熟練労働依存度が低下し，発展途上国がライバルとして浮上している。製品そのものの差別化，プロダクト・イノベーションを高めるには，研究開発投資を一段と高め，産業構造の変革を図り，この面から輸出成果を向上させねばならない。新企業のイノベーションの育成，成長を図らねばならない。実効性のある施策としては，高付加価値分野に重点的にリソースを投入し，ものづくりで達成された企業間生産性の高さを，知恵づくりに活かし企業間の知的生産性を高めるような分業システムを構築することが成長の鍵となろう。高付加価値分野での成長には優秀な人材の確保が肝要で，この面から雇用効果は大きくなく，中長期的に日本経済の成長を図るためには限界があり，さらに一段と産業構造の転換を図る必要があることが考えられる。日本企業の国際的競争力が低下し，研究開発が 1980 年頃以降に低下している原因として，港（2012 年）は，① 内向き志向であったこと，② 企業内分業での研究開発節約イノベーションで効率向上を図ってきたこと，③ 日本の中小企業部門では，研究，開発費用の対売上高比率が低く，他の先進国に比べて，ハイテク分野が経済を主導する時代にあって基礎研究が重視されるも，この投資比率が低いこと，④ 研究人材の流動性が低く，人的ネットワークを通じた知識のスピル・オーバー効果が弱いこと，⑤ 研究開発費支出に占める政府部門のシェアが先進国の中で極めて低く，民間企業に支出が専ら委ねられている，などの問題点を指摘している[1]。米国に見られるように，大学，政府が絡む官民学連携の推進が望まれる。また，ベンチャー企業の参入・育成促進も米国と比較した場合，政府などの優遇策と連携の劣性が指摘される。

　戦略と政策の重要な選択肢として示しているイノベーションの捉え方について，述べておく必要がある。経済学において，研究の始祖となったのがシュンペーターである。彼は，「生産とは利用できる種々のモノや力結合を意味し，生産物や生産方法や生産手段などの生産諸要素が非連続的に新結合することがイノベーションである」と定義付けている。その新結合には，① まだ消費者

1）　港（2012）1–238 ページ。

に知られていない商品や商品の新しい品質の開発，② 未知の生産方法の開発，
③ 従来参入していなかった市場の開拓，④ 原料ないし半製品の新しい供給源
の獲得，⑤ 新しい組織の実現，の要素をあげており，幅広い活動と捉えてい
る[2]。その後，最近では経営学分野において，クリステンセンによって，既存
の価値指標上で製品性能を高めるための持続的イノベーションと従来の価値指
標とは異なる基準を顧客に与える破壊的イノベーションに峻別され，後者の意
義が重視されるようになっている[3]。

　さらに，製品そのものの新規性を生み出すプロダクト・イノベーションと製
品の企画，設計から販売までのシステムを統合してとらえるプロセス・イノベ
ーション，経営組織体にイノベーションをもたらす組織能力の1つとして組織
が環境変化に対応できる組織能力（ケイパビリティ）に注目する理論が出てい
る[4]。こうした理論をふまえ，プロセスと組織を改善しつつ，グローバル展開
にあたっては，プロダクトに関しては，① 現地向けの製品・サービスの開発，
② 海外市場の開拓，③ 海外生産プロセスの改善，④ 国際的供給・調達システ
ムの改善，プロセスに関しては，① グローバルな経営資源をどのように利用
するか，② 現地市場に適した製品や生産から販売プロセスをどのように開発
するか，③ グローバル規模でイノベーションができる体制をどう構築するか
検討を深め，この面でのイノベーションに努めなけらばならない。

4. 経済のサービス化とサービス業の問題点

　サービス業の改革に向けての最近の国家戦略は，図 13-1 のように，経済の
サービス現象の進行と経済環境の変化を捉え，製造業と並び双発の成長のエン
ジンとし，生産性の低さを克服する方策を ICT，イノベーション創出と関連付
けていることが特徴となっている。

---

2) シュンペーター（中山伊知郎・東畑精一訳）(1997)『経済発展の理論（上）』180-
　 183 ページ；根井雅弘 (2005)『経済学の歴史』319 ページ。
3) クリステンセン C. M.・マイケル M. E. 著（玉田俊平監修・桜井佑子訳 (2003)）
　 35-89 ページ。
4) 十川廣國 (2009) 25-235 ページ。

第 13 章　日本におけるサービス・イノベーションの課題　355

図 13-1　これまで成長戦略で採り上げられた成長・重点分野

6大改革	骨太の方針(1)	骨太の方針(4)	経済成長戦略大綱	未来開拓戦略	新成長戦略	日本再生戦略
1996 年	2001 年	2004 年	2006 年	2009 年	2010 年	2012 年
医療・福祉	医療	燃料電池	健康・福祉	環境・エネルギー	グリーン	グリーン
生活文化	福祉・保育等	情報家電	育児支援	医療・福祉	ライフ	ライフ
情報通信	人材	ロボット	観光・集客	農林漁業	アジア	科学技術・情報通信
新製造技術	教育	コンテンツ	コンテンツ	ソフトパワー	観光立国・地域活性化	中小企業
流通・物流	環境	健康・福祉	ビジネス支援	観光	科学技術・情報通信	農林漁業
環境	都市再生	環境・エネルギー	流通・物流	人財・技術力	雇用・人材	金融
ビジネス支援		ビジネス支援		IT	金融	観光立国
海洋						アジア・太平洋経済
バイオテクノロジー						生活・雇用
都市環境整備						人材育成
航空・宇宙						国土・地域活力
新エネルギー・省エネルギー						
人材						
国際化						
住宅						

　（注）骨太の方針の（　）内の数字は第何弾かを示す。
（資料）内閣府経済財政諮問会議などよりみずほ総合研究所作成。
（出所）前川亜由美・風間春香（2013）8 ページ。

　経済のサービス化は，経済活動において割合が増加することを意味するが，その指標は GDP に占めるサービス産業の比率か就業人口の比率，家計消費支出に占めるサービス産業の比率の高さを指すことが多い。日本経済では，就業者比率では全体の 7 割近くになり，雇用創出で多大な役割を占めていることがわかる。しかし，日本のサービス業は経済成長に必ずしも十分に寄与してきたとはいい難く，いくつかの問題点を抱えている。第 1 は低い生産性である。これには，非正規労働の高い比率，機械化導入の制約などが絡んでいる。第 2 は，無形物，在庫が利きにくい生産財の特質もあって，グローバル展開が進んでいない点である。少子高齢化で国内市場が制約を受ける中で海外の需要を取り込む意義は大きく，この点で欧米の主要国に立ち後れている。第 3 は，リーディングインダストリーの位置付けが希薄であり，サービスの経済化，ICT 社会の中で問題となる。

　営利企業が行うサービス産業の国際化は，銀行業，保険業，旅行・交通関係

の産業，ホテルチェーン，大規模小売店，映画会社，コンビニなど大手企業などに限られ，この産業を構成する多くの零細規模の企業は排除されている。大手企業のサービス業の国際化も遅れているが，それを促進するためには，サービスの財の特性をふまえて戦略展開をする必要がある。基本的にサービスの財としてのサービスもモノである製品も，消費者に対する効用を生み出す財を提供していることには変わりはない。しかし，財そのものの属性に差異が見られる。コトラーによると，サービスの定義は，「販売のために行われる活動や提供されるベネフィットのことで，本質的に無形であり，長期的に所有されることはない。」[5] としている。財の特性が一部集約されているが，特性を整理すると以下のようになる。第1は均一性について，欠如しがちになることである。サービスは，生産時に不均一になりやすく，品質もばらつきが出やすい。接客サービスが中心であることもあって，このことから，品質管理の重要性が示唆される。第2は，無形財であることである。購入前には感知できない。情報の非対称性を生じやすい。財を構成する属性が極めて多く，顧客の重視する効用が捉えにくい。このことから，サービス情報の提供と多面的なマーケティング[6] 分析に工夫する施策の重要性が示唆される。第3に，消費と生産の不可分性と在庫不可能性が指摘される。生産と消費が時間的，空間的に一致していることが多く，このことによって市場の規模と流通チャネルが直接的なものに限定されることが多い。また，不可分性から，在庫のストックが利かないことが多い属性が生まれる。航空機の予約座席やホテルの予約空室など当日の価値は翌日に持ち越せず消滅しがちとなる。このことから，IT情報などを駆使した生産と消費を一致させるマーケティング技術の重要性が示唆される。第4は，所有権移転の欠落である。通常，モノの売買では，所有権移転をともなう。これに対し，サービスでは，無形財であることから所有権移転をともなわ

---

5) コトラー フィリップ・ゲイリー アームストロング・和田充夫訳（2008年）11 ページ。

6) サービスイノベーション研究プロジェクト編著『サービスイノベーション』（2012）212-243 ページ；西岡健一・南知恵子（2004）12-16，102-122 ページ。

第13章　日本におけるサービス・イノベーションの課題　357

ないことが多い。このことから，信頼，信用が重視される政策の重要性が示唆
される。以上の4つの属性から，サービス産業が生み出す付加価値は，機能的
アプローチと感性的アプローチによって捉えられる。前者は，サービスをモノ
だけではなくヒトやシステムによって，サービスを物的存在から発する機能的
作用から認識する立場である。後者は，サービス業が，心を和やかにして心を
揺さぶる経験を与えるといった側面に焦点をあてたアプローチである。また，
以上のアプローチとも関連するが，一般顧客を対象としたものか法人企業を対
象としたものかによって考察する視角が生まれる。そのほか，以上に関連して
いるが，環境アプローチと自社サービスを海外進出に適合させることができる
かどうかに力点をおいた企業内部要因の分析アプローチも見られる。サービス
産業にはさまざまな類型があるが，こうした類型を見定め，これらの類型にあ
った戦略を典型とする必要がある。いずれの類型においても，顧客の満足度，
効用の向上といった視点に立ったサービス価値の増加が希求される[7]。サービ
ス産業のグローバル進出の動向を見ると，全要素生産性の（TFP）の高い企業
ほど海外進出する傾向が高いことが指摘される。この面での生産性の向上が求
められる。

　サービス化の傾向は，1940年代に社会・経済の発展によってサービス産業
が拡大していくクラーク＝ペテイの法則[8]によって周知のことであるが，世
界経済のサービス化は進展している。図13-2で見るように，日本の名目GDP
に占めるサービス産業の名目付加価値シェアの推移を見ると，1980年以降，
一貫して増加している。1990年代前半から，米国，フランスでは，そのシェ
アは70％を越え，近年では，英国，ドイツでも70％前後の比率に達してい

---

7)　サービス業の国際化の研究には，海外進出の意思決定要因を，欧米での研究をも
　　とに環境要因と企業内要因に分け検討して，サービス特性によって異なることを明
　　らかにし，サービス業の類型化の分析を行っているもの，モノとサービスとの相違
　　点を明らかにし，消費者とサービス生産者の相互作用から戦略的に分析するものな
　　どが見られる。
8)　コーリン クラーク・金融経済研究会（1945）『経済的進歩の諸条件』日本評論社，
　　原著は Clark C.G.（1940），The Conditions of Economics Progress, Macmillan.

図13-2　付加価値に占めるサービス産業の割合推移

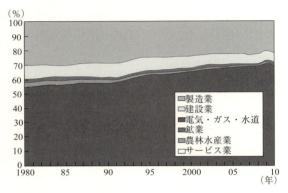

（出所）前川亜由美・風間春香（2013）7ページ（総理府統計による）。

図13-3　就業者数と労働生産性の推移

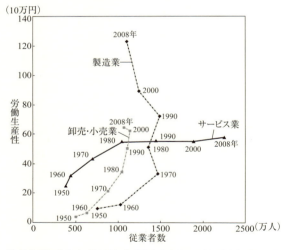

（資料出所）内閣府「国民経済計算」をもとに厚生労働省労働政策担当参事官室にて推計
　（注）1. 労働生産性は実質国内総生産（産業別）を就業者数（産業別）で除したものとした。
　　　 2. 1980年基準の値（実質・固定基準年方式）に過去の指数を接合して遡及系列とした。
（出所）2010年版厚生労働省資料による。

第13章 日本におけるサービス・イノベーションの課題　359

る。東アジアでも，1990年代以降，比率を高め，日本の7割を筆頭に，シンガポール，韓国が5割を越えてこれに次ぎ，中国，インドも3割を越えてシェアを伸ばしている。一方，全産業の雇用者に占めるサービス産業の雇用者数も図13-3のように，1990年代以降，増加傾向にある。グローバル化についても特徴的で，サービス化が進むにつれ，輸出面でのサービスの取引を拡大している。最もサービス輸出額が大きい米国では，1990年代後半から，海外現地子会社による売り上げを急速に拡大しており，サービス業のグローバル化が，1990年代以降，従来からのサービス輸出の拡大と在外子会社を通じた現地販売の両輪に軸を置いた展開から，後者に重点をおいた展開にシフトしている。

図13-3で示されるように，日本のサービス業の生産性は低い。世界の直接投資残高の推移についても，これに占めるサービス産業のシェアは，1990年代

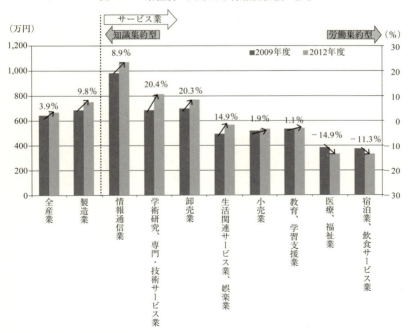

図13-4　業種別1人あたり付加価値額の推移

（注）産業は，金融・保険業除く。数値は，当期末。
（出所）財務省『法人企業統計』データ資料による。

360 第Ⅳ部 労働と産業の政策課題

以降，名目 GDP 比率に占める比率以上に伸びを示し，これに対し，製造業の占める比率は減少している。

業種別に見ると，日本では，図 13-4 のように，事業所向けサービスが多く，製造業関連から，情報通信，学術研究，専門・技術サービス業などの伸びが顕著である。

戦略面では，1990 年代後半以降，クロスボーダーの M&A が EU の域内市場統合，競争の激化，90 年代末の米国の金融制度改革などを背景に，大幅に増加している。こうした対応は，現地の消費者からの認知度や信頼の確保，迅速な変化に対応できる既存の経営資源の活用などの利点に基づいている。こうした取り組みは，金融・保険，通信などに見られたが，通信分野での展開は，携帯電話の普及，広帯域通信の活用による事業規模拡大の要請が絡んでいる。金融・保険分野では，金融業界の競争激化，投資銀行の活発化，制度面での規制緩和の進展やユーロ導入の進展などがあげられる。

5. サービス業の日米生産性比較

米国と比較してみると，生産性は製造業ではほぼ同一水準にあるかこれを幾分超越しているが，サービス業では，2 割方低い。図 13-5 のように，国際比較を他の先進国に照らしても，日本の低い状況が示される。

企業規模にばらつきがあり，優良大手企業では製造業とひけをとらないが，中小企業が多いことから平均では下回っている。業種別に労働生産性を見ても，日米比較では卸・小売・飲食，宿泊，その他サービスなど，幅広いサービスで，平均 5 割方強，低い。1 人あたり付加価値を見ても，製造業と比較すると，情報通信業，学術研究，専門・技術サービス業の知識集約型のサービス業は比較的高いが，医療，福祉，飲食，宿泊，小売業などの労働集約型のサービス業では，減少傾向にある。したがって，今後，高生産性，高付加価値化への転換，社会環境の変化を見据えた新規サービスの創出が求められる。1970 年代になっても，ダニエル・ベルは，『脱工業化社会』で，① 工業化にともなう生産部門の補助部門＝運輸通信公益事業の拡大→② 工業化達成・工業化実現

図 13-5 各国の産業の生産性状況

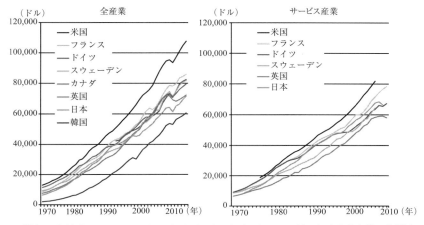

（注）1. 左図は OECD"Economic Outlook94", "Purchasing Power Parities Statistics" など，右図は EU KLEMS データベースによる。
2. いずれも各年基準購買力平価（マクロベース）で換算した名目 GDP（ドルベース）を就業者数で除した生産性。
（出所）内閣府資料による。

段階の商業の発達→③ 製造業比率が低下する脱工業段階の金融部門とサービス業の拡大→④ 医療福祉文化など生活と社会の質の向上の発展の経過を示している[9]。しかし，現実は，80 年代は米国では，グローバル化と海外製造業移転などから，「アウトソーシング」機能を担う対企業サービス業＝代行サービス業が急増し，90 年代には，グローバル化が本格化し，サービス業の多国籍企業の進展と先端部門を担う IT 関連のサービス産業の躍進が見られる。金融，証券，情報技術，特許，設計，コンサル，会計，法律など高度な専門サービスで圧倒的な競争力を持つようになる[10]。金融，証券・不動産とともに医療，教育の民間事業による肥大化も，近年の特徴といえる。このように，対企

---

9) ダニエル ベル・村上泰亮他訳（1975）『脱工業化社会の到来（上）社会予測の一つの試み』ダイヤモンド社，47-120 ページ。原著は，Bell, D., *The Coming of Post-Industrial Society-A Venture in Sicial Forcasting*.
10) 米国でも対企業サービスの増加傾向は見られるものの，海外進出では専門業種の増加に特徴付けられる。飯盛信男（2004）48-52 ページ。

業サービスの拡大と公共サービスの民間サービス化は，ダニエル・ベルも予測できなかった。日本でも，第3次産業比率はすでに，70年代に5割を占め，90年代には，6割を越える。そのうち，公共サービスは1995年に10%，2012年でも16%と立ち後れている。90年代以降は，米国と同様，グローバル化の中で，代行型の対企業サービス業は大きく伸びている。金融・保険・証券も伸びているが，90年代以降は縮小している。米国と比較すると，対企業サービス業の比率に大きな差異は見られないが，労務集約型のサービス業が日本では主体になっており，資本集約型のサービス業は比率が低く，国際競争力も低いとされる。欧州先進国との比較では，公共サービスの比率も低いとされる。

アメリカのベンチャー・キャピタルの発生と発展の経過も特徴的で，産業の日本との競争差異に影響を与えている[11]。ベンチャー・キャピタルとは，不確実性の高い環境下における新企業創造によってキャピタル・ゲインを得ることを目的とした直接投資を行う企業および資金そのものを指す。形成・発展の最大要因は，コンピュータを中心とした新しい技術革新とそれによる事業機会の拡大による。その他，不確実な状況下で事業家を支援する初期投資の資金としてエンジェル資金がある。1980年代以降，こうした資金が年金資金などを活用し流入した。また，ベンチャー・ファンドが優先株に付帯条件を付け，投資家サイドが高いリターンを作り出すことができる。豊富な資金流入に加え，初期段階のエンジェル資金などに低い税率の設定，倒産などに対するリスク軽減など国をあげての施策・大学等研究機関との連携がベンチャー・ビジネスの形成・促進をもたらしたと評価することができる。

6. おわりに──サービス産業再生の課題

日本経済のデフレ脱脚と成長を実現するには，生産性向上や国内外の需要の取り込みが必要で，それによってサービス産業の成長と日本経済の成長の好

---

11) 規制緩和の大きな効果として，米国では，大幅な新規参入とこれによる雇用の増加が見られるがこれに対し，日本ではこれらは顕著な伸びが示されない。

第 13 章　日本におけるサービス・イノベーションの課題　363

循環につながる。サービス産業のグローバル化の促進のためには，サービスの
特性が持つ制約を克服すべく，ICT の高度利用と組織運営の改革と相俟って
「コア・サービスの有形化」と「高いカスタマイゼーション」を同時達成する
という課題を解決しなければならない。

参 考 文 献

飯盛盛雄（2014）『サービス産業』新日本出版社。

上田隆穂（1994）「サービス業戦略国際化の枠組み」（『作新学院大学　経済論纂』
　　第 30 巻第 4 号）。

小針泰介「国際競争力から見た我が国と主要国の強みと弱み」（『レファランス』平
　　成 25 年第 1 号）。

太田雅晴編著（2011）『イノベーション・マネジメント』日科技研。

サービスイノベーション研究プロジェクト編著（2012）『サービスイノベーション』
　　産業能率大学出版社。

JETRO「米国におけるサービス産業実態調査」日本貿易振興機構（ジェトロ）

一橋イノベーション研究センター『イノベーション・マネジメント入門』日本経済
　　新聞社。

趙命来（2009）「サービス業の国際化研究の現状と課題」（『流通科学大学論纂―流
　　通・経営編―』第 21 巻第 1 号）。

十川廣國(2009)『マネジメント・イノベーション』中央経済社。

西岡健一・南知恵子（2004）『サービスイノベーション―価値共生と新技術導入』
　　有斐閣。

根井雅弘（2006）『シュンペーター』講談社学術文庫。

根井雅弘（2005）『経済学の歴史』講談社学術文庫。

廣田俊郎（2009）「サービス業が提供するサービス価値とサービス価値向上戦略」
　　（『関西大学商学論叢』第 54 巻第 5 号）。

前川亜由美・風間春香（2013）「わが国サービス産業の現状と問題点」（『みずほ総
　　研論集』2013 年 1 号）。

南智恵子（2014）『サービス・イノベーション―価値強制と新技術導入―』有斐閣。

港徹夫（2012）『日本のものづくり―競争力基盤の変遷』日本経済新聞社。

森川正之（2008）「サービス産業の生産性は低いのか―企業データによる分析―」
　　RIETI 総務省統計局「サービス産業動向調査」。

内閣府（2006）「年次報告書―生産性上昇に向けた挑戦―」。

内閣府（2014）「サービス産業の生産性」。

経済産業省（2001）「サービス業の現状と今後の展望」。

経済産業省（2014）「サービス産業の付加価値化に関する研究会報告書」日本産業
　　研究所。

Bell, Daniel (1973), The Coming of Post―Industrial Society：A Venture in Sooial Foreth-
　　coming（村上泰亮ほか訳（1975）『脱工業化社会の到来（上）社会予測の一つ

364　第Ⅳ部　労働と産業の政策課題

の試み』ダイヤモンド社).

Christensen, M. Clayten, Michael E. Raynor (2003), The Innovator' s Solutions ; Creating and Sustaining Successful Growth (2003), Harvard Business Press（玉田俊平監修・桜井佑子訳（2003）『イノベーションへの解』翔泳社).

Clark, Colin Grand (1957), The conditions of economic progress (1957), Macmillan（金融経済研究会（1945）『経済的進歩の諸条件』日本評論社).

Kotler, Phillip, Gary Armstrong (2015), Principle of Marketing, Prentice Hall（和田充男訳（2008）『マーケティング原理』（第9版）ダイヤモンド社).

Schunmpeter, J. A.(1912), Thorie der Wirtschaftlichen Entwiclung, Leipzig, Verlag von Dunker & Humblot（中山伊知郎・東畑精一訳（1937）『経済発展の理論』岩波書店).

第 14 章

訪日観光促進と貿易・直接投資への波及効果

小森谷　徳純

1. はじめに

このところ外国からの旅行者で日本の観光地が溢れかえっているという話や，有名観光地のホテルが予約しづらくなった，あるいは宿泊料金が高騰しているという話を頻繁に耳にする。この感覚は数字で確かに裏付けられていて，2014 年に訪日外国人旅行者数は 1300 万人を突破した。日本政府は訪日外国人旅行者数 1000 万人を 2000 年代前半から目標としてきたが，この目標はすでに2013 年に達成され，現在は東京オリンピック開催（2020 年）までに訪日外国人旅行者数 2000 万人突破を新たな目標としている。

この訪日外国人旅行者数の増加は，訪日旅行促進事業（ビジット・ジャパン事業），在外公館等連携事業，官民連携事業，地方連携事業などを通じた海外への広告宣伝活動が実を結んだものと考えることができる[1]。図 14-1 はビジット・ジャパン事業開始以降の訪日客数の推移であるが，リーマンショック後と東日本大震災後に落ち込みは見られるものの，傾向としては緩やかに右上がりである。

---

1)　詳しい内容は「訪日旅行促進事業（ビジット・ジャパン事業）―国際観光―政策について」観光庁（http://www.mlit.go.jp/kankocho/shisaku/kokusai/vjc.html）を参照。

図 14-1 ビジット・ジャパン事業開始以降の訪日客数の推移（2003 年～ 2014 年）
（万人）

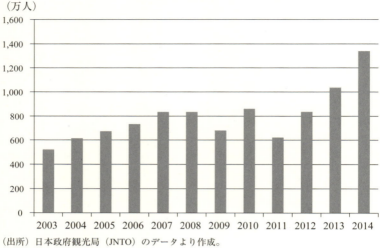

（出所）日本政府観光局（JNTO）のデータより作成。

　2012 年から 2013 年，2013 年から 2014 年の旅行者数の伸び方は，過去のそれとは異なるように思われるが，この時期の訪日外国人旅行者数の急増には 2012 年末の政権交代以降の円安が寄与していると一般的にいわれてる[2]。対米ドルの年平均為替レートは 2012 年が 79.79 円，2013 年が 97.60 円，2014 年が 105.94 円であり，2012 年と比べて，2013 年で 22.3％，2014 年で 32.3％の円安であった。国際貿易では，ある外国通貨に対する円安は日本製品の実質的な価格低下につながり，日本から当該国への輸出を拡大すると通常考えられている。円安は日本が提供する旅行関連サービスの購入価格が低下することを意味するので，通常の財・サービスの輸出拡大と同様に，訪日観光も促進されるはずである。またこの円安は，訪日外国人旅行者数の増加だけでなく，2014 年度の旅行収支（サービス収支の一部）が 1959 年度以来 55 年ぶりに黒字（2,099 億円）となったことにも寄与していると考えられる。なおこの旅行収支には（1）宿泊費，食事代，娯楽費，現地交通費，（2）土産品，（3）出張費，（4）海外で

---

[2] 例えば「円安で日本への旅行が手頃に―外国人観光客増加」WSJ（http://jp.wsj.com/articles/SB10001424127887323605404578473900055067508）を参照。

第 14 章　訪日観光促進と貿易・直接投資への波及効果　367

の留学費，医療費，(5) ツアー代金，などが含まれている。

　円安以外にこの訪日外国人旅行者数の増加に寄与したものとして，ビザ発給
要件の緩和（ビザ免除を含む），そして消費税免除の対象の拡大があげられてい
る[3]。格安航空会社（Low Cost Carrier, LCC）の参入が直接的に渡航費用の低下を
もたらしたことは理解しやすいが，2013 年 7 月からの東南アジア諸国（タイ，
マレーシア，インドネシア，ベトナム，フィリピン）へのビザ要件の緩和も，手数
料や取得までの時間などの渡航費用を低下させ，これらの国々の人々の訪日イ
ンセンティブを増加させている[4]。また消費税免税は訪日外国人旅行者の日本
での消費を増加させる（つまり旅行収支の黒字化につながる）ものであるが，同時
にこれは外国人の訪日インセンティブ自体も増加させるものである。

　このように訪日外国人旅行者数に影響を与えると思われる要因はさまざま考
えられるが，実際の影響はどのように分析されるのか。本章ではまず既存研究
において，2 国間（地域間）観光需要の決定要因がどのように分析されている
のかを述べる。つぎにそれらの要因の中でも言語とビザ規制について詳しく見
ていく。旅行はサービス収支の一部であり，サービス収支は貿易・サービス収
支の一部である。つまり訪日外国人旅行者数の増加や，それら旅行者による消
費の拡大を試みる活動は，日本の輸出の増加につながるものであり，筆者を含
む国際貿易の研究者にとっても興味深い研究対象である。さらに本章ではより
国際貿易の研究視点から，実はそのような活動が観光需要だけでなく（旅行以
外の）貿易と直接投資にまで影響を与えていることにも着目する。具体的には
訪日観光の促進を目的とした事業が，その本来の目的に留まらず，貿易や直接
投資を増加させることになることを述べる。

　すでに述べたように 2014 年には訪日外国人旅行者数が 1300 万人を突破した
が，これは世界で 22 位，アジアでも 7 位という水準である。仮に日本が 2020

---

　3)　例えば「昨年の訪日外国人客数は 1036 万 4 千人　円安やビザ緩和で 24％増」産経
　　　ニュース（http://www.sankei.com/politics/news/140117/plt1401170001-n1.html）を参
　　　照。
　4)　内容はタイ，マレーシアへのビザ免除，インドネシアへの数次ビザの滞在期間延
　　　長，ベトナム，フィリピンへの数次ビザの発給である。

368　第IV部　労働と産業の政策課題

年までの目標としている 2000 万人を達成しても，2014 年では 15 位のギリシャ（2200 万人）に次ぐ水準である[5]。本章で言及するような貿易および直接投資への正の外部性が存在しているとすれば，現在の目標達成を目指すだけでなく，さらに高い水準の訪日外国人旅行者数の達成を目指して政府はさまざまな活動を行っていくべきである。

2.　観光需要の決定要因

前節では訪日外国人旅行者数が急増していること，そして日本政府がさらに高い水準の訪日外国人旅行者数を目標にしていることを述べた。この増加の要因を考えるために，またさらなる高い目標を実現するために，本節では既存研究をサーベイし観光需要の決定要因を検討していく。

2-1　一般的な決定要因

国際経済学では 2 国間（あるいは地域間）の貿易量を非常に上手く説明するモデルとして重力モデル（gravity model）が広く用いられており，最も基本的なモデルでは貿易量は輸出国，輸入国それぞれの経済規模と距離によって説明される。

$$X_{ij} = \frac{Y_i^\alpha Y_j^\beta}{D_{ij}^\gamma} \tag{1}$$

i 国と j 国の間の貿易量（X_{ij}）は，i 国の経済規模（Y_i）が大きくなっても，j 国の経済規模（Y_j）が大きくなっても増加するし，2 国間の距離（D_{ij}）が遠くなれば貿易量は減少する。(1)式の両辺に対数をとることによって，

$$lnX_{ij} = \alpha lnY_i + \beta lnY_j - \gamma lnD_{ij} \tag{2}$$

上記の (2)式を得られるので，この式をベースにして推計を行うことにな

---

5)　詳しくは「世界各国，地域への外国人訪問者数—マーケティング・データ」日本政府観光局（https://www.jnto.go.jp/jpn/reference/tourism_data/visitor_statistics.html）を参照。

る。なお左辺である被説明変数も右辺にある各説明変数も対数をとっているので，推計された係数は弾力性（経済規模や距離が1％変化したときに，貿易量が何％変化するか）を示している。この基本モデルに距離以外の貿易を困難にする要因や逆に貿易を円滑にする要因を組み込むことで，重力モデルを用いた研究は発展してきた。例えばある条件を満たす場合に1，満たさない場合に0をとる変数（ダミー変数）を加える場合は，

$$lnX_{ij} = \alpha lnY_i + \beta lnY_j - \gamma lnD_{ij} + \delta Z \tag{3}$$

という式になるが，このダミー変数である Z に関して推計された係数は変化率を示している。

　またこの重力モデルは貿易以外にも直接投資や移民といった2国間（あるいは地域間）の何かしらの"取引量"を説明するために広く用いられている。訪日外国人旅行者数はどのような要因に影響を受けるのか。この問題を考えるには，重力モデルを観光需要の分析に用いた研究が助けとなる。

　世界観光機関（World Tourism Organization, UNWTO）による1999年から2009年の2国間旅行者数データ（2004年を除く）を用いた研究である Culiuc（2014）によると，旅行者の送り出し国の国内総生産（Gross Domestic Product, GDP）と受け入れ国の GDP はどちらもその増加が旅行者数を有意に増加させること，費用を表す2国間の距離は，距離が遠くなれば旅行者数を有意に減少させることが示されている[6]。その他には，2国が国境を接していること，過去において植民地関係にあったこと，1945年以降に共通の宗主国を持っていたこと，同じ地域貿易協定に加盟していることなどが，旅行者数を増加させる要因であることが示されている。

　Culiuc（2014）は他にも彼のいうところの"非伝統的な変数"を分析に用いて，その観光需要への影響を検証している。具体的には2国間を結ぶ直行便の存在，受け入れ国のホテルの部屋数，2国における気候の類似の程度が旅行者

---

6) Culiuc（2014）は旅行者数とともに貿易量への影響も分析しているが，ここでは割愛する。

370 第Ⅳ部 労働と産業の政策課題

数に正の影響を与えていること，時差や受け入れ国の紛争の大きさ（conflict magnitude）が旅行者数に負の影響を与えていることを示している。また一般的に関心が高いと思われるユネスコが認定する世界遺産（World Heritage）の影響については，送り出し国側の世界遺産の数が観光に正の影響を与えることは示されているが，受け入れ国側については一意な結果を得られていない。なお，なぜ送り出し国側の世界遺産の数が正の影響を与えているのかについては，自国に世界遺産が多いと他国の世界遺産への興味も強くなるからであると考察している。

　実は Culiuc（2014）の主要な目的の1つは観光と実質為替レートの関係を明らかにすることであり，彼の研究は冒頭に述べた2012年以降の円安が訪日外国人旅行者数の増加に寄与しているのかという点について重要なヒントを与えてくれる。Culiuc（2014）では，送り出し国の通貨に対する受け入れ国の通貨の実質為替レートの増価は2国間の旅行者数を減少させることが述べられている（弾力性は0.2）。弾力性は0.2なので実質為替レートが25%減価すると旅行者数が5%変化するといえる。2012年末以降の円安は日本や他の多くの国の物価変動よりも遥かに大きな変化を記録しているので，日本の実質為替レートは大きく減価し訪日外国人旅行者数の増加に寄与したと十分に考えられる。

　またアメリカを基準とした購買力平価（PPP）を用いても，その修正版である PPP misalignment を用いても，そして実質実効為替レートを用いても，送り出し国の為替レートの増価と受け入れ国の為替レートの減価が旅行者数を増加させることが示されている。ただし逆因果の観点から，Culiuc（2014）は受け入れ国の為替レートの旅行者数への影響（弾力性は0.15程度）のみを結論として主張している。

2-2　言語の影響

　2-1 で言及した Culiuc（2014）は公用語か母語が同じであること，少なくとも9%以上の人々が同じ言語を話すこと，これら2つに関するダミー変数をコントロール変数として用いているので，言語が2国間の観光需要に与える影響

表 14-1　Culiuc（2014）の表 2 より

	Tourism	
	Full sample	Intra-OECD
	(2)	(4)
Common official or primary language	0.874 (139.6%)	
Same language spoken by at least 9%	0.233 (26.2%)	0.369 (44.6%)

（注）係数の下の括弧内の数値は弾力性。

についても答えを有している。

　結果は，表 14-1 にあるように公用語か母語が同じであること，少なくとも 9％以上の人々が同じ言語を話すこと，これら 2 つはどちらも観光需要を増加させている。被説明変数が貿易量の対数なので，求めた係数は変化率であり，exp（$coefficient$）から 1 を引くことによって弾力性を求めることができる。つまり，公用語か母語が同じであることは旅行者数を 140％も増加させていることになる。また少なくとも 9％以上の人々が同じ言語を話すことも 26％旅行者数を増加させていることがわかる。なお少なくとも 9％以上の人々が同じ言語を話すことは，OECD 加盟国のみで考えると観光需要にとってより重要であることがわかる。

2-3　ビザ規制の影響

　2014 年 12 月時点において，日本は 67 の国・地域に対してビザ免除制度を設置している[7]。またすでに述べた東南アジア諸国へのビザ要件の緩和以外にも，日本政府は「日中間の人的交流を拡大し，政府の観光立国推進や地方創生の取組に資するため」として中国人に対するビザ発給要件緩和を 2015 年 1 月 19 日に開始した[8]。そこでビザによる規制が 2 国間の旅行者数にどのような影

---

7)　「ビザ免除国・地域（短期滞在）」外務省（http://www.mofa.go.jp/mofaj/toko/visa/tanki/novisa.html）。

8)　内容は商用目的の者や文化人・知識人に対する数次ビザ，個人観光客の沖縄・東北三県数次ビザ，相当の高所得者に対する個人観光数次ビザの発給開始である（http://www.mofa.go.jp/mofaj/press/release/press4_001624.html）。

372　第Ⅳ部　労働と産業の政策課題

響を与えているのかという問いに関する研究を取り上げる。

　Neumayer（2010）は 190 ヶ国程度，1995 年から 2005 年を対象として，Culiuc（2014）と同様に UNWTO のデータと重力モデルを用いてビザ規制の影響を推計している。Neumayer（2010）は国際航空運送協会（International Air Transport Association, IATA）の Travel Information Manual から得たビザ規制（2004 年 11 月時点）をビザ規制のデータとして用いているが，出発前に申請するタイプのビザのみを取り上げ，国境にて取得するタイプのビザに関しては実際には規制にあたらないとして除外している。

　Neumayer（2010）の分析によると，ビザによる規制の影響は推計方法により若干変化するが，52 ～ 63％程度の水準で送り出し国から受け入れ国への 2 国間の旅行者数を減少させている。同時に推計された 2 国が同じ地域に属していることの影響（492％）や，かつての植民地関係を有していることの影響（505％）に比べると水準は小さいが，それでもビザ規制が 2 国間の旅行者数に大きな影響を与えていることは間違いない。

　地域による影響の違いを見るために，ダミー数を用いて地域別の影響を推計した結果が表 14-2 である。

表 14-2　Neumayer（2010）の表 2 より

	ビザ規制の影響(%)	
	受け入れ	送り出し
先進国	−37	−35
東アジアおよび大洋州［高所得］	−61	−58
北アメリカ	−31	有意でない
西ヨーロッパ	有意でない	−26
途上国	−64	−66
東ヨーロッパ，中央アジア	−77	−45
東アジアおよび大洋州［低所得］	−25	−51
ラテンアメリカ，カリブ海地域	−68	−76
北アフリカ，中東	−51	−52
南アジア	有意でない	−29
サブサハラアフリカ	−63	−66

これによると，先進国への旅行者数は37％，途上国への旅行者数は64％，ビザ規制によってそれぞれ減少しているとされている。途上国への影響の方が大きい理由としては，先進国への訪問の方が途上国への訪問よりも潜在的な旅行者にとっての便益が大きいために，ビザ規制によって渡航を留まる人が少ないからとしている。また先進国からの旅行者数は35％，途上国からの旅行者は66％，ビザ規制によって減少させられている。こちらの方は先進国の居住者の方がビザを取得することが容易なので影響が小さいとしている。

この分析では日本はオーストラリア，ニュージーランドとともに東アジア，大洋州［高所得］に含まれているが，その影響は61％あるいは58％と先進国全体に対する影響よりも大きいことがわかる。したがって日本は他の先進国に比べてビザ制限による訪問者数への負の影響が非常に大きく，少なくとも2005年までの段階ではビザ規制の緩和により訪問者を大きく増加させることができる可能性を秘めていたということがわかる。

なおCuliuc（2014）と異なり，Neumayer（2010）は一般的な説明変数として，GDPではなく送り出し国と受け入れ国の人口と1人あたり所得を用いているが，旅行者数に対して予想通り正の影響を推定している。

3. 言語と貿易・直接投資

前節の2-2では2国間の旅行者数に言語が与える影響を述べた。公用語あるいは母語が同じである場合は，それが異なる場合よりも旅行者にとって何らかの費用が低く（あるいは便益が高く）なるので，旅行者数が増加することになる。日本の場合，日本語を公用語・母語とする国は自国以外に存在しないので，日本は英語やフランス語など多数の国で話されている言語を用いている国々より不利な状況におかれていることになる。しかしこの既存研究の結果は取引におけるある種の言語による壁の存在を示しているといえるので，たとえ言語の壁を完全に撤廃することは難しくとも，より一層の訪日外国人旅行者数の増加を実現できるように，この壁をできるだけ低下させる必要があるといえる。そして，そのような言語の壁を低下させる活動は，単に旅行者数の増加に

374　第Ⅳ部　労働と産業の政策課題

つながるだけでなく貿易や直接投資に対して正の外部性を持つ。

3-1　言語と貿易

Rose（2004）は多角的貿易協定（Multilateral Trade Agreement）としての世界貿易機関（World Trade Organization, WTO）やその前身である関税および貿易に関する一般協定（General Agreement on Tariffs and Trade, GATT），そして一般特恵関税制度（Generalized System of Preferences, GSP）が2国間貿易に与える影響を，50年間175ヶ国のパネルデータを用いて重力モデルで検証している。被説明変数には，i国からj国への輸出，i国のj国からの輸入，そしてそれらの逆，計4つの平均を用いている。その中で，Rose（2004）はコントロール変数の1つとして，2国が共通語を有していれば1をとり，有していなければ0をとる共通言語ダミー（common language）を入れて推計し，表14-3のような係数を有意に得ている。そこからは共通言語を持つことによって貿易量がおよそ30%増加することが示される。なおサンプルから工業国を除いて推計した場合にはこの弾力性が低い（10.5%）ことから，相対的に工業国を含むペアの方が共通言語を持つことによる貿易量の増加が大きいことがわかる。

　Lohmann（2011）はRose（2004）に基づいた論文であるが，World Atlas of Language Structures（WALS）を利用して作成した言語バリアー指数（language barrie index）を分析に用いていることが貢献である。この言語バリアー指数は，言語学上の各項目において考慮する2つの言語が同じ特徴を持っていれば0，異なる特徴を持っていれば1という数値を与え，全項目の平均を求めることによって作成されている。つまり2つの言語が完全に同じであれば0を，2つの言語間に言語学上の共通性が全く存在していなければ1をとるように作られて

表14-3　Rose（2004）の表1より

	Default	No industrial countries	Post 1970	With country effects
Common language	0.31 (36.3%)	0.10 (10.5%)	0.35 (41.9%)	0.27 (31.0%)

（注）係数の下の括弧内の数値は弾力性。

第 14 章　訪日観光促進と貿易・直接投資への波及効果　375

いる。Lohmann（2011）は，この言語バリアー指数が 10％増加（つまり言語の類似性が低下する）と貿易量が 6.8％低下すると述べている。また Rose（2004）と同様の共通言語ダミーとこの言語バリアー指数を共存させたとしても，どちらも予想通りの符号で係数が有意に推計されることも示している。つまり言語の特徴がより似ているほど貿易量は多く，言語が共通であれば貿易量はさらに多くなることを示している。

　このように 2 国が共通言語を持つことや，2 国の公用語・母語が似た特徴を持つことが貿易に対して正の影響を与えることが既存研究より理解できた。日本の場合は共通言語を持つ国は存在しないし，日本語と特に類似性が高いと思われる言語も存在しないので，他の国々よりも貿易において不利な状況に甘んじ続けることになるのか。この点について Ku and Zussman（2010）は重要な示唆を提供してくれる。

　Ku and Zussman（2010）も Lohmann（2011）と同様，Rose（2004）に基づいた論文であるが，2 国における TOEFL（Test of English as a Foreign Language）の平均スコアを掛け合わせたものを 1 つの変数として推計に用いている。つまり両国のスコアが低いとき，一方の国のみのスコアが高いとき，両国のスコアが高いときの順に，この変数は大きくなっていく。英語を用いた意思疎通も同様の順番に円滑になっていくと考えられるので，もしこの変数の係数が有意に正で推計されれば，英語能力の向上が貿易量を増加させることに寄与することを意味する。

　表 14-4 に示されているように，Ku and Zussman（2010）は国別の固定効果を加えた推計で，1％の TOEFL 得点の向上が 1.51％貿易量を増加させることを

表 14-4　Ku and Zussman（2010）の表 2 より

	Without country fixed effects		With country fixed effects	
	(1)	(2)	(3)	(4)
Log English		0.96		1.51
Common language	0.37 (44.8%)	0.32 (37.7%)	0.27 (31.0%)	0.27 (31.0%)

（注）係数の下の括弧内の数値は弾力性。

376　第Ⅳ部　労働と産業の政策課題

示している。共通言語の効果は31%の貿易量の増加なので，20%のTOEFL得点の向上は共通言語を持つことと同等の効果を貿易に与えることになる。つまり訪日外国人旅行者を増加させるために，日本における言語の壁を低下させるべく英語力の向上を目指したとすれば，その効果は訪日外国人旅行者の増加に留まらず貿易量の増加にもつながるのであり，政府はこの正の外部性も考慮してより高い目標を設置するべきであるといえる。

3-2　言語と直接投資

3-1では言語が貿易量に影響を与えることを述べたが，実は言語は貿易だけでなく直接投資にも影響を与えている。Bénassy-Quéré et al.（2007）はbureau-cracy, corruption, information, banking sector, そしてlegal institutionsといった国の制度の質が対内直接投資の決定要因の1つであることを直接投資ストックを用いて示した論文であるが，そこでも共通言語ダミーがコントロール変数として用いられている。表14-5は共通言語ダミーに関する結果を抜粋してまとめたものであるが，言語が共通である2国間の直接投資は，言語が異なる2国間の直接投資よりも500～600%も多いことが示されている。

Oh et al.（2011）は，共通言語ダミーだけでなく，2国のうちどちらかが英語，フランス語，スペイン語，アラビア語を用いる国である場合にダミーを入れて推計を行っている。なお彼らは直接投資だけでなく貿易についての推計も行い，影響の比較を行っている。表14-6がその結果であるが，共通の言語を用いていることの正の効果は，貿易が50%程度であるのに対して，直接投資では200%であることがわかる。通常，直接投資は長期的な行動であるので，貿易よりも一層深いコミュニケーションが必要であることがこの理由として考

表14-5　Bénassy-Quéré et al.（2007）の表1より

	Cross-section(2000)		Panel(1985-2000)	
	(1)	(3)	(1')	(3')
Common language	1.97 (617.1%)	1.91 (575.3%)	1.88 (555.4%)	1.79 (498.9%)

（注）係数の下の括弧内の数値は弾力性。

第 14 章 訪日観光促進と貿易・直接投資への波及効果 377

表 14-6 Oh, Selmier, and Lien（2011）の表 1 より

	Trade		FDI	
	(1)	(2)	(3)	(4)
Common language	0.3643 (44.0%)	0.4264 (53.2%)	1.1159 (205.2%)	1.2589 (252.2%)
English-speaking		0.6702(95.5%)		0.8554(135.2%)
French-speaking		0.1164(12.3%)		0.5829(79.1%)
Spanish-speaking		-0.1181(-11.1%)		有意でない
Arabic-speaking		-0.3183(-27.3%)		-0.7410(-52.3%)

（注）係数の下の括弧内の数値は弾力性。

えられている。なお Bénassy-Quéré et al.（2007）と異なり Oh et al.（2011）は直接投資フローを用いている。

　また英語，フランス語は貿易や直接投資に対して正の影響を持つのに対して，スペイン語，アラビア語は負の影響を持っていることも示されている。そして英語が最も取引費用が低く，フランス語，スペイン語，アラビア語の順に高くなっていることを示していると述べている（英語，フランス語はその他の言語より低く，スペイン語，アラビア語はその他の言語よりも高い）。なお Oh et al.（2011）は，英語やフランス語が他の言語よりも優れているとか，学びやすいという話ではなく，英語やフランス語を学ぶことで相対的に高い便益を得られるという主張をこの推計結果に基づいて行っている。

　訪日観光客を増加させるために日本人や日本における言語の壁を低下させるような政策は，本来の目的の訪日観光客の増加だけに留まらず，貿易を増加させ，そしてより高い水準で直接投資を増加させうることはこのように説明される。

4. ビザ規制と貿易・直接投資

　前節では言語が貿易・直接投資に与える影響についての研究を用いて，共通言語を持つことや高い英語能力が貿易や直接投資を増加させることを述べた。これは訪日外国人旅行者数を増加を目的として言語の壁を低下させることが，単に旅行者数の増加に留まらず貿易や直接投資の増加にもつながることを意味

378　第Ⅳ部　労働と産業の政策課題

表 14-7　Neumayer（2011）の表 1 より

	(1)　Trade(OLS)	(4)　FDI(OLS)
Same language	0.268(30.7%)	0.320(37.7%)
Visa_unilateral	−0.192(−17.5%)	−0.428(−34.8%)
Visa_bilateral	−0.288(−25.0%)	−0.377(−31.4%)

（注）係数の下の括弧内の数値は弾力性。

している。それでは日本政府が現在積極的に行っている，ビザ規制の緩和につ
いてはどのようなことがいえるであろうか。

　2-3 で言及した Neumayer（2010）はビザ規制が 2 国間の旅行者数に確かに負
の影響を与えていることを示した研究であったが，Neumayer（2011）はビザ規
制が貿易や直接投資に与えている影響を推定した研究である。表 14-7 が結果
の抜粋であるが，2 国間の貿易にビザ規制が与えている負の影響は，片方の国
に規制がある場合で 17.5%，両国に規制がある場合で 25%の減少となってい
る。つまりこれはビザ規制が本来の 2 国間の旅行者数に留まらず貿易にまで影
響していること，そしてその負の影響は片方の国にビザ規制がある場合よりも
両国に規制がある場合の方が大きいが，その変化は 2 倍以下であることを示し
ている。

　それでは直接投資についてはどうであろうか。Neumayer（2011）は被説明変
数として 2 国間の直接投資ストックを用いているが，片方の国に規制がある場
合でも，両国に規制がある場合でもおよそ 30%の減少となっている。つまり，
この影響の程度は貿易に対するものよりも大きくなっている。なお Neumayer
（2011）はコントロール変数として共通言語も入れているが，その影響は，貿
易で 31%増，直接投資ストックで 38%増となっており，その差は小さいがや
はり貿易よりも直接投資ストックに対する影響の方が大きくなっている。

　このようにビザ規制は 2 国間の人の移動のみに留まらず，貿易や直接投資に
まで影響を与えていることがわかった。したがって訪日外国人旅行者数の増加
を目指したビザ規制の緩和政策は，言語の壁の低下と同様，人の移動の円滑化
を通じて貿易や直接投資の増加にもつながる政策であり，単に訪日外国人数の
目標を達成するためではなく，この効果も考慮したより高いレベルでの規制緩

第 14 章　訪日観光促進と貿易・直接投資への波及効果　379

和が望まれる。

5．お わ り に

　本章では国際貿易の一部としての旅行，輸出としての訪日観光という観点から訪日外国人旅行者数に関する議論を行った。観光需要に関する既存研究を用いて，言語の違いやビザ規制が観光需要を低下させていることを示し，今後日本がより高い水準の訪日外国人旅行者数の実現を目指すためには，英語力強化により日本における言語の壁を低下させ，ビザ規制の緩和により潜在的な旅行者の費用を低下させることが重要であることを述べた。距離的な近さや国境を接していることが観光需要に正の影響を持っていたとしても，それを実現することは不可能である。しかし言語の壁やビザの問題は我が国にとって改善することができる数少ない要因である。

　政府が目標としている訪日外国人旅行者数の増加は，観光産業や一部の小売業にとっては大きなメリットであるが，他の産業や個々の日本国民にはメリットが小さい，あるいはむしろ混雑現象などのデメリットを考える人もいると思われる。しかし本章では同じく既存研究の結果を用いて，訪日外国人旅行者数の増加を目的として日本における言語の壁を低下させ，ビザ規制を緩和することが，観光需要のみならず貿易や直接投資を増加させる効果を持つことを述べた。

　冒頭で述べたように 2014 年の訪日外国人旅行者数は 1300 万人を突破しているが，これは少なからず円安の影響を受けている。また 2020 年までにはさらに高い水準の 2000 万人達成を目標としている。現在の旅行者数の増加に寄与した円安がいつまで続くかは当然不確定であり，現在の旅行者数の水準を維持するためにも，次なる目標を達成するためにも，英語力強化による言語の壁の低下とビザ規制の緩和が望まれる。そしてこれらは貿易や直接投資を促進する効果を持つので，現在の目標に留まらず，この外部効果も踏まえてより高い水準の訪日外国人旅行者数の実現を目指した政策が望まれる。

380 第Ⅳ部 労働と産業の政策課題

参 考 文 献

Bénassy-Quéré, Agnés, Maylis Coupet, and Thierry Mayer (2007) , "Institutional determinants of foreign direct investment," *The World Economy* 20 (5) , pp.764–782.

Culiuc, Alexander (2014) , "Determinants of International Tourism," *IMF Working Paper*, WP/14/82, International Monetary Fund.

Ku, Hyejin and Asaf Zussman (2010) , "Lingua franca: The role of English in international trade," *Journal of Economic Behavior & Organization* 75, pp.250–260.

Lohmann, Johannes (2011) , "Do language barriers affect trade?," *Economics Letters* 110, pp.159–162.

Neumayer, Eric (2010) , "Visa restrictions and bilateral travel," *Professional Geographer*, 62 (2) , pp.171–181.

Neumayer, Eric (2011) , "On the detrimental impact of visa restrictions on bilateral trade and foreign direct investment," *Applied Geography* 31, pp.901–907.

Oh, Chang Hoon,W. Travis Selmier, and Donald Lien (2011) , "International trade, foreign direct investment, and transaction costs in languages," *The Journal of Socio-Economics* 40, pp.732–735.

Rose, A. (2004) , Do We Really Know That The WTO Increases Trade? *The American Economic Review* 94 (No.1) , pp.98–114.

第Ⅴ部

民族的多様性の教訓

第 15 章

在外華人と中国・日本
——フランス在住華人を例に——

深 町 英 夫

1. はじめに——中国の外の中国

　現代日本のみならず世界各国にとって中国が，さまざまな意味において重要な存在であり，その影響力が今後より一層増すであろうことは，いうまでもない。そして，中国が持つそのような影響力が相当程度に，その並外れた国土・人口の規模に由来することも，大方の見解が一致するところであろう。しばしば中国人自身が誇るところのソフト＝パワーとしての悠久の歴史や，それに根差した独特かつ豊富な文化的資源も，実は有史以来の世界的な大国という地位，すなわち規模の要因とやはり不可分の関係を持つ。

　しかし，中国が国際社会に対して擁しているそのような影響力には，もう1つの源泉があることは往々にして忘れられがちだ。それは，「四海為家（四つの海を家と為す）」という言葉に象徴されるように，中国人自身が地球規模で行ってきた移住によって，その生活空間・活動範囲を世界各地へと拡大させていることである。無論，華僑あるいは華人と称される海外移住者のすべてが，中国という国家の利害を代表しているわけでは決してなく，ほとんどの移住は私的・個人的な利益の最大化を目的とした行動だろう[1]。だが，それと同時に少なからぬ在外華人が，居住国において経済的利益や社会的成功を追求する上

で，出身国である中国との関係を資源として利用していることも，また否定しえない事実である。そして，そのような在外華人の活動がいわば「中国の外の中国」として，世界各地における中国の存在感・影響力を増大させる機能を，結果として果たしているということもできよう。

その代表的な実例として，1978 年以降に採用された「改革・開放」政策を通じて，中国の経済発展に多大な貢献を行った東南アジアの華人資本があげられよう[2]。また，アメリカのシリコンバレーで活躍していた中国人技術者が，帰国して祖国の IT 産業の発展を促進し，さらには海外 IT 企業による中国進出の呼び水となってきたことも，やはり広く知られている[3]。この他にやや特異な事例として，北アメリカ在住の華人が 2004 年から 2005 年にかけて，日本の国連安全保障理事会常任理事国入りに反対する，インターネット上の署名運動を呼びかけたことが，中国国内の各都市における反日暴動の起因となったといわれる[4]。このように在外華人は彼らの出身国である中国に大きな影響力を持つだけでなく，その動向は日本にとっても決して無視しえない意味を持っているのである。

2015 年は第二次世界大戦終結から 70 周年に当たり，世界各国でさまざまな記念行事が行われるとともに，歴史をめぐる議論も学界のみならず各種媒体で活発に行われている。そして，これに先立つ 2014 年は第一次世界大戦勃発 100 周年であり，この人類史上最初の世界規模の戦争が以後の歴史に与えた影響が，しばしば改めて想起された。しかし，中国において 2014 年は第一次世界大戦勃発 100 周年というよりも，むしろ日清戦争勃発の 120 周年であることの方がより多く話題となったのである[5]。

---

1) 海外に居住しながら中国の国籍を保持している者を「華僑」，居住国の国籍を取得した者を「華人」と区別することがあるが，両者の総称として「華人」の語が用いられることも多い。また，2 世以降の中国系住民が「華裔」と呼ばれることもある。
2) See Wang Gungwu (1995).
3) 蔡林海（2002）を参照。
4) 『読売新聞』2005 年 4 月 16 日「反日運動，在米華人団体などが発端か」。
5) 毛利亜樹（2014）。

第15章　在外華人と中国・日本　385

　では，この中国において歴史との関連で民族意識が高揚しがちな時期に，どのような反応を在外華人は示したのだろうか。本章では日本でもよく知られた東南アジアや北アメリカの華人ではなく，あえてヨーロッパに在住する華人，特にヨーロッパでも最大級の規模を持つフランス（特にパリ）の華人コミュニティを取り上げたい[6]。第一次世界大戦 100 周年をさまざまな形で記念した，ヨーロッパにおける彼らの現況と民族意識・歴史観を述べるとともに，北アメリカ（特にカリフォルニア）在住華人との比較を通じて，在外華人が中国や日本に対して持つ影響力をも考察する。

2. フランス在住華人の概況

2-1　フランス華人コミュニティの形成

　2009 年にフランス国家統計局が公表した数値によると，フランスに在住する華人の総数は 80 万人から 100 万人に上る[7]。

　中国人のフランス移住の歴史は 18 世紀にまで遡り，最も早くフランスに定住した中国人は福建省厦門出身の黄嘉略で，王室で通訳を務めた彼は 1713 年にフランス女性と結婚して一女を儲けた後，1716 年に病死したという[8]。19 世紀後半から 20 世紀前半にかけて大規模な華僑の移住が発生したものの，その主要な移住先にヨーロッパは含まれていなかった[9]。しかし，第一次世界大戦の勃発にともない労働力の不足したヨーロッパへ，連合国の一員として参戦した当時の中華民国から，14 万 5000 人にも上る「華工〔中国人労働者〕」が上海・青島などの港から海を越えて赴き，特に戦時下のフランスにおいて貴重

---

6)　ヨーロッパ在住華人に関する研究としては，李明歓（2002）がある。特にフランス在住華人に関しては，趙曄琴（2014）を参照。

7)　王瓊傑（2012）。

8)　沈大力（2014）。

9)　西洋列強の勢力が東アジアに及ぶのと時を同じくして，中国東南沿岸地域では人口増加や災害・戦乱等により大量の移動人口が発生し，これに東南アジアや北アメリカの開発の進行が相俟って，これらの地域へ多数の中国人が労働力として移住したのである。

386　第Ⅴ部　民族的多様性の教訓

な労働力となった。第一次世界大戦の終結後，一部の「華工」はフランスに残留したようだが11万人が中国へ送還されたため，フランスに大規模な華人コミュニティが形成されることはなかった[10]。なお，1920年前後に1000人余りの中国青年がフランスへ渡り，学習と労働を体験する「勤工倹学」運動が起こったが，彼らの多くもフランスに留まることなく帰国している[11]。

　フランスに華人の大規模かつ恒久的な移住が始まったのは，第二次世界大戦後の1970年代のことであるが，それはいくつかの集団（あるいは類型）に分けることができる。

　第1の集団が，インドシナ3国（ベトナム・カンボジア・ラオス）からの華人移民である。まず1970年にカンボジアでロン・ノルが政変を起こして権力を掌握すると，華人は経済悪化の現況と見なされ，次いでクメール・ルージュを率いるポル・ポトが1975年にプノンペンを制圧すると，極端な反都市・反貨幣経済・反知識人路線の下で，100万人に上るともいわれる国民が殺害され，大量のカンボジア難民が国外へ流出することになる。他方，1975年にベトナム戦争終結により南北統一が実現し，翌年にベトナム社会主義共和国が成立すると，「社会主義改造」の名の下で華人経済は深刻な打撃を受け，さらに中国との関係が悪化し1979年に中越戦争が勃発すると，しばしばベトナム在住華人は襲撃・略奪の対象となり，彼らが海外への移住を決意するのを促した。なお，ラオスでも1975年に社会主義政権が成立すると，同様に華人への抑圧が彼らの海外移住を惹起している。1980年代末までに約160万人のインドシナ難民が世界各地へ移住したが，その50％から60％が華人であったといわれる。

　これらのインドシナ難民の内の約28万人を中国が受け入れたが，国際連合難民高等弁務官事務所（UNHCR）の斡旋により，その他の難民の大部分を西側諸国が受け入れることになった。中でもインドシナ3国の旧宗主国であるフランスが11万人から20万人を受け入れ，その内7万人から11万人が華人であ

---

10)　陳三井（1986）を参照。
11)　何長工（1976）を参照。

ったが，1960 年代後半にフランス在住の華人総数は 6000 人足らずだったといわれ，このインドシナ難民流入によりフランスに歴史上初めて，大規模な華人コミュニティが形成されたことを意味する[12]。

第 2 の集団は，浙江省などの中小都市や農村部を出身地とする，非エリート移民である。ヨーロッパ諸国にはアメリカ・カナダやオーストラリアと異なり，世界各国からの移民を計画的に受け入れる制度が存在せず，家族呼び寄せや労働者申請といった形式による移民しか行われていない。文化大革命が集結して改革・開放政策が採用されたことを契機として，1970 年代末から中国人の海外移住が増加し，20 世紀中に 30 万人から 35 万人が西ヨーロッパ諸国へ移住したと推定される。その相当部分を占めたのが，浙江省東南部に位置する温州・青田からの移民である。すでに 1920 年代から 1930 年代にかけて，少数の温州・青田出身者がフランスに定住していた。その後，第二次世界大戦や東西冷戦により彼らは祖国と隔絶されていたが，やがて上述の改革・開放政策が本格的に開始された 1980 年代に入ると，出身地の温州・青田から親族訪問という方式で多数の移住者を呼び寄せるようになる。

ただし，その中には少なからぬ不法移民が含まれており，例えば密航の他にも婚姻・養子などの親族関係の偽装や，短期間の親族訪問査証を取得してフランスを訪れた者が，そのまま帰国せず不法在留するといった方法が取られた。そして，1981 年にフランス政府が不法移民の合法化を決定し，その後も 1992 年および 1999 年に同様の合法化が行われると，これがさらに多くの温州・青田出身者の不法なフランス移住を促す結果となった。なお，1999 年の時点でフランス内務省の統計によると，6 万人から 8 万人の不法移民がさらなる合法化を待っていたという[13]。

---

12) 李明歓（2002: 498-500）。なお，1990 年のフランスの統計によると，合計 18 万 8000 人のインドシナ移民がおり，その内訳はカンボジア出身者が 6 万 6600 人，ラオス出身者が 4 万 9500 人，ベトナム出身者が 7 万 7200 人であるという。旅法印支華人会館（Association d'Union des Indochinois en France）への取材（2014 年 8 月 15 日）。

13) 李明歓（2002: 512-519）。

388 第Ⅴ部 民族的多様性の教訓

　この他，1990年代末になると東北（遼寧・吉林・黒龍江）出身の移住者が増えた。国営重化学工場の多かった同地域では，改革・開放政策により多数の失業者が生み出され，それが日本や北アメリカを含む世界各地への移住を引き起こしたのである。そのため温州・青田出身者に比して東北出身者には中高年の移民が多く，中には美容業等に従事する女性も含まれていたといわれる[14]。

　第3の集団は，留学生および留学後もフランスに残留したエリート移民である。西ヨーロッパ諸国への留学が一般化したのは，やはり改革・開放政策の本格化した1980年代以後のことで，2003年までに約2万2000人がフランスへ留学したという。ただし，留学生が卒業後に職を得て定住するのは，アメリカ・カナダに比べると困難であるといわれ，1万5583人がフランスに残留し，6288人が帰国している[15]。

　以上のように各々異なる社会的・歴史的背景を持つ3つの集団が，今日ではフランス在住の華人コミュニティを形成しているのである。

2-2　パリ中華街の概況

　英語では"Chinatown"，フランス語では"Quartier Chinois"，中国語では「唐人街」と称される中華街が，パリには数ヶ所ある。以下，その中でも主要な2つの中華街の成り立ちを概観しよう。

　最も大規模な中華街は13区に位置し，Avenue de Choisy と Avenue d'Ivry，そして Boulevard Massena という3本の道路に囲まれた三角地帯で，"la petite Asie"すなわち「小アジア」とも称される。ここは使用されなくなった鉄道駅や倉庫が建ち並んでいた典型的な貧困区域で，ド＝ゴール政権下の再開発計画により30階建ての高層建築が出現したものの，石油危機に起因する不況も災いしてパリ市民には忌避されたが，先に述べたように1970年代から1980年代にかけて流入したインドシナ難民にとって，この家賃の低廉な区域が恰好の定住地となったのである。それから20年余りの間に，主要道路沿いの商店はほ

---

14)　See Paul (2002)；彭姝禕（2012）。

15)　広東省僑辦調研団（2004）；李明歓（2002：576）。

とんどが華人の所有に帰し，その業種もレストランやスーパーマーケットに始まり，やがて不動産・旅行・金融・電機・印刷・出版などへと拡大し，このような中華街の発展と繁栄は13区の地価の上昇をもたらしたといわれる[16]。このような成り立ちゆえに13区の中華街では多くの商店の看板が，フランス語のみならず中国語・ベトナム語などでも表記されている。

　13区の中華街に次いで規模が大きいのは，20区が10区・11区・19区と接する交差点を中心とする一帯に位置し，中国語で「美麗城」と呼ばれるBelleville の中華街である。ここには中国人のみならず，ギリシャ人・ユダヤ人・アルメニア人・アラブ人・アフリカ人などの移民も多く，パリの多人種社会としての性格をよく表している。まず1980年代初頭に数軒の中国系飲食店が開業したことから，この地域は次第にパリ在住中国人向けの商業地域へと変貌し

図15-1　パリ13区地図

---

16)　広東省僑辨調研団（2004）；"Paris Chinatown 13 arrondissement".

390 第Ⅴ部 民族的多様性の教訓

図 15-2　Belleville 周辺地図

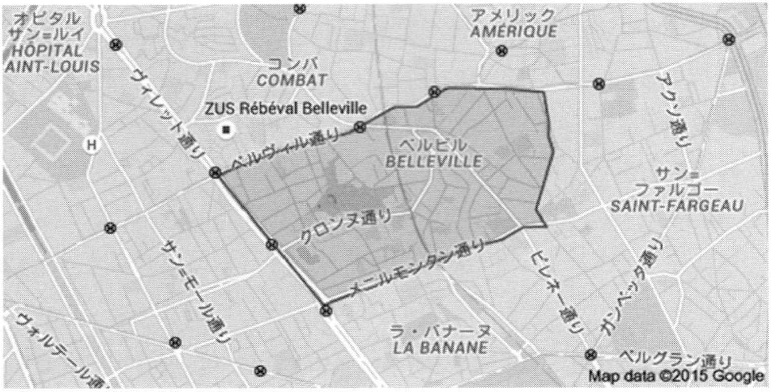

始め，特に 1990 年代に入ると温州・青田出身者による店舗の購入が進み，業種も従来の飲食店や衣料品から理髪・貴金属・薬品などへと拡大し，また 20 軒余りのスーパーマーケットが開業した。そのためしだいに店舗間の競争も激化し，中華料理から日本料理に転業する者も現れている[17]。

この他，3 区と 4 区にまたがる区域にも中華街が形成されており，主に温州・青田出身者が集住していることから，「温州街」との別名がある[18]。

3. 民族・文化・歴史

3-1　華人団体と中国語教育

前節で述べたような経緯を経て形成されたフランス国内の華人コミュニティには，数多くの団体・組織が存在している。

まずあげられるのは，包括的・総合的性格の団体である。フランス在住華僑の互助組織として 1949 年に旅法華僑工商互助会が成立し，1964 年にフランスが中華人民共和国と国交を樹立すると，旅法華僑倶楽部と改称して登録申請し 1972 年に許可を得た後，さらに 1998 年に法国華僑華人会（Association des Chi-

---

17)　趙成「巴黎美麗城的唐人街」（2006）；"Belleville Chinatown".
18)　朱博英「巴黎的唐人街越変越有味道」（2005）。

nois Résidant en France）と改称して今日に至る[19]。なお，1982 年に成立した法国
華裔互助会（Association des Résidents en France d'Origine Indochinoise）は，インドシ
ナ出身者が組織した団体である[20]。

　しかし，華人団体のうちで最も数が多いのは，出身地ごとに組織される同郷
団体であろう。例えば 1986 年に成立した法国潮州会館や 1989 年に成立した旅
法広肇同郷会は，いずれもインドシナ出身の華人が，中国大陸の本籍地を単位
として組織したものである。この他，下記のような同郷団体が 20 世紀末まで
に相次いで成立している[21]。

法国台湾同郷会	1968 年成立
法国河北同郷会	1981 年成立
法国海南同郷会	1982 年成立
法国上海聯誼会	1986 年成立
法国福建同郷会	1990 年成立
旅法華僑文成聯誼会	1991 年成立
旅法四川同郷会	1991 年成立
法国上海総会	1994 年成立
旅法青田同郷会	1994 年成立
山東旅法同郷会	1995 年成立
法国番禺富善社	1996 年成立
法国北京協会	1996 年成立
旅法蘇浙同郷会	1996 年成立
法国浙江同郷会	2000 年成立

　この他にもさまざまな華人団体が存在しているが，その一例として女性団体
である法国華僑華人婦女聯合会（Association des Femme d'Origine Chinois Résidant en
France）が，2008 年に成立して今日に至る[22]。

---

19)　法国華僑華人会ウェブサイト。
20)　法国華裔互助会ウェブサイト。
21)　李明歓（2002：676-677）。

392　第Ⅴ部　民族的多様性の教訓

　これらの団体は共通して，華人の互助や現地社会との融和，そして中仏交流
への貢献といった目標を掲げているが，それに加えて中国文化の継承・普及も
唱えられることが多く，その最も象徴的な活動が中国語教育であるが，対象は
フランス人だけでなく華人の子供も含まれている。移民にとって出身国の言語
を子供に教育することは，文化の継承や伝統の保持といった抽象的な課題たる
にとどまらず，家族内における世代間の意思疎通という差し迫った必要に関わ
る。多くの場合，移民の子供は現地の学校に通うだけでなく，さらには社会的
上昇を遂げるためにも現地語を覚えることが求められる。

　先にあげた法国華僑華人会をはじめとする華人団体にも，中国語学校を併設
あるいは経営しているものが少なくない。その多くは「国語」あるいは「普通
話」と呼ばれる標準中国語（日本で「北京語」と称される）を教えているが，イ
ンドシナ出身者の大多数は広東省に原籍を持ち広東語を使用する者も多いた
め，部分的には広東語の講座も開設されている。教材としては中国大陸と台湾
で作成された教科書がともに使用され，そのため簡体字と繁体字の講座が並行
的に開設されている場合もある。教師は華人コミュニティの指導的人物や保護
者自身が務めたり，あるいは中国大陸や台湾からの留学生を雇用したり，また
少数ではあるが中国大陸や台湾から招聘したりしている[23]。

　しかし，そのような次世代に対する中国語教育は，決して所期の効果を上げ
ているわけではなく，多様かつ困難な課題があるようだ。まず，子供にとって
中国語は現地校における必修科目ではなく，またフランスでの就業における必
要条件でもなく，いわば課外活動としての習い事であるため，子供は必ずしも
中国語の習得を強く望んでいるわけではない。それゆえ，週末に 1 時間程度の

---

22)　法国華僑華人婦女聯合会ウェブサイト。
23)　このような中国語教育機関の性質・状況は，イタリア在住華人コミュニティにお
　　いてもほぼ同様である。羅馬中華語言学校（Scuola di Lingua Cinese "zhonghua"）・基
　　督教羅馬華人中文学校（Scuola Cinese Cristiana）への取材（2015 年 8 月 9 日）；国際
　　教育文化交流学院（Istituto Internazionale Educazione e Mediazione Culturale）への取材
　　（2015 年 8 月 13 日）。ただし，イタリア在住華人にインドシナのような中国以外の出
　　身者は少なく，浙江省温州市出身者が大部分を占める。

授業を受けるだけでは漢字の読み書きを覚えるのは困難で，1年を過ぎても自分の名前を漢字で書けないどころか，形ばかりのご褒美として年末に賞状を配られても，そこに書かれた自分の名前が読めない子供すらいるという[24]。これは移民社会に広く見られる現象で，移民コミュニティにおける世代間の意思疎通のみならず，さらには次項で述べる政治意識にも影響を及ぼすものであると考えられる[25]。

3-2　政治意識と中国・日本

　北アメリカ（アメリカ・カナダ）に比べてヨーロッパでは，在住華人の政治参加は十分には進んでいない。中近東やアフリカといった他地域からの移民に比べても，東アジア・東南アジア出身のフランス在住華人は従来，政治的態度を表明することに消極的であったともいわれる。しかし，近年ではしだいに華人の政治参加意識が向上し，2012年の大統領選挙の際にはパリ市13区で投票権を持つ11万人を超える華人の内，80％以上が実際に投票したという[26]。

　このような華人の政治参加を促す先駆的事例となったのが，2001年に2人の華人女性，すなわち湖北省出身で心理学の博士号をパリ第5大学で取得した何英と，ラオス出身の広東系華僑でエール・フランスに客室乗務員として勤めていた顔如玉が，パリ東郊に位置するブシー・サン・ジョルジュ市とエスプリー市で，それぞれ副市長となったことである[27]。そして，2014年3月に行わ

---

24)　法亜中文学校（Association Rencontre Culture Franco-Asiatique）への取材（2014年8月14日）；旅法印支華人会館（Association d'Union des Indochinois en France）への取材（2014年8月15日）。

25)　このような在外華人コミュニティにおける中国語教育事業の背景として，中国社会で歴史的に「紳士」と称されるエリート層が，地域社会における教育事業を担ってきた伝統の存在を指摘できる。イタリアのミラノ市で2001年から中国語学校を経営している陳小微は，中華民国時期に郷里の浙江省文成県（現在は温州市に属する）で，祖先の陳伯遠が学校を創設したことに倣ったと述べている。米蘭華僑中文学校（Associazione Culturale "Cinese a Milano"）への取材（2015年8月15日）。

26)　肖曼「在法華人参政和社会責任感」。

27)　蔚中（2001）；顔如玉（n.d.）。

394 第Ⅴ部 民族的多様性の教訓

れた地方選挙では 10 人の華人候補の内 6 人が当選し，パリ市では王立傑（浙江省出身）・施偉明（福建省出身）がそれぞれ 19 区・20 区で区議会議員に，ローニュ市・クルブボア市では陳漢光（ラオス華僑出身）・楊熙偉（浙江省出身）が市議会議員に，ブシー・サン・ジョルジュ市では劉志偉（ラオス華僑出身）が副市長になっている[28]。

だが特に注目を集めたのは，2008 年からパリ市 13 区の副区長を務めてきた陳文雄が，華人として初めてパリ市議会議員に当選したことである。陳文雄は広東省に原籍を持つカンボジア華僑の出身で，1975 年に 8 歳で家族とフランスへ移住した後，大学卒業後に日本で 1 年間の実習に参加したという経歴を持ち，2014 年の選挙でパリ市長に当選した社会党のアンヌ・イダルゴ（Anne Hidalgo）により，候補者に選ばれていたのである[29]。

では，このようにフランス国内でしだいに政治参加を行うようになってきた華人は，本章の冒頭で述べた民族意識の高揚や，その中でしばしば標的とされがちな日本に対して，どのような態度を示しているのだろうか。上述の陳文雄は 2013 年に，中国の全国政治協商会議に海外代表として出席しているものの，その際に彼が主張したのは在外華人への中国語教育や，中国とフランスの文化・経済交流の促進にとどまる[30]。

日清戦争の勃発から 120 年に当たる 2014 年，ヨーロッパ最大の中国語新聞としてパリで発行されている『欧洲時報』（Nouvelles d'Europe）は，8 月 9 日〜15 日付けの別冊『週刊』紙上に，「回望〔回顧〕甲午〔1894 年の十干十二支〕120 年：1894 → 2014」と題する特集記事を掲載した。

まず冒頭の 2 〜 3 面で同記事は，当時の清国北洋海軍は最先端の艦船を擁し，イギリス・フランス留学を経験した将校が 20 人以上もいたことを述べているが，後者に関しては留学からの帰国者を意味する，「海亀」（「海帰」と同音）という今日の語彙を用いているのは，留学生の読者を想定したものだろ

---

28) 黄冠傑「法国市鎮選挙塵埃落定：大巴黎 6 華裔歩入政壇」（2014）。

29) 鳳栖「陳文雄：我在巴黎当区長」（2013）。

30) 張新（2013）。

う。装備・人材の先進性にもかかわらず勝利を得られなかった原因としては，当時の清国が腐敗し立ち遅れていたことに加えて，帝国主義列強の東アジアにおける勢力拡張・利権獲得という，とどめがたい時代の潮流が指摘されている。しかし続く4〜5面では，近年の急速な中国の発展・台頭により国力の再逆転が生じ，これを受け入れられない日本が集団的自衛権の解禁や，平和憲法の改正等によって対抗を試みていると指摘する。そして，日中両国の軍事力（兵員数・国防予算・飛行機数・艦艇数等）を比較し，もし日本が中国を挑発して再び両国間に戦端が開かれるようなことがあれば，中国は「苦しくとも，必ず勝つ」と結論付ける。

　このような記事・論説は昨今の中国の各種媒体にしばしば見られ，同記事もそれらと同工異曲のものであるといってよかろう。この『欧洲時報』という中国語新聞自体が，出版社・旅行社や中国語学校を経営・併設しているだけでなく，中国共産党中央委員会の機関紙『人民日報』海外版のヨーロッパ総代理店でもあり，中国当局の公式見解を代弁しているともいえよう[31]。

　2012年9月3日には尖閣諸島の帰属をめぐる日中関係の悪化から，150〜200人の中国人がフランス駐在日本大使館の前で抗議行動を行った[32]。2014年2月1日には，尖閣問題に関する華人活動家の団体である世界華人保釣聯盟が，欧洲総支部を成立させているものの目立った活動はない[33]。この他，2014年6月15日にはパリの凱旋門前で，中仏国交樹立50周年および第一次世界大戦「華工」100周年を記念する儀式が，フランス在住華人の団体によって準備・実施され，これにはフランス国防省の退役軍人事務担当官や，フランス駐在の中国・アメリカ・イギリス・ロシア大使館の代表者も参加している[34]。総じてフランスにおける華人の民族主義的活動は，散発的・間欠的なものにとどまっているといえよう。

---

31)　欧洲時報社への取材（2014年8月15日）。
32)　新浪網（2012）。
33)　世界華人保釣聯盟ウェブサイト。
34)　人民網（2014）。

なお，2015年1月にパリで発生した『シャルリ・エブド』襲撃事件に対しては，フランス在住華人コミュニティ内部でも見解が分かれ，これを言論の自由に対する挑戦と捉える者も，また同誌の掲載した風刺画をイスラム教徒への侮辱と捉える者もいた。1月11日に行われた追悼行進には数千人の華人が参加し，これがより一層政治的・社会的な参加を華人に対して促すとの予想もある[35]。

4．おわりに──複合体としての在外華人

最後にこのようなフランス在住華人が今後，中国や日本に対して与えうる影響を考察しよう。現時点において，フランスの華人コミュニティは北アメリカの華人と比べるならば，政治的・社会的には消極的だといってよい。その主要な原因として，以下の諸点が考えられる。

① 華人コミュニティ自体の形成時期が遅く，まだ歴史が浅い。
② 移住者はもっぱら現地社会に生活基盤を築くことに，主要な関心を向けがちである。
③ フランス社会で最も注目されがちな移民は中近東・アフリカ出身者であり，華人を主要な標的とした差別や排斥は少ない。
④ フランスのみならずヨーロッパ諸国は国際政治上，中国や日本を含む東アジアとの関係が薄く，社会的な関心も低い。

ただし，中国人のフランス（あるいはヨーロッパ諸国）への留学・移住は，これからも増えることはあっても減ることはなく，その中から社会的に影響力を持つ人物がしだいに現れてくるだろう。また，アジア・インフラ投資銀行（Asian Infrastructure Investment Bank, 中国語で「亜洲基礎設施投資銀行」）に，フランスがイギリスに次いで加入を決めたように，今後は中国を中心とするアジアとの

---

35) 孔帆（2015）。

第 15 章　在外華人と中国・日本　397

経済交流も活発化すると予測される。その結果として，フランス在住の華人コミュニティが拡大・成長を続けると同時に，フランス社会において対アジア関係をめぐり彼らの発言力が増していく可能性は十分にある。また，フランスが東アジア地域に既得権益を持たないがゆえにこそ，日本やアメリカに比べて中国脅威論が現実味を持って受けとめられることも少なく，その分だけ華人の主張が受け入れられやすいとも考えられる。

　これからも日本に対しては，フランス在住華人が直接の利害関係を持つことは多くないだろうが，しかし領土や歴史をめぐって彼らの民族意識が高揚し，その主張がフランスの主流世論に対して一定の影響力を持つかもしれない。北アメリカにおいては日本に批判的な華人の言論が，すでに社会主流のリベラル派に受け入れられており，同様の現象が今後はフランスをはじめとするヨーロッパ諸国でも生じる可能性を，日本人は意識しておく必要がある。

　ただし，在外華人を日本人が過度に警戒（さらには敵視）するのは，不適切な態度というべきだろう。ヨーロッパはもちろん北アメリカにおいてすら，積極的な言論・政治活動を行う華人は概して少数派であり，また先に中国語教育に関して述べたとおり，世代を追うにつれて中国人としての民族意識も希薄化していきがちである。本章で紹介してきたような複合体として在外華人コミュニティを捉え，できるだけ広い理解と支持を得られるような努力を積み重ねていくべきであろう。

参 考 文 献

何長工（1976）河田悌一・森時彦訳『フランス勤工倹学の回想―中国共産党の一源流』岩波書店。

蔡林海（2002）『中国の知識型経済―華人イノベーションのネットワーク』日本経済評論社。

毛利亜樹（2014）「習近平中国で語られる近代戦争―日清戦争，二つの世界大戦，抗日戦争と日本をめぐる言説」『アジア研究』第 60 巻第 4 号。

『読売新聞』。

Paul, Marc (2002), "The Dongbei: The New Chinese Immigration in Paris," in Pál Nyíri & Igor Saveliev eds., *Globalizing Chinese Migration: Trends in Europe and Asia*, Aldershot: Ashgate.

Wang, Gungwu (1995), "The Southeast Asian Chinese and the Development of China," in Leo Suryadinata ed., *Southeast Asian Chinese and China*, Singapore: Times Academic Press.

陳三井（1986）『華工与欧戦』台北，中央研究院近代史研究所。

広東省僑辦調研団（2004）「法国華僑華人社会初探」『僑務工作研究』北京，No.4。

李明歓（2002）『欧洲華僑華人史』北京，中国華僑出版社。

沈大力（2014）「異域思郷尋根情—読『法国華僑華人社会発展簡史』」『光明日報』北京，2014 年 4 月 14 日。

趙曄琴（2014）「従辺縁到主流—20 世紀 80 年代以来法国華人移民研究綜述」『法国研究』武漢，第 2 期。

ウェブサイト（2015 年 11 月 13 日閲覧）

"Belleville Chinatown," (http://www.chinatownology.com/chinatown_belleville.html).

"Paris Chinatown 13 arrondissement," (http://www.chinatownology.com/chinatown_paris_13_arrondissement.html).

法国華僑華人婦女聯合会ウェブサイト（http://www.afocrf.com）。

法国華僑華人会ウェブサイト（http://www.frhuaqiao.com/index.html）。

法国華裔互助会ウェブサイト（http://www.arfoi-paris.com）。

鳳栖（2013）「陳文雄—我在巴黎当区長」（http://elite.youth.cn/mj/201304/t20130424_3143965.htm）。

黄冠傑（2014）「法国市鎮選挙塵埃落定—大巴黎 6 華裔歩入政壇」（http://www.chinanews.com/hr/2014/04-10/6049791.shtml）。

孔帆（2015）「法国華人如何看待漫画芸術与『査理週刊』」（http://collection.sina.com.cn/hwdt/20150114/1001176323.shtml）。

彭姝褘（2012）「華人在法国到底是怎様的？」（http://news.xinhuanet.com/overseas/2012-12/29/c_124165126.htm）。

人民網（2014）「巴黎挙行一戦華工紀念活動」（http://world.people.com.cn/n/2014/0616/c1002-25156388.html）。

世界華人保釣聯盟ウェブサイト「世界華人保釣聯盟欧洲総支部成立公告」（http://www.wcaddl.org/news/?52.html）。

王瓊傑（2012）「法国華人移民的喜与憂」（http://www.amb-chine.fr/chn/ljfg/t959159.htm）。

肖曼（2013）「在法華人参政和社会責任感」（http://cn.rfi.fr/%E6%B3%95%E5%9B%BD/20131212-%E5%9C%A8%E6%B3%95%E5%8D%8E%E4%BA%BA%E5%8F%82%E6%94%BF%E5%92%8C%E7%A4%BE%E4%BC%9A%E8%B4%A3%E4%BB%BB%E6%84%9F）。

新浪網（2012）「巴黎華人在日本駐法大使館挙行保釣示威」（http://news.sina.com.cn/c/2012-09-04/163725098691.shtml）。

顔如玉（n.d.）「従華裔空姐到法国市長」（http://www.china.com.cn/chinese/ChineseCommunity/137748.htm）。

蔚中（2001）「鄂西妹子何英当上了法国碧西市長」（http://www.people.com.cn/GB/guoji/25/96/20010515/464815.html）。

張新（2013）「陳文雄列席全国政協会議─関注中文教育、文化交流」（http://www.chinanews.com/hr/2013/03-04/4613289.shtml）。

趙成（2006）「巴黎美麗城的唐人街」（http://news.xinhuanet.com/overseas/2006-03/08/content_4272703.htm）。

朱博英（2005）「巴黎的唐人街越変越有味道」（http://www.china.com.cn/chinese/TRc/811939.htm）。

第 **16** 章

ドイツにおける外国人移民の社会統合
――ドイツ・イスラム会議を中心に――

柴　田　英　樹

1. はじめに

　ドイツは第二次世界大戦後の復興とその後の経済発展による労働者不足を補うために 1950 年代からトルコ，イタリア，ポルトガル，ギリシャなどと政府間協定を締結し，労働者を迎え入れてきた。当初ドイツは，これらの外国人労働者を一時的滞在者，「ガストアルバイター（Gastarbeiter）」として扱い，ドイツ社会に与えるこれら外国人の影響を極力排除しようとしてきたが，高度成長後の停滞期には，外国人労働者の組織的募集は停止されたにもかかわらず，家族の呼び寄せなどもあって，定住する外国人は増加する一方であった。

　さらに，シュレーダー政権は 2000 年以降，高度な技能を持った外国人労働者の獲得に積極的になり，養成が遅れていた IT 専門技術者を外国から導入するためのグリーンカード（労働許可証）発行の省令を成立させ，これは少子高齢化の下で将来の労働力を補うための 2002 年の移民法に発展した。

　安倍政権の日本経済再生政策においても，高度な技能を持った外国人労働者の活用が，女性労働力の活用と並んで重要な課題とされている[1]。少子高齢化

---

1)　Cf.「成長戦略進化のための今後の検討方針」平成 27 年 1 月 29 日，産業競争力会議決定（http://www.kantei.go.jp/jp/singi/keizaisaisei/pdf/housin_honbun_150129.pdf）

による将来の労働力不足をにらみつつ，日本の競争力を維持し高めていくための不可欠の政策という位置付けであるが，日本以外の先進国でも同様の政策がとられているため，さながら高度技能労働者の国際的な奪い合いの様相である。

外国人移民受入国としてドイツは受け入れ開始から現在に至るまでさまざまな外国人労働者政策を行っているが，今もなおトルコ人をはじめとする労働移民がドイツ社会に融和しているとはいい難い部分がある。とりわけドイツ社会とトルコ人移民との間には宗教の違いが生む数々の問題が根強く残り，トルコ人をはじめとする外国人労働者に対して敵意を表す人々も存在し，ドイツ社会からの疎外感や差別を感じている者も少なくない。そのため1970年代末から多くの移民団体が活動を開始し，ホスト社会に同化できないトルコ人移民たちを支援してきた。

他方で，いわゆる「平行社会（Parallelgesellschaft）」が築かれるのを阻止するため，ヴォルフガング・ショイブレ連邦内務大臣は，ドイツ・イスラム会議（Deutsche Islam Konferenz（DIK））を設立させた。DIK は2006年以降毎年会議を開き，ムスリムとドイツ社会との対話と社会統合の促進を支援するための活動を行っている。

本章では，このドイツ・イスラム会議を中心に，外国人移民の社会統合のためのドイツ政府の努力を概観してみたい。日本でも成長戦略の一環として外国人労働者の受け入れが検討課題となっており，この点で先進的なドイツの経験から日本も学ぶことができるのではないだろうか。

本章では，まずドイツにおける外国人移民問題の歴史的展開と DIK の成立時からの活動を概観し，そこから浮かび上がるムスリムのドイツ社会への統合上の課題を検討することとしたい。

2015年3月26日閲覧。

第 16 章　ドイツにおける外国人移民の社会統合　403

2.　外国人移民の歴史的展開

1950 年代から高度経済成長を経験した西ドイツでは，労働力不足が深刻化し，外国人労働者に依存するようになった。戦後ドイツが東西に分裂しベルリンの壁が設置される 1961 年までは，東ドイツから西ドイツに逃亡する者や職を求めて西ドイツに通勤している者も多かったが，東西関係が悪化し，やがてベルリンの壁が設置され，東ドイツから西ドイツへの移動が不可能なものとなった。そこで，海外からの労働者を受け入れることが考えられるようになった[2]。

1955 年イタリアとの 2 国間労働者派遣協定締結を皮切りに，60 年ギリシャ・スペイン，61 年トルコ，63 年モロッコ，64 年ポルトガル，65 年チュニジア，68 年ユーゴスラビアと，わずか 15 年足らずで数多くの国々と労働者協定を結び，外国人労働者が積極的に受け入れられるようになった。出稼ぎ労働者は急速に増加し，西ドイツ国内の経済は彼らで支えられているといっても過言ではないほどとなった。1966 年に西ドイツで一時的な景気後退が起こり，当時 130 万人いた外国人労働者のうち約 3 分の 1 が帰国を余儀なくされたが，翌年に景気が回復すると，今まで以上の外国人労働者を受け入れるようになった。

しかし，石油危機が勃発した 1973 年，大規模な外国人労働者ストライキが発生したことやドイツ人の失業率が増加したことが原因で，トルコとの労働者派遣協定は一時的に破棄されてしまう。これによって西ドイツは，外国人労働者数を減少させるつもりであったが，実際にはトルコ人を増加させてしまった。外国人労働者閉め出し宣言の翌 1974 年以降，多くのトルコ人労働者がドイツへ家族を呼び寄せたのである[3]。

---

2)　矢野（2010）参照。
3)　欧州人権条約第 8 条とドイツ基本法第 6 条の「家族の保護」の規定に基づいて家族の呼び寄せは人権として認められているが，連鎖移民の原因になるとして警戒する意見も多い（Herbert（2001）S. 232 ff.）。

404　第Ⅴ部　民族的多様性の教訓

　この状況に対して，1982年に発足したヘルムート・コール政権は一貫して，
「ドイツは移民国ではない」[4] という立場を保持し続けていた。西ドイツは
1983年に，帰国奨励法（Rückkehrhilfegesetz）を定めた[5]。再びドイツへ出稼ぎに
来ないことが条件で，帰国を受け入れる外国人労働者に1万500マルク，その
子女1人につき1500マルクが，帰国1年後に支給されることとなった。しか
し，この法律の施行は11ヶ月で終わる。実際に帰国した労働者は10万人を越
えたが，効果は一時的なものにとどまった。当時，外国人の中では在独10年
を越える青少年が半数を越え，すでに母国語を全く理解できない外国人も多か
ったため，外国人労働者もそう簡単に帰国しようとは考えていなかったのであ
る。

　コール政権は1998年，16年間に及ぶ政権に幕を閉じ，社会民主党（SPD）
と緑の党（Die Grünen）による連立政権が誕生した。政権交代が契機となり，シ
ュレーダー首相率いる新政権は，事実上移民国家であるドイツの現状を踏ま
え，国籍法の改正に踏み切った[6]。1913年に制定された国籍法は，子どもの生
まれた場所がどの国であろうとも父または母の国籍を与えるという血統主義を
規定していた。しかし，移民第2・3世代の統合には帰化の容易化だけでは限
界があり，ドイツ社会の一員である限り，彼らをより早い段階からドイツ人の
一員として認識させる必要があるとの議論が起こり，出生地主義を一部で認め
る国籍法の改正に至ったのである。その条件として ① ドイツ国内で出生して
いること，② 両親のうち一方が最低8年間合法的にドイツに定住しているこ
と，③ その親が滞在権または最低3年間無期限滞在許可を保持していること，

---

4)　コール首相の1991年1月30日の施政方針演説の中でこの言葉は明言された。30.
　　Januar 1991 Regierungserklärung zur 12. Wahlperiode des Deutschen Bundestages: Auszug
　　betreffend Europa und die Europäische Integration（http://helmut-kohl.kas.de/index.
　　php?menu_sel=17&menu_sel2=&menu_sel3=&menu_sel4=&msg=609）2015年3月30
　　日閲覧。
5)　内藤（1991）29ページ。
6)　ドイツの国籍法について，近藤（2007），ブルーベイカー（2005），鈴木（2007）
　　参照。

第 16 章　ドイツにおける外国人移民の社会統合　405

の 3 つがあげられた。幼児期の二重国籍の保有も可能ではあるが，満 23 才ま
でにいずれか一方の国籍を選択しなければならない。

　他方で，技能労働者不足が深刻化しているという財界からの声を受け，2000
年 2 月，シュレーダー首相がグリーンカード制による IT 技能労働者の受け入
れを提唱する[7]。そして同年 5 月に政令が制定され，8 月に実施された。また，
翌月に移住委員会を発足させ，本格的な移民政策の検討に着手している。

　しかしまもなく，アメリカ合衆国で同時多発テロが発生し，これが移民政策
の内容に影響を与えることになった。欧州各国には戦後，多くのイスラム系住
民が生活しており，西ヨーロッパ諸国には全人口の 5% 前後のイスラム系住民
が暮らしている。テロ以前から，宗教的，文化的相違に基づく移民への嫌悪や
偏見が存在していたが，同時多発テロ発生は，イスラム系住民への反感や不信
感を一層表面化させた。また，同時多発テロの計画や準備段階で欧州諸国にテ
ロリストのネットワークが存在していたことも明らかとなり，欧州各国民に不
安を与えたのである。

　ドイツ連邦内務省は，「2001 年 9 月 11 日の後―テロへの対策」[8] を 2004 年
に発表しているが，その中で，イスラム系移民青少年のホスト社会への統合問
題を宗教的観点や暴力行為に着目して研究する必要性をあげ，イスラム過激主
義と移民の社会統合にも言及している。

　ムスリムを含む外国人移民の流入はドイツ社会にとって不可避のものであ
り，また多くの外国人移民そしてムスリムがドイツに居住していることは否定
できない事実であるが，社会の安定性の観点から政府は国民の不安にも応えな
ければならない。以下ではドイツにおける最近の試みの実例としてのドイツ・
イスラム会議を取り上げてみたい。

---

7)　グリーンカード制について近藤（2007）参照。
8)　Nach dem 11. September 2001, Maßnahmen gegen den Terror（http://www.bmi.bund.de/
　　SharedDocs/Downloads/DE/Broschueren/2004/Nach_dem_11_September_2001_Massnahmen
　　_Id_95066_de.html）.

406 第Ⅴ部 民族的多様性の教訓

図 16-1 西欧におけるムスリムの分布[9]

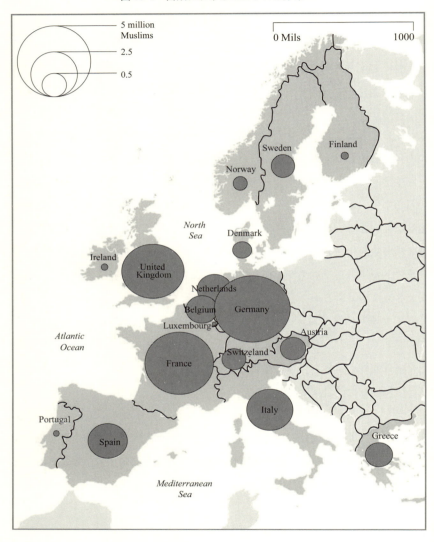

---

9) (http://www.pewforum.org/2010/09/15/distribution-of-muslims-in-western-europe-html/) 2015 年 3 月 22 日閲覧。

3. ドイツ・イスラム会議の設立と活動

3-1 設　　立

　イスラム教はドイツでキリスト教に次いで多くの信者を擁する宗教である。ドイツには約 500 万人のムスリムが暮らす。これらのムスリムたちは約 40 ヶ国から移住してきた人々だが，その大半はトルコ出身者である。国籍法改正後にはドイツ国籍を獲得する者も増えつつあるが，他方でドイツにはムスリムのためのモスクや礼拝所，コーラン学習施設なども多数設置されるようになり，ドイツ国籍取得にこだわらないムスリムも多い。ムスリムはすでにドイツ社会の重要な構成要素ではあるが，時として問題も起こる。イスラム教の家庭が子供に共学の学校での水泳や性教育の授業を受けさせなかったり，あるいは教師の教室でのスカーフの着用が問題になったケースなどがある。また，昨今イスラム教急進派によるテロ事件も起こり，社会にはムスリムへの不信感が募っているのも事実である[10]。こうした中ショイブレ連邦内務大臣は，いわゆる平行社会が築かれるのを阻止するため，ドイツ・イスラム会議（DIK）を設立させた。

　ドイツ・イスラム会議は国家とムスリムとの対話の場として始められ，2006年 7 月 27 日の第 1 回総会以降，参加者の変化はあったが現在まで継続されている。この会議は何より「継続的に開催され，制度化され，構造化されたコミュニケーション・プロセスを形成し，そこに連邦，州，市町村ならびに，ドイツにおいてムスリム的特徴を持った多様な生活を送っているムスリムの代表者が参加する」ことを重視する官製団体であって，「『宗教共同体』という意味で

---

10)　スカーフ問題については塩津（2010）第 5 章参照。2003 年の連邦裁判所判決は各州の立法で教師のスカーフ着用を禁止することも可能としていたが，昨年の新判決はこの判例を覆し，そのような州立法は無効としている（Ein pauschales Kopftuchverbot für Lehrkräfte in öffentlichen Schulen ist mit der Verfassung nicht vereinbar（https://www.bundesverfassungsgericht.de/SharedDocs/Pressemitteilungen/DE/2015/bvg15-014.html）3 月 30 日閲覧）。近藤（2009）；Sarrazin（2010）の問題提起からザラツィン論争と呼ばれるムスリムのドイツ社会への統合の可能性を巡る論争が起こった。

408 第Ⅴ部 民族的多様性の教訓

のムスリムの代表」ではない[11]。

　今日のドイツにおいて，宗教に関しては多様化と世俗化が進んでいるとはいえ，カトリックないしプロテスタントというキリスト教の両教派に属するドイツ人は人口のおよそ3分の2を占める。ドイツ全土にわたる統括団体としては，カトリック司教区や司教協議会，福音州教会やドイツ福音教会があり，これに20を超えるその他のキリスト教教会も参加して，キリスト教教会連盟（ACK）が結成されている。ドイツのカトリック教会は，1万2000の教区におよそ2600万の信徒を有し，教皇を頂点とするローマ・カトリック教会に属している。ドイツ福音教会（EKD）は，独立した22の福音州教会（ルター派・改革派・合同教会）からなる団体であるが，約1万6000の教区の2500万人を統合し，ドイツにおけるプロテスタント・キリスト教徒の中では最大の組織である。

　基本法は信教の自由，世界観に関する国家の中立性という意味での政教分離，そして宗教団体の自己決定権を保証し，これが国家と宗教団体との関係の基礎となっている。ただし国家と宗教団体とはパートナーシップに基づいて協力していて，例えば国家は，宗教団体が運営する幼稚園や学校の財政に関与し，教会は国家が徴収する教会税を受け取って社会活動の財源としている。また基本法では，宗教教育を正規の学科として保証している[12]。

　国家の宗教上の中立性が保証されているとはいえ，キリスト教の社会的影響力が強く，事実上キリスト教が優遇されている社会において，外来要素であるムスリムの宗教上の欲求を満たすことは容易なことではない。ムスリムの団体が法律上その地位を保証されて，キリスト教団体と同様の権利を得ることは理論的には可能であるが，現実にはムスリムは教会やそれに類似の組織を持っておらず，またドイツ国内のムスリムの宗教上の統合もほとんど進んでいない。他方で，ムスリムの増加や社会的影響力の増大にともなって，国家もムスリムのドイツ社会への統合，そしてそのためのムスリムとの対話を必要と考えるようになり，DIKの設立は両者にとって深刻な欠陥を埋めるための実験であり

---

11)　Busch & Goltz (2011) S.29.

12)　ドイツ基本法第4条。

第 16 章　ドイツにおける外国人移民の社会統合　409

挑戦なのである[13]。

3-2　参　加　者[14]

　第 1 回総会への国家の側からの参加者は連邦レベルの関連する大臣，2 つの州専門大臣会議の代表（文部大臣会議と内務大臣会議），地方自治体の 3 つの連合組織の代表であった。行政組織の各レベルでムスリムへの対応に関して抱える問題は異なっており，多様な論点を協議するためにこのような構成となった。ただし，連邦内務省と内務大臣ショイブレが重要な役割を演じたことは確かである。

国家側の代表者

1. Wolfgang Schäuble , 連邦内務大臣（Bundesinnenminister）

2. Ulrich Roppel , 連邦首相府局長（Abteilungsleiter im Bundeskanzleramt）

3. Georg Boomgaarden, 連邦外務省政務次官（Staatssekretär im Auswärtigen Amt Brigitte Zypries）

4. 連邦法務大臣（Bundesjustizministerin）

5. Heinrich Tiemann, 連邦労働社会省政務次官（Staatssekretär im Bundesministerium für Arbeit und Soziales）

6. Malte Ristau-Winkler, 連邦家族・高齢者・女性・若者省局長（Abteilungsleiter im Bundesministerium für Familie, Senioren, Frauen und Jugend）

7. Maria Böhmer , 連邦国務大臣兼統合専門官（Staatsministerin und Integrationsbeauftragte der Bundesregierung）

8. Günther Beckstein, バイエルン州内務大臣，各州内務大臣会議代表（bayerischer Staatsminister des Innern, Innenministerkonferenz）

9. Ehrhart Körting, ベルリン州内務大臣，各州内務大臣会議代表（Berliner In-

---

13)　ドイツ以外の国でも同じく，イスラム教徒の社会統合のための官製団体設立が試みられている。イスラム教徒の組織化の難しさは各国共通の問題である（Cf. Laurence (2012) p.13）。

14)　〈http://www.bmi.bund.de/cae/servlet/contentblob/129484/publicationFile/13203/Teilnehmer.pdf〉2015 年 3 月 30 日閲覧。

410　第Ⅴ部　民族的多様性の教訓

nensenator, Innenministerkonferenz）

10. Ute Erdsiek-Rave, シュレスヴィヒ－ホルシュタイン州教育女性大臣，各州文部大臣会議代表（Ministerin für Bildung und Frauen des Landes Schleswig-Holstein, KMK）

11. Siegfried Schneider, バイエルン州教育文化大臣，各州文部大臣会議代表（bayerischer Staatsminister für Unterricht und Kultus, KMK）

12. Roland Schäfer, ドイツ市町村同盟議長，ベルクカーメン市長（Präsident des DStGB, Bürgermeister von Bergkamen）

13. Stephan Articus, ドイツ都市会議事務総長（Hauptgeschäftsführer des Deutschen Städtetages）

14. Hans-Peter Röther, ヘッセン郡部会議議長，ドイツ郡部会議代表（Direktor des Hessischen Landkreistages, Mitgleid im Deutschen Landkreistag）

15. Hermann Schäfer, 連邦文化メディア専門官代理（stellvertretender Bundesbeauftragter für Kultur und Medien）

ムスリム側の参加者は 3 分の 2 が個人の資格で参加するムスリムであり，残りの 3 分の 1 がムスリム団体の代表者であった。これらの人々は内務省が人選し招待した人々で，その選択基準は明確にされていないが，宗教上の方向性や組織の規模などを勘案しつつ，できる限りドイツにおけるムスリム社会の縮図となるような人選が行われたものと考えられている。

ムスリム側代表者

ムスリム組織（宗教団体）の代表者

1. Mehmet Yildirim, トルコ－イスラム連合事務総長（Generalsekretär der Türkisch-Islamischen Union der Anstalt für Religion e. V.（DİTİB））

2. Ayyub Axel Köhler , ドイツにおけるムスリム中央評議会代表（Vorsitzender des Zentralrats der Muslime in Deutschland（ZMD））

3. Mehmet Yilmaz, イスラム文化センター連盟議長（Präsident des Verbandes der Islamischen Kulturzentren（VIKZ））

4. Ali Kızılkaya, ドイツ連邦共和国におけるイスラム評議会代表（Vorsitzender

des Islamrates für die Bundesrepublik Deutschland）

5. Ali Ertan Toprak, ドイツにおけるアレヴィー教徒集団事務総長（General
sekretär der Alevitischen Gemeinde in Deutschland（AABF））

組織化されていないムスリム

1. Kenan Kolat, ドイツにおけるトルコ人集団代表（Vorsitzender der Türkischen
Gemeinde in Deutschland（TGD））

2. Djafari Nassir, ドイツ復興金融公庫の経済発展政策専門家（Experte für Ent-
wicklungspolitik bei der Kreditanstalt für Wiederaufbau（KfW））

3. Necla Kelek, 社会学者・文筆家（Soziologin und Publizistin）

4. Badr Mohammed, ヨーロッパ統合センター（NPO）事務総長（Generalsekretär
des Europäischen Integrationszentrums e.V.）

5. Walid Nakschbandi, ホルツブリック出版グループ執行役員（Geschäftsführer
der Holtzbrinck Gruppe）

6. Yakar Havva, 教員（Lehrerin）

7. Ezhar Cezairli, ドイツ・トルコクラブ代表，医師（Ärztin, Vorsitzende des
Deutsch-Türkischen Clubs）

8. Seyran Ateş, 弁護士（Rechtsanwältin）

9. Feridun Zaimoğlu, 作家（Autor）

10. Navid Kermani, 東洋学者・作家（Orientalist und Autor）

3-3 会議の構成

DIK は 2 つのレベルの会議からなり，当初次のような構成をとっていた[15]。
3 つの作業グループと 1 つの討論グループは定期的に会合を持ち，ムスリムと
ドイツ社会との協調のための見解・勧告・提案などを審議し，総会は各グルー
プの提案をさらに検討し，さらに進んだ専門的作業を企画したり，国家とムス
リムとの対話を調整することを任務としていた。

15）（http://www.deutsche-islam-konferenz.de/DIK/DE/DIK/1UeberDIK/DIK06-09/
StrukturBis2009/strukturbis2009-node.html）2015 年 3 月 5 日閲覧。

412　第Ⅴ部　民族的多様性の教訓

・総会（Plenum）

　DIK の最高機関であり，3 つの作業グループと討論グループで検討された勧告などについて審議する。2006 年から 2009 年までに 4 回開催され，運営の基本方針が決定された後，作業グループと討論グループへの委託事項が具体的に決定され，また審議の中間総括が決定された。第 2 節で紹介されているのはこの総会のメンバーの名簿である。

・第 1 作業グループ：ドイツの社会秩序と価値合意（Deutsche Gesellschaftsordnung und Wertekonsens）

　ドイツに居住するすべての人々の信仰や世界観とは無関係の共存という核心問題，ならびに基本法の価値秩序がこのグループでの議論の中心になった。基本権の擁護，秩序原理としての世俗性，民主的意思形成，ムスリムの政治参加，教育問題，家族内での価値の伝承，男女同権などが重視された。このグループの最初の施策として，ドイツにおけるムスリムに関する目下のところ非常に詳しい研究プロジェクトを委託し，成果を出版したことがあげられる[16]。

・第 2 作業グループ：ドイツでの憲法理解における宗教問題（Religionsfragen im deutschen Verfassungsverständnis）

　このグループでは宗教の実践的問題が扱われた。どうすればイスラム教の宗教の授業を学校で行うことができるのか。どうすればムスリムの子弟を共学の学校で水泳や性教育などの授業，遠足などの行事に参加させることができるのか。モスクの建設の場合にどのような配慮が必要か。イスラム教に従った埋葬を行うにはどうすればいいのか。こうした問題が，ドイツの法規を前提として検討された。ドイツでは教会と国家とは分離されているけれども，国家と教会との協力が法律によって規制されながらも認められており，同様のことはイスラム教に関しても不可能ではない。2008 年春までに，このグループはイスラ

---

16)　Bundesamt für Migration und Flüchtlinge（Hg.）（2009）Muslimisches Leben in Deutschland im Auftrag der Deutschen Islam Konferenz（http://www.bmi.bund.de/cae/servlet/contentblob/566008/publicationFile/31710/vollversion_studie_muslim_leben_deutschland_.pdf）2015 年 3 月 22 日閲覧。

ム教の宗教の授業をドイツ語で実施するための法的基礎に関する文書を作成することができた[17]。

・第3作業グループ：架橋としての経済とメディア（Wirtschaft und Medien als Brücke）

このグループでは経済とメディアがムスリムの統合をどのように支援することができるかが検討された。さらに，統合を促進するような経済プロジェクト・メディアプロジェクトを提案することが検討された。そのため，このグループは教育・専門教育・労働市場などのテーマに取り組む。若いムスリムも成人したムスリムもこれらの領域で多数派社会に対して不利な立場におかれているからである。また，メディアにおけるイスラム像も取り上げられ，このグループは，ステレオタイプや偏見を解体するような報道を行うように勧告した。

・討論グループ：治安とイスラム教（Sicherheit und Islamismus）

このグループのテーマはイスラム運動によって生じるドイツにとっての脅威である。これは非常にセンシティブなテーマであるので，このグループは特別扱いされ，参加者も他のグループに比べて少なめだった。このグループではドイツ国家とムスリムが，ムスリムとドイツの治安当局がどのように協力できるかが検討された。そのために警察とモスク協会（Moscheevereinen）との協力関係，信頼醸成政策（Vertrauensbildende Maßnahmen）[18] その他の多くのプロジェクトが議論された。このグループは連邦のレベルで調整機関を設立し，既存のすべてのプロジェクトを概観しドイツ国内の利害関係者を協力のためのパートナーに取り込むことを勧告した。目下のところ，そのような意見交換の場は移民・難民局（Bundesamt für Migration und Flüchtlinge）しかない。

---

17) 3-4 で要約を紹介する。

18) GEMEINSAME PRESSEERKLÄRUNG DES BUNDESKRIMINALAMTES（BKA），DES BUNDESAMTES FÜR VERFASSUNGSSCHUTZ（BFV），DES ZENTRALRATS DER MUSLIME IN DEUTSCHLAND（ZMD）UND DER TÜRKISCH-ISLAMISCHEN UNION DER ANSTALT FÜR RELIGION E.V.（DITIB）: Sicherheitsbehörden und Vertreter der Muslime in Deutschland beschließen Konzept über vertrauensbildende Maßnahmen（http://www.ditib.de/media/File/endfassungtreffen.pdf）3 月 30 日閲覧。

414　第Ⅴ部　民族的多様性の教訓

3-4　成　　果

第 1 回会議の結果，「ドイツにおけるムスリム調整評議会（Koordinationsrat der Muslime in Deutschland（KRM））」が設立された。KRM はドイツの 4 大イスラム組織の連合体だが，中枢となる上部団体というわけではなく，ドイツのムスリムの約 9 ％を代表しているにすぎない[19]。

また 3 回目の会議では，ムスリムのドイツ社会への統合に向けた提言が，参加者全員によってまとめられた。それは例えば，ドイツ語でイスラム教の授業を行うことである。以下，第 3 回総会に提出された，イスラム教の宗教の授業を行うための条件に付いての提案を見てみよう。「イスラム教の授業を行うための，合憲な枠条件」と題された提案書である[20]。

Ⅰ．課題設定

DIK の第 2 作業グループが 2007 年 5 月 2 日に DIK の総会に提出した中間総括ではつぎのようにいわれていた。

3．ドイツ語による正規の科目としてのイスラム教の宗教の授業が公的学校に導入されるべきであるということは，2001 年 12 月 20 日の連邦と各州の首脳による決議ですでに明確にされたように，合意されている。……しかしまだ，ドイツで養成された教師によって，また基本法第 7 条第 4 項を基礎にしたドイツの学校監督の下で，ドイツ語で，各州の公的学校で，イスラム教の宗教の授業を導入するには……至っていない。

4．建設的方策として，具体的手続きについての各州の所管と関係なく，基本法第 7 条第 3 項に従うイスラム教の宗教の授業の導入のた

---

19)　KRM 設立の経緯や組織については Cf. Rosenow-Williams（2012）pp.351ff.

20)　　以下はつぎの文献の要約である：Anlage 2: Bericht „Verfassungsrechtliche Rahmenbedingungen eines islamischen Religionsunterrichts" der Arbeitsgruppe 2（http://www.deutsche-islam-konferenz.de/SharedDocs/Anlagen/DIK/DE/Downloads/LenkungsausschussPlenum/2008-IRU-zwischenresumee-der-dik.pdf?__blob=publicationFile）3 月 30 日閲覧。

めの合憲で基準となる前提をさらに具体化する「ポジティブリスト」を練り上げることが提案された。第2作業グループの中に「イスラム教の宗教授業への道」についての作業グループを設立することが総会によって求められた。そこでは，どのような前提条件の下でそれは導入されなければならないのかが研究されるべきであるだけではなく，どのような前提の下でそれが導入されることができるのかが研究されるべきであるとされた。

　そこで，この中間総括では，基本法第7条第3項の宗教授業を実施するために，宗教共同体が満たすべき条件をあげている2005年2月23日の憲法裁判所の判決をよりどころにしながら[21]，イスラム教の宗教授業を正規の科目として実施するための条件を検討することにする。

　Ⅱ．宗教共同体による宗教授業の基礎規定

　基本法第7条第3項で公的学校での正規の授業として予定されている宗教授業は，単なる一般的な宗教学ではなく，信仰上の信念を持って授業されるべきである。基本法の第7条第3項第2文によれば，宗教授業は宗教共同体の基本方針と一致して行われる。それは，授業が宗教共同体の基本方針と合致しなければならないことを意味するだけではない。これらの基本方針が宗教共同体によって決定されなければならない。なぜなら，宗教的―世界観的に中立の国家官庁はそれに関して何の権限も持たないからである。それゆえ基本法第7条第3項第2文からは，公的学校での宗教授業の導入の前提として，宗教授業のための基本方針を決定し，この基本方針を諸官庁に対して有効に示す機関や人間を任命する宗教共同体が存在しなければならない。

　Ⅲ．基本法第7条第3項の意味での宗教共同体の憲法上の概念

　憲法上の宗教共同体は，4つのメルクマールによって規定される。これ

---

21)　宗教共同体が満たすべき条件に関する判決（http://www.bverwg.de/entscheidungen/pdf/230205U6C2.04.0.pdf）3月30日閲覧。

らのメルクマールを満たすことは，宗教共同体が，公的学校への宗教授業の導入において，国家と協調するパートナーとなるための前提である。

1) 宗教共同体は，上部組織を除き，自然人から構成される。

2) 最低限の組織構造を持っていること。大多数の人々が，長期にわたり，自分たちの宗教を共同で実行するために，一致して行動するために，自ら結集している。

3) 宗教共同体の目的は共通の宗教的信条の保護である。それ以外の文化的・慣習的目的は宗教共同体の本質ではない。それらは宗教共同体の副次的目的である。

4) 宗教共同体 (Religionsgemeinschaft) と宗教協会 (Religionsverein) とは，前者が宗教的信条によって設定される課題を包括的に満たす点で区別される。これに対して宗教協会は宗教生活の一部を担うにすぎない。

　実際の議論では，イスラム教の宗教授業の導入のためには，これらの条件がさらに具体化されなければならないが，宗教共同体が公法上の団体などの特定の法的形式を備えていることが，宗教授業を行うための前提ではない。

　宗教共同体の内部組織は自己決定権に従う。民主的組織である必要はないが，代表者は必要とされる。

　Ⅳ．宗教共同体の構成員の構造

　宗教共同体はそのそれぞれの地域領域で，ある宗教ないし信仰方向の帰属者の全員あるいは過半数を組織している必要はない。

　概念上は宗教共同体の構成員は少数でも構わない。ただし，宗教授業を基本法に従って提供するために一定の最低限はある。すなわち，宗教共同体の持続性を担保できる程度の規模が必要である。また，生徒の数が少なければ授業を提供する必要はないので，その意味でも宗教共同体の一定規模は必要。

　「秩序ある教授科目」となるためには，長期的に教授できるものでなけ

ればならない。こうした条件がそろわなければ他の科目同様に州が支出を行うことはできない。

授業への参加のためには生徒本人ではなく両親が宗教共同体に入っていれば十分と考えられる。

上部組織ではなく，上部組織の構成団体に属していれば十分。

V．信条と授業の統一性

イスラム教が1つの「宗教」ないし「信仰」であることは間違いない。宗教共同体は多様な宗派から構成されることが可能である。それは，プロテスタントと同様である。どの宗派が近縁性があって，その宗教共同体に入るのかは宗教共同体の自己決定事項である。宗教ないし信仰は宗教共同体の宗教的自己理解によって構成ないし定義されるのである。信仰上の完全なる同質性は宗教の授業のためには必要ではない。

Ⅵ．宗教授業についての州の権限と宗教共同体の地域構造

宗教共同体の内的構造はその自己決定権に基づく。宗教共同体がもっぱら地域レベルで組織化されるということも可能である。地域レベルで組織された1つの信仰の宗教共同体が十分な数存在して宗教の授業を行うことができるほどであるなら，宗教の授業を行うことを憲法は妨げるものではない。

州レベルでは宗教の授業にあたって宗教共同体のパートナーとなるのは，学校制度を管轄する各州である。全国レベルの宗教共同体組織も，地域レベルの宗教共同体組織も，宗教の授業のパートナーになることができる。

Ⅷ．外国の影響を受けた組織

外国政府が宗教共同体の指針を規定することはできない。基本法によってドイツ政府に禁じられているのと同じことは，外国政府に対しても禁じられている。外国政府によって自己決定権が犯されている宗教共同体は，宗教の授業におけるドイツ諸政府のパートナーたりえない。

Ⅸ．宗教共同体の憲法忠誠義務

宗教授業の実施でドイツ諸政府のパートナーとなる宗教共同体は，将来もドイツ基本法の基本原則を遵守することを保証しなければならない。

　X．宗教共同体の宗教授業の内容についての規定権，国家の監督，一般的教育目的

宗教共同体は宗教の授業の基本原則を決定できるとしても，政府の学校監督に従わなければならない。国家の監督は外面的なものにとどまらず，教師の質，教育の水準および，その維持にも及ぶ。

　XI．教育計画の改善，教師の規定

宗教の授業の授業計画を，宗教共同体の基本原則および一般的な教育目的や教育学的な標準に対応させるために，各州はさまざまな手続きを発展させてきた。授業の内容を決める作業も，管轄する各州の官庁の専門家委員会で行われる。また，教師の適性も各州の機関で判断される。このような手続きは，従来のキリスト教の授業で行われてきたもので，イスラム教にも同様に適用されることになる。

ここまで見てきたように，イスラム教の授業を公的学校で行う場合に満たされるべき条件が，従来のキリスト教の場合に対応して検討されている。授業内容そのものを決定することは国家の管轄外であるので，宗教共同体によって決められることになるが，授業の水準や教師の質などの観点で国家が介入し，また宗教共同体にはドイツの法秩序の尊重が求められている。

また，授業内容の一貫性，授業の継続的実施の基盤となるために，宗教共同体が一定の持続的存在を自ら担保できることが求められている。国家の宗教上の中立性が保証される代わりに，宗教団体側に，国家のパートナーとして宗教の授業を維持するだけの能力を要求しているのであるが，これはよく組織されたキリスト教団体の場合には何ら問題とならないことであるが，キリスト教団体の存在を前提としたこの制度がムスリムにとっては非常に高いハードルとなって宗教の授業を公的学校で正規の科目として実施することの障害となっている。

この点について次節でさらに説明することにしたい。

4. ドイツにおける国家と宗教

　ユルゲンスマイヤーは,「祭政一致の国家の実現を目指す宗教的ナショナリズム」と「政教分離を推し進める世俗的ナショナリズム」との対立こそが,東西冷戦構造終焉後の「新しい冷戦」となる,というかなり図式的だが説得力を感じさせる仮説を提示した[22]。

　しかしこの対比は絶対的なものとはいえない。国家の宗教的中立の原則が徹底していると思われている西欧先進諸国にも,この原則が確立するまでの長い過程があり,その歴史過程を通じて各国に独自の国家―宗教関係が形成されてきたからである。西欧諸国は国家の宗教的中立あるいは政教分離原則を掲げつつも,われわれ日本人から見るならば,キリスト教の国制に持つ影響力は非常に強く,ムスリムたちが違和感を持ったとしても理解できるのである。

　前節で見たような DIK が設立されたのも,このキリスト教中心に構想されている国家―宗教関係にイスラム教を取り込むための方法を模索してのことであり,またイスラム教の宗教授業の導入のための条件も,従来のキリスト教中心に構想された制度にイスラム教を合わせることを念頭においている。

　本節では,このような国家―宗教関係の起源と,その特徴を整理してみたい。

4-1　キリスト教会優遇の歴史的理由

　近代的な市民社会とそれに立脚した近代的な国民国家は,近代の西ヨーロッパに成立したものであるが,中世の西ヨーロッパ世界においては国民や領域を単位とした国家という思想は希薄であった。そこでは,世俗世界での至上権を主張する神聖ローマ皇帝と,キリスト教信仰と教会組織を持ち聖界の支配権を独占するローマ教皇が,権力と権威を二分していた。国民や領域を単位とする国家が生起するには,帝権と教皇権とを克服していかねばならず,また各国の君主は国内の教会組織を自己の権力の下に屈服させる必要があった。ドイツな

---

22)　ユルゲンスマイヤー（1995）；ユルゲンスマイヤー（2003）参照。

420 第Ⅴ部 民族的多様性の教訓

ど西欧諸国ではこの過程でキリスト教の国教化が行われたり，あるいは国家と
教会との間の政教協約（Konkordat）が締結されることもあった[23]。

　政教協約の最も古いものの1つはヴォルムス協約（1122年）である。これは
神聖ローマ皇帝ハインリヒ5世と教皇カリストゥス2世の間で，聖職叙任権闘
争の解決策として結ばれたものである。19世紀以降，近代国家が成立してい
く過程でも政教協約の締結は続き，1801年にナポレオン・ボナパルトと教皇
ピウス7世の間で結ばれた政教条約，ピウス11世とムッソリーニの間で結ば
れ，バチカン市国を成立させたラテラノ条約（1929年），1933年にナチス・ド
イツとの間で結ばれたライヒス・コンコルダートなどが有名である。

　ドイツでは，第一次世界大戦後，近世の国教会制度（領邦教会制度）は廃止
され，国民の信教の自由も保証されたが，国家と宗教との分離を徹底するわけ
ではなく，国家と教会とが一種のパートナー関係に立ち，しかもいかなる宗派
に対しても国家が中立的に立ち振る舞うという形での国家の宗教的中立性と信
教の自由が生み出されることになった。

　基本法第140条はワイマール憲法第137条等の条項を編入しているが，ワイ
マール憲法第137条は公法上の宗教団体を規定する。ワイマール憲法は国教会
を禁止し，国家の教会監督権を否定する一方で，公法上の宗教団体には教会税
の徴収を認めるなどキリスト教会に配慮した。そして，1949年の基本法制定
時にもワイマール憲法の国家と宗教との関係の多くが基本法に編入された[24]。

　このような制度ができるにあたっては，ワイマール憲法制定時には中央党
が，またドイツ基本法制定時にはキリスト教民主同盟・キリスト教社会同盟な
ど，いずれもキリスト教を党綱領の基礎に据える政党の影響力が大きく作用
し，これらの政党の協力がなければ憲法・基本法の成立は困難であったと考え
られている[25]。

　こうして，ムスリムのドイツへの統合においても問題になる，宗教団体の取

---

23)　ヨーロッパ近世史の重要テーマであるが，簡潔には坂本（2008）を参照。
24)　ワイマール憲法の規定についてはグズィ（2002）参照。
25)　清水（1991）第一編および第二編参照。

り扱いに関わる法制度もできたのである。この法制度は以上で見たように，キリスト教と国家との歴史上の権力的関係を通じて形成されてきたものであり，ムスリムの社会統合を予定しているようなものでないことは明らかである。

4-2　教会の公共性

　もっとも，基本法秩序における公法上の宗教団体の規定の意味は，このような政治的・歴史的背景だけで説明されているわけではない。ドイツにおいての国家と宗教との関係は急進的な世俗主義ではなく，教会を公的なるものと理解し，社会における重要な存在として考えているとの見解は従来ドイツ公法学においても大勢を占めてきたのである[26]。

　ワイマール憲法の教会優遇規定を説明するためにカール・シュミットは制度体保障論を持ち出したといわれるが，彼はとりわけローマ・カトリック教会の意義を高く評価し，「経済的合理性のみによって活動する〈私〉が国家までを引き回しているなか，ローマ教会は，公的存在の何たるかを現代に伝えるかけがえのない存在」と考えていたようでもある[27]。

　ドイツにおいて国家と教会とは現在もなおパートナーとしてその権利義務を政教協約（Konkorodat）（カトリック）・政教条約（Vertrag）（プロテスタント）によって規定しており，そのことは現代でも変わらない。ドイツ連邦政府，および各州と教会との間の多数の政教協約・政教条約が今もなお有効である[28]。

　キリスト教会にはワイマール憲法以来，公法上の団体という地位が与えられ，非営利団体であるから当然免税資格が与えられ，教会税の徴収もみとめられているが（課税庁が代行徴収），それは国家の社会保障制度を補完する社会事業の財源ともなっている。教会は，特に保守派陣営によって社会保障制度の担い手としても重視され，実際にもそのように機能している。エスピアン-アンデルセンの福祉レジーム論でいうところの保守主義的レジームは，ドイツをは

---

26)　塩津（2010）第 4 章参照。

27)　石川（2007）128 ページ以下参照。

28)　Vgl. Die geltenden Verträge mit dem Heiligen Stuhl（http://www.kirchenrecht-online.de/vertraege/concordati_list.php）2015 年 3 月 30 日閲覧。

じめヨーロッパ諸国における教会のこのような公共性の尊重が基礎となっているものなのである[29]。また，東西両ドイツの統一における教会の果たした役割の大きさも否定しようのないところである。社会主義政権期にも東独のプロテスタント教会は政府とは一定の距離を保ち，民主化運動・平和運動の拠点として一定の役割を演じてきたし，1980年代末の反政府運動では教会がその拠点となってきた。こうした教会の活動は，世俗国家の限界を越えるより高度な公共性の担い手としての教会の位置付けになおさら貢献するものとなっている[30]。

市民的な公共性の成立と変容を問題にしたハーバーマス『公共性の構造転換』[31]は，宗教的公共性をほとんど無視している点がその出版当初から批判されてきた。それほど，宗教的公共性はドイツあるいはヨーロッパの知識人にとっても自明のことなのであるが，最終的に近著でハーバーマスは宗教的公共性を再評価し，自身のコミュニケーション的行為の理論にも宗教的視点を取り込んでいる[32]。

あるいはまた，マルクスの国家と市民社会との分離論も，教会の公的機能を否定的にではあるが，認めているものといえる。マルクスは，中世社会と近代社会とを比較して，中世を経済組織と政治組織との実体的同一性で特徴付け，近代社会を両者の分離で特徴付ける。これによって，近代人は，公民としての政治社会と私人としての経済社会との二重生活を余儀なくされるという。そして，この政治社会は前近代においてまさしく宗教が担っていたものを代替するものとなっているというのである[33]。

　　完成した政治的国家は，その本質上，人間の類的生活であって，人間の物質的生活に対立している。この利己的な生活の一切の前提は，国家の領域

---

29)　エスピン-アンデルセン（2001）；Crouch（1993）Ch. 9 参照。
30)　河島（2009）参照。
31)　ハーバーマス（1994）。
32)　ハーバーマス（2014）；ハーバーマス（2014a）。
33)　Cf. Shibata（2014）.

第 16 章　ドイツにおける外国人移民の社会統合　423

の外に，市民社会の中に，しかも市民社会の特性として存続している。政治的国家が真に発達を遂げたところでは，人間は，ただ思考や意識においてばかりでなく，現実において，生活において，天上と地上との二重の生活を営む。すなわち，一つは政治的共同体における生活であり，その中で人間は自分で自分を共同体的存在だと思っている。もう一つは市民社会における生活であって，その中では人間は私人として活動し，他人を手段とみなし，自分自身をも手段にまで下落させて，ほかの勢力の玩弄物となっている。政治的国家は市民社会に対して，ちょうど天上が地上に対するのと同じように，精神主義的に臨む。政治的国家は市民社会に対して，宗教が俗界の偏狭に対立しそれを克服するのと同じように，対立し，同じ仕方でそれを克服する。すなわち，国家もやはり市民社会を改めて是認し，立て直し，その支配を受けないわけにはいかないのである。人間は，その直接の現実のなか，市民社会の中では，一個の世俗的な存在である。人間が自分にも他人にも現実的な個人だと考えられている市民社会の中では，人間は一つの真でない現象である。これに反して，人間が類的存在だと考えられている国家の中では，人間はある仮想的な主権の空想的成員であり，その現実的な個人的生活を奪われて，人間は非現実的な普遍性で満たされている[34]。

4-3　教会の神学上の意義と組織

さらに，キリスト教における教理上の教会の位置づけにも言及しないわけにはいかない。

キリスト教においては教会は使徒伝承によって正統性を認められている。使徒伝承は，今日の司教団と初代教会成立当初の使徒たちとの間にある制度的関係に関する教理であり，イエスの直弟子である 12 使徒の教えの核心をそのまま現代まで伝え，いまなお保持しているということを意味する。使徒伝承の形

---

34)　マルクス（1967）392-393 ページ。

424 第Ⅴ部 民族的多様性の教訓

式的条件は，司教が叙階の秘跡を受けることであり，その際にその聖務の霊的職能の遂行のための権能を神が授与するという信仰と，正式に叙階を受けた者のみが他者を叙階することが許されるという規則が組み合わされて，カリスマを叙階によって受けたもののみが他者を叙階しカリスマを継承するとと考えられるようになった。カリスマの所有者として司教は，各地域のキリスト教徒共同体の中心的指導者とされてきた。キリスト教徒にとって神はキリストを通して現れ，キリストは使徒を通して，使徒は眼前の司教を通して現れるという構造があり，人類の救済もこの構造を通じて，したがって教会を通じて行われることになる。

　その意味で，キリスト教徒にとって教会組織は救済のための必須条件であり，教会の秘跡性，仲介者性は戦後の第二バチカン公会議（1962 ～ 1965 年）においても再度確認されている。それによれば

① 　教会は何よりもまず，聖霊により権能を付与されたキリストにおける神の現臨を表す生きたしるしである。従って教会そのものが信仰の対象である。

② 　教会は実効を持つしるしである。つまり，教会がしるしである。つまり，教会がしるしとして表す実体を表現する力を持つ，ロゴスとサクラメントと様々の牧会上の職務を通して，教会は会員に対して，また世の人一般に対して，教会が体現する救いの恩寵の仲介者となる。

③ 　教会は，神が人類全体を結合または一致させようとしておられる意志を，身体的または共同体的に表現するものである。教会，または贖われた者の集まりは，神が万人のためにしておられることのしるしであり，その器である[35]。

　イスラム教の世界にもウンマと呼ばれる信仰共同体があるけれども，今日ではそれは「幻想の共同体」であり，フィクションとしての集団性にすぎない。ただし，それはムスリムが共通の「他者」によって脅かされていると感じる場

---

35) 　リチャードソン・ボウデン（2005）150 ページ。

第 16 章　ドイツにおける外国人移民の社会統合　425

合に重要な役割を演じることがあるとされる。そのような場合には，抽象的ウンマが，具体的に把握可能な社会的存在に転じる。今日世界中の多くのムスリムが相互の紐帯を感じ，ウンマへの帰属が国家への帰属に優先すると感じている。例えば，ヨーロッパでは，他者としての経験と，それに起因するアイデンティティの危機によって，西欧諸国に居住するムスリムにとってのウンマの役割は高まっているといわれる[36]。

　しかし，このウンマはキリスト教における教会と異なり，宗教上の救済には直接には結び付いていない。コーランによれば「信仰するもの［ムスリム］も，ユダヤ人も，キリスト教徒もシバ人も，神と最後の審判の日を信じ，まじめに生活するものにとって，神の下での報いが約束されており，最後の審判の日にもそのような人々は何ら心配する必要はないし，最後の審判の日の決算の後には何も悲しむことはない」とされる。ここでは，神と最後の審判への信仰と，まじめな生活以上のことはいわれておらず，しかもその条件を満たしていれば，ムスリム以外の者まで救済されてしまうのである。

　神学上，ムスリムにとってウンマは救済の必須の手段ではないのに対して，キリスト教徒にとって教会は救済の不可欠の機関となっている。この違いが，ムスリムのドイツにおける組織化の遅れの一因にもなっているのであろうし，また，キリスト教を前提とする国家‐宗教関係がムスリムの社会統合の障壁となっているともいえよう。

5．お わ り に

　ムスリムのドイツ社会への統合の困難について，本章ではドイツのキリスト教に深く規定された政治・社会構造へのイスラム教の適合の困難という視角から，しかもかなり基本的な論点に絞って論じた。

　ドイツにおける国家の宗教的中立性は，日本における無宗教的な政教分離とは全く性格の異なるもので，事実としてキリスト教会が相当程度優遇されてい

---

36)　Khorchide (2012) S.136-7.

426　第Ⅴ部　民族的多様性の教訓

る。これは，教会と国家との間での長い権力闘争の歴史的帰結であるが，いまだに保守的政治陣営の教会への支持は強く，また公法学者も教会の公共性を論じるなど，われわれ日本人にとっては非常に理解しがたいものである。

　このような社会にムスリムを統合するための努力の1つがドイツ・イスラム会議であるが，そもそも教理上教会という組織が不可欠のキリスト教と，そのような組織を必ずしも必要としないイスラム教の違いもあって，ドイツ・イスラム会議が本当に実りある成果を出せるかどうかははっきりしない。

　ドイツにおいても教会加入者の減少や世俗化の傾向が強まっているようであるが，そのような傾向はイスラム教のドイツへの受け入れに寄与するのであろうか，あるいはドイツ社会はイスラム教を受け入れるためにどれほどの変化を受け入れる用意があるのであろうか[37]。

　他方，ドイツあるいは多くの欧米先進国に比較して世俗化が進み，宗教団体の権威も低く，外国人移民と日本人との間での宗教的確執が起こりにくい日本には大きなチャンスがあるといえるのであろうか。

参 考 文 献

石川健治（2007）『自由と特権の距離―カールシュミット「制度体保障」論・再考―［増補版］』日本評論社。

エスピン-アンデルセン，イエスタ（2001）岡沢憲芙・宮本太郎訳『福祉資本主義の三つの世界』ミネルヴァ書店。

河島幸夫（2009）「戦後ドイツの教会と平和問題 ―プロテスタント教会の姿勢と活動（1945-1990）―」（『西南学院大学法学論集』第41巻 第3・4号）。

グズィ，Ch.（2002）原田武夫訳『ヴァイマール憲法―全体像と現実―』風行社。

近藤潤三（2007）『移民国としてのドイツ―社会統合と平行社会のゆくえ』木鐸社。

近藤潤三（2009）「現代ドイツのモスク建設をめぐる紛争―ケルンにおける政治過程―」（『社会科学論集』第47巻，愛知教育大学）。

坂本宏近（2008）「近世ヨーロッパ史における宗派体制化」（『カルチュール』第2巻第1号，明治学院大学）。

塩津徹（2010）『ドイツにおける国家と宗教』成文堂。

清水望（1991）『国家と宗教』早稲田大学出版部。

鈴木規子（2007）『EU市民権と市民意識の動態』慶應義塾大学出版会。

37）　この点に関してのドイツ公法学会での議論を概観するものとして Vgl. Häberle & Hattler（2012）。

第 16 章　ドイツにおける外国人移民の社会統合　427

内藤正典・一橋大学社会地理学ゼミナール編（1991）『ドイツ再統一とトルコ人移民労働者』明石書店。

ハーバーマス，ユルゲン（1994）細谷貞雄・山田正行訳『公共性の構造転換—市民社会の一カテゴリーについての探究』第 2 版，未来社。

ハーバーマス，ユルゲン（2014）「「政治的なもの」—政治神学のあいまいな遺産の合理的意味—」箱田徹・金城美幸訳『公共圏に挑戦する宗教』岩波書店，所収。

ハーバーマス，ユルゲン（2014a）鏑木政彦訳「公共圏における宗教—宗教的市民と世俗的市民による「理性の公共的使用」のための認知的前提」島薗進・磯前順編『宗教と公共空間：見直される宗教の役割』東京大学出版会。

ブルーベイカー，ロジャース（2005）佐藤成基・佐々木てる訳『フランスとドイツの国籍とネーション』明石書店。

マルクス，カール（1967）「ユダヤ人問題によせて」花田圭介訳『マルクス・エンゲルス全集』第 1 巻，大月書店。

矢野久（2010）『労働移民の社会史—戦後ドイツの経験』現代書館。

ユルゲンスマイヤー，マーク（1995）阿部美哉訳『ナショナリズムの世俗性と宗教性』玉川大学出版部。

ユルゲンスマイヤー，マーク（2003）古賀林幸・櫻井元雄訳『グローバル時代の宗教とテロリズム』明石書店。

リチャードソン，A.・ボウデン，J.（2005）『キリスト教神学事典』教文館。

Busch, R., Goltz, G. (2011), Die Deutsche Islam Konferenz —Ein Übergangsformat für die Kommunikation zwischen Staat und Muslimen in Deutschland, in: Meyer, H., Schubert, K. (Hg.) (2011) *Politik und Islam*, Wiesbaden: VS verlag.

Crouch, C. (1993), *Industrial Relations and European State Traditions*, Oxford: Clarencon Press.

Fetzer, J.S., Soper, J.Ch. (2005), *Muslim and the State in Britain, France, and Germany*, Cambridge: Cambridge Univ. Press.

Große, Claudia (2013), *Die Deutsche Islam Konferenz aus der Perspektive der Mediation*, GRIN Verlag.

Hanifzadeh, M. (2009), *Islamischer Religionsunterricht in Deutschland. Möglichkeiten und Grenze*, Marburg: Tectum.

Häberle, L., Hattler, J. (Hg.) (2012), *Islam --- Säkularismus --- Religionsrecht. Aspekte und Gefährdungen der Religionsfreiheit*, Heidelberg et. al.: Springer.

Herbert, Ulrich (2001), *Geschichte der Ausländerpolitik in Deutschland*, München: C.H.Beck.

Khorchide, M. (2012), Vo der Umma der Muslime zur Umma der Menschheit. Politische, thologische, normative und identitätsstiftende Dimensionen, in: Schmid, H., Dziri, A., Gharaibeth, M., Middelbeck-Varwick, A. (Hg.) (2014), *Kirche und Umma. Glaubensgemeinschaft in Christentum und Islam*, Regensburg: Friedrich Pustet.

Laurence, J. (2012), *The Emancipation of Europe's Muslims. The State's Role In Minority Integration*, Princeton and Oxford: Princeton Univ. Press.

Rosenow-Williams, Kerstin (2012), *Organizing Muslims and Integrating Islam in Germany.*

New Developments in the 21st Century, Leiden & Boston: BRILL.

Sarrazin, Thilo (2010), *Deutschland schafft sich ab: Wie wir unser Land aufs Spiel setzen*, München : Deutsche Verlags-Anstalt.

Shibata, Hideki (2014), The Sublation of the Dualism of the "State-Civi Society" by Marx and Hegel, in: *Journal of Economics* (*Chuo-Univ.*), Vol. 54, no. 3&4.

Thielmann, J., Al-Hamarneh, A. (ed.) (2008), *Islam and Muslims in Germany*, Leiden & Boston: BRILL.

あ と が き

　中央大学経済研究所は，日本の高度経済成長期にある 1964 年に創設されました。その後，日本経済は，2 度にわたる石油ショック，バブル経済の発生およびその崩壊，失われた 20 年の期間を経て，今日に至っています。そのような状況の下，第 2 次安倍内閣が発足し，「アベノミクス」と呼ばれる一連の経済政策が打ち出されました。アベノミクスは，大きく 3 つの部分（矢）からなり，「第 1 の矢」は大胆な金融緩和政策，「第 2 の矢」は機動的な財政政策，そして「第 3 の矢」は成長戦略となります。つまり，一層のグローバル化を念頭において，金融政策，財政政策，産業政策，労働市場政策など，さまざまな政策が展開されています。

　このような現在の日本の状況を踏まえ，日本の再生に資することができるように，中央大学経済研究所創立 50 周年記念叢書の編集にあたりました。まず第 I 部「アベノミクスと日本経済」では，安倍政権の政策立案に関与なされている方からも寄稿して頂き，アベノミクスと関連した 2 編の講演録と 2 編の論文を収録しました。第 II 部以降は，直接的にはアベノミクスとは関連するものではありませんが，アベノミクスで示された日本再生のための論点に関係する論文を収録しました。第 II 部「日本の政治経済システム」では，現在および将来の日本の枠組みを考えるにあたり，経済システム，政治システム，それぞれについて 1 編の論文を収録しました。第 III 部「財政金融の諸問題」では，経済のグローバル化が進んでいる状況も踏まえて，財政金融政策，国際金融，財政の歳入面に関する 3 編の論文を収録しました。第 IV 部「労働と産業の政策課題」では，経済のグローバル化や人口の高齢化などを踏まえて，日本の経済成長を考えるにあたり必要となる，労働市場や産業の問題を考察する 5 編の論文を収録しました。第 V 部「民族的多様性の教訓」では，経済のグローバル化の進展とともに，人の移動も益々活発になり，国民国家という概念が崩れつつあ

る状況において，今後の日本にとって教訓を得ることができる移民に関する2編の論文を収録しました。

統一テーマに即した16編を収録する書籍を編集する過程では，創立50周年記念叢書編集委員会の委員の方々以外にも，中央大学経済研究所のスタッフの方々にも多大なご助力を賜りましたことに対して，心よりの感謝の意を表します。

中央大学経済研究所創立50周年記念叢書編集委員長

飯 島 大 邦

中央大学経済研究所
創立50周年記念
公開講演会

開催日時　2013年10月18日（金）
　　　　　15時00分〜16時30分
場　所　中央大学多摩キャンパス
　　　　　8号館2階　8206教室
主　催　中央大学経済研究所

プログラム

15：00　　　　開　会

　開会の挨拶　石川利治　研究所長
　　　　　　　（経済学部教授）
　司　会　浅田統一郎
　　　　　　　（経済学部教授）

　　　　　　講　演

「「量的・質的金融緩和」の目的と
　その達成メカニズム」
岩田規久男　日本銀行副総裁

16：30　　　　閉　会

　閉会の挨拶　小口好昭　実行委員長
　　　　　　　（経済学部教授）

【講演の概要】
　日本銀行はさる4月4日に、「量的・質的金融緩和」政策を導入するとともに、消費者物価の前年比上昇率2％の「物価安定の目標」の実現を目指し、これを安定的に持続するために必要な時点まで継続することにした。
　講演では、①なぜ日本銀行は2％の「物価安定の目標」の達成とその維持を目的としているのか、②「量的・質的金融緩和」政策はどのような経路を通じてその目的を達成・維持するのか、③実際に日本経済は日銀が想定している経路を歩んでいるか—の3点について説明する。

中央大学経済研究所
創立50周年記念
公開講演会

開催日時　2013年11月15日（金）
　　　　　15時00分〜16時30分
場　　所　中央大学多摩キャンパス
　　　　　8号館2階　8206教室
主　　催　中央大学経済研究所

プログラム

15：00　　　開　　会

　開会の挨拶　石川利治　研究所長
　　　　　　　　（経済学部教授）
　司　　会　浅田統一郎
　　　　　　　　（経済学部教授）

　　　　　　講　　演

「アベノミクスとマクロ経済学」
浜田宏一　イェール大学名誉教授
　　　　　内閣官房参与

16：30　　　閉　　会

　閉会の挨拶　小口好昭　実行委員長
　　　　　　　　（経済学部教授）

【講演の概要】
　マクロ経済学の歴史は、マクロ経済事象に貨幣がどのようなかかわりをもっているかの論争を中心に展開してきた。実物の需給が実物を決め、貨幣は物価水準だけを決めるという古典派、貨幣等資産価格は実物に影響を与えるがその影響力は弱いというケインズ〈教科書版〉派、そして究極には合理的予想の下では古典派が正しいという新しい古典派などがある。アベノミクスの貴重な実験は、それらが皆誤っていることを示したといえよう。

中央大学経済研究所
創立50周年記念
公開講演会

開催日時　2013年12月6日（金）
　　　　　15時00分～16時30分
場　所　中央大学多摩キャンパス
　　　　　8号館2階　8206教室
主　催　中央大学経済研究所

プログラム

15：00　　　開　会

　開会の挨拶　石川利治　研究所長
　　　　　　　　　（経済学部教授）
　司　　会　小森谷徳純
　　　　　　　　　（経済学部准教授）

　　　　　講　演

「農業立国に舵を切れ――世界の中の日本農業」
山下一仁　キヤノングローバル戦略
　　　　　研究所研究主幹
　　　　　農学博士（東京大学）

16：30　　　閉　会

　閉会の挨拶　小口好昭　実行委員長
　　　　　　　　　（経済学部教授）

【講演の概要】
　日本の農業は弱者であるという通念がある。しかし、日本農業は多くのポテンシャルを有しており、TPPに参加すると壊滅すると言われるコメでも、単独で輸出を行っている農業者がいる。
　高齢化、人口減少時代では、高い関税で縮小する国内市場を守るだけでは、農業は安楽死するしかない。これまで農業を衰退させてきた原因に農政がある。農業の発展のために必要な農政の転換を提示する。

中央大学経済研究所 創立50周年記念 公開シンポジウム

「日本経済の再生と新たな国際関係」

開催日時　2014年6月28日（土）
　　　　　12時50分～17時30分
場　所　　中央大学　駿河台記念館
　　　　　2F　281号室　入場無料
主　催　　中央大学経済研究所

プログラム

12：50～13：00　開　会
　　開会の挨拶
　　　　　　石川利治　中央大学経済研究所長
　　　　　　　　　　　（経済学部教授）
　　挨拶　福原紀彦　中央大学学長
　　司会　瀧澤弘和　中央大学経済学部教授

13：00～14：00　基調講演
　　「科学技術政策と日本の将来」
　　　大西　隆　日本学術会議会長

14：00～14：10　休　憩

14：10～15：10　パネリスト講演
　　「わが国の税財政の行方」
　　　土居丈朗　慶應義塾大学経済学部教授

　　「農業立国に舵を切れ」
　　　山下一仁　キヤノングローバル戦略
　　　　　　　　研究所研究主幹

　　「アベノミクス，2年目の機会と試練」
　　　若田部昌澄　早稲田大学政治経済学術院
　　　　　　　　　教授

15：10～15：40　休　憩

15：40～17：30　パネルディスカッション
　　　大西　隆　日本学術会議会長
　　　土居丈朗　慶應義塾大学経済学部教授
　　　山下一仁　キヤノングローバル戦略
　　　　　　　　研究所研究主幹
　　　若田部昌澄　早稲田大学政治経済学術院
　　　　　　　　　教授
　　　谷口洋志　中央大学経済学部教授
　　　　　　　　（経済学部長）
　　（司会）瀧澤弘和　中央大学経済学部教授

17：30　閉　会
　　閉会の挨拶
　　　　　　小口好昭　中央大学経済学部教授

執筆者紹介（執筆順）

岩田規久男　（日本銀行副総裁）

浜田宏一　（イェール大学名誉教授　内閣官房参与）

山下一仁　（キヤノングローバル戦略研究所研究主幹）

若田部昌澄　（早稲田大学政治経済学術院教授）

瀧澤弘和　研究員（中央大学経済学部教授）

三船　毅　研究員（中央大学経済学部教授）

浅田統一郎　研究員（中央大学経済学部教授）

中條誠一　研究員（中央大学経済学部教授）

飯島大邦　研究員（中央大学経済学部教授）

阿部正浩　研究員（中央大学経済学部教授）

遠山亮子　研究員（中央大学戦略経営研究科教授）

鳥居昭夫　研究員（中央大学経済学部教授）

塩見英治　研究員（中央大学経済学部教授）

小森谷徳純　研究員（中央大学経済学部准教授）

深町英夫　研究員（中央大学経済学部教授）

柴田英樹　研究員（中央大学経済学部教授）

日本経済の再生と新たな国際関係

中央大学経済研究所研究叢書　63
（中央大学経済研究所創立 50 周年記念）

2016 年 2 月 25 日　発行

編　　者　　中央大学経済研究所
発 行 者　　中央大学出版部
代表者 神﨑 茂治

東京都八王子市東中野 742-1
発行所　中 央 大 学 出 版 部
電話 042(674)2351　FAX 042(674)2354

ⓒ 2016　　　　　　　　　　　　　　　　　　藤原印刷

ISBN978-4-8057-2257-2

中央大学経済研究所研究叢書

6. 歴 史 研 究 と 国 際 的 契 機　中央大学経済研究所編　A 5 判　1400 円

7. 戦 後 の 日 本 経 済——高度成長とその評価——　中央大学経済研究所編　A 5 判　3000 円

8. 中 小 企 業 の 階 層 構 造　中央大学経済研究所編　A 5 判　3200 円
——日立製作所下請企業構造の実態分析——

9. 農 業 の 構 造 変 化 と 労 働 市 場　中央大学経済研究所編　A 5 判　3200 円

10. 歴 史 研 究 と 階 級 的 契 機　中央大学経済研究所編　A 5 判　2000 円

11. 構 造 変 動 下 の 日 本 経 済　中央大学経済研究所編　A 5 判　2400 円
——産業構造の実態と政策——

12. 兼 業 農 家 の 労 働 と 生 活・社 会 保 障　中央大学経済研究所編　A 5 判　4500 円　〈品 切〉
——伊那地域の農業と電子機器工業実態分析——

13. ア ジ ア の 経 済 成 長 と 構 造 変 動　中央大学経済研究所編　A 5 判　3000 円

14. 日 本 経 済 と 福 祉 の 計 量 的 分 析　中央大学経済研究所編　A 5 判　2600 円

15. 社 会 主 義 経 済 の 現 状 分 析　中央大学研究所編　A 5 判　3000 円

16. 低 成 長・構 造 変 動 下 の 日 本 経 済　中央大学経済研究所編　A 5 判　3000 円

17. ME 技 術 革 新 下 の 下 請 工 業 と 農 村 変 貌　中央大学経済研究所編　A 5 判　3500 円

18. 日 本 資 本 主 義 の 歴 史 と 現 状　中央大学経済研究所編　A 5 判　2800 円

19. 歴 史 に お け る 文 化 と 社 会　中央大学経済研究所編　A 5 判　2000 円

20. 地 方 中 核 都 市 の 産 業 活 性 化——八戸　中央大学経済研究所編　A 5 判　3000 円

中央大学経済研究所研究叢書

21.	自動車産業の国際化と生産システム	中央大学経済研究所編 A5判 2500円
22.	ケインズ経済学の再検討	中央大学経済研究所編 A5判 2600円
23.	AGING of THE JAPANESE ECONOMY	中央大学経済研究所編 菊判 2800円
24.	日本の国際経済政策	中央大学経済研究所編 A5判 2500円
25.	体制転換——市場経済への道——	中央大学経済研究所編 A5判 2500円
26.	「地域労働市場」の変容と農家生活保障 ——伊那農家10年の軌跡から——	中央大学経済研究所編 A5判 3600円
27.	構造転換下のフランス自動車産業 ——管理方式の「ジャパナイゼーション」——	中央大学経済研究所編 A5判 2900円
28.	環境の変化と会計情報 ——ミクロ会計とマクロ会計の連環——	中央大学経済研究所編 A5判 2800円
29.	アジアの台頭と日本の役割	中央大学経済研究所編 A5判 2700円
30.	社会保障と生活最低限 ——国際動向を踏まえて——	中央大学経済研究所編 A5判 2900円 〈品切〉
31.	市場経済移行政策と経済発展 ——現状と課題——	中央大学経済研究所編 A5判 2800円 〈品切〉
32.	戦後日本資本主義 ——展開過程と現況——	中央大学経済研究所編 A5判 4500円
33.	現代財政危機と公信用	中央大学経済研究所編 A5判 3500円
34.	現代資本主義と労働価値論	中央大学経済研究所編 A5判 2600円
35.	APEC地域主義と世界経済	今川・坂本・長谷川編著 A5判 3100円

中央大学経済研究所研究叢書

36. ミクロ環境会計とマクロ環境会計　A5判　小口好昭編著　3200円

37. 現代経営戦略の潮流と課題　A5判　林・高橋編著　3500円

38. 環境激変に立ち向かう日本自動車産業　A5判　池田・中川編著　3200円
　　──グローバリゼーションさなかのカスタマー・
　　　　サプライヤー関係──

39. フランス─経済・社会・文化の位相　A5判　佐藤　清編著　3500円

40. アジア経済のゆくえ　A5判　井村・深町・田村編　3400円
　　──成長・環境・公正──

41. 現代経済システムと公共政策　A5判　中野　守編　4500円

42. 現代日本資本主義　A5判　一井・鳥居編著　4000円

43. 功利主義と社会改革の諸思想　A5判　音無通宏編著　6500円

44. 分権化財政の新展開　A5判　片岡・御船・横山編著　3900円

45. 非典型型労働と社会保障　A5判　古郡鞆子編著　2600円

46. 制度改革と経済政策　A5判　飯島・谷口・中野編著　4500円

47. 会計領域の拡大と会計概念フレームワーク　A5判　河野・小口編著　3400円

48. グローバル化財政の新展開　A5判　片桐・御船・横山編著　4700円

49. グローバル資本主義の構造分析　A5判　一井　昭編　3600円

50. フランス─経済・社会・文化の諸相　A5判　佐藤　清編著　3800円

51. 功利主義と政策思想の展開　A5判　音無通宏編著　6900円

52. 東アジアの地域協力と経済・通貨統合　A5判　塩見・中條・田中編著　3800円

中央大学経済研究所研究叢書

53.	現代経営戦略の展開	A5判	高橋・林編著 3700円
54.	ＡＰＥＣの市場統合	A5判	長谷川聰哲編著 2600円
55.	人口減少下の制度改革と地域政策	A5判	塩見・山﨑編著 4200円
56.	世界経済の新潮流	A5判	田中・林編著 4300円

——グローバリゼーション，地域経済統合，
経済格差に注目して——

57.	グローバリゼーションと日本資本主義	A5判	鳥居・佐藤編著 3800円
58.	高齢社会の労働市場分析	A5判	松浦　司編著 3500円
59.	現代リスク社会と3・11複合災害の経済分析	A5判	塩見・谷口編著 3900円
60.	金融危機後の世界経済の課題	A5判	中條・小森谷編著 4000円
61.	会計と社会	A5判	小口好昭編著 5200円

——ミクロ会計・メソ会計・マクロ会計の視点から——

62.	変化の中の国民生活と社会政策の課題	A5判	鷲谷　徹編著 4000円

＊価格は本体価格です．別途消費税が必要です．